中国学术精品文库·管理学

协调、绿色、创新发展的前沿问题研究

Xietiao,Lüse,Chuangxin Fazhan de Qianyan Wenti Yanjiu

徐姝 著

中国财经出版传媒集团
中国财政经济出版社

图书在版编目（CIP）数据

协调、绿色、创新发展的前沿问题研究／徐姝著．--北京：中国财政经济出版社，2020．10
ISBN 978-7-5095-9502-2

Ⅰ．①协…　Ⅱ．①徐…　Ⅲ．①中国经济-经济发展-研究　Ⅳ．①F124

中国版本图书馆 CIP 数据核字（2019）第 276939 号

责任编辑：彭　波　　　　责任印制：史大鹏
封面设计：卜建辰　　　　责任校对：李　丽

中国财政经济出版社 出版
URL：http：//www.cfeph.cn
E-mail：cfeph@cfeph.cn

社址：北京市海淀区阜成路甲 28 号　邮政编码：100142
营销中心电话：010-88191522
天猫网店：中国财政经济出版社旗舰店
网址：https：//zgczjjcbs.tmall.com
北京财经印刷厂印刷　各地新华书店经销
成品尺寸：170mm×240mm　16 开　21 印张　344 000 字
2020 年 10 月第 1 版　2020 年 10 月北京第 1 次印刷
定价：88.00 元
ISBN 978-7-5095-9502-2
（图书出现印装问题，本社负责调换，电话：010-88190548）
本社质量投诉电话：010-88190744
打击盗版举报热线：010-88191661　QQ：2242791300

序

党的十八届五中全会提出了“创新、协调、绿色、开放、共享”五大发展理念，党的十九大又进一步强调必须坚定不移贯彻五大发展理念，五大发展理念既是对国内外发展经验的深刻总结，又是我国破解发展难题、厚植发展优势、实现“十三五”发展目标的重要理论基础。五大发展理念告诉我们：创新发展是动力，绿色发展是方向，协调发展是方法，开放发展是战略，共享发展是归宿。本书试图围绕“协调、绿色、创新”这三大发展理念，从城市群建设与高质量发展、长江中游城市群协调发展、长江中游三省产业同构及其区域协同、长江中游三省绿色物流效率提升、制造业与物流业联动发展、新型城镇化进程中智慧城市的可持续发展、农产品安全追溯的绿色发展，区块链运用于农产品安全追溯体系，以及医药冷链物流的绿色发展等科学问题出发，对协调、绿色、创新理论进行深入、具体的研究，对国内外已有研究进行全面考察，探索合乎中国经济与社会发展特征与要求的“协调、绿色、创新”建设思路、发展模式与政策安排，以及符合中国经济发展内在要求的协调发展、绿色发展与创新发展方法，力求为践行五大发展理念，完善我国城市群建设，食品和环境的绿色发展，以及区域经济协同等提供指导与借鉴。

本书的创新之处主要体现在以下几方面：

(1) 基于稳定持续的战略指导思想，从城市规划、城市管理、城市建设，以及信息化广泛交叉与深度融合角度，构建前瞻考虑、整体设计、社会广泛参与、全局应用与架构的可持续性发展模式，这是新型城镇化进程中智慧城市建设的必然选择，也是高质量发展要求下城市群发展的必然趋势。在理念上，将集约、低碳、绿色、人文融入城镇化；在手段上，从城市规划、建设、管理与运行中推进管理创新；在难点上，通过信息共享来消除信息孤岛和利益壁垒。积极探索推进智慧城市可持续性建设与发展的策略体系，涵盖发展体系（政策法规、技术标准、运营方式）→承载平台（集成的系统整合平台、空间交互平台、资源协同与交互平台、面向公众参与的开放平台）→应用方向（产业升级、社会治理、资源环境、社会民生、基础支撑）。

（2）以湖南、湖北、江西为例研究长江中游三省经济建设，不仅有利于推进长江经济带的开发，促进长江流域上中下游协调发展，还可以起到引领和支撑中部崛起，辐射带动大西南和大西北，充分发挥长江中游城市群引领带动中西部、统筹区域协调发展的战略支撑点作用。从某种意义上讲，竞争力来源于区域协调能力的高低，如何通过产业发展提高区域协调能力，是现阶段区域经济发展的关键问题。产业同构作为产业发展中面临的问题之一，研究其对三省区域协调能力的影响，能为三省区域协调能力的提升和推动长江中游经济乃至整个长江经济带的发展提供一定的参考。

（3）物流业已成为支撑国民经济发展的基础性、战略性产业，而物流业的快速与持续发展，关键因素在于其发展的同时强化了物流业与制造业的联动。为促进物流产业优化升级，需要给制造业发展注入新的活力，进而为区域经济增长提供强大动力。研究以湖南为例，构建了促进湖南省两业联动发展的基本框架，提出了提升两业在整体上及内部结构上联动的两个基本模式，并从两业联动提升与协调发展两方面分别提出对策建议。

（4）从消费者视角谈我国农产品可追溯体系的建设与发展，原因在于消费者作为农产品的终端使用者，对农产品可追溯体系的认知程度和信任度不高会在较大程度上制约农产品可追溯体系的建设与发展。一方面，消费者不应是发生质量安全之后的被动应对或呼吁，而应主动加入农产品可追溯体系的建设中来；另一方面，政府和企业也应从消费者角度出发，思考如何科学有效地发挥消费者的作用，促进农产品可追溯体系的建设与发展。以农产品供应链中关键的终端使用者消费者作为研究对象，将技术接受模型的应用领域扩展到与消费者生活质量相关的农产品可追溯体系领域，基于理论和实证分析，探究消费者对于农产品可追溯体系接受意愿的影响因素具有一定新意。

（5）随着“互联网+”的推进，“互联网+药品”逐渐为传统医药物流带来挑战和机遇，未来医药交易将更多通过网络的形式完成，医药电商的崛起，对医药物流的专业化和流通效率提出了更高的要求。对医药冷链物流与其他冷链物流资源的共享协同、供应链上下游的资源共享协同、医药绿色安全发展以及医药物流的转型升级、区块链技术、物联网技术的运用以及诚信机制的建立等问题的探讨，为构建医药冷链物流框架体系与运行模式奠定了一定基础。

本书将看似零散的几大科学问题，用“协调、绿色、创新”这条主线串接起来，不仅将科学研究聚焦于国家重大战略与方针政策，着力解决现实中急需寻找的路径、方案与对策，同时也将若干问题的研究统一到中国经济新常态下发展的指导方略中来，从而确保了研究的理论价值与现实意义。作为一本研究我国当今协调发展、绿色发展与创新发展热点问题的专著，我相信该书的出版可以为我国各地正如火如荼开展的区域经济建设，以及生态文明与绿色发展战略实施提供指导与借鉴。

作者

2019年11月6日

目　录

第一章

城市群建设与高质量发展

一、城市群的概念与内涵

（一）城市群起源与定义

一般认为，19 世纪末英国学者 Howard 所著的《明日的田园城市》孕育了城市群思想，书中针对英国出现的农村人口不断向城市迁徙、城市发展严重畸形、农村地区因人口流失而进一步衰退的现象，提出了构建“城市—乡村磁铁”这一群体发展的思路。20 世纪初期苏格兰城市规划和教育家格迪斯（P. Geddes）提出 Megalopolis 和 Conurbation 两个概念以来，学者慢慢开始研究城市成片发展这一现象。特别是 20 世纪 50 年代法国地理学家戈·特曼（J. Gottmann）用 Megalopolis 特指美国东北海岸的都市区的独特集群（the unique cluster of metropolitan areas）以来，学者们在城市群、都市圈这一领域不断探索。中国学者也有诸多建树，不少学者提出经济发展不应仅仅局限在单一城市，应将相邻城市间的共同发展作为经济建设的主阵地。

城市群的出现经历了漫长的发展过程。随着优质资本不断涌入相对较大的城市，城市得以进一步发展，慢慢有了辐射周围乡镇的能力，进而形成了都市圈。而随着更加便利的交通方式的出现，城市规模的不断扩大和交通条件不断改善，距离相近的城市辐射的区域不断接近甚至产生重合，城市之间的经济往来也越来越密切，城市群也慢慢形成。

城市群是指在特定地域范围内，一般以 1 个以上特大城市为核心，由至少 3 个以上大城市为构成单元，依托发达的交通通信等基础设施网络所形成的空间组织紧凑、经济联系紧密，并最终实现高度同城化和高度一体化的城市群体。城市群是在地域上集中分布的若干特大城市和大城市集聚而成的庞大的、多核心、多层次城市集团，是大都市区的联合体。城市群是城市发展到一定程度的高级产物，城市群的发展有利于资源的优化配置与产业结构的优化升级。

简单来讲，城市群就是指集中在一定地域内，规模和职能各不相同，但交通便利，彼此联系密切而又相对独立的若干城市和城镇。城市群的分布和组合主要有两种形式：一是以某个大城市为核心，逐步向外扩展，在其周围形成若干中小城镇的团状群组；二是由若干座规模相仿的城市为中心，组成多核心带状或块状的城市群。

城市群是以密布的交通网络与便利的通讯环境为媒介，由一个核心城市与周边众多中小城市组合而成，且城市间拥有紧密联系的一个发展共同体。

（二）城市群界定与实质

依据前面所述，从概念上理解城市群，可以包括这样几个部分：即城市群是一定地域内的一组相互密切联系的城市；这组城市之间存在着规模等级和空间结构，同时存在着功能分工；它们具有共同的利益目标和与之相对应的集体行为。城市群之所以形成和发展，其客观基础在于城市之间在一定地域内形成了相互依赖的发展关系，这种关系以相应的结构和功能来实现，并制约着结构和功能的演化；正是在这种关系的约束下，城市之间形成了共同的发展利益，并为这种共同利益而采取集体行动。

结合世界级城市群的发展状况与我国实际，本书将城市群界定如下：首先应有一个世界级的核心城市为依托；其次，城市群内其他城市与核心城市间有相当便利的交通网络分布；再次，城市群中应至少包含一定区域内经济中心；最后，城市群能够带动一定区域内的经济发展。

城市群是在城市化过程中，在某些城市化水平较高的地域空间里，由几个密集分布的城市及其腹地与区域网络组织的空间相互作用而形成的。城市群的出现是经济发展到一定程度上的必然产物。每个城市群至少都有一两个相对发达、辐射驱动功能较强的核心城市。它由几个相邻的城市组成，空间距离近，经济联系密切，功能互补，等级有序。城市群的发展可以使资源在更大规模上优化配置，增强辐射驱动作用，促进城市群内城市的发展。发达国家的城市群也是一个国家或地区参与经济全球化的重要渠道，是一个国家或地区发展的重要源泉。城市群的发展有其所处的阶段，可以考虑其对周边地区的驱动作用。不仅如此，它还可以促进社会公平、缩小差距。

城市群的发展往往都经历了这样几个阶段，在城市群刚刚起步时，各个城市间的联系还没有那么紧密，此时尚未形成真正的城市群结构，而核心城市经济发展已到达相对较高的层次，优质资源开始向其集中，但尚未有区域治理的要求，核心城市依托先天优势迅速发展，进而辐射到周边城市。随着城市群的不断发展，城市群与各行政范围的关系处理成为一大问题，各地方政府考虑的内容往往仅从自身出发，缺乏有效的合作与沟通，资源配置效率低下，而城市群的发展打破了这种行政壁垒，城市群内部一体化发展变得越发重要。当城市群达到成熟时，越来越多的经济活动需要跨越行政单位来完成。

对城市群概念的不同理解源于空间概念的多重性。首先城市群内部的资源共享，联系紧密；其次通过政府的引导，结合各城市先天情况的不同，各城市间呈现出不同的发展优势，这样有利于内部城市间互相依靠，协同发展。另外，基于地方政府的不断沟通及上级政府的规定，协同解决了许多跨越基本行政单位的问题，降低了交易成本，节约了时间。城市群内的各个城市协同发展，进而迸发出单个城市不可能拥有的前所未有的发展活力，从而推动城市群的快速发展。这样，城市群作为一个国家或地区参与经济全球化与全球竞争的前沿，才能发挥出最大的效能。

（三）发展城市群的原因

1. 人口和产业方面的考虑

从人口上来说，城市化过程随着交通的便利变得越来越区域化，这个过程已经越来越难以局限在单一行政区划意义上的城市来考虑。中心城市提供了非常多的就业岗位，但这些岗位从本质上来说收入是分级的。收入分级自然而然会导致居住分离，低收入人群在通勤成本和居住成本之间权衡，会有很多人在距离就业中心很远的地方居住。这就意味着，在交通如此发达的前提下，人们很容易选择在中心就业，而在其他城市居住。此时，城市的行政边界从人口意义上来说已经被打破了。从产业上来说，相邻城市之间很容易形成相似的先天自然禀赋条件，后天进行发展时如果没有产业政策调整，产业结构就很容易同质化发展。这时如果从城市群的角度来考虑产业布局、分布和调整，比相邻城市之间进行无谓的竞争会更有效。

2. 国家发展战略的要求

在社会不断变革的大前提下，城市群发展的本质其实就是经济结构的转型与升级，这是一个自然和自需的过程。而且，城市群在中国新型城镇化中起到了至关重要的作用。城市群作为一个国家参与经济全球化的新的区域单位，决定着21世纪世界政治和经济发展的新形势，是经济重心不断转移的有力载体，是“一带一路”倡议实施的中流砥柱，是中国工业化与城镇化发展到较高层次的阶段成果，也是中国参与世界全球化发展的重要连接点，因而在推进中国新型城镇化和经济社会发展中具有相当高的战略地位。大城市群既是中国与世界紧密联系的纽带，也是世界极具竞争力的重要发展区，城市群竞争的核心不是制造业，而是高新技术产业和服务业，这也是未来城市群发展的基本指导思想，科技信息正在不断改变世界全球经济格局，而这恰恰也是中国参与到国际经济大势的一个契机。城市群是一个国家或一个区域发展的核心区，全世界都是如此，中国也不例外。正因为这样，中央城镇化工作会议和《国家新型城镇化规划（2014~2020年）》首次把城市群作为推进国家新型城镇化的空间主体，《国家主体功能区规划》把城市群作为重点开发区和优化开发区，国家“十一五”“十二五”两个五年规划连续10年把城市群作为推进新型城镇化的主体，党的十七大、十八大报告连续10年把城市群作为新的经济增长极，《国家新型城镇化规划（2014~2020年）》50次提到城市群。

3. 发展城市群具有合理性

发展城市群有许多合理之处。首先，有利于各行政机构互相协调互助；其次，有利于形成互相支援、互为补充的经济体；再次，有利于社会结构的不断优化，从一个区域出发，形成农村、城镇、城市的一种梯次结构；最后，有利于生态结构的不断改善，形成生态环境缓冲区。城市群发展还能兼顾区域平衡和产业优化升级。大城市与中小城市被城市群连接在一起，大城市起引导作用，中小城市承接劳动转移，这是一种很好的发展形势。

二、城市群高质量发展的理论基础与内涵

（一）高质量城市群发展的理论基础

“我国经济已由高速增长阶段转向高质量发展阶段”。这是习近平总书记在开放状态下探索的大国发展的新模式，也是根据国内外发展环境变化作出的重大判断。在全面建成小康社会的决胜阶段，我国经济增速已从过去9%左右

的高速增长逐步下降到当前6%左右的增长。转向高质量发展阶段，是我们直面新时代主要矛盾的必然选择。中国特色社会主义进入新时代，我国社会主要矛盾已经转化为人民日益增长的美好生活需要和不平衡不充分的发展之间的矛盾。中国特色社会主义进入了新时代的同时，我国经济发展也进入了新时代。推动高质量发展，既是保持经济持续健康发展的必然要求，也是适应我国社会主要矛盾变化和全面建成小康社会、全面建设社会主义现代化国家的必然要求，更是遵循经济规律发展的必然要求。

高质量发展是适应经济发展新形势的积极选择。中国经济发展进入了一个新的状态，在这样的背景下，我们要认清长期趋势，积极适应经济规律，把握经济发展常态。同时必须确保拥有正确的政治观，拒绝一味地追逐GDP的增长，坚定不移地走创新发展道路，避免受到短期经济指标波动的影响，为推动我国经济高质量发展做出积极贡献。

高质量发展是贯彻新发展理念的根本体现。发展理念是否正确，从根本上决定着发展成效乃至成败。党的十八大以来，以习近平同志为核心的党中央直面我国经济发展的深层次矛盾和问题，提出创新、协调、绿色、开放、共享的新发展理念，只有贯彻新发展理念才能增强发展动力，推动高质量发展。应该说，促进高质量发展，就是促进满足人民日益增长的美好生活需要的发展，是体现新发展理念的发展，是创新成为第一动力、协调成为内生特点、绿色成为普遍形态、开放成为必由之路、共享成为根本目的的发展。

高质量发展是适应我国社会主要矛盾变化的必然要求。中国特色社会主义进入新时代，我国社会主要矛盾已经转化为人民日益增长的美好生活需要和不平衡不充分的发展之间的矛盾。不平衡不充分的发展就是发展质量不高的直接表现。更好地满足人民日益增长的美好生活需要，必须推动高质量发展。我们要重视量的发展，但更要解决质的问题，在质的大幅度提升中实现量的有效增长，给人民群众带来更多的获得感、幸福感、安全感。

高质量发展是建设现代化经济体系的必经之路。建设现代化经济体系是我国经济发展的战略目标，也是我国作为世界第二大经济体的迫切要求。实现这一战略目标，必须坚持质量第一、效益优先，推动经济发展质量变革、效率变革、动力变革，提高全要素生产率，不断增强我国经济创新力和竞争力。归根结底，就是要推动高质量发展。推动高质量发展是当前和今后一个时期确定发展思路、制定经济政策、实施宏观调控的根本要求。遵循这一根本要求，我们必须适应新时代、聚焦新目标、落实新部署，推动经济高质量发展，为全面建成小康社会、全面建成社会主义现代化强国奠定坚实物质基础。

转向高质量发展阶段，是我们适应经济新常态、突破发展“瓶颈”的紧迫任务。中国城市发展的普遍特点是要素向高等城市集中、全国向直辖市集中、各地区向地级市集中，区域经济的发展不仅是从城镇化到城市群，更是要推动城市群高质量发展。2018 年的中央经济工作会议也提出，要促进区域协调发展，推动京津冀、长三角、粤港澳等大城市群成为引领高质量发展的重要动力源。

（二）城市群与高质量发展的联系

当前，城市群建设已经成为新型城镇化的重要形态，也是促进区域发展的重要抓手，是推动区域一体化的核心动力，也是提升区域竞争力的空间载体。高质量发展的城市群可以优化区域发展格局，带动整个经济高质量发展，作为我国经济增长的引擎，城市群已成为高质量发展的重要驱动力。

城市不仅是简单的空间概念，城市实际上是一种机制，是人类社会互动协同合作的方式，它不是若干城市在一定空间范围内的自然布局和简单组合，城市群能够成“群”的关键在于城市间的紧密联系和协同互动，促进城市间要素自由流动、资源高效配置、基础设施对接、产业关联配套、公共服务均等，以充分发挥城市群的规模效应、集聚效应和协同效应。大城市及以其为中心的城市群，因其规模经济效应、集聚效应以及高水平的专业化分工，成为经济活力的源泉和国家竞争力的高地。作为城市发展的高级空间组织形式，城市群可以更好地实现资源的优化配置，强化城市的集聚功能，提高城市的地位和影响力。

（三）城市群高质量发展的趋势

城市群的发展带动了区域经济产业文化的发展，建设世界级城市群，发挥其优化空间布局和集聚生产要素的重要作用，推动区域经济发展质量变革、效率变革、动力变革，是贯彻落实习近平新时代中国特色社会主义经济思想、推动经济高质量发展的重要体现，是实施区域协调发展战略的重要内容。城市群崛起是经济发展到一定阶段的重要标志，同时对经济发展具有巨大带动作用。城市群有利于促进要素自由流动，不断拓展市场边界；有利于形成规模经济，降低企业的生产成本和交易成本；有利于劳动分工、知识溢出，产生正外部性，促进创新并带动收益递增；有利于在区域内形成合理的发展格局和健全的协调机制。城市群通过引领区域经济转型升级、资源高效配置、技术变革扩散，在增强区域经济活力、提升区域经济效率方面发挥着重要作用。

城市群是多城市聚集产生的形态，是城市发展到成熟阶段的产物。从全球来看，城市群的概念最先提出于19世纪90年代，并在20世纪初形成初态城市群，在20世纪中叶逐渐发展成熟，城市从中心区分化发展到多城市集聚的状态。生产力的不断提高成为促进城市群发展的主要动因，随着经济的发展，单个城市的自我发展已经不能满足经济发展的需要，完善的城市体系有利于城市自身的发展和区域发展，故一系列不同规模等级的城市聚集并形成城市群。

城市群内的城市之间通过交通、网络等多种方式相互联系，帮助城市间生产要素流通，对城市间的协作与沟通有极大的促进作用。高质量城市群的发展促进城市间逐渐呈现网络模式，形成以大都市为核心、多中心并存的网络体系，进而产生协同效应。高质量城市群的形成给各城市带来一系列优势，除了生产专业化、经济一体化、共享市场与资源等外，发展高质量城市群更能符合当今绿色发展、协调发展的社会理念。同时，一般城市群都会存在核心城市，核心城市会将部分基础产业外移，带动城市群中其他小规模城市的发展。以城市群的形式生存大大增加了城市群内城市，尤其是中小城市的市场竞争力，城市群作为一个整体，具有较为全面的市场功能和经济实力，其综合竞争力远远超过相应单个城市独自发展的总和。

（四）城市群高质量发展的内涵分析

进入21世纪，我国区域经济发展的重要特点是城市群的出现。近年来，我国区域经济协调发展明显增强，尤其党的十九大所确立的区域协调发展的重点格局——以“一带一路”建设、京津冀协同发展、长江经济带发展“三大发展规划”为引领，以西部开发、东北振兴、中部崛起、东部率先“四大板块”为基础的空间发展战略格局，积极促进了区域经济的高质量发展，为充分发挥市场在资源配置中的决定性作用带来极大的动力。

现代城市群的概念与战略在国家层面得到落实与实施是在“十一五”规划期间。2005年年底，中共中央发布的《关于制定国民经济和社会发展第十一个五年规划的建议》中，首次在国家规划中运用了“城市群”概念，要求“以特大城市和大城市为龙头，形成若干用地少、就业多、要素集聚能力强、人口合理分布的新城市群”，并对当时已经具备较强经济实力的珠三角、长三角和环渤海地区提出了增强城市群整体竞争力的战略任务。由此，在“十一五”规划期间，现代城市群的规划与推进正式进入国家战略，城市群在我国城市化的大战略中上升为核心地位，并成为主导任务。

发展高质量城市群的需求正式被提出是在“十三五”规划期间。进入“十三五”规划时期，伴随着中国在全球经济发展中发挥更大的担当作用，构建具有世界影响力和创新带动作用的高质量现代城市群，最大限度地整合区域和全球创新资源，以达到稳步提升国家竞争力的目的，就成为新的战略选择。建设长三角世界级城市群、打造粤港澳大湾区以及中央决定设立河北雄安新区，充分体现了国家战略之举的气魄。

从国家层面上，建设高质量发展的世界级城市群，发挥其优化空间布局和集聚生产要素的重要作用，推动区域经济发展质量变革、效率变革、动力变革，是贯彻落实习近平新时代中国特色社会主义经济思想、推动经济高质量发展的重要体现，是实施区域协调发展战略的重要内容。

三、中国城市群建设的实践探索

城市群作为一个国家或地区的发展中枢，主导着一个区域的空间布局和战略地位，其发展质量和运行效率的高低，影响着一个国家或地区的经济命脉、区域地位以及国际话语权。20 世纪 80 年代，随着我国经济社会的快速发展，城市群在我国不断兴起、壮大，已成为推动我国经济社会发展的重要力量和空间载体。

（一）中国城市群的现状

1. 粤港澳大湾区的城市群

粤港澳大湾区——“粤”即是指广东省珠三角城市群（广州、深圳、佛山、东莞、珠海、中山、惠州、肇庆、江门）这 9 个内地城市，“港”即是香港特别行政区，“澳”则指澳门特别行政区。该城市群仅占中国国土面积的 0.6%，人口占全国约 5%，却创造了超过 12% 的全国 GDP 总量。

2015 年 3 月，国家发改委、外交部、商务部发布《推动共建丝绸之路经济带和 21 世纪海上丝绸之路的愿景与行动》，首次提出要深化与港澳台合作，打造粤港澳大湾区。2017 年 7 月 1 日，习近平主席视察香港，见证了国家有关部门和方面与香港签署的《深化粤港澳合作推进大湾区建设的框架协议》。从此，粤港澳大湾区的规划和建设正式纳入国家战略。

目前，粤港澳大湾区从三次产业的结构特征来看，已由工业经济迈进服务经济阶段。粤港澳大湾区 2016 年三次产业结构为 1.34:33.23:65.44，形成了“三二一”的产业格局。服务业在国民经济中的地位不断上升并成为第一大产业，第二产业则呈现缓慢下降趋势。除逐步优化的产业结构外，粤港澳大湾区的进出口水平也屡创新高。2012～2016 年，粤港澳大湾区的进出口总额基本维持在 8 万亿～9 万亿美元之间的水平线。与国际著名湾区对标比较，则是东京湾区的三倍以上。2016 年，仅粤港澳大湾区三大港的总吞吐量 6247 万标箱，湾区吞吐量总计 6520 万标箱，远超纽约湾区的 465 万标箱、东京湾区的 766 万标箱和旧金山湾区的 227 万标箱，是世界三大湾区总和的 4.5 倍，成为世界第一。可以说，粤港澳大湾区是全球港口最密集、航运最繁忙的区域。

粤港澳大湾区的建设既是粤港澳区域经济社会文化自身发展的内在需要，也是国家区域发展战略的重要构成与动力支撑点，承载着辐射带动泛珠三角区域合作发展的战略功能。由古至今，水路都是带动一个片区经济发展的重要命脉。在当今全球经济发展中，能够起到重要增长极作用以及引领全球技术创新和资源配置的地方，都是港湾遍布水路相连，最为知名的就是世界三大湾区，即纽约湾区、旧金山湾区和东京湾区。世界上的著名湾区的共同点是都具有一线的水资源，附着极高的资源价值。粤港澳大湾区的建设已经提升到了国家发展战略的层面，推进建设粤港澳大湾区，有利于推动国民经济的发展，有利于深化内地和港澳地区各方面的交流合作与共同进步，对我国保持长期稳定繁荣具有重要意义。在坚持改革开放的基础上，不断提升对外开放水平，拓展向外开放深度，粤港澳大湾区城市群的建设实现了粤港澳三地城市群的快速、健康发展。

前海、横琴、南沙三大自贸区和香港、澳门全面对接正成为未来粤港澳大湾区发展的重要亮点。自贸区驱动的湾区区域协作，将有利于设计更多合作接口和平台，帮助探索和解决三地融合中的运行机制、体制机制、文化环境三个落差，融合各个方面共同的需求，实现优势互补，分工协作，从优势互补转向优势整合、从各展所长到协同共进、从各有精彩到繁荣共造，从而开拓三地深度融合的新局面。

坚持改革创新，实现珠三角内地城市群对港澳两地、对世界的有序、有效开放。坚持“群体发展”的原则，在发展过程中要能够协同、合作，共同打造具有世界一流水平的科技、商贸、交通、金融等功能的城市群落。讲究战略，通过“体制机制革新、要素流动保障、区域协调发展、营商环境与公共服务、社会公众参与”等五个层面的战术对策，推动粤港澳大湾区内各地的联动发展、创新发展、健康发展，将粤港澳大湾区的地理优势、战略优势等充分发挥出来，让粤港澳大湾区协同效应、集聚效应、外溢效应得到充分的发挥与应用。

2. 长江经济带的城市群

长江经济带覆盖上海、江苏、浙江、安徽、江西、湖北、湖南、重庆、四川、云南、贵州等11个省市，面积约205.23万平方公里，占全国的21.4%，人口和地区生产总值均超过全国的40%。推动长江经济带发展，是以习近平同志为核心的党中央作出的重大决策，是关系国家发展全局的重大战略，对实现“两个一百年”奋斗目标、实现中华民族伟大复兴的中国梦具有重要意义。

长江经济带横跨中国东中西三大区域，是中央重点实施的“三大战略”之一，是具有全球影响力的内河经济带、东中西互动合作的协调发展带、沿海沿江沿边全面推进的对内对外开放带，也是生态文明建设的先行示范带。

2016年9月，《长江经济带发展规划纲要》正式印发，确立了长江经济带“一轴、两翼、三极、多点”的发展新格局。其中，“三极”指的是长江三角洲城市群、长江中游城市群和成渝城市群，意为充分发挥中心城市的辐射作用，打造长江经济带的三大增长极；“多点”是指发挥三大城市群以外地级城市的支撑作用。

（1）长三角城市群。

长江三角洲城市群（简称：长三角城市群）以上海为中心，位于长江入海之前的冲积平原，包括26个城市，土地面积约占全国的2.2%，地区生产总值约占18.5%，总人口约占11%。

长江三角洲地区有着悠久的文化历史，加之有着发达的水系、丰饶的土地，使其在中国封建社会的中后期就已经初步形成了一个可观的城市群。改革开放以来，伴随着社会主义市场经济的发展，长江三角洲地区城市群城市功能重新分化重组。上海以其优越的地理区位重新成为国际性大都市，整个城市群的经济中心、第三产业关系、城市功能进行了重新定位和分工。2010年5月，国务院正式批准实施的《长江三角洲地区区域规划》明确了长江三角洲地区发展的战略定位，即建成国家综合竞争力最强的世界级城市群。

长三角城市群内产业丰富多样，从制造业到互联网新兴产业都有核心城市。近3年来，长三角城市群产业结构不断升级，第二产业占比从46.7%下降到43.2%，第三产业占比从49.6%上升到53.3%。在以制造业产业升级为主导的情况下，长三角相关的金融业和现代服务业也取得了长足的发展，如以杭州阿里巴巴为代表的互联网经济的崛起、上海国际金融中心建设的持续推进。作为中国经济发展最活跃的地区之一，长三角城市群以仅占中国2.1%的土地面积，集中了中国1/4的经济总量和1/4以上的工业增加值，被视为中国经济发展的重要引擎，是中国经济最发达的地区。

长三角城市群于2010年跻身第六大世界级城市群，是六大城市群中最年轻的一个。按经济总量算，长三角地区三省一市2017年经济总量达19.53万亿元，占全国的23.6%，其中以26个城市为边界的长三角城市群，2017年的经济总量为16.52万亿元，居世界六大城市群的第五位。

目前，长江三角洲城市群已形成了由特大城市、大城市、中等城市、小城市、县城、县属镇和乡级镇组成的七级城镇体系，城镇等级齐全，类型多样，各类城市的数量也呈现出“宝塔”形的特点，大中小型城市的数目之比分别为4:17:30。这样一种城市体系结构，有利于控制核心城市人口的盲目膨胀，实现各级城市之间的合理分工，发挥城市带的整体优势，有利于实现城市产业多样化，集中投资和生产，充分发挥规模经济效应。同时，以现代化交通体系为依托，建设一体化城市体系，推进交通基础设施的网络化建设，形成了长三角城市群跨区域的交通体系，促使经济要素能够更便捷地流动，各地互补分工的关系加速形成。

在很大程度上，一个城市群的发展水平和质量，主要看核心城市。核心城市的发展水平和质量，决定城市群的整体竞争力和影响力。作为核心龙头城市，上海在长三角城市群中的作用，恰如纽约之于美国东北部大西洋沿岸城市群，东京之于日本太平洋沿岸城市群，伦敦之于英伦城市群。目前，我国正推进长三角区域农村改革发展，规划和建设上海都市圈，优化上海城市布局，以核心城市的发展带动长三角城市群建设，使之成为具有全球影响力的世界级城市群。

长三角港口正由城市港口、省市港口向港口群发展转变，适应新的港口群发展态势和要求，以建设世界级港口群为目标，充分发挥4000多千米内河航道优势，顺应世界航运发展新趋势，适应高质量发展与长三角一体化新要求，进一步明确与长三角世界级城市群地位相匹配的世界级港口群的战略目标定位。加强长三角港口群顶层设计、高点站位、统筹布局，确定长期、中期和近期发展目标，尽快明确各港的定位和基本服务功能，逐步形成上海以集装箱中转为主、浙江以大宗散货为主、江苏以除大宗散货和集装箱之外的江海转运为主的长三角港口群分工格局。坚持政府引导、市场主导为原则，积极发挥政府在标准规范、政策支持、资金配套等方面的引导作用，营造良好营商环境和法制环境。立足提高城市群发展质量，提升港口群综合国际竞争力，强化市场配置资源的决定性作用，突出企业的市场主体地位，坚持以资本为纽带，通过资产重组、互相参股、交叉持股等多种方式，着力推进长三角地区港口资源省内整合、跨行政区整合。建立市场化、开放性的平台和机制，促进江浙沪皖港航企业多种方式的合作和联盟，加强协同和互动，整合海港、空港、公路、铁路、长江水运和内河水网运输，着力推进多式联运，促进物流运输降本增效。

（2）长江中游城市群。

长江中游城市群以武汉为中心，承东启西、连南接北，土地面积约占全国的3.4%，人口总量占约9%，创造了9.6%的经济总量。

湘鄂赣三省自古以来有着特殊深厚的历史文化渊源，经贸往来和人文交流也一直非常密切。中华人民共和国成立以后，特别是改革开放以来，三省地方和民间往来日趋紧密，为湘鄂赣三省构建长江中游城市群打下了坚实基础。2015年3月，政府工作报告将长江经济带建设上升为国家战略，提出“要依托黄金水道，建设长江经济带”，长江中游城市群建设被逐步提上日程。2018年11月，《中共中央国务院关于建立更加有效的区域协调发展新机制的意见》明确要求，以武汉为中心引领长江中游城市群发展。

长江中游城市群临江达海，经济腹地广阔，拥有一批现代化港口群、区域枢纽机场以及铁路、公路交通干线，交通条件优越，人口众多、资源丰富，农业特别是粮食生产优势明显，工业门类较为齐全，形成了以装备制造、汽车及交通运输设备制造、航空、冶金、石油化工、家电等为主导的现代产业体系，战略性新兴产业和服务业发展迅速。以武汉、长沙、南昌为中心的武汉城市圈、环长株潭城市群、环鄱阳湖城市群发展迅速，形成了一批各具特色的中小城市和小城镇，生态环境容量较大，城乡区域发展趋于协调。

推动长江中游城市群发展，对于依托黄金水道推动长江经济带发展、加快中部地区全面崛起、探索新型城镇化道路、促进区域一体化发展具有重大意义。在经济全球化和区域经济一体化加速发展、我国发展进入新常态、改革进入攻坚期和深水区的大背景下，推进长江中游城市群发展，有利于跨区域整合优化资源要素，加快探索城市群合作发展的新路径和新模式，培育形成全国重要的经济增长极的步伐，引领和带动中部地区加快崛起；有利于深化长江流域经济合作和开放开发，形成良性互动、合作共赢的发展格局，协同打造中国经济新支撑带；有利于共同保护长江水资源水环境，促进人水和谐、绿色发展，引领全国资源节约型和环境友好型社会建设；有利于推进城乡区域协调发展与社会和谐进步，使城乡居民共享现代化建设成果。

随着国家深入实施区域发展总体战略和新型城镇化战略，全面深化改革开放，大力推进生态文明建设，积极谋划区域发展新棋局、推动经济增长空间从沿海向沿江内陆拓展，依托长江黄金水道推动长江经济带发展，能为长江中游城市群全面提高城镇化质量、推动城乡区域协调发展、加快转变经济发展方式提供强大动力与有力保障，也为长江中游城市群提升开发开放水平、增强整体实力和竞争力创造了良好条件，长江中游城市群的比较优势和内需潜力将得以充分发挥，在全国发展中的地位和作用将进一步凸显。

国务院批复的《长江中游城市群发展规划》明确，要努力将长江中游城市群建设成为长江经济带重要支撑、全国经济新增长极和具有一定国际影响的城市群。为此，要强化武汉、长沙、南昌的中心城市地位，依托沿江、沪昆和京广、京九、二广等重点轴线，形成多中心发展格局。在城乡统筹发展、基础设施互联互通、产业协调发展、共建生态文明、公共服务共用、深化对外开放六大方面重点发力。在城乡统筹发展方面，坚持走新型城镇化道路，形成多中心、网络化发展格局，促进省际毗邻城市合作发展，推动城乡发展一体化；在基础设施互联互通方面，围绕提高综合保障和支撑能力，统筹推进城市群综合交通运输网络和水利、能源、信息等重大基础设施建设，提升互联互通和现代化水平；在产业协调发展方面，依托产业基础和比较优势，建立城市群产业协调发展机制，联手打造优势产业集群，建设现代服务业集聚区，发展壮大现代农业基地，有序推进跨区域产业转移与承接，加快产业转型升级，构建具有区域特色的现代产业体系。

3. 成渝城市群

成渝城市群以重庆、成都为中心，总面积18.5万平方公里，约占全国的1.9%，常住人口9500万，约占全国6.8%，地区生产总值5.7万亿元，约占全国6.4%。2020年，成渝城市群将基本建成国家级城市群。

成渝城市群处于全国“两横三纵”城市化战略格局沿长江通道横轴和包昆通道纵轴的交汇地带，是全国重要的城镇化区域，具有承东启西、连接南北的区位优势。自然禀赋优良，综合承载力较强，交通体系比较健全。该城市群是西部经济基础最好、经济实力最强的区域之一，电子信息、装备制造和金融等产业实力较为雄厚，具有较强的国际国内影响力。该城市群人力资源丰富，创新创业环境较好，统筹城乡综合配套等改革经验丰富，开放型经济体系正在形成，未来发展空间和潜力巨大。成渝城市群各城市间山水相连、人缘相亲、文化一脉，经贸往来密切，区域交通、农业、商贸、教育、科技、劳务等领域合作不断加强，毗邻区域合作不断深化，川渝合作进程逐步加快，一体化发展的趋势日益明显，这些都为成渝城市群的发展打下了坚实的基础。

然而，成渝城市群经济体系和产业结构发展尚不完善。成渝城市群内部的经济发展格局以“两核两轴线”为主，重庆、成都两核的极化效果明显，而扩散带动作用较弱；沿宝成—成昆铁路线和长江水道两条轴线的城市，经济发展可观，而“两核两轴线”之间的城市则出现了经济发展的塌陷带，影响了整个区域的经济发展。2012年，成渝城市群第一产业增加值为3252.59亿元；第二产业增加值为16202.75亿元，其中工业14173.11亿元，占第二产业的87.47%；第三产业增加值为11133.43亿元。三次产业结构比例为10.63：52.97：36.40。从产业结构来看，第二产业尤其是工业的经济实力较强，第三产业发展较为薄弱。但是，成渝城市群的现代产业体系相对比较完善，产业发展基础较好。机械制造、汽车产业、电子、副食饮料、化工、医药、冶金、能源、军工等产业在全国具有较大的影响力。

成渝城市群是西部大开发的重要平台，是长江经济带的战略支撑，也是国家推进新型城镇化的重要示范区。培育发展成渝城市群，发挥其沟通西南西北、连接国内国外的独特优势，推动“一带一路”和长江经济带战略契合互动，有利于加快中西部地区发展、拓展全国经济增长新空间，有利于保障国土安全、优化国土布局。

成渝城市群是西部地区人口最密集、产业基础最雄厚、创新能力最强、开放程度最高的地区。发挥重庆和成都双核带动功能，重点建设成渝发展主轴、沿长江和成德绵乐城市带，有利于促进川南、南遂广、达万城镇密集区加快发展，提高空间利用效率，构建“一轴两带、双核三区”空间发展格局。

以重庆市和成都市为中心的成渝城市群，是我国西部大开发的有效载体。《成渝城市群发展规划》中指出，到2020年，基本建成经济充满活力、生活品质优良、生态环境优美的国家级城市群。该城市群发展潜力强，上升空间大，立足西南、辐射西北、面向欧亚。高水平建设现代产业体系，高品质建设人居环境，高层次扩大对内对外开放，培育引领西部开发开放的国家级城市群，强化对“一带一路”建设、长江经济带发展、西部大开发等国家战略的支撑作用，充分发挥长江上游开放高地优势，依托长江黄金水道强化对内合作，依托西南西北通道强化对外开放，完善开放体系，健全开放平台，创新内陆开放模式，建成西南地区国际交往中心、国家向西开放战略支点，打造推动长江经济带与丝绸之路经济带联动发展的战略性枢纽。

4. 京津冀城市群

京津冀城市群是中国的政治、文化中心，也是中国北方经济的重要核心区。土地面积约占全国的2.35%，地区生产总值约占9.45%，总人口约占7.24%。

中国100多年的工业化过程主要集中在东部沿海，两个高峰分别出现在南部的上海和北部的天津。洋务运动时期天津是北部的工业中心，对外贸易中心，铁路枢纽中心以及金融中心。唐山的重工业也是在这一时期兴起。京津唐老工业基地在此基础上形成与发展。新中国成立前的帝国主义经济、军事掠夺以及后来的唐山大地震不仅摧毁了原有的工业格局，同时对京津地区的发展也造成了消极影响。京津冀城市群的概念是由首都经济圈发展而来，改革开放后，《京津冀都市圈区域规划》正式出台，京津冀协同发展成为站在实现中华民族伟大复兴中国梦的历史高度制定的国家战略。

京津冀整体定位是“以首都为核心的世界级城市群、区域整体协同发展改革引领区、全国创新驱动经济增长新引擎、生态修复环境改善示范区”，将北京市发展为全国政治中心、文化中心、国际交往中心、科技创新中心；将天津市打造为全国先进制造研发基地、北方国际航运核心区、金融创新运营示范区、改革开放先行区；将河北省发展为全国现代商贸物流重要基地、产业转型升级试验区、新型城镇化与城乡统筹示范区、京津冀生态环境支撑区。京津冀城市群的第三产业占 GDP 比重超过 50%，产业结构呈现高级化趋势，在三次产业发展中，第三产业的发展速度尤为明显。

京津冀作为我国三大城市群之一，地理位置重要，资源要素集中，产业基础雄厚，市场腹地广阔，在历史文脉、资源禀赋、产业结构、发展基础等方面互补性强、合作开发潜力巨大。加快协同发展步伐，大幅度提升综合竞争力，有利于加快形成环渤海经济带，推进东中西互动，带动北方地区发展，打造我国经济增长和转型升级的新引擎，有利于探索完善城市群布局和形态、为优化开发区域发展提供示范样板。

从参与国际竞争的角度来看，京津冀地区在促进我国经济转型和经济崛起中担负着重大使命。京津冀城市群是我国最重要的政治、经济、文化与科技中心，拥有完整齐备的现代产业体系，也是国家自主创新战略重要承载地，其发展目标正是打造世界级城市群。京津冀地区正处于东北亚经济圈的中心地带和连接欧亚大陆桥的战略要地。加快京津冀地区的快速发展，有利于实现我国新丝绸之路战略下对东北亚、中亚以及欧洲等地区的全方位开放，进而带动我国周边发展中国家的经济增长，扩大中国经济的影响范围。

该城市群的一大任务还在于发挥北京的辐射带动作用，打造以首都为核心的世界级城市群，与河北雄安新区的规划建设全方面对接，建设发达的城市交通体系，积极促进中关村的科技创新资源向周边转移共享，鼓励产业合作，推进优质资源共享。与河北共同筹办好 2022 年北京冬奥会和冬残奥会，带动区域发展，促进水平整体提升。关注核心领域发展，优化区域交通体系，伴随着北京大兴国际机场的投入使用，打造出区域世界级机场群；深化联防联控机制，加大区域环境治理力度；加强产业协作和转移，构建区域协同创新共同体。加强与天津、河北交界地区的统一规划、统一政策、统一管控，严控人口规模和城镇开发强度，防止城镇贴边连片发展。

（二）中国城市群的发展共性

自“十一五”起步以来，中国城市群建设快速推进，在推进新型城镇化、缓解“大城市”病、促进区域协调发展等方面，均发挥了积极作用。国家“十一五”规划纲要明确指出将城市群发展成为推进城镇化建设的主体形态，利用国内已经形成的几大城市群的优势，发挥辐射作用，提升城市群整体竞争力。以龙头城市为发展核心，统筹规划，加强城市间的优势互补、分工合作，进而形成用地少、就业多、要素聚集能力强、人口分布合理的高质量城市群。

在城市群刚刚形成时，也就是工业化初期，扩张产业空间规模成了大机器生产的要求，凭借着区位、产业基础、资源等优越条件，中心城市发展快速，成为区域经济发展的重要力量，极化效应作为“领头羊”，引领区域各种经济要素向中心城市快速靠拢，这个过程导致制造业等在中心城市高速发展，让很多国家或区域制造业中心变成中心城市。但由于城市群稳定发展，逐渐成熟，向中心城市外围区域扩散成为制造业发展新趋向，区域产业集群也开始初见雏形。城市群的核心城市，一边制造业在往外扩散，一边也在进行智能调整和转换，大大提高了金融、管理、信息传播等服务行业机构的注册率和就业率，从而致使核心城市主导产业变成服务业。其中，由于人口逐渐往郊区迁移，交通设施的改善和发展大型购物场所的需求剧增，生产性服务业在推动核心城市和整个城市群经济增长中扮演了重要角色。

（三）中国城市群发展道路中出现的问题

中国城市群在高质量发展的过程中，存在巨大的协同发展难点。一方面，城市群内的各城市之间因为利益因素互相博弈，协调机制不健全；另一方面，城市群与城市群之间也存在同质化竞争、资源错配等现象。缺都市圈规划、缺创新合作平台、缺制度对接等成为城市群亟待解决的问题。

1. 产业同构问题突出

推进区域经济一体化是城市群发展的核心所在，其关键是如何形成合理的区域分工体系，这既是城市群能否健康发展的关键，也是城市群能否实现整体效益最大化的重点。然而长期以来，由于受行政区划分割、GDP 绩效考核评价等多重因素的影响，我国城市群城市职能定位同化，产业同构、同质化现象等突出问题直接影响和制约着城市群高质量发展。例如，中原城市群在主导产业选择和重点产业发展方面，郑州、洛阳、开封、新乡、平顶山、许昌、漯河、焦作、济源等 9 个城市均把装备制造业作为重点发展产业，有 8 个城市把生物医药产业、新材料作为产业发展重点等，产业定位与发展重点的相似不仅容易引发城市间的资源争夺，导致城市群内部恶性竞争，严重的还会造成城市群内部的重复建设和资源浪费，影响和破坏城市间的和谐发展与区域一体化进程。因此，在推进我国城市群高质量发展过程中，如何正确处理好各城市间产业发展的关系，实现城市群城市间产业的对接、互补与融合，仍然是目前推进我国城市群高质量发展的关键和难点所在。

2. 资源配置效率低下

城市群是由不同城市组成的区域联合体，由于主体多元、诉求不一，各城市往往基于地方利益的考虑，从本地区的角度来考虑问题和谋划发展，缺乏大局意识和整体观念，从而产生了一系列行政壁垒、市场分割、区域障碍等现象与问题，造成资源的巨大浪费和无序的低价竞争，导致诸如在交通设施建设、跨界水资源使用、生态环境治理以及城市间人员流动上以邻为壑，阻碍着城市群的高质量发展。同时，由于我国城市群存在等级分明的行政隶属关系和行政区划特征，城市群的中小城市和小城镇在资源配置中往往处于“从属”和“弱势”地位，尤其是在不存在行政隶属关系的城镇之间存在严重的行政分割现象。基于地方利益的考虑，各城市政府之间存在激烈的非合作博弈，使各城市政府之间的横向合作关系受到严重阻碍。因此，在我国城市群高质量发展过程中，如何打破“一亩三分地”的定式思维，真正实现城市群资源的优化配置与共享，从顶层规划到具体执行，还有诸多难题需要攻克。

3. 生态联合治理困难

实现跨区域生态环境治理和改善区域生态环境质量，是我国城市群发展的主要目的之一。然而由于我国城市群是由多个城镇组成的松散联合体，各城镇分属不同的行政主体，以及基于自身区域利益的考量，统筹推进城市群生态环境建设，进行生态环境区域治理，难度较大。一方面，由于我国当前各城市群所处的发展阶段不同，发展优先目标各异，统一起来进行生态环境联防联控本身就存在很大困难；另一方面，我国城市群在流域的综合整治和环境保护方面，尚缺乏相应的制度安排，各个城市倾向于从自身利益出发，进行污染对外排放而不承担相应的外部成本和责任，从而造成严重的负外部性。同时，进行生态环境治理和加强生态环境建设，需要加大人力、物力等投入，而其他相关城市会从中分享一定的利益，但由于没有相应的利益补偿机制，降低了生态环境投入方和建设方的积极性。因此，在我国城市群高质量发展过程中，如何正确处理好各城市间的生态利益关系，实现生态环境的联防联治和建设共享，这是城市群建设的现实性难题。

四、世界级城市群的发展分析

世界级大城市群，除了中国长三角等外，还包括：由波士顿、费城、巴尔的摩、华盛顿几大城市构成的美国大西洋沿岸城市群；以芝加哥为中心，包括芝加哥、底特律、克利夫兰、匹兹堡和加拿大的多伦多、蒙特利尔等大城市的北美五大湖城市群；以东京为中心，包括千叶、横滨、静冈、名古屋，到京都、大阪、神户等城市的日本太平洋沿岸城市群；以伦敦为中心，以伦敦—利物浦为轴线，包括大伦敦、曼彻斯特、利物浦、谢菲尔德、伯明翰等大城市的英伦城市群；以巴黎为中心，包括阿姆斯特丹、布鲁塞尔、鹿特丹、海牙、科隆等大城市的欧洲西北部城市群。

（一）世界级城市群的发展现状

1. 美国东北部大西洋沿岸城市群发展现状

美国大西洋沿岸城市群是公认的综合实力最强的城市群。它以纽约为中心，包含波士顿、巴尔的摩、华盛顿和费城等主要城市，北起缅因州，南至弗吉尼亚州。城市群北端的波士顿距城市群南端的华盛顿不到 700 公里，纽约大致位于中心位置。城市群占地面积约 13.8 万平方公里，占美国总面积的 1.5%。2015 年，城市群总人口达到 5345 万，占美国总人口的 17%，GDP 在全美的占比超过 20%。

美国东北部大西洋沿岸城市群有四大方面格外值得我们借鉴。第一，人口发展格局。美国大西洋沿岸城市群的发展是由几大中心城市逐步向外辐射和扩展，以此出现了以安纳波利斯为典型的次级中心城市，不同层次城市相互交错共同构成了城市网络。各层次城市的人口规模呈“金字塔”模式分布，美国东北部大西洋沿岸城市群中人口大于 100 万的城市有 9 个，人口介于 50 万 ~ 100 万的城市有 29 个，这两类城市集聚了区域内 65% 的人口；人口介于 20 万 ~ 50 万的城市有 34 个，人口小于 20 万的城市有 116 个，这类城市的平均规模只有 6.4 万人。而这一情况的发生是随着美国的城市化进程经历了一定变化的。首先，在美国城市化前期城市群内中心城市的人口占比快速增加，伴随着城市化水平逐渐趋于成熟，中心城市的人口占比开始走下坡路并逐渐走向稳定。但由于城市人口不断增加，由此产生了许多城市问题，因此美国出现了逆城市化现象，五个中心城市的人口占比也开始出现下降。现在，五大中心城市的人口占比基本保持稳定，美国东北部大西洋沿岸城市群人口最为集聚的城市仍是这五大中心城市。不仅如此，纽约市所在的纽约州作为美国东北部大西洋沿岸城市群核心州的人口占比也是有着先升后降的相同趋势，现在趋于稳定。尽管纽约州作为美国东北部大西洋沿岸城市群的核心区域，其人口规模和占比在城市群中最高，但是在其发展过程中，以宾夕法尼亚州为代表的其他周边区域的人口规模和占比都经历了快速上升，这在一定程度上缓解了纽约州人口集聚的压力，城市群整体呈现出多元发展的趋势。

第二，产业层级结构，美国大西洋沿岸城市群拥有非常完善的产业层级结构，并且在各层级城市间形成了完善的产业分工格局，几大中心城市的功能定位也是特点分明。纽约处于产业层级结构的顶尖地位，它同时也位于城市群地理位置的中心，可以充分发挥辐射和带动作用。作为城市群中最为核心的城市，纽约是美国人口最多的城市，同样也是全美人口密度最高的大城市，是一座极具世界影响力的城市，是全球金融中心，在许多的领域都有着举足轻重的全球地位，也是全世界最大的都会区之一——纽约都会区的核心。逾一个世纪以来，纽约在商业和金融的方面发挥着巨大的全球影响力。纽约是一座世界级城市，直接影响着全球的经济、金融、媒体、政治、教育、娱乐与时尚界，其中联合国总部也位于该市，因此纽约也被公认为世界之都。另外，纽约还是众多全球性跨国公司的总部所在地，汇聚了各类专业管理机构和服务部门，形成了强大的全球服务、管理的控制中心。华盛顿、费城、波士顿、巴尔的摩这四座中心城市处于城市群产业层级结构中间位置，起着承上启下的作用。一方面它们与纽约在产业发展上共同发展；另一方面它们统筹着周边的中小城市，带动周边的产业发展。华盛顿是美国的首都，是美国的政治中心，因此经济色彩不浓，是大多数美国联邦政府机关与各国驻美国大使馆的所在地，也是世界银行、国际货币基金组织、美洲国家组织等国际组织总部的所在地，拥有为数众多的博物馆与文化史迹。因为华盛顿在美国独立过程中十分特殊的地位，因此留下了大量历史遗迹，旅游业非常繁荣。作为美国著名的历史名城，19 世纪以来，费城铁路和港口发展很快，制造业兴起，1860 年制造业产值曾占全国 30%，现仍为美国主要经济、交通、文化中心之一。费城有许多重要的经济部门，如医疗健康产业、金融服务业、旅游业和信息技术产业，是美国重要的钢铁、造船基地以及炼油中心，是承担近海航运的重要港口。波士顿是美国马萨诸塞州的首府和最大城市，也是美国东北部的新英格地区的最大城市。波士顿位于美国东北部大西洋沿岸，创建于1630年，是美国最古老、最有文化价值的城市之一。美国历史上发生的波士顿倾茶事件，最终引起著名的美国独立战争。波士顿是美国东北部高等教育和医疗保健的中心，是全美人口受教育程度最高的城市。它的经济基础是科研、金融与技术，特别是生物工程，如今是美国重要的高科技中心，是全球创新创业的引领者；它也是重要的世界高等教育中心，有许多顶尖高等院校聚集，如哈佛大学、麻省理工学院等。不仅如此，波士顿也是全球宜居城市之一。巴尔的摩是美国马里兰州最大城市，美国大西洋沿岸重要海港城市。巴尔的摩位于切萨皮克湾顶端的西侧，在华盛顿东北方向约64公里处，与华盛顿联系紧密，是中大西洋地区的第二大港口，航运业非常发达，港区就在帕塔帕斯科河的出海口附近。从这里经过海湾出海到辽阔的大西洋还有250公里的航程，但由于港口附近自然条件优越，切萨皮克湾又宽广，航道很深，万吨级远洋轮可直接驶入巴尔的摩港区。这个港口属于马里兰州，向来是美国五大湖区、中央盆地与大西洋上联系的一个重要出海口。巴尔的摩市被巴尔的摩县环绕，但是不属于巴尔的摩县，是马里兰州唯一的一个独立市。巴尔的摩曾经是典型的工业城市，但经历了产业转型，科技产业迅速发展。进出口贸易在城市经济中占重要地位，年收入40亿美元，有17万从业人员。中心城市周边的中小城市则担任了大西洋城市群的粘合剂，为几大中心城市的生产生活提供服务与便利。位于不同产业层级的城市都能充分利用其自身特点发挥优势，与周边的其他城市达成合作互补，最终形成了一个在产业发展方面多元协同的城市群，这也保证了城市群的均衡发展。

第二，交通网络。便利的交通条件就好比是城市群的骨骼，是形成城市群的重要条件。在美国大西洋沿岸城市群中，各种交通方式的基础设施共同组成了城市群便利的交通系统，为城市群的协调发展创造了便捷的交通通道。城市之间依托交通最大限度的紧密联系不仅改变了城市的外部形态，而且使其空间扩张更加发散。美国东北部的大西洋沿岸有很多高速公路，几乎所有的城市都可以通过高速公路到达。城市群内的铁路网由东北向西南，这条主干道从波士顿开始，穿过纽约到华盛顿，它主要负责城市群内的中心城市的连接。轻轨主要负责中心城市与远郊、周边城镇等之间的短途客运。轻轨扩大了中心城市的辐射范围，带动了周边城市的发展。公路、轻轨、地铁等高频运输方式，构成了以每日短途客流为主的便捷交通网络。这五大中心城市的交通客流量就能占到全美的八成。航空交通方面，美国大西洋沿岸城市群内部就拥有以肯尼迪国际机场为首的9个大型机场。这九大机场都分布在五个中心城市内，各中小城市之间也拥有发达的航空交通，航空运输是城市群内长途客运的主要形式。港口交通方面，除华盛顿外，纽约、费城、波士顿、巴尔的摩等中心城市均拥有重要港口，并通过分工形成了各具特色的港口群。

第四，区域协调机制。在美国大西洋沿岸城市群内，区域之间的协调发展是基于相互制衡机制，形成了基于政府、行业与市场多主体协同，在政府层面，联邦政府在一些敏感问题如环境方面颁布一系列法案，并进行相应的基础设施建设。各级地方政府还在交通、环保、社会服务等众多领域开展合作。而在非政府组织中，民间组织在区域治理方面发挥着十分重要的作用，在许多方面有着巨大的影响力。市场机制层面，各城市之间原始资源不同，交通运输和技术优势方面存在差异，发达的市场竞争与合作机制推动了城市之间的优势互补，从而实现了区域资源的合理配置和协调发展。

2. 欧洲西北部城市群发展历程

欧洲西北部城市群是以法国巴黎为中心，沿塞纳河、莱茵河发散，是世界上面积最大、跨越国家最多的都市群。城市群面积14.5万平方公里，明显超过了美国大西洋城市群的13.8万平方公里、英伦城市群的4.5万平方公里以及日本太平洋沿岸城市群的10万平方公里；其包含法国、德国、荷兰以及比利时4个国家。它的兴起可以追溯到18世纪，那个时候，巴黎已经成为欧洲的文化中心。伏尔泰、孟德斯鸠、卢梭等众多大师都在宣扬启蒙运动的思想。在莱茵河流域许多国家的上流社会将学习法国文化、讲法语、模仿法国人的生活方式视为一种潮流。这在很大程度上奠定了欧洲西北部中心城市巴黎以后的发展地位。1932年，法国率先打破了行政区域壁垒，依据区域发展的需要建立巴黎地区，并且依法实施统一的区域城市发展规划。第二次世界大战后，巴黎市政府进一步去除市区工业化，将市区的一些基础产业转移到郊区，而市中心保留高级服务功能。1956年，《巴黎地区国土开发规划》中则提出降低巴黎中心城区密度，提高郊区密度，在城区边缘建设发展卫星城。1960年，《巴黎地区整治规划管理纲要》中明确要求沿着主要发展轴和城市交通轴发展，减少城市中心区人口，将重点放在发展交通网络，进而在巴黎到伦敦、布鲁塞尔、阿姆斯特丹、科隆甚至德国西部形成一个“一小时的交通圈”。1994年《巴黎大区总体规划》中指出，将特大城市的多种功能逐级分散到大小不同的城市，形成了大、中、小三级城市健全的体系，从而实现了都市群城市之间的有机功能分工与协作。其中，巴黎继承了历史的文化传统，发挥了民族特色的浪漫与遐想，重点发展创意设计、会展、旅游等第三产业，并专注于制造业中贵重金属器皿、皮革制品、瓷器、服装等奢侈品的生产，打造浪漫之都。鲁尔区作为德国乃至欧洲的主要工业重心，发展采矿，并建设制造业中心；阿姆斯特丹的优势主要集中在港口工业和对外交流；而依托在钻石加工方面的声誉，安特卫普建立了世界钻石交易中心，积极发展钻石旅游、钻石展览，建设休闲城市。科学的规划和不断地建设最终使发展欧洲西北部城市群的梦想变为现实。

3. 英伦都市群发展历程

英伦城市群形成于20世纪70年代。它以伦敦—利物浦为轴线，包括大伦敦地区、谢菲尔德、利物浦、伯明翰、曼彻斯特等大城市，以及周围的众多小城镇。常住人口有大约3650万。与世界上其他都市群相比，英伦城市群最大的特点在于持续革新。一方面英国政府不断推进规划思路创新，1937年，英国政府率先成立了专门的委员会，开始伦敦都市圈的规划建设。1942～1944年，该委员会进一步提出在距伦敦市中心半径约为48公里的范围内建设4个同心圆：第一圈为城市内环，第二圈为郊区圈，第三圈为绿化圈，第四圈是乡村外环。另一方面，采取放射与同心环交叉的交通网路连接。到了19世纪50年代末，按照规划的四个同心圆成功建成，又有八个被称为伦敦新城的卫星城成功地分流了市区人口，新城区“生活与工作、内部平衡、自给自足”的目标完美实现。19世纪60年代后，伦敦发展计划开始改变原有的同心圆封闭布局模式，允许城市沿着三条主要的快速交通干线发展扩张，形成三条长廊，与此同时，在长廊的尽头兴建三座有“反磁吸引中心”作用的新城。在更辽阔的地理范围内解决伦敦及其周边地区经济、人口和城市发展的合理平衡问题。横贯英国的泰晤士河是英国的母亲河。泰晤士河的入海口隔北海与欧洲大陆的莱茵河口遥遥相对，向欧洲最富饶的地区打开了一条直接航运的通道。泰晤士河对伦敦的发展至关重要，有专家认为，如果没有泰晤士河，伦敦市及其商业区将永远不会发展成为世界最大的金融中心之一，劳合社也永远不会成为世界海运保险业的中心。英伦城市群不断推进产业革新，顺应时代更新主导产业，从纺织工业变身为世界上最大的金融中心。金融方面的创新也为城市群内各城市基础建设拓宽了融资渠道，同时满足了产业技术不断创新的资本需求。

4. 日本太平洋沿岸城市群发展历程

日本太平洋沿岸城市群，以日本首都东京为中心，南起辽阔的东京湾，北靠富饶的关东平原，约占日本总面积的26.5%；常住人口约7000万，约占全国总人口的60%，而东京作为城市群的核心，是日本的政治、经济、文化中心。相比世界其他都市群，日本太平洋沿岸都市群有三个明显特点：第一，特别注重构建发展格局。城市群发展规划经历了从20世纪60年代的强化中心区建设到70年代以后针对东京面临的众多大城市通病，日本又提出了“多核心型”城市结构理论，再到90年代中期又提出“区域多核心功能分散”的都市群结构，到最终《21世纪国土的总体设计》中进一步提出的积极做好首都职能的转移，促进政治、行政中心和经济、文化中心的分离。第二，注重公共交通优先发展。日本城市公共交通以铁路、地铁等轨道交通为主，新干线以其200公里每小时的速度几乎可以快速到达任何地区。而日本各级政府长期以来一直对铁路、地铁等城市轨道交通建设及营运给予大额补贴。由多种方式组成的四通八达的交通网拉近了各地距离，改变了城市结构，使城市群的发展从东京“单核心型”发展成为东京、大阪、名古屋“三核心型”共同发力。第三，分外注重城市历史文化的保护与延续。方便的交通网络、高楼林立的灯红酒绿绝非东京城市群的全部，漫步其中你不仅可以强烈地感受到江户与明治时代的风情，还可以感受到浓浓的人文氛围。虽然因为一些历史原因很多历史建筑遭到损毁，但是在城市建设的过程中，日本人却又神奇地将一个个文化遗址令其重新焕发光彩，并且努力使其发挥原有的效能，如东京大学中的银杏树道、安田讲堂，又如新东京站另一侧的“明治东京驿”。

（二）世界级城市群的共有特征

世界级城市群往往都拥有良好的地理环境。六大世界级城市群最大的共同之处就在于它们都拥有卓越的地理位置，地形相对平坦，交通便利，沿海，拥有海运，且往往城市群均呈现带状分布。

世界级城市群往往是该国家的人口增长的重心。就发展阶段而言，发达国家城市化进程其实已经基本结束，但人口流向城市群的趋势依旧不可逆转。世界六大城市群人口总量仍在不断增长，而且城市群区域内人口在全国的占比节节攀升，这恰恰表明城市群内部相较于国内其他地区更有源源不断的活跃的发展活力。

世界级城市群内往往包含该国家的政治、经济或者文化中心。城市群内通常汇聚了一个国家最重要的城市，因而城市群内部往往包含国家政治中心、经济中心，甚至文化中心。

世界级城市群内部往往更加注重分工协作。世界级城市群往往十分注意城际基础设施衔接、生态环境保护等多方面的统筹规划。在城市群的发展过程中，都市群内城市也逐渐形成各自的特色，组成了一个既有分工协作又相互密切联系的共同体。例如，在美国大西洋城市群中，纽约是绝对核心，其经济功能突出，是世界的金融中心。波士顿则文化底蕴深厚，全球知名学府哈佛大学、麻省理工学院都位于波士顿之内。华盛顿作为美国的首都，担负着国家的政治中心的职责。费城重工业发达，同时也是美国主要港口之一，承担起了城市群内的近海航运。而巴尔的摩是美国东海岸非常重要的海港和工商业中心。通过各城市的优势互补，使城市群的综合实力得到不断加强，进而成为世界经济的重心。

世界级城市群中的核心城市往往也是世界顶尖城市。城市群内往往拥有数个人口达百万以上的大都市，但核心城市必定是世界级顶尖城市，如纽约、伦敦、东京、巴黎等，它们居于世界城市体系的顶尖位置。城市群的核心城市处于对外开放的前沿，是进行国际间交流的门户。开放的环境、各种要素的集聚更容易产生顶尖的企业，开放、包容、多元的创新文化以及完善的产学研创新体系极大提高了核心城市的创新能力，并以此带动周边中小城市发展。随着发达国家的经济不断转型，世界级城市不仅仅会继续发展成为世界金融活动的中心，而且还会逐渐引领文化创意产业的发展风尚。

世界级城市群往往更加注重文化因素，文化因素在城市群形成和发展过程中也发挥着重要作用。从日本的发展可以看出，某一区域的文化传统和文化特征是使人们形成价值认同的重要基础。在建设经济社会发展所需要的大环境下，文化占据着不可轻视的重要地位。如果一个城市群内包含着不同的或差异性较大的文化体系，要想形成促进城市群平稳运行的动力，则必须通过文化交流、融合的方式。而促进城市群健康稳定发展，仅仅依靠经济社会发展和注重生态环境建设是远远不够的，还需要在构建文化认同方面下仔细斟酌。“文化认同”是人们在特定的区域内长期共同生活所形成的对特定事物或行为的共同认知和理解，从而使该区域内的居民拥有相同或相似的价值观和行为规范。这些价值观和行为规范的形成，在一定的范围内将成为人们进行价值判断的衡量尺度。如果使具有相同文化底蕴的城市组成城市群，那么在这些城市中所发生的社会交往中的交易成本或摩擦成本就会大大降低，这有利于维系城市群的发展和正常平稳运行。

世界级城市群往往更加注重基础设施的建设。世界几大城市群都有着发达的通讯网络与便利的交通设施，并且对于基础设施建设通常都给予了高额的补贴。

五、推进城市群高质量发展

（一）推进城市群高质量发展的战略意义

推进城市群高质量发展是区域经济文化融合发展的必经之路，也是国家协调区域经济发展的重要举措。它可以直接带动区域经济的蓬勃发展，对区域经济增长也发挥着重要作用。

首先，有利于扩大区域经济发展规模。城市群的不断崛起是经济发展到一定阶段的重要标志，同时对经济发展也具有巨大带动作用。城市群是经济发展的重要原动力。规模效应、技术外溢和不完全竞争会引导经济活动在空间集中，在市场机制作用下，各类生产要素也会自发向资本回报率高的地区集聚。这种集中和集聚多在城市中实现，发展到一定阶段，就逐步形成了城市群。城市群有利于促进要素自由流动，不断拓展市场边界；有利于形成规模经济，降低企业的生产成本和交易成本；有利于劳动分工、知识溢出，产生正外部性，促进创新并带动收益递增；有利于在区域内形成合理的发展格局和健全的协调机制。城市群通过引领区域经济转型升级、资源高效配置、技术变革扩散，在增强区域经济活力、提升区域经济效率方面发挥着重要作用。当前经济的发展不再只局限于一个城市的竞争，更是区域与区域间的竞争。经济区域化是当前经济的一个重要特征，面对激烈的外部竞争环境，单纯依靠某一城市的产业发展，难以保持持久的竞争力，所以十分有必要利用附近的其他力量来协助其核心力量的成长。在国家政策方面，优质城市群已成为国家经济发展和深化对外开放的重要阵地。国家投入了大量的人力、物力，为本地区的发展提供政策支持。从城市发展方向来说，每个城市都有自己的重点，其优势并不统一。城市之间可以相互补充，为区域力量的形成奠定坚实的基础。在城市群中，包括高科技产业、制造业、服务业和金融业等，各种产业都可以形成百家争鸣的效果。就本地区自身发展而言，本地区的竞争日趋激烈。如何形成健康的区域竞争，保持快速发展，扩大区域经济影响，是区域必须面对的现状。

其次，这是应对日益激烈的全球竞争的必然选择。一个国家在与他国进行经济往来时，不仅仅要面临世界经济全球化的浪潮，还有着或明或暗的竞争关系。21 世纪以来，不断蓬勃发展的中国经济也面临着两个方面的挑战：一方面是随着中国经济的不断发展与人口老龄化问题的日益凸显，致使原本引以为傲的廉价劳动力优势已不复存在，这部分产业渐渐转移到东南亚国家，但这部分产业所得以维系的高新技术回流，重新返回了那些发达国家手里；另一方面，面对资源和社会的双重压力，中国迫切需要调整经济和产业结构。近年来，为适应产业调整，国家提出了利用创新产业带动其他产业发展的供给侧改革。在这方面，应在所有区域发展具有竞争力和创新性的产业。区域内资源的进一步流动，使本地区逐步具备了建设高端制造业和优质服务的基础，从而更好地参与到全球化的浪潮之中，以应对激烈的全球竞争。

最后，这符合新形势下国家战略调整要求。面对产业结构的进一步优化升级，为达成全面建成小康社会的发展目标，国家不能再允许经济任意发展。经济不仅需要发展，而且需要高质量的发展。高质量的发展取决于国家政策。第一，需要大力支持创新产业的发展。创新产业既具有前瞻性，又具有产业竞争力。创新驱动型发展可以更好地收获创新产业带来的创新红利，充分利用竞争优势。第二，中国产业结构升级需要支持。在目前发达国家的产业结构中，第三产业主要作为经济的主要驱动力，第一、第二产业也不断智能化和工业化。在我国，产业结构虽然不断调整，即使第三产业超过第一、第二产业的比重，仍须通过政策支持产业结构的升级和优化。此外，全球化趋势要求中国坚持“走出去”不动摇，从而以更好的姿态参与国际竞争。

此外，高质量发展的城市群是具有较强影响力和辐射力的城市群，城市群形成的主要原因来自于其规模经济所带来的集聚力，城市群高质量发展实现的基础与重要体现恰好就是较强的影响力和辐射力，需要以提高城市群各城市的辐射力为着力点，努力建设出一批高度发达且有国际影响力的城市，建设具有全球影响力的高端制造业中心、科技创新中心和重要的对外文化交流中心，使其成为我国发展的重要战略支撑和参与国际分工竞争的重要战略单元。依据现代化经济体系发展的前提要求，以实体经济的发展为突破口，将主攻方向设为提高供给体系质量，加快产业结构的转型与优化升级，因地制宜地培育形成主导产业，培育一批世界一流先进制造企业和产业集群，推动产业结构向中高端发展。要根据各中心城市的优势，确立产业发展的差异化定位，加强产业分工协调，确定产业对接方向，优化产业布局，促进特色发展，推进“核心城市高端产业和周边城市特色”产业空间发展格局形成，为城市群发展提供有力支撑。

高质量发展的城市群是具有较高运行效率的创新型城市群，发展受到多种动力因素的作用。在知识经济时代，必须坚持把创新作为第一驱动力，努力打造创新型城市群，不断提升我国城市群竞争力。实现我国城市群高质量发展，要因地制宜地建设具有较高运行效率的创新型城市群，要以贯彻落实创新发展理念为重点，加快实施创新驱动发展战略，积极完善创新体制机制，营造优越的创新生态，加速汇聚全球创新资源和创新要素，全力打造创新平台和创新载体，全方位推进科技创新、企业创新、产品创新、市场创新、品牌创新，加快科技成果向现实生产力转化。要以科技创新为核心、产业创新为重点，集聚推动城市群产业转型升级，构建现代化经济体系、产业体系和创新体系，将其全力打造成为国际创新创业中心和世界创新的主要策源地。

高质量发展的城市群是传承创新包容和谐的文化型城市群。文化型城市群建设是我国城市群发展的薄弱环节，也是推进我国城市群高质量发展应关注的重点。我国各城市群要以挖掘丰富的历史文化资源为重点，精心打造一批反映城市群历史文化、具有城市群特色的艺术精品和知名文化品牌，提升城市群文化实力和影响力。组织实施重大文化项目，因地制宜地加强文化园区、文化遗址公园、产业发展基地等重大项目建设，鼓励国内外大型文化企业在城市群中心城市建立地区总部、文化产品生产基地、研发和营销中心。着力培育大企业、大集团，优化资源配置，鼓励和支持大型国有文化企业进行跨地区、跨部门、跨行业、跨所有制的兼并、联合与重组，引导有条件的文化企业面向资本市场融资，做大做强一批骨干文化企业集团。加快公共文化设施建设，大力推动公共博物馆、美术馆、体育馆、图书馆、基层文化活动中心的建设，提高公共文化服务能力和水平。

高质量发展的城市群是全方位多层次宽领域的开放型城市群。对外开放是我国经济社会发展的重大法宝，也是我国城市群得以快速发展的关键。推进我国城市群高质量发展，要实施更加积极主动的开放战略，坚持“引进来”和

“走出去”并重，营造法治化、国际化、便利化的营商环境，深化国内外区域合作，构建全方位开放发展新格局，打造具有全球影响力的开放合作示范区。积极发挥优势、主动融入、服务大局，把实施京津冀协同发展、长江经济带发展等国家战略规划与“一带一路”建设紧密结合起来，坚持共商共建共享原则，全面推进与有关国家和地区的多领域开放合作，增强对“一带一路”倡议的支撑。协同打造一批对外开放平台，为城市群打造双向开放高地提供重要支撑。支持城市群进一步完善口岸布局，提升口岸功能，构建全方位口岸开放体系，因地制宜地打造集综合加工、商贸流通、现代物流、文化旅游等于一体的口岸经济，确保口岸公共卫生安全。全面拓宽开放领域，在继续抓好经济领域扩大开放的基础上，努力实现现代服务业、科教文卫社会事业、城乡建设、农业等领域对外开放新突破，加快形成全方位、多层次、宽领域的对外开放格局。加快营造法治化、国际化、便利化的营商环境，一方面要营造良好的硬环境；另一方面要以建设廉洁、高效的政务环境和社会环境为重点营造良好的软环境，加强诚信建设，营造开放、融洽、亲商的社会氛围。

高质量发展的城市群是“天蓝、地绿、水净”的生态宜居型城市群。良好的生态环境是城市群得以健康可持续发展的前提基础，是推进城市群高质量发展的关键所在，同时也是建设美丽生态宜居家园的必然要求。我国各城市群要以切实树立生态文明理念为重点，深入实施绿色发展战略，大力推进生态文明建设，构建完善高效的“斑块—廊道—基质”生态系统，建设山青水净天蓝、人与自然和谐相融的生态宜居型城市群。大力开展城市环境污染综合整治行动，实施洁化、绿化、亮化、美化工程，构建城市的生态网络和生态体系，营造优越的城市生态宜居环境。深入实施重大生态修复和保护工程，构筑具有国际影响力的绿色生态屏障，加快推动与历史文化、山脉水系深度融合，依托丰富的文化特色底蕴和各具特色的地理风貌，推进历史文化名城、名镇、名村保护与建设，打造生态人文风光带，形成多层次、一体化的生态网络体系，促进城市群绿色发展，推动城市群经济社会与生态健康协调发展。

（二）推进城市群高质量发展的对策建议

1. 构建五大体系

（1）构建城市群高质量发展的协调推进体系。

切实加强对促进我国城市群高质量发展的组织领导。在国家层面，应依托国家发展改革委或者相关部门成立城市群组织协调机构，统筹负责我国城市群高质量发展工作。在城市群层面，加快促进城市协调发展，统筹构建高质量城市群，增强与有关政府的沟通与衔接工作，通过讨论研究制定出适合各城市群的高质量发展规划，加强重大项目布局，促进重大项目协调等。根据制定出的发展规划，各城市需要明确自身职能分工与定位，并据此提出各项工作任务及改革措施，制定并实施相关的配套政策，充分运用各个城市的人口、土地、资金等资源，建立资源统筹配置机制，实行资源跨地区、跨部门、跨行业优化配置，对土地、能源、教育、科技、人才等资源，要重构无障碍共享机制，实现互利互赢。建立环境联治机制，建立水环境综合整治、空气污染防治等区域环境保护政策体系，实现环境管理制度的整体对接。

（2）构建城市群高质量发展的规划体系。

在国家、城市群相关省份和部门的指导下，科学编制城市群高质量发展规划，研究出台《关于促进城市群高质量发展的指导意见》，有关部门要尽快编制和完善《城市群主体功能区规划》《城市群综合交通发展规划》《城市群环境保护与建设规划》以及《城市群公共服务发展规划》等相关专项规划，制定科学的城市群高质量发展实施方案，明确发展目标，理清发展思路，确定发展重点，在完善的政策指导下促进我国城市群高质量发展。明确城市群中各市的发展规划，把握好经济社会、城乡建设、土地利用等多方面的全面协调发展，从文化产业着手，建设并利用城市间的交通体系，联合发展旅游合作、环境保护、教育培训等产业协作。联合开展重大设施衔接规划、重点地区整合规划和城乡一体化规划等研究和编制工作，增强高质量发展的协调性和整体性。

（3）构建城市群协同发展的现代产业体系。

突出把产业体系作为城市群高质量发展的核心支撑，依托比较优势优化产业空间布局，构建现代产业分工合作网络，加快形成实体经济、科技创新、现代金融、人力资源协同发展的产业体系。推动城市群围绕价值链优化产业布局，将产业研发、核心科技、综合服务等重点环节向城市群中的核心城市汇聚，打造核心城市的影响力，鼓励龙头企业在核心城市设立研发与营销中心，促进企业加工制造环节向周边城市转移，使核心城市汇聚人才，周边城市增加就业，引导城市群内部城市之间的产业协同发展。淡化城市群行政的边界，鼓励龙头企业跨区域整合生产要素和产业资源，引导龙头企业以产业链、技术链、资金链推动优势产业链合理布局，形成分工明确、优势突出、区域协同的全产业链发展格局。

(4) 构建城市群互联互通的基础设施体系。

重点推进城市群高质量发展的基础设施体系建设中的交通体系、现代信息网络体系以及生态体系建设，为提高城市群高质量发展打下坚实基础。完善交通体系建设，构建和协调城市群之间的综合交通运输通道，将重点放在建设加强东中西部重要城市群之间骨干网络的薄弱环节，尤其是要对中部、西部重要城市群的对外交通骨干网络进行适度的超前建设，重点打造便捷高效的综合交通运输网络体系。加强信息网络体系建设，信息时代正处在向数据时代转变的历史性机遇时期，完善高效且广泛存在的信息网络系统是重中之重。推进新一代高速光纤网络建设，着重提高城乡家庭用户宽带接入能力，推进“全光网”全面升级，深入普及高速无线宽带。为营造秀美宜居的生态环境，必须加强有效开发利用低丘缓坡土地资源，在宜林荒山、铁路、公路等地区沿线建设植被绿化带，配合相关部门推进维护农田林网绿色空间建设，促进城市群境内沿河的重要生态廊道建设，共同构筑以河流水系和道路绿化、农田林网为主要框架的网络化生态廊道。

(5) 构建城市群高质量发展的治理体系。

解决城市群高质量发展难题，深化改革制约发展的突出障碍和人民群众反映的突出问题。创新经济社会发展体制机制，认真贯彻落实党的十九大精神，重点解决人口与土地问题，合理分配资金资源。发展创新型的城镇化发展体制，以农业转移人口市民化成本分担机制的持续探索为基础，加强对促进高质量发展的户籍制度、土地保障机制、资金多元筹措机制和生态环境保护制度的研究与探索。创新社会治理体制机制，坚持系统治理，加强党委领导，发挥政府主导作用，提升社会积极性，鼓励支持社会各界参与，建立应急防范和处理机制以应对各类重大事件。创新行政审批体制机制，激活市场动力，建立完善的法律法规体系，以保障区域经济合作有法可依，以法制优先为原则，推动跨行政区域建设与管理的健康发展，从根本上改变各自为政、缺乏协调的局面。

2. 借他山之石，因地制宜

从上述对世界城市群分析中，我们也可以获取一些能够运用于中国城市群发展的启迪。

第一，要重视规划的引导作用。高质量城市群可以在汇聚资本和人口不断集中、创造物质财富和精神财富等方面做出巨大贡献。但是，如交通拥挤、地价飞涨、生态环境恶化等因为过度城市化而产生的负面消极影响也不容忽视。市场经济不可能尽善尽美，总会存在缺陷，所以发达国家十分重视政府规划的引导作用。我们发展城市群，优化空间发展格局也应预见性地提前做好各项规划，依靠政府的引导作用稳步推进。

第二，要重视组织的协调作用。作为典型的跨行政区区域规划，城市群的发展是单纯靠各行政主体自觉自愿、不折不扣地执行规划是不现实的，而完全依靠上级政府强制推行也是不切实际的。发达国家在实施机制上都进行了不少创新。例如，日本为了说明规划的权威性，通常都是依靠立法，此举极大地强化了规划实施的力度。而且必须说明的是，这些跨行政区域的协调并没有剥夺地方政府的权力，反倒恰恰是对传统行政管理体制的必要补充。它的存在很大程度上强化了规划的科学性、民主性和权威性，并使区域经济协调发展成为可能。中国城市群发展的重要规划也可以像日本那样上升为法律层面，进而保持权威性。

第三，应倡导城市的集约型增长。早期的城市发展规划理论侧重于缓解大城市的人口和功能，进而创造一个良好的居住环境。而工业革命后，依托汽车的出现，城市随之迅速向外蔓延发展。但低密度、盲目地对外扩展，造成了城市土地利用效率低下并随之产生了许许多多的问题。20 世纪 80 年代，由此带来的各种环境问题及其经济社会后果引发了西方社会的强烈关注，他们认为“以汽车为导向的低密度城市扩张是一种不可持续的增长方式”。美国学者因此提出了“紧凑型城市”和“精明增长”的概念，提出城市发展应该采取 TOD 模式，即以大运输量的轨道交通系统为导向，以站点为中心建设合理半径的居住区，并提供许多功能，如办公和商业服务业。千禧年间，美国开始实行一项新的城市发展计划，目的是在城市开发中尽量减少土地的消耗、机动车交通和空气污染；强调街道的相互联系，使公共交通更加便利和舒适；强调混合功能以及符合人性尺度的设计和宽敞空间。近年来，西方国家在城市土地利用规划方面的理论和实践均表明，未来城市规划发展的主流应该是“集约与智能”地使用土地，以实现人类居住区的可持续发展。中国也应该继续按照这样的思路走“新型城市化”的要求，及时转变陈旧的城市发展思路，提高资源空间配置效率，加快建设城市交通网络。

第四，应实现产业结构优化配置。普遍来讲，因为优质资源不断向核心城市聚集，核心城市的发展条件往往更好，并覆盖与辐射周围的中小城市，但这种中心城市的“阴影效应”极有可能导致其周边城市发展条件的不断恶化。世界级都市群的建设过程已经证明，建立基于核心城市历史现实的高效产业链，形成合理的分工和协调体系，可以减少“阴影效应”，进而达到人才、资本、创新意识的不断融合，形成新的动力、产业和经济发展新模式，发展独特的工业体系，并加强城市群内不同规模城市之间的分工和协调，这有助于实现产业结构的优化配置以及深化产业分工的重要转变。

第二章

长江中游城市群协调发展现状与趋势

2012 年 2 月 10 日，“长江中游城市集群三省会商会议”在武汉召开，三省人民政府正式签订《加快构建长江中游城市集群战略合作框架协议》。为贯彻落实三省会商会议精神，推动长江中游城市集群建设，鄂湘赣三省共同主办的“长江中游城市集群论坛”同月 26 日在武汉举行。会上，三省经济技术协作的相关负责人签订了“区域合作框架协议”。2015 年 4 月 5 日，承载了长江中游亿万人民期盼和国家发展重托的《长江中游城市群发展规划》终于正式公布，这是在长江中游城市群构想提出后经过政府和民间多年讨论、思考后国家政府层面对此的正式支持。长江中游城市群作为长江经济带的重要节点，政府希望借助珠三角、长三角、京津冀的发展经验，充分挖掘中部三省的发展潜力，把长江中游城市群打造成引领中国经济持续快速增长的“第四极”。由于历史、地理原因，三省经济一直联系比较紧密，而且政府与民间交流比较频繁，这为长江中游城市群的发展奠定了良好的基础，但三地协调发展的大局还受到政府行政分割、民间交流受阻、交通连接不畅、产业低层次的同质化竞争、整体生态环境恶化等协调发展不足等问题的不利影响。在经济一体化的浪潮中，城市群内的城市如何抓住机遇实现快速发展，如何协调各城市的关系以促进资源共享、优势互补，这是一个重要的研究课题。

一、长江中游城市群的概念及范围

长江中游城市群是经济新常态下推动长江经济带发展的核心引擎区。2013 年《武汉共识》签署，长江中游城市群建设正式启动。长江中游城市群是以武汉城市圈、环长株潭城市群、环鄱阳湖城市群为主体形成的特大型城市群，其范围包括：湖北武汉、黄石、鄂州、黄冈、孝感、咸宁、仙桃、潜江、天门、襄阳、宜昌、荆州、荆门，湖南长沙、株洲、湘潭、岳阳、益阳、常德、衡阳、娄底，江西南昌、九江、景德镇、鹰潭、新余、宜春、萍乡、上饶及抚州、吉安的部分县（区）。土地面积约31.7万平方公里，2014年地区生产总值6万亿元，总人口1.21亿人，分别约占全国的3.3%、8.8%、8.8%，是长江经济带的重要组成部分。长江中游城市群未来持续的经济增长动力构建关键在于集群效应的发挥，只有协同发展，“1+1+1”才能大于3。三省地理相连、文化相亲、人员来往密切，“三圈”融合一体化是长江中游城市群经济健康稳固增长的基础和前提，其核心是依靠竞合战略实现利益共享，形成真正的命运共同体。长江中游城市群的协调发展是武汉“1+8”城市群、环长株潭城市群、环鄱阳湖城市群内部的协调一体化，也是“三圈”融合发展及长江中游城市群高度融合协调发展的动态发展结果。

二、长江中游城市群的功能定位

（一）我国区域经济发展的第四大经济体

我国已经进入城市化快速推进时期，城市群成为城市化推进的主体形态，城市群的健康发展是促进我国区域经济协调发展的重要因素。目前，我国已经形成京津冀、长三角和珠三角三大城市群，它们在我国改革开放以来的区域经济发展中发挥着重要作用，但在区域协调发展战略的指导下，单靠这三大城市群是远远不够的，长江中游城市群各方面的发展基础表明，其有条件成为继这三大城市群之后带动区域经济发展的第四大经济体。

（二）我国东西互动发展的关键接力点

长江中游城市群具有承东启西、连南贯北的区位优势，位于我国空间开发的两大主轴——京广纵轴和长江横轴交会处，是沿海地区与内陆地区交汇的重要枢纽，是东部地区技术优势和西部地区资源优势结合点，长江中游城市群对我国东中西部的合作与对接起着至关重要的作用。同时，长江中游城市群所在的长江经济带是我国国土空间开发中一条十分重要的发展轴线，长江中游城市群作为长江流域的重心区域，承担着带动长江中上游地区经济繁荣与发展的艰巨任务。

（三）带动中部崛起的战略支点

改革开放以来，中部地区经济发展相对滞后的主要因素之一是中部地区缺乏具有较强带动作用的核心城市及其以之为中心的城市群，因此，在中部崛起战略的指导下，推动城市群的发展成为中部各省的重要发展战略。由于中部地区与我国其他经济区域不同，其客观的居中区位并不会自然产生向心的作用力，因为经济的发展方向是朝着有吸引力的地方转移的，所以湖南、江西与长三角和珠三角的联系更为紧密。但从空间联系和经济发展趋势看，中部地区将成为我国一个具有比较完整经济体系的区域，因此，发展能够带动中部崛起的核心城市和核心区域是十分必要的。但是如果只靠以武汉为中心的都市圈还不足以承担起支撑中部崛起的重心，长江中游城市群的建设就是要抛开以行政区来划定城市群的做法，按照城市群发展的自然规律，通过构建城市间合理的空间关系来推动城市群的发展，从而促进中部地区的快速崛起。

三、长江中游城市群的历史渊源与民间联系

湘鄂赣三省自古以来有着特殊深厚的历史文化渊源，经贸往来和人文交流也一直非常密切，在历史地理人文上都有着非常相近的趋同性和认同感。三省共同的文化属性、历史上频繁的人口流动和经济交往，为构建长江中游城市群、组建跨省经济区奠定了坚实的历史和人文基础。湖北省社会科学院秦尊文、张静梳理了三省的历史渊源，指出在地域文化上，湖北为楚国的发祥地，湖南及江西的大部分地区为楚国的属地，三省都是受楚文化影响的地区，都是楚文化的构成地区。元明之际的移民运动，促使江西和两湖在明清时期形成了比以往更为相同或相近的社会观念、生活习惯和生产方式的经济区。长江中游地区自古就是中国的粮仓，是全国农产品资源最为丰富、农产品贸易最为活跃的地区之一，不仅有“两沙”之说，更有“两湖熟、天下足”的美誉。明清时期长江中游地区形成了一大批有区域特色和经济实力的专业市镇，明清中国四大商镇之中，长江中游地区占有两个，即汉口镇和景德镇。这一地区以张之洞督鄂为契机，一跃而为中国近代工业的摇篮之一，特别是武汉成为当时国内仅次于上海的新式工商业发达城市。湘鄂赣三省所属区域也是中国近现代革命的重要发源地，尤其是湘鄂赣苏维埃红色政权的历史活动，像一条红色的纽

带，连结了这一地区的政治、经济、文化交往。这一地区在计划经济时期是投资重点，成为国家长期扶持的老工业基地。改革开放以来，三省毗邻地区联系越来越紧密，彼此间互相渗透、互相影响。三省地方政府及各部门之间一直有着密切联系，各种固定的联席会议、联谊活动有数十种。早在 1972 年，三省就建立毗邻地区税收协作会议制度；1976 年，湘鄂赣毗邻地区工商行政管理局开始建立协作关系；1988 年，开始举办湘鄂赣边境毗邻县市区政协联谊会；此后，形成湘鄂赣接边地区民间纠纷联防联调会议机制，湘鄂赣三省联合举办的学术研讨、文体比赛活动日益增多，三省相互之间还设立了异地商会，如湖北省湖南商会、湖南省江西商会等。

四、长江中游城市群建设的重大意义

（一）有利于支撑全国经济持续快速增长

珠三角城市群、长三角城市群和京津冀都市圈是中国经济的三大核心区域，也是改革开放以来引领和支撑全国经济持续快速增长的主导地区。这三大区域对引领全国经济快速增长、提升综合国力和竞争力起到了至关重要的作用。2010 年，这三大城市群用约 3.63% 的土地面积，集聚了 16.57% 的人口和 24.47% 的全社会固定资产投资，创造了高达 33.78% 的地区生产总值，完成了 74.48% 的进出口总额。实践证明，城市群已经成为引领全国经济发展的重要支撑和核心增长极。但应该看到，随着要素成本的全面上涨、资源和环境承载能力的下降以及过度集聚带来的不经济现象，近年来这三大城市群已经出现增长放缓的趋势，亟待加快转型升级。为保障和支撑全国经济的持续稳定快速增长，当前亟须在中部地区培育壮大一批城市群，使之成为引领和带动全国经济发展的新增长极。

长江中游地区交通便利，区位优越，劳动力资源丰富，且水土配合条件好，各类要素成本较低，资源和环境承载能力较大，现有产业基础较好，是大规模集聚人口和产业，加快工业化和城镇化的国家重点开发区域。与长三角、珠三角和京津冀三大城市群相比，长江中游城市群面积大，其在发展后劲、开发潜力、水土配合、人力资源、生态环境、辐射国内市场等方面具有明显优势，通过整合资源和协同发展，有望成为继长三角、珠三角和京津冀之后引领中国经济增长的“第四极”。目前，长江中游城市群的开发强度还较低，其经济密度远低于沿海三大城市群。2010 年，长江中游城市群平均经济密度只有 1081.0 万元/平方公里，仅相当于长三角的 16.9%、珠三角的 15.7% 和京津冀的 50.2%。这表明，未来长江中游城市群的开发潜力巨大。

（二）有利于扩大内需和中西部市场

当前，内需不足已经成为制约中国经济发展的一个重要障碍。造成内需不足的原因是多方面的，其中最重要的一点是，中西部地区尤其是中西部农村居民收入水平较低，导致居民有效需求和购买力不足。长江中游地区人口密集，湘鄂赣三省有人口 1.67 亿，其中长江中游城市群有 1.15 亿，这本身就是一个巨大的潜在市场。2010 年，长江中游城市群人均实现社会消费品零售总额只有 10881 元，仅分别相当于长三角、珠三角和京津冀的 38.6%、48.4% 和 61.0%。如果长江中游城市群能够达到长三角城市群的水平，将可以增加 2 万亿元的消费内需。更重要的是，长江中游城市群是规划建设中众多高速铁路的交汇处，在以武汉为中心的 3 小时高铁圈内，聚集着数亿人口，其市场空间广阔，潜力巨大。同时，长江中游城市群的建设还将会带来巨大的投资需求。因此，加快推进长江中游城市群建设，将有利于提高城乡居民收入，扩大投资和消费需求，是启动内需和中西部市场的重大战略举措。

（三）有利于促进和带动中部地区崛起

当前中国已经进入城市群主导区域经济发展的时代，区域之间的竞争已经由单纯的城市间竞争转变为城市群之间的竞争。国内外的经验表明，城市群是实现区域经济快速发展的重要引擎和核心增长极。在当前群体竞争的时代，中部地区要实现全面崛起的目标，就必须充分发挥城市群的引领和辐射带动作用。目前，虽然中部 6 省都高度重视城市群的培育发展，并初步形成了以太原都市圈、中原城市群、皖江城市带、武汉城市圈、长株潭城市群、环鄱阳湖城市群六大城市群为主的发展格局，但限于行政区划的制约，各省均在自己行政区域范围内构建城市群，资源分割、力量分散，“六朵金花”一般大，形不成合力，难以真正带动整个中部地区的崛起。因此，依托长江中游地区，加强湘鄂赣三省合作，培育形成具有世界影响和国际竞争力的长江中游城市群，加快武汉城市圈、长株潭城市群和环鄱阳湖城市群三圈融合、联动发展和一体化进程，将有利于发挥城市群的引领和辐射带动作用，促进中部地区加快崛起。一方面，推进长江中游城市群建设将有利于形成一个更具竞争力和发展潜力的核心增长区域，为中部地区全面崛起提供强劲动力；另一方面，还可以充分发挥长江中游城市群的核心增长极作用，引领和辐射带动整个中部地区的转型跨越，实现全面崛起的目标。

（四）有利于推动区域经济协调发展

长江流域是中华文明的发源地之一，长江流域经济在中国历史上有着十分重要的作用。要实现中华民族的伟大复兴，长江流域复兴是关键。1987 年编制完成的《全国国土总体规划纲要》，将长江沿江地区与沿海地区并列为中国国土开发和经济建设的“T”形主轴线。目前，沿海经济带的开发开放格局已经形成，而长江经济带的建设仍然任重道远。尤其是改革开放以来，长江上中下游地区分化明显，发展差距不断扩大。为加快长江流域开发开放，近年来国家先后在长江下游地区批复了《江苏沿海地区发展规划》《皖江城市带承接产业转移示范区规划》《长江三角洲地区区域规划》《浙江海洋经济发展示范区规划》等，在上游地区批复了《城渝经济区区域规划》，并设立了重庆两江新区。相比之下，中游地区除《鄱阳湖生态经济区规划》外，国家层面的区域规划较少。长江中游地区具有连南接北、承东启西的区位优势，在全国交通通讯网络和市场体系中处于重要的枢纽地位。因此，加强国家层面的规划，大力推进长江中游城市群建设，将是实现中华民族伟大复兴的重大战略举措。它不仅有利于强健长江经济带“龙腰”，加快推进长江经济带的开发开放，促进长江流域上中下游协调发展，为实现中华民族的伟大复兴构筑起龙的脊梁，且可以起到引领和支撑中部崛起，辐射带动大西南和大西北，充分发挥长江中游城市群在引领带动中西部、统筹区域协调发展中的战略支撑点作用。

（五）有利于保障国家粮食和生态安全

目前，长江中游地区正处于工业化和城镇化“双加速”的关键时期，工业化和城镇化的快速推进，很容易与农业和粮食、生态和环境产生冲突，从而造成工业化、城镇化与农业现代化、生态环境不协调的局面。沿海珠三角、长三角等地区的经验教训值得深刻反思和总结。这些地区过去曾经是中国重要的粮食主产区，自改革开放以来，工业化和城镇化的快速推进不断吞食着大片农田，耕地面积大幅度减少，粮食生产呈现萎缩状态，农业现代化没有得到应有的重视。1978～2010 年，浙江和广东的粮食播种面积分别下降了 63.3% 和

50.1%，粮食产量则分别下降了47.5%和12.8%。目前，广东、浙江等地已由过去的粮食主产区转变为粮食主销区，而把保障国家粮食安全的重任转移到了中西部地区。

长江中游城市群地处长江中游平原，涵盖“一江两湖”——长江、洞庭湖、鄱阳湖，是中国重要的粮食主产区之一，也是当前水生态、水环境问题比较突出的地区。吸取珠三角、长三角等地的经验教训，从国家利益的战略高度，加强长江中游城市群的规划建设，切实搞好耕地保护和粮食主产区建设，加大湿地共同保护、港口共同开发、航道和湖泊共同整治、环境共同治理的力度，积极探索不以牺牲耕地和农业为代价，工业化、城镇化、农业现代化和信息化“四化”协调，经济发展与生态环境保护有机融合的跨越式绿色发展新路子，努力打造全国生态型城市群建设的示范区和“两型”社会建设的模范区，构建长江中下游水生态安全保障区，为全国大江大湖综合整治和“两型”社会建设提供示范，对保障国家粮食和生态安全具有重要的战略意义。

五、长江中游城市群发展概况

目前三个城市群的圈内一体化正处于快速推进阶段，大武汉城市群之间基本实现了高铁的交通连接，围绕武汉的产业布局基本完成，人口行政管理等也基本实现系统互联。依托江西省内发达的高速公路网，环鄱阳湖城市群内部已经形成了发展整体，而且充分发挥了江西省内丰富的旅游资源等优势，生态协调发展形势良好。环长株潭城市群核心城市形成了一小时交通圈，依托省内特殊的交通运输设备以及工程机械等优势产业，城市群内协调发展良好。三个子城市群协调发展的良好状态为“三圈”的融合发展提供了良好的融合基础，目前各省都在努力把三城市群融合一体化与城市群内部一体化有机统一起来，相互促进。长江中游城市群未来发展的蓝图就是三个城市群实现高度融合，城市群内部生产要素资源、技术、信息自由流动，三省政府协调机制简洁高效、交通高度一体化，利益与责任分配合理，成长为中国经济的重要发展极，成为连接东西部发展的重要战略支点。具体情况如下：

（一）省际合作机制初步建立

从政府间合作出发，江西、湖北、湖南三省相关职能部门先后在交通、旅游、商务、科技、农业、卫生、知识产权、文化、教育、水利、工商等领域签署了省际合作协议，省际各部门间、省会城市间、地级市间的合作机制初步形成。如长江中游城市群省会城市间建立定期会商机制；岳阳、九江、咸宁三市签订《区域合作框架协议》；长沙、南昌、合肥、武汉四省会城市召开了五次会商会；湖南省和湖北省签订《长江中游城市群战略合作协议》。长江中游城市群的社会组织间也不断促进合作，长沙、合肥、南昌、武汉四市相关领域的社会组织形成定期沟通机制。

（二）产业发展呈现集群化、协同化态势

长江中游城市群已建成武汉、襄阳、长沙、株洲、合肥、芜湖、景德镇、新余等28个国家级高新技术产业开发区，传统制造业和高新技术产业方面基础较好，武汉城市圈、长株潭城市群、环鄱阳湖城市群三个次级城市群已成为较成熟的经济腹地，联合打造优势产业集群的条件日益齐备。特别是汽车产业，现已形成集群化、协作化的发展格局，表现为：第一，武汉城市圈汽车产业集群发展以武汉整车生产企业为纽带，与周边的孝感、黄石、咸宁等地聚集的汽车零配件企业协同发展。同时，湖北省的两条汽车产业带“十堰—襄阳—随州—武汉”及“宜昌—荆州—武汉—黄石”交汇于武汉。第二，长株潭城市群汽车产业集群发展由长沙整车生产企业主导，以广汽菲亚特和三菱、北汽福田、江南众泰等整车企业为辅助，形成内外一体的整车生产企业联盟，并通过引入博世汽车电器、吉丰汽配、日立汽车电器等国内外知名企业推进区域产业分工协作。第三，环鄱阳湖城市群形成以轻型汽车、微型汽车、客车为主，配套零部件产业全面发展的产业集群格局，达到年产百万台整车的生产水平，发展势头良好。此外，湖北省光电子产业集群发展规划开始向区域创新网络方向转变，已初步形成以重型、超重型数控机床和中高档数控机床、清洁高效发电装备、大型激光加工设备和激光器、铁路车辆和大型工程机械、汽车和船舶、电力装备等为主的装备制造产业集群。

（三）基础设施互联互通格局基本形成

杭新景高速公路、汉长昌高速环路连通江西、湖北、湖南三省，为长江中游城市群发展奠定坚实的高级公路主骨架，再加上京港澳、大广、二广、福银、济广、沪昆、沪蓉、沪渝、杭瑞等高速国道穿境而过，以及随岳高速、长张高速、长株高速、衡邵高速、漳吉高速等交通通道，长江中游地区已成为我

国高速公路最密集的地区之一。在铁路运输方面，京广、京九、武九、浙赣、焦柳等高铁线路连通武汉城市圈、长株潭城市群、环鄱阳湖城市群三大城市群，武广、京武高铁线路连通武汉城市圈和长株潭城市群，沪昆高铁线路连通环鄱阳湖城市群与长株潭城市群，武九高铁线路连通武汉城市圈和环鄱阳湖城市群，已基本实现湘鄂赣三省铁运无缝对接。

（四）省际共建生态文明

江西、湖北、湖南三省共建生态文明，生态环境质量明显改善：一是在优化土地开发空间格局上，长江中游地区已被《全国主体功能区规划》列为“国家重点开发区域”，三省陆续发布了主体功能区规划并已启动实施。2016年，江西省和湖北省分别划定国家生态保护红线，其中江西省划定5.5万平方公里，占省土地面积的33.1％；湖北省划定6.2万平方公里，占省土地面积的33.4%。湖北省将生态保护红线区划为水源涵养区、生物多样性维护区、土壤保持区、长江中游湖泊湿地洪水调蓄区等四类。此外，湖北省和湖南省将生态保护红线区具体分为一级管控区和二级管控区，长江中游城市群土地生态安全格局初步展开。二是在全面促进资源节约方面，自长江中游城市群推进“两型”社会建设以来，湖北省政府已形成武汉城市圈节能减排情况年度公布制度；湖南省相继开工建设大型飞机起落架、千亿级别轨道交通设备等一批重大产业项目，突破了新能源汽车、轨道交通高速机车交流技术等一批关键核心技术；2012年，江西省围绕《鄱阳湖生态经济区规划》积极开展先行先试，启动湿地生态补偿试点，在林权、水权、碳汇、排污权等资源环境产权交易试点方面取得实质性进展。三是在生态文明制度建设上，三省出台了一系列环保法律法规，如《湖北省环境保护条例》《湖北省节约能源条例》《湖北省水污染防治条例》《湖南省湘江保护条例》《湘江流域重金属污染治理实施方案》《江西省环境污染防治条例》《江西省水资源条例》《江西省机动车排气污染防治条例》等。

六、长江中游城市群现阶段发展主要特征

（一）城镇化水平整体不高，城市间产业结构相似

长江中游城市群占据我国中原腹地，具有得天独厚的地缘优势和交通优

势，然而其城镇化整体水平不高，甚至低于全国平均水平，加上产业结构不尽合理，使其在竞争力上远远落后于长三角、京津冀等沿海城市群。由于长江中游城市群起步较晚，且经济基础不够深厚，城市群尚未形成合理的城市分工，城市间产业结构相似度较高，缺少具有核心竞争力的城市特色产业。

（二）城市规模分布分散，核心城市带动作用不强

不论是横向比较，还是时间序列分析均可得出，长江中游城市群城市规模分布分散趋势比较明显，大中小城市人口规模分布趋于均等化，首位城市带动作用不强，低位序城市发展潜力较大。武汉作为区域中心城市，承担着带动区域发展的增长极角色，然而，由于其自身发展仍处于要素集聚阶段，城市服务功能和对周边城市的辐射带动能力仍有待加强。此外，由于长江中游城市群包含鄂赣湘三省城市，由于长期形成的行政壁垒和地方保护主义使城市间经济联系和要素流动性不强，城市发展各自为政，且城市群内部职能分工不甚明确，从而加剧了城市群等级结构失衡现象。

（三）城市体系发育不完整，城市群演进呈现阶段性特征

按照城市规模划分最新标准，长江中游城市群特大城市有且仅有一个，且缺乏大型城市在特大城市与中小城市之间的桥梁作用，同时小城市数量较少，而中等发育城市较多，导致城市群等级规模体系不完整，从而阻碍了城市群的进一步发展。从时间序列的城市规模分布特征来看，长江中游城市群的演进可以大致分为三个阶段：第一阶段（1994～1998 年）城市群城市规模分布呈现集中趋势，高位城市发展较好；第二阶段（1999～2006 年）城市体系发展较为平稳，伴有小幅波动，人口流动力不强；第三阶段（2007～2013 年）中小城市发展加速，高位城市发展速度降低，城市规模分布分散特征明显。

七、长江中游城市群要素集聚与产业发展的空间布局

（一）要素集聚空间布局

20 世纪 80 年代以来，产业资本、人力资本和金融资本在全球化背景下在大都市发生高度集聚，出现了城市集群。要素流动对揭示城市群内空间集聚与扩散具有较强的解释力。在城市群内部，城市间的人流、物流、信息流、资金流、技术流等发生着频繁、双向或多向的流动，促使各种经济社会要素在空间

上集聚扩散，对城市群结构、功能及发展变化产生重要影响。作为社会经济和城市化发展过程中出现的一种高级地域空间组织形式，城市群的出现和发展解决了行政区划分割造成的要素配置不合理、区域经济松散等问题，在区域要素的整合过程中具有重要作用。对长江中游城市群 1995～2014 年要素集聚能力时空演化的研究结果表明：

（1）1995～2014 年，长江中游城市群要素集聚能力在波动中保持增长，在全国处于第四极地位，科技创新、金融、人口等要素集聚能力优势突出。长江中游城市群要素综合集聚能力总体呈快速上升、快速下降、波动增长的变化特征，群内城际要素集聚能力差异在波动中保持平衡，要素集聚呈现出中心城市带动型特征。各类要素的集聚能力变化差异较大，科技创新、金融等要素更趋向于集聚分布，经济要素是城市群综合要素体系中的“序参量”。

（2）城市群发展初期的要素集聚格局以中心城市的极化集聚为主，在循环累积因果机制和“报酬递增”效应下，要素集聚在空间选择上形成“路径依赖”和“空间锁定”。1995～2014 年，长江中游城市群要素集聚格局形成了以武汉、长沙、南昌等核心城市为主导的多中心“核心—边缘”结构，并产生“空间锁定”。从全国来看，长江中游城市群要素集聚空间格局仍处于初级的中心城市极化发展阶段，一体化的要素集聚组合体尚未形成。

（3）长江中游城市群要素集聚格局较为分散，城市群内首位城市武汉的要素集聚首位度较低，但呈逐渐提高趋势。城市群要素集聚重心跃迁路径沿“西北—东南”的整体走向进行往复迁徙。各类要素集聚格局演化分异显著，但大部分要素的中心城市指向性特征较为鲜明。

（二）产业发展方面的优势与不足

1. 优势

长江中游城市群是中国发展较早、基础较强的老牌工业重地之一。目前，该地区已形成了以钢铁、汽车、冶金、纺织等传统工业为基础，以电子信息、生物工程、新能源、现代服务业等高科技产业为支撑的完备工业体系。其中，以武汉、大冶、萍乡为主的金属冶炼区域已成为中国中部地区重要的有色金属产地；由武汉、长沙、南昌、株洲组成的高新技术产业联盟已成为全国电子信息、生物制药、新能源和新材料等产业的重要产地之一；长株潭城市群的装备制造产业在全国已产生重要影响；武汉、孝感、襄樊、十堰等地的汽车及零部件产业已具备了一定的规模与技术优势。此外，良好的农业基础与密集的人才储备也为该地区的工业发展奠定了坚实的基础。综合相关研究，可将长江中游城市群产业优势归纳为以下几点：

（1）现代农业优势突出。长江中游城市群地处中国鱼米之乡，现代农业发达，产业化水平较高，农业特色和优势突出。近年来，长江中游城市群现代农业发展势头良好，形成了一批特色优势农业和农产品生产基地，粮食、棉花、油料、畜牧、水产、蔬菜、林果、茶叶、蚕桑等产业均在全国占有重要地位。

（2）制造业优势明显。长江中游城市群拥有一大批老工业基地，如武汉、黄石、长沙、株洲、湘潭、衡阳、南昌、九江、景德镇、萍乡等，制造业基础雄厚，特色和优势突出。目前，长江中游城市群已经形成了汽车、电子信息、钢铁、有色冶金、装备制造、石油化工、生物医药等支柱产业，并在光电子、重型机械、重大成套设备制造、汽车、轨道交通设备制造、船舶等行业拥有一批核心技术和关键技术。其中，武汉城市圈的钢铁、汽车、光电子信息、石油和盐化工、装备制造、纺织服装等行业已成为具有全国影响的支柱行业；长株潭城市群在工程机械制造、交通运输设备、电子信息、有色金属、石油化工等行业具有明显的规模和技术优势；环鄱阳湖城市群新型制造业发展迅速，近年来正在着力打造光电、新能源、生物、铜冶炼及精深加工、优质钢材深加工、炼油及化工、航空、汽车及零部件生产等产业基地。

（3）高新技术优势凸显。长江中游城市群拥有武汉、南昌、长沙和株洲 4 个国家级高新区。东湖高新区已形成电子信息、生物技术与新医药、新材料、先进制造技术等优势领域。长株潭城市群是国家级综合性高新技术产业带，拥有 2 个国家级和 1 个省级高新区，10 多个国家级高新技术产业化基地，形成了电子信息、新材料、先进制造、生物与医药、航空航天、生产性服务业等优势领域。

（4）科技教育力量雄厚。2009 年，长江中游城市群拥有普通高等学校 260 所，在校学生数达到 277.54 万人，为全国重要的科教和智力资源密集区。其中，武汉市是全国重要的科技、教育中心，科技教育综合实力仅次于北京、上海，居全国第三位；拥有国家级重点实验室 23 家，国家工程（技术）研究中心 20 家，普通高校 78 所，在校本专科学生 88 万人，各类专业技术人员 50 多万名。长沙也是全国的科教重镇，科技、人才和智力资源较为密集。

2. 不足

目前相关研究提出的结论在整体上达成共识，即长江中游城市群产业协作状况并不理想，产业之间替代性有余，互补性不足。具体表现为：

（1）长江中游城市群产业结构处于过渡期。从静态产业结构看，三个次级城市群的产业结构均为“二三一”型，和全国产业结构保持一致，武汉城市群发展已显现出工业化中后期特征，长株潭城市群和环鄱阳湖城市群处于快速工业化阶段。从动态的变化趋势来看，长江中游城市群第二产业的比例提升较快，人均地区生产总值增长较快，但第三产业发展缓慢，整体上是由工业化前期向工业化中期的“过渡型”结构。

（2）长江中游城市群的三次产业结构趋同度较高。这是自然地理、历史基础等客观因素和政策等主观因素共同作用的结果。三省地理区位相邻，资源禀赋相似，农业和工业生产发达，同处于工业化中期和城镇化加速发展阶段，同是我国加快工业化和城镇化的国家级重点开发区域，第二产业比重较高，第三产业落后于全国平均水平。但也有研究提出，推进到更细分化的制造业主要产品的层面，长江中游城市群并没有造成严重的产业同构。三地虽然共有一些主导产品，但仍存在结构性差异，湖北在汽车、平板玻璃、房间空气调节器等产品上有明显优势，湖南、江西在原材料生产方面有较大优势。

（3）长江中游城市群产业关联度较低。由于基础设施建设滞后，长江航道和港口建设，以及公路和铁路的发展水平较低，长江流域的“黄金水道”作用发挥尚须加强。因为存在行政分割问题，区域之间存在着不同程度的贸易壁垒。虽然四省的主导产业表面上实现了集群，但内在关联并不紧密，上下游产业配套和协作关系尚须加强协调、延伸产品价值链，最终形成紧密配套和成熟的关联行业。

（三）产业发展对策

魏厚凯提出长江中游城市群产业发展路径构思为：建设世界规模级的先进制造业带。要大力发展“三高两低型”（高附加值、高技术含量、高效益、低消耗、低排放）的现代制造业和战略性新兴产业，推动制造业与现代服务业融合发展，同时通过资源整合和产业链重组，构建面向长江中游城市群一体化的电子信息、汽车、钢铁、有色金属、装备制造、石油化工、生物医药等主导优势产业链，促进产业向园区化、集群化、生态化方向发展，把长江中游城市群建设成为世界规模级的先进制造业带。其主要策略举措为推动长江中游城市群产业分工合作。按照一体化的要求，整合长江中游城市群相关产业资源，大力促进产业融合与协作，推动形成特色突出、优势互补、分工合理、互利共赢的产业发展新格局。首先，要打破行政区划限制，消除行政壁垒和地方保护主义，推动资金、人才、技术等要素自由流动，引导人口和产业合理集聚转移，充分发挥市场机制在资源配置中的基础性作用。其次，实行产业链重组战略，有效整合产业存量资源，构建面向长江中游城市群的一体化主导优势产业链，促进产业向集群化方向发展。加强经济合作，推动产业分工，整合各城市的优势产业，加快城市群的产业结构调整，加强各地区的经济合作，形成优势互补、各具特色、布局合理、互利共赢的产业新布局对长江中游城市群建设具有重要战略意义。首先，各地区要立足于自身的优势产业，依托于当地龙头企业，构建出具有一定规模的产业集群。当前，武汉的电子信息产业在全国居于领先水平，可依托东湖高新技术开发区，并整合周边地区资源，构建电子信息产业集群；依托江西铜业、方大特钢、章源钨业等龙头企业，强化配套产业，构建江西有色金属冶炼产业链；以长沙为核心，整合周边地区资源，构建装备制造产业集群。其次，加快产业结构调整，实行产业重组战略。例如，依托武汉、长沙、南昌等地汽车制造业资源，构建长江中游地区汽车及零部件产业的完整产业链，避免相邻地区产业内的恶性竞争，优化地区间的资源配置。此外，要加强各地区在科技、教育、金融、物流等方面的交流与合作，为各地区经济的协同发展奠定基础。正如一些学者所提出的，推进长江中游城市群城镇化的实施路径为：（1）新型工业化与城镇化相结合，发展劳动密集型产业；推进开发区与城区统筹建设。（2）农业产业化与城镇化相结合，以农业产业化加速农村城镇化；以城镇化服务农村产业化；吸引农业产业化龙头企业进入城镇；在较大规模的农业产业化基地建设新城镇。

八、长江中游城市群发展中面临的主要问题

由于长期以来的行政区域划分，三省经济、社会情况的差异，再加上三个区域统一规划发展的时间不长，以及城市群内部基础交通设施的不健全，目前长江中游城市群协调发展还存在一些问题。

（一）行政区划分割约束与区域发展一体化不协调

2013年《武汉共识》签订，宣告江西、湖北、湖南三省进入联合推进长江中游城市群建设、实现区域一体化的新时期，三省在文化、产业、卫生、科技、交通等领域相继签订一系列合作协议，合作机制初步建立，区域一体化取得一定进展。但长江中游城市群存在行政区划分割现象和地方经济排外倾向。一方面，长江中游城市群三省辖区内城市分属不同的行政区域，受行政区划规制，部分城市倾向在省域范围活动，跨省沟通交流较少，彼此协调难度较大，即使在各城市圈（群）范围内，除长株潭城市群外，各城市群联系强度较低，特别是环鄱阳湖城市群，受行政边界限制，目前仍处于较为松散状态。另一方面，地方政府不愿经济资源被其他城市吸纳，对外地企业参与本地市场竞争的意愿不强，甚至对外地产品抬高进入门槛，实行市场封闭和地方保护，阻碍商品和生产要素的自由合理流动。上述行政壁垒和制度性制约因素必然对区域一体化目标的实现形成掣肘，影响长江经济带一体化发展。

（二）合作机制不健全与省际协作开放战略不协调

目前，江西、湖北、湖南三省各级政府及有关职能部门之间，通过双边及多边协商，在基础设施建设方面签订了很多合作协议。例如，2015年江西、湖北、湖南三省港航部门负责人在武汉签署水运合作备忘录；在产业合作上，2014年四省旅游局签订“互送百万市民畅游中三角合作协议”；在市场一体化合作上，2015年三省正式启动《长江中游商业功能区规划》编制工作。这些协议在推动三省合作上发挥了一定作用，但总体看，协议执行效果并不理想。一是因缺少推进三省合作的常设执行机构及专职协调人，造成合作流于形式甚至不落实的情形，加之缺少问责机制，且合作协议与政府部门或个人工作绩效不挂钩，合作项目不被重视；二是长江中游城市群面向其他城市群开放合作的步伐过小，开放程度水平较低，与大城市群的地位不匹配，联合各类社会组织参与项目合作的力度不大。

（三）产业同质化、松散化与省际产业协同发展不协调

现阶段，长江中游城市群在现代农业、先进制造业、电子信息等产业领域已形成一批全国性生产制造基地，人均地区生产总值增长较快。但长江中游城市群产业发展还存在产业结构趋同、转型升级动力不足、产业联系松散、协作意识不强、合作机制不健全、对接形式偏少、低水平重复建设等不足，尤其是

第三产业发展缓慢，整体呈现由工业化前期向工业化中期的“过渡型”结构。同时，跨省产业协作较少，一些地方甚至以“倾销式招商”“变相租赁”“零地价”等不当竞争手段追求狭隘的地方经济增长效应。

（四）交通通信滞后性与基础设施共建共享不协调

近年来，长江中游城市群交通通信基础设施有所改善，更具快捷性、便民性，但在目前行政区划分割的情况下，与紧密型城市群的建设要求相距尚远。三省陆路交通设施存在局部不对接、边界“断头路”和“瓶颈路”、功能不完善等现象，内河航道和港口建设滞后，长江黄金水道作用未充分彰显。长江中游地区机场、港口、铁路和能源管线等重要基础设施规划布局不尽合理，缺乏有效衔接配套。城市群信息网络尚未实现互联互通，三省一体化信息共享平台尚未建成，尤其是涉及群众生活的交通卡、医疗卡、社保卡等信息载体，实现“一卡通”的构建标准还需加快平台建设。

（五）生态环境压力与生态长江建设不协调

长江中游城市群十分重视节能环保和生态建设，并确立联合保护生态的重点方向，出台了若干环境保护法规，生态环境质量明显改善，但随着工业化、城镇化的快速推进，长江中游地区生态环境压力日益加大，其作为长江中下游乃至全国的生态屏障承受力日益减弱。一是生产活动扩张和不当开发导致湖泊和湿地萎缩退化，自然生态空间被挤压；二是重化工业企业密集“三废”过度排放，造成长江及主要支流重度污染，鱼类大幅减少，影响农作物生产，危及生态安全。

九、长江中游城市群发展中面临主要问题的解决措施

（一）突破行政壁垒，加强地区协同发展

1. 建立省际对话协商机制，消除行政区划阻隔

长江中游城市群可建立省长联席会议制度，成员由各省省长组成，作为城市群发展的决策机构和跨省行政事务协调机关，下设若干委员会作为政策执行机关，定期召开会议协商城市群发展中的重大问题，提出解决对策。建立省际及各自辖区城市主要领导间的定期磋商和互访机制，重点商讨、协调双边或多边棘手问题。各省政府有关职能部门就旅游、环保、人才、科技、市政、工

商、教育等专业领域建立对口协调制度，加强合作协商，消除行政区划阻隔，逐步改变各自为战、独立运作的疏离状态。

2. 建立省际利益分享机制，实现经济共享发展

我国现行的财政税收体制和政绩考评机制主要是以行政区为基本单位，无形中强化了地方政府专注本地发展的利益导向，导致省际间协同发展的项目产出和税收分配问题，容易引发利益争端，影响地区间经济共享发展目标的实现。解决的基本思路是：国家层面应着眼于长江中游城市群协同发展的价值取向，统筹制定类似《京津冀协同发展产业转移对接企业税收收入分享办法》的规范性制度框架，以凝聚各方利益最大公约数，明确利益分成比例和资金到位时限，彻底扫除各省（市）级行政区在市场准入、质量技术标准、行政事业性收费、户籍制度等方面的自我保护倾向。

3. 完善政府层面的协商合作机制

省际高层可以建立一个长江中游城市群的发展委员会，该发展委员会负责沟通各省政府的相关政策、利益诉求，共同制订战略发展规划，协调公共发展资源，为城市群的协调发展做好行政协调工作。各省要站在更高的高度，在该委员会的指导下，促使各基层政府深入实施开放战略，坚决破除各种阻碍区域交流的行政制度，消除行政壁垒、市场壁垒，促进各种生产要素的自由流动，引导资本和产业合理布局，促进区域的合作进入更深、更广的层次。流动人口管理、商品跨区域流通、企业跨区域注册登记共同服务的一体化都需要基层政府的大力合作、协调。

4. 实现政府与市场，行政规划与民间热情的协调统一

从城市群发展规律来看，应该使市场在城市群发展过程中对资源配置起决定性作用，而政府要发挥规划、引导和“守夜人”的作用。政府与市场的高效合作对于推进项目的科学规划与高效实施意义重大，特别是在跨区域的合作中，政府更应该大力推动区域市场合作机制的建立，对政府公共项目可以采用PPP、完全市场化等运作方式，鼓励资本跨省参与合作交流。目前长江中游城市群的合作还停留在政府的“一厢情愿”，民间的合作交流机制尚未完全建立。只有民间的交流活跃了才是三地融合发展的开始，要以经济交流促文化交流、学术交流、商业交流，而用民间的交流来更好地促进长江中游城市群的协调发展。

（二）健全区域合作机制，实施全面开放战略

1. 构建跨省合作协调机制

国内外跨域合作实践表明，只有建立区域发展协调机制，才能激活区域合作动力。例如，美国华盛顿大都市区于1957年成立区域合作协调机构——华盛顿大都市区委员会，较好解决了区域合作的诸多问题；长三角城市群发展之初便成立“长三角协调会”决策协调机构，下辖16个城市的市长为成员，对城市群合作进行总体部署决策，成效显著。鉴于此，长江中游城市群也应结合自身情况构建合作协调机制，推动区域一体化发展。一是成立长江中游城市群发展领导小组，由各省主要党政领导轮流作为召集人，每年定期举行一次省际联席会议，重点解决合作中出现的重大问题。成立秘书长协调小组，由各省政府的秘书长或副秘书长负责协调推进合作共识的后续落实与监督，并向年度省际联席会议汇报合作进展情况。二是建立决策落地执行制度。各省相关职能部门成立专项规划工作组，共同编制重点和专项规划，如交通一体化、生态环境保护、产业转型升级、科技创新、土地利用、农业、卫生等领域的合作规划，执行中注意规划的主动对接和有效衔接。三是建立合作主体问责制度。防止合作中出现合作协议流于形式甚至不落实的状况，各省应联合制定合作问责办法，坚持“谁签字，谁担责”原则，并与工作绩效挂钩，开列具体责任条款，明确到人，失责严惩，通过制度管人、监督协议落实。

2. 启动全面开放战略与社会组织参与机制

一是创新开放模式。长江中游城市群应实行全面对外开放战略，加强与长三角、珠三角、京津冀及成渝城市群联系互动，建成我国东中西互动合作枢纽区，探索构建环长江中游城市群的新型开放与合作发展模式。目前，长三角协调会已同欧洲的世界城市群建立联系，长江中游城市群也应着手与国外大型城市群建立联系，加快意向合作，由以往单个城市或城市群间的“一对一”合作向大型城市群双边或多边合作转变。二是搭建开放平台。以工业园区、经济技术开发区、产业基地为首要平台，以招商引资、改善投资环境、会展经济等为辅助平台，为吸引其他国内外城市群开展经济合作创造条件。三是发挥社会组织潜力。三省应充分重视社会组织作用，积极创新合作方式，创造跨省合作平台，明确政府与社会组织的角色定位，推进互补互融与合作交流。

3. 推进产业结构优化，加强重点载体建设

（1）构建现代产业体系，优化产业秩序。首先，由国家对各省产业发展

进行总体规划，相关职能部门会同三省对口部门，共同编制长江中游城市群产业体系规划，推动各省产业走融合发展之路。其次，各省政府在中观层次建立合理有序的产业布局，整合省内省际产业项目，促进共建共享，减少项目重复建设，遏止低效竞争。最后，激发优势企业积极参与地区行业竞争，加大对市场其他同类或相似企业主体的兼并重组力度，实现“强强联手”，形成一批极具竞争优势的龙头企业。

（2）打造分工协作链条，提升产业价值。长江中游城市群主导产业一般集中在钢铁、石化、烟草等领域，这些产业发展封闭，大多为国有企业，产业壁垒较高，不易形成分工合作的一体化产业链。而其他产业如家用电器、汽车零部件、铁路装备等，比较适合分工协作，可分散部分专业部件或配件的生产加工，不受地域局限，易于各生产链条的后期整合。这些产业领域发展壮大，会使其产成品附加值随着产业加工技术的改进与革新得以提升，继而推动产业发展走向更高阶段，如此往复形成良性循环“产业链”与“价值链”双向联动可持续发展，必将推动产业分工协作向纵深发展。

（3）构建产业重点载体，实现产业协同。一是全面提升三省国家级产业园区的协作水平。如充分发挥武汉、长沙、南昌三市国家级产业园区的品牌效应和资源优势，大力整合省内外产业园区，以连锁式设立分园、托管园区、共建园区等形式，继续开拓园区发展空间，进一步推动产业协作。二是加快建成一批国家级或省级产业转移示范园区，加大示范园区的体制机制创新。三是设立省际交界产业合作区。湖北、湖南与江西交界附近的城市间，湖北、江西交界附近的城市间，均有合作发展意愿。可在两大交界附近的城市间分别选3～5个市（县）成立产业合作区，作为产业合作试点，并及时将成功模式复制或推广，借此淡化省际行政边界，获取最大利益公约数。

（4）加强城市群不同功能区的规划。武汉、长沙、南昌是长江中游城市群的三个中心城市，也是长江中游城市群发展的重要支点，并且武汉还是城市群内部唯一的国家级中心城市，是中部地区最大的教育、文化、医疗和交通中心。现代城市群的发展已经形成一个中心城市，若干副中心城市，加不同功能性城市的发展模式。武汉以其自身的优势，具有强大的资源吸引与整合能力，并且能够充分发挥其教育、文化以及交通辐射等影响力，为其他城市发展提供各种支持。长沙和南昌也应该采用相同的发展思路，在环长株潭城市群、环鄱阳湖城市群内部发挥相似作用。因此，这三个中心城市应该重点发挥内部的文化、科教、金融等资源，重点发展高端服务业，同时向其他功能性城市转移产业以及附属城市功能。无论是从长江中游城市群在中国地理版图中的区域优势看，还是长江中游城市群在长江经济带中的重要地位看，长江中游城市群都可以说处于承东启西、连南接北的居中区位，为此，长江中游城市群更需要充分发挥地区优势和系统集成效应，进一步激发内在增长潜力和发展活力。

4. 打造综合交通体系，建设信息共享平台

（1）构建立体化交通体系。以《推进设立长江中游城市群综合交通运输示范区合作意向书》为牵引，加大资金投入力度，推进跨省高速公路建设和省际城市快速通道建设，提升省内公路贯通度，实现省际接壤区基础设施互联互通，彻底解决省内公路局部不对接和边界“断头路”问题。加快省会城市地铁和轻轨建设，搭建省城“一小时生活圈”，辐射毗邻城市，形成省际“两小时经济圈”。以武汉新港组群为主体，开展与岳阳、九江、安庆、长沙、南昌的合作，加快建设铁水联运港。以武汉、长沙、南昌三大省会航空为中心，抽调精干力量组建三省航空协调办公室，推进跨省航空物流和客运的对接合作与全面联动，尽快形成一体化航空运输体系。

（2）打造信息资源共享平台。三省可以集中会商形式，共建电子政务信息共享平台、ETC 联网运行平台、企业信用信息平台、招商信息平台及物流信息平台。同时，整合各类电子信息卡，加快实现三省“一卡通”。三省交通运输部门负责人可预先磋商，制定建立长江中游城市群交通卡费用结算和清分平台的具体方案，参照长三角城市群交通“一卡通”标准，在三大省会城市进行试点，积累经验再扩大交通卡互通的试点范围，最终实现长江中游城市群交通“一卡通”。

（3）建立高度现代化的交通基础设施连接体系。三省都位于长江黄金水道上，也是长江经济带的重要组成部分，要积极推进建设长江中游城市群的现代水运基础设施。可以武汉为长江中游航运中心，建立连接武汉港、岳阳港、宜昌港、九江等港口的长江中游水运体系。以武汉、长沙、南昌为中心节点，打通各省内部以及省际之间的高铁运输网络。对高速公路收费进行改革，减少企业公路运输成本，同时加大对高速公路网的投资，建立更加通畅快捷的高速公路运输网。在交通运输层面加大物流信息资源的整合，加快信息资源与基础交通设施的连接，优化路网布局，优化各种运输手段之间的衔接配合，建立完善、高效的一体化长江中游城市集群综合交通体系。

(4) 建立三省人才交流机制。经济发展中人才是关键，三省的商业人才自古闻名，全国各地分布的楚商、湘商、赣商不计其数，目前长江中游城市群经济发展面临重大机遇，也正是这些企业家施展才华，回报家乡的好时机。由于以前三省经济的落后，因此一直充当珠三角和长三角劳务提供的角色，而目前随着经济发展的转型和承接产业迁移的需要，正需要三省通力合作，把大量的人力资源留在省内，三省就近就业，鼓励沿海的优秀技术工人返乡，把先进管理经验和生产技术带回家乡。湖南、湖北都是教育大省，而江西高等教育相对薄弱，在高等人才交流上需要加大引进和交流，他们是长江中游城市群发展的宝贵力量，要为三省人才的交流合作创造良好的环境。

5. 创新生态保护机制，倡导绿色生活方式

(1) 创新生态保护机制，发挥多元机制联动效应。一是建立市场化多元化生态补偿机制。首先，建立生态补偿评估机制。借鉴国际生态补偿机制建设经验，建立社会化生态补偿评估机构，科学评估生态补偿项目。其次，推动生态补偿立法，构建立体化融资体系。适应新时代需要，制定生态补偿法，实现生态补偿制度化运行。设立城市群生态补偿专项基金，推行资源型企业生态补偿准备金制度，依托政策抓手以申请国家专项资金、设备租赁融资、银行绿色信贷、上市融资及发行企业债券等多种渠道激活融资市场。最后，推行生态补偿新模式。积极构建政府主管、市场运作、公众参与的生态补偿运行管理模式和财政纵向补偿、地区横向补偿、市场补偿融为一体的项目生态补偿模式。二是建立跨域污染联防联控机制。长江中游城市群应将长江、湘江、汉江、赣江、洞庭湖、巢湖等跨域河流的水污染防治作为环保工作重点，尽快制订各省水污染联防联控实施办法；加快建设水质、大气自动监控预警系统；加快推进空气质量数据联网，实现长江中游城市群大气监测数据共享。三是建立市场化的环境污染治理机制。首先，建立主要污染物排污权交易制度。参照湖北、湖南两省排污权交易实践，各省环保负责人可共同制订《长江中游城市群主要污染物排污权交易实施办法》，建立“环保开票、税务征收、银行入库、财政统管”的排污费征收使用管理模式。其次，建立环境污染责任保险制度。借鉴湖南、湖北两省经验，各省商定实行责任保险制度的试点城市和企业，逐步推行企业强制责任保险。

(2) 倡导绿色生活方式，以个体绿色行动推进美丽中国整体实践。各省宣传部门应联手宣传造势，引导居民积极融入简约、适度、绿色、低碳的生活方式，杜绝奢侈浪费和不合理消费行为。同时，大力开展创建节约型机关、绿色学校、绿色社区、绿色家庭和绿色出行等行动，使人们内化绿色理念，形成绿色社会风尚。

（3）推进全区域的生态协调整体建设规划。长江中游湖泊和江河比较多，而且都受到了比较严重的污染，以前在环境治理上由于区域意识的局限，经常是各省自扫门前雪，生态环境保护缺乏统一协调规划，甚至还出现了以邻为壑的现象。未来经济的可持续发展离不开和谐生态环境的支持，区域性的生态环境保护必须重点突出、各省联动、利益与责任共担。生态型城市集群必须是未来长江中游城市群发展的特征之一，在各省合作委员会的指导下，做好统一环境保护与资源开发规划，加大对重点河流、湿地以及生态林区的严格保护，划定保护区沿线的生态保护红线，减少商业开发。加大对长江干支流、鄱阳湖、洞庭湖、湘江水污染治理，以生态旅游业为发展重点。同时可以探索下游工业地区对上游的生态保护补偿，可以由相关税收和地方财政的转移支付来实现。

十、长江中游城市群的未来发展趋势

湖北省社会科学院、社会科学文献出版社2017年发布了《中三角蓝皮书：长江中游城市群发展报告》。报告指出，长江中游城市群应以省会为龙头，推进六个一体化，这六个一体化基本概括了长中游城市群未来的发展趋势。

一是推进空间布局和城镇一体化。突出中心城市带动功能，促进大中小城市协同发展，创新驱动长江中游城市群多层级联动发展。推动省会中心城市向高端化、服务化方向发展，逐步转移扩散部分功能、产业和生产环节，支持中小城市和小城镇向专业化、特色化方向迈进，促进大中小城市和小城镇合理分工，健全城镇体系。

二是推进交通发展一体化。重点深化武汉港、宜昌港、岳阳港、长沙港、南昌港、九江港等主要港口之间的合作，构建功能完善、布局合理、层次分明、紧密协作的长江中游港口群。

三是推进产业发展一体化。要建立健全产业转移推进机制和利益协调机制，搭建示范区产业合作平台。合理布局工业产业、农产品加工业和高新技术产业，把握各类产业发展趋势，构建区域绿色产业联动发展。

四是推进生态文明建设一体化。探索拓展生态补偿范围，将耕地保护和空气污染治理纳入生态补偿范畴。可以将生态补偿问题和大气污染治理结合起来，考虑建立区域内部和区际间相结合的补偿机制。

五是推进创新驱动一体化。联合建设资源共享的高水平前沿技术研究基地，实现科技创新资源共享，促进城市群科技信息服务一体化，建立城市群协同创新联盟。

六是推进对外开放一体化。发挥湖北自贸区优势，联手推进中欧班列常态化，共同打造万里茶道经济带，共建境外经贸合作区，特别是可以联合开展对外承包工程。

十一、加快建设长江中游城市群的对策与建议

（一）统筹城市规划，优化城市结构

城市群建设需要从全局战略高度出发，统筹城市规划，优化产业布局，完善城市交通网络，协调生态环境发展，充分考虑城市群发展的可持续性。一是要统筹城市规划，促进城乡一体化建设。既要突出武汉、长沙、南昌等核心城市的建设，又要协调中小城市与乡镇的发展，最终形成城乡协调发展的新格局。二是要根据各省份的优势产业，合理调整产业结构，加强经贸合作，延长产业链，构建区域产业联盟。这不仅要加快产业结构调整，构建具有一定规模的产业集群，还要消除地方性贸易保护主义，减少相邻地区的产业内恶性竞争，为加快经济合作与产业结构调整创造条件。三是要整合现有交通网络资源，合力打造长江中游城市群内河航道和港口体系。重点建设三大城市圈（群）间的快速通道，建立适应农产品、钢铁、能源、外贸物资运输的综合运输体系。四是要协调各地区的生态环境建设，建立统一的政策法规与招商引资策略，确保经济发展与生态环境建设协调发展，为长江中游城市群的可持续发展奠定基础。

（二）完善城际交通，促进资源流动

便捷的交通网络和发达的通讯设施是城市群发展的基础。长江中游城市群横贯“一江两湖”——长江、洞庭湖和翻阳湖，并将武汉城市圈、长株潭城市群和环鄱阳湖城市群有机融合，不仅水运资源丰富，而且核心城市间铁路、公路交通网络已初步建成，并逐步成为中国中部重要的物流、人流中转站。但

与城市群发展及现代化工业体系建设的要求相比，长江中游城市群的基础设施建设仍处于较低水平，并严重制约了各城市间的要素流动与经济合作。当务之急就是要大力加强基础设施建设，实现交通、通信网络等一体化建设，促进三圈（群）基础设施的对接与融合。其一，要充分挖掘长江中游地区丰富的水资源，加强内河航道与港口建设，建立一套便捷的水运交通网络；其二，要以武汉、长沙、南昌为中心，进一步优化公路、铁路网络布局，加强各大城市以及城乡间的轨道交通建设，并加快对武汉天河机场、南昌昌北机场、长沙黄花机场等机场资源的整合，构建一体化的现代交通网络；其三，加强对通信资源的整合与建设，加大信息资源的开发与共享，构建一套安全快捷的通信网络体系。

（三）加强经济合作，推动产业分工

整合各城市的优势产业，加快城市群的产业结构调整，加强各地区的经济合作，形成优势互补、各具特色、布局合理、互利共赢的产业新布局对长江中游城市群建设具有重要战略意义。首先，各地区要立足于自身的优势产业，依托于当地龙头企业，构建出具有一定规模的产业集群。当前，武汉的电子信息产业在全国居于领先水平，可依托东湖高新技术开放区，并整合周边地区资源，构建电子信息产业集群；依托江西铜业、方大特钢、章源钨业等龙头企业，强化配套产业，构建江西有色金属冶炼产业链；以长沙为核心，整合周边地区资源，构建装备制造产业集群。其次，加快产业结构调整，实行产业重组战略。例如，依托武汉、长沙、南昌等地汽车制造业资源，构建长江中游地区汽车及零部件产业的完整产业链，避免相邻地区产业内的恶性竞争，优化地区间的资源配置。此外，要加强各地区在科技、教育、金融、物流等方面的交流与合作，为各地区经济的协同发展奠定基础。

（四）加大体制创新，转变政府职能

城市群建设需要统一的市场机制和完善的政策法规，各政府部门须打破行政区划限制，协调城市发展机制，大胆探索体制创新，为城市群建设扫清制度障碍。一是要突破传统体制制约，协调各城市的发展规划与政策法规，建立有利于城市群建设的一体化管理机制。二是要建立健全不同地区不同层次政府部门间的沟通协商机制，消除地方性贸易保护主义倾向，建立统一的市场准入条件与质量技术标准，为各地区间的经济合作创造条件。三是要按照“政府引导、企业主体、社会参与”的原则，为长江中游城市群建设搭建多层次、多领域的合作平台，探索建立一套统一、开放的市场体系。四是要从战略层面与整体角度出发，建立城市群内公正的利益分配与补偿机制，妥善处理整体与局部利益，协调各地区间的利益分配，为城市群的可持续发展提供制度保障。随着城市群建设的不断推进，各政府机构应不断优化和调整配套政策法规，为城市群的空间规划、产业的空间布局、基础设施建设和生态环境保护提供统一的制度保障。

（五）积极推进生态环境保护一体化

以生态建设和江河湖泊治理为重点，建立完善各省联动机制，不断深化在生态环境保护领域的合作和共建。首先，以森林生态、湿地生态、农田生态、建筑生态为主体，以生态廊道为纽带，构建一个景观优美、生态优良、内涵丰富、功能完善、宜居宜业、效益持久的生态网络体系，打造“青山、碧水、绿地、蓝天”的生态型城市群格局。在推进生态型城市群建设过程中，首先要加强合作，共同保护好城市群的“绿心”“绿肺”以及作为天然生态廊道的长江干支流。要规划确定重要湿地和水域保护区的控制线，在“一江两湖”沿线5公里范围内，禁止发展有污染的工业和项目，加快传统工业的技术改造，推广清洁生产、清洁工艺和绿色消费，发展生态型产业。其次，以“一江两湖”为重点，共同加强江河湖泊综合治理。各省要联合行动，以长江、洞庭湖、鄱阳湖为重点，共同加强防洪大堤加固、水资源综合利用和水污染综合治理等合作建设。特别是，要共同推进实施“碧水工程”，加强长江干支流、鄱阳湖、洞庭湖、洪湖等沿岸地区的污染治理，使长江中游城市群水生态、水环境明显改善。最后，按照主体功能区规划的要求，携手推进重点生态功能区的建设。除了加大财政转移支付力度外，还应积极探索在上中下游地区、重点生态功能区与城市化地区、生态保护区与受益地区之间建立横向的生态补偿机制，促进城市群内各地区协调发展。

第三章

长江中游三省产业同构及其区域协同

一、长江中游三省产业同构现状及相关研究

长江经济带覆盖东中西部11省市，人口和生产总值超过全国的40%，其发展是实现中华民族伟大复兴的关键。长江经济带是以黄金水道为纽带，以沿江大中城市和城市群为依托的一条横贯东西、连接南北的综合产业带。长江经济带资源富集、经济集聚、人口和城市集中，横跨我国东、中、西部，是我国经济发展的一条轴线，不仅是巨大的内需市场，而且是承接产业、资本战略转移的首选地之一。因此，大力推进以湖南、湖北、江西为代表的长江中游三省经济建设，不仅有利于推进长江经济带的开发，促进长江流域上中下游协调发展，还可以起到引领和支撑中部崛起，辐射带动大西南和大西北，充分发挥长江中游城市群引领带动中西部、统筹区域协调发展的战略支撑点作用。而当前，长江中游三省竞争力的强弱，在很大程度上取决于三省内外协同机制是否顺畅，从某种意义上讲，竞争力来源于区域协调能力的高低，如何通过产业发展提高区域协调能力，是现阶段区域经济发展的关键问题。产业同构作为产业发展中面临的问题之一，研究其对三省区域协调能力的影响，能为三省区域协调能力的提升和推动长江中游经济乃至整个长江经济带的发展提供一定的参考。

当前，关于产业同构的研究主要集中在产业同构与区域经济增长的关系方面。现有的关于产业同构与区域经济增长的关系研究中，学者们的观点主要分为两类：一类产业同构对区域经济增长正向影响。Gugler 和 Pfaffer-mayr（2004）研究了产业同构和地区生产率趋同之间的相互影响，结果表明区域生产率趋同促进地区产业结构趋同。刘传江（2005）、马云泽（2010）认为在制

造业发展的过程中，产业结构趋同是必然现象，它所引起的产业之间的竞争而导致的一些重复建设、资源浪费都是适度的。王文举、范合君（2008）运用实证研究长三角GDP增长率和结构相似系数之间的关系，发现长三角地区工业结构相似系数与GDP增长率呈线性正相关，也就表明长三角地区工业的产业同构促进经济增长。蒋伏心、苏文锦（2012）发现大量高技术产业资本的投入、产业结构差异的减小和产业同构程度的上升对区域经济增长有促进作用。另一类，产业同构对区域经济增长负向影响。如洪银兴（2003）、江世银（2005）等都认为区域产业结构趋同会直接造成市场分割，进而阻碍市场区域一体化进程，造成城市间的重复建设和资源浪费，严重阻碍全国整体的产业结构升级。李松龄、李娜（2010）针对洞庭湖区域发展的现状提出，产业同构导致资源低效利用、浪费使用，不利于洞庭湖环境的维护。罗能生、谭晶（2016）通过实证研究发现我国产业同构与产业效率之间呈显著的负相关关系。现有关于产业与区域协调的研究主要集中在产业分工协作、集聚扩散以及产业转移对区域协调的影响。张平（2005）、张淑莲等（2011）、张劲文（2013）认为产业集聚有利于规模经济从而获得经济效率的提高，随之而来的人口聚集和交易聚集效应在不断拓展本地市场规模的同时，也使市场竞争加剧。激烈的竞争促使企业进一步提高劳动生产率，进而促使了产业分工的深化和产业链的延伸。向丽（2016）实证研究表明中国区域产业集聚水平明显落后于区域科技创新能力，中国区域科技创新能力与产业集聚水平的协调性整体较差，呈现出明显的“东高西低”的空间分布格局。针对产业转移与区域协调发展之间的关系，李善同、侯永志等（2008），张辽、杨成林（2013）都认为我国在工业化和城市化互动发展的相当长一段时期内，人口和产业呈现出从落后地区向发达地区单向集聚的趋势，生产要素价格扭曲，户籍制度、社会保障等制度环境方面存在问题，同时加上地方财税体制和GDP考核模式制约等原因，导致国内产业转移未能充分推进，制约了区域经济协调发展。

综上所述，现有研究的区域和范围几乎都集中于长三角、珠三角、京津冀等国内几大经济圈或经济带，不少学者从不同视角对上述经济圈或经济带的产业同构问题进行了深入的实证研究。然而，近年来中西部经济欠发达地区在承接东部经济发达地区产业梯度转移过程中，产业同构的趋势愈加明显。同时现有研究都是将产业同构与经济增长、发展效率相联系，很少直接将其与协调发展联系在一起。现有的关于区域协调的研究也集中于产业集聚扩散、分工协作，鲜有研究与产业同构相关联。《中国区域经济发展报告（2015～2016年）》认为，产业同构是我国区域经济发展中存在的突出问题，需要引起重视，因此对产业同构与区域协调能力进行研究具有重要的现实意义。本章将研究视角放在长江中游经济带，分别选取两组量化数据，实证研究长江中游三省产业结构相似度系数与区域协调发展度，客观分析两者之间的关联性，以提出针对性的建议，进一步提升长江中游三省的区域协调能力，推动长江经济带的发展，促进国家“一带一路”倡议的顺利实施。

二、假设提出

首先，当前现有关于产业同构的研究指出产业同构现象在全国广泛存在，因为在改革开放之初，各省区市都大力倡导发展经济，受政府和市场主导的影响，各省区市都着力发展一些收益高、见效快的制造业加工业等，导致整个中国产业同构严重，而长江中游三省在资源禀赋、地理条件方面都较为相似，且均是以农业和工业为主的产业结构，借此提出如下假设：

H3－1：长江中游三省产业结构相似度高。

其次，关于区域协调发展能力的研究，从综合发展水平来看，区域协调发展水平最高的均为长三角城市群，京津冀、珠三角各城市区域协调能力在不断提高。其中在经济发展协调性方面，长江三角洲经济发展差异度较小，京津冀、珠三角地区经济发展差异度高，但两者都有明显下降的趋势。长江中游城市群与长三角、珠三角、京津冀相比，是近几年“一带一路”“中西部崛起”才发展起来的重要经济发展带，在地理位置、基础设施建设、人力资源储备等各方面与其他三个经济带相比还存在很大差距，借此提出如下假设：

H3－2：长江中游三省的区域协调能力处于较低水平。

最后，关于产业同构对区域协调能力的影响，现有的研究主要分为两派：一派认为产业同构属于经济发展过程中的自然现象，产业之间的竞争是适度的，而且相关实证研究显示产业同构有利于经济的增长；另一派则认为，产业同构容易造成相似产品竞争激烈，导致资源浪费，重复建设，阻碍产业结构升级，不利于经济发展。总结现有研究和依据历史经验，本章倾向第二派观点，借此提出如下假设：

H3－3：长江中游三省的产业同构负向影响该省的区域协调能力。

测度产业同构的指标有结构重合度指数和产业结构相似度指数等，各测度方法原理相同、方法接近，本章主要测度长江中游三省整体的产业同构度，所以采用糕金吉（2012）的产业结构相似度模型，测度其产业同构程度，分析长江中游三省产业同构问题。其计算公式为：

$$S_{ij} = \frac{\sum_{k=1}^{n} x_{ik} x_{jk}}{\sqrt{\sum_{k=1}^{n} x_{ik}^2 \sum_{k=1}^{n} x_{jk}^2}} \qquad (3-1)$$

其中，x_{ik}、x_{jk}分别为 i 省和 j 省 k 产业的特征值（三次产业产值占该区域总量的比重），$0 \leqslant S_{ij} \leqslant 1$，$S_{ij}$越接近于 1，则两省产业结构相似性越强，反之，则差异性越强（见表 3－1）

表 3－1　　长江中游三省产业相似度指标

年份	湖南、湖北	湖南、江西
2005	0.972	0.988
2006	0.965	0.992
2007	0.972	0.991
2008	0.955	0.985
2009	0.966	0.987
2010	0.966	0.989
2011	0.963	0.973
2012	0.976	0.981
2013	0.955	0.983
2014	0.95	0.981
2015	0.946	0.972

数据来源：《湖南统计年鉴》《江西统计年鉴》和《湖北统计年鉴》（2005～2015 年）。

由表 3－1 可见，三省之间产业结构相似程度系数基本上都在 0.95 以上。由图 3－1 可见，湖北江西的产业相似度是最高的，且有不断上升的趋势；湖南江西的产业结构相似度低于湖北江西的相似度，但高于湖南湖北，同时湖南江西与湖南、湖北的产业结构相似度有不断下降的趋势。这组数据验证了假设H3－1，即长江中游三省产业结构相似度高。长江中游三省若在政府部门的有效引领下，不断推动技术创新，延伸产业链，将相似产业规模做大做强，发挥集聚规模效应，将会大力推动三省之间区域的协调发展。

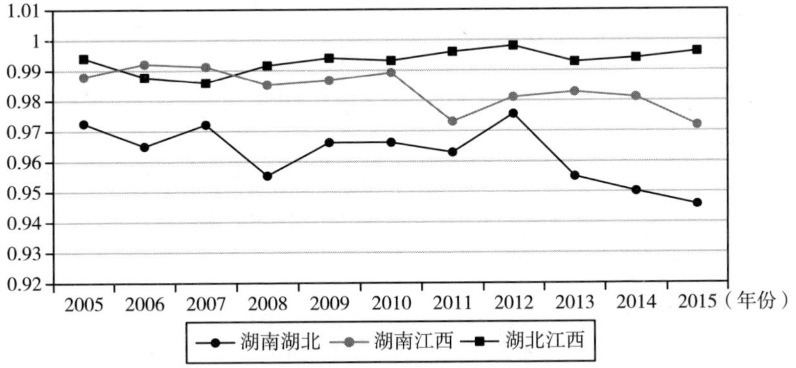

图3－1　长江中游三省产业同构比较

三、长江中游三省区域发展协调度测量

（一）区域协调发展评价指标体系构建

依据科学性、全面性、系统性、有效性、可行性、动态性和稳定性原则，结合区域发展的特点，选择了森林覆盖率、工业废水排放总量、人均GDP、每万人医疗机构床位数等14项指标，建立了一个三层次的指标体系（见表3－2）。

表3－2　　区域发展协调度指标体系

目标层	准则层	指标层
区域协调发展	资源系统	森林覆盖率（%）
		水资源总量（立方米）
		耕地面积（万顷）
	环境系统	工业废水排放总量（万吨）
		工业废气排放总量（亿标立方米）
		工业固体废弃物总量

续表

目标层	准则层	指标层
区域协调发展	经济系统	人均 GDP（元）
		第三产业就业人口比重
		农村居民消费水平
		城镇居民消费水平
		城乡消费水平对比
	社会系统	每万人医疗机构床位数
		每万人在校大学生数
		国内三种期刊专利申请受理量

数据来源：《湖北省统计年鉴》《湖南省统计年鉴》《江西省统计年鉴》。

1. 指标值标准化

由于各指标的量纲存在差异，即使各指标都有具体的量化数据，也并不能直接进行运算，而必须先对数据进行标准化处理。标准化处理原则是：针对长江中游三省的分项指标，找出其中的最大值Xmax和最小值Xmin，将某个指标值Xij与最大最小值进行比较运算，公式为：

$$X'ij\frac{Xmax-Xij}{Xmax-Xmin} \tag{3-2}$$

运用式（3－2）进行标准化，对于负指标，进行再次标准化。经过标准化处理的值即对应区域、对应指标的标准化值，所有标准化值都处在［0.1］区间内。

2. 指标权重的确定

不同于熵的权重，本章采用突出局部差异的均方差方法来确定指标权重，权重系数公式为：

$$Wj=\frac{Sj}{\sum_{k=1}^{t}Sk}(k=1,2,3\cdots\cdots,i) \tag{3-3}$$

其中，i为每个子系统中的指标项数，Sj为第j项指标的标准差。按照式（3－3），对标准化处理后的数据进行处理，得到与各评价指标项相对应的权重系数。

3. 分系统得分计算

根据各指标的权重和标准化得分值，采用线性加权模型，公式为：

$$Bi = \sum_{j=1}^{m} wjxj \tag{3-4}$$

其中，m 表示 Bi 子系统中包含的指标项数，分别计算三省 2005～2015 年四个系统的综合得分，分别包括经济系统综合得分、环境系统综合得分、资源系统综合得分、社会系统综合得分。

（二）区域发展协调度

通过计算得出长江中游三省 2005～2015 年的四个子系统经济、社会、资源和环境的得分，分别是（B1，B2，B3，B4）。Y 是 4 个子系统综合得分的平均值，S 为其标准差，V 表示变异系数。V 是四个子系统的标准差 S 与其综合得分平均值 Y 的比值，V 的值越大，表示数据的离散程度越大，各个子系统之间的不平衡性越大，区域发展越不协调。区域发展的协调度用 1 和离散程度的差来表示，即 1－V。计算公式为：

协调度：$B = 1 - V$　　（3－5）

变异系数：$V = S/Y$　　（3－6）

根据式（3－4）、式（3－5）可以计算出长江中游三省 11 年的协调发展度变化（见表 3－3 至表 3－5）。

表 3－3　　湖南省发展协调度

年份	B1	B2	B3	B4	Y	S	V	协调度
2005	0.10	0.20	0.26	0.20	0.19	0.07	0.36	0.64
2006	0.09	0.18	0.33	0.20	0.20	0.10	0.49	0.51
2007	0.10	0.24	0.12	0.23	0.17	0.07	0.41	0.59
2008	0.13	0.25	0.08	0.25	0.18	0.08	0.48	0.52
2009	0.13	0.22	0.22	0.22	0.19	0.05	0.23	0.77
2010	0.08	0.29	0.32	0.17	0.21	0.11	0.52	0.48
2011	0.08	0.11	0.39	0.18	0.19	0.14	0.74	0.26
2012	0.07	0.15	0.42	0.17	0.20	0.15	0.73	0.27
2013	0.08	0.15	0.49	0.09	0.20	0.20	0.97	0.03
2014	0.07	0.14	0.48	0.13	0.20	0.19	0.91	0.09
2015	0.10	0.00	0.36	0.26	0.18	0.16	0.89	0.11

表 3－4　湖北省发展协调度

年份	B1	B2	B3	B4	Y	S	V	协调度
2005	0.40	0.18	0.31	0.00	0.22	0.18	0.79	0.21
2006	0.36	0.19	0.35	0.00	0.23	0.17	0.74	0.26
2007	0.40	0.22	0.29	0.00	0.23	0.17	0.74	0.26
2008	0.41	0.28	0.27	0.00	0.24	0.17	0.72	0.28
2009	0.37	0.26	0.16	0.10	0.22	0.12	0.54	0.46
2010	0.43	0.25	0.19	0.00	0.22	0.18	0.82	0.18
2011	0.37	0.24	0.28	0.02	0.23	0.15	0.66	0.34
2012	0.45	0.25	0.19	0.00	0.23	0.19	0.83	0.17
2013	0.51	0.25	0.08	0.00	0.21	0.23	1.06	-0.06
2014	0.50	0.33	0.09	0.00	0.23	0.23	0.99	0.01
2015	0.41	0.28	0.20	0.02	0.23	0.16	0.72	0.28

表 3－5　江西省发展协调度

年份	B1	B2	B3	B4	Y	S	V	协调度
2005	0.00	0.16	0.43	0.50	0.27	0.23	0.85	0.15
2006	0.08	0.15	0.45	0.45	0.28	0.19	0.69	0.31
2007	0.11	0.14	0.43	0.43	0.28	0.18	0.63	0.37
2008	0.08	0.13	0.44	0.40	0.26	0.18	0.70	0.30
2009	0.05	0.14	0.42	0.46	0.27	0.20	0.75	0.25
2010	0.01	0.16	0.37	0.51	0.26	0.22	0.85	0.15
2011	0.13	0.15	0.30	0.50	0.27	0.17	0.64	0.36
2012	0.01	0.15	0.41	0.50	0.27	0.23	0.85	0.15
2013	0.07	0.14	0.30	0.56	0.27	0.22	0.81	0.19
2014	0.05	0.15	0.30	0.59	0.27	0.24	0.86	0.14
2015	0.02	0.15	0.46	0.43	0.26	0.21	0.81	0.19

（三）长江中游三省发展协调度比较

由图 3－2 可见，三省的区域协调度都是“高—低—上升”的一个走向，这和政府在各时点出台的政策，各省采取的响应措施是紧密相连的。从2005～2015年总体来看，其中协调度最稳定的是江西省，2005～2010年，湖南的总体区域协调度最高，其次是湖北，而后是江西。湖北省2010～2014年持续低迷，在2015年触底反弹，成为三省协调度最高的省。总体而言，三省的区域发展协调度总体都不高，大部分集中在0.2～0.6，由此验证了假设H3－2。

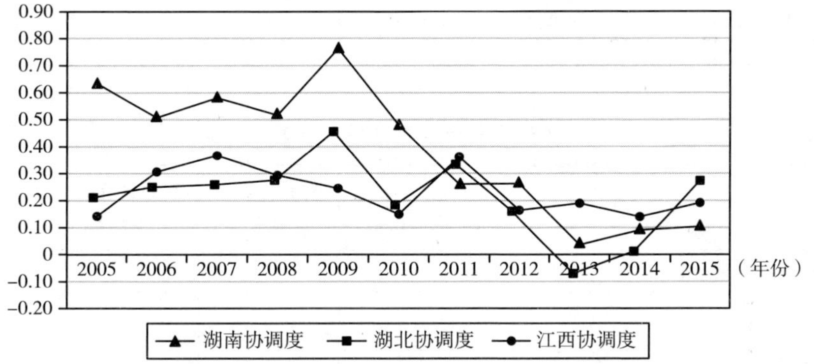

图3－2　长江中游三省发展协调度比较

四、产业同构对区域协调能力的影响

（一）产业结构对区域经济的影响

分别抽取三省三次产业占比与居民消费水平的具体数据（见表3－6至表3－8），研究长江中游三省产业结构对区域经济的影响。湖南与居民消费水平显著相关的是第一产业，其次是第二产业；湖北与居民消费水平显著相关的只有第一产业；江西与居民消费水平显著相关的是第一产业，其次是第三产业。总体而言，三省第一产业与居民的消费水平，即区域经济的发展有着显著关系，这表明长江中游城市群的发展还存在很大的发展空间，如何在更好发挥第一产业带来的经济效益的同时，发挥第二、第三产业对经济的助力，是接下来长江中游经济发展要解决的主要问题。

表 3－6　　湖南省产业结构对区域经济的影响

		湖南省第一产业比重	湖南省第二产业比重	湖南省第三产业比重	湖南省居民消费水平
湖南省第一产业比重	Pearson 相关性	1			
湖南省第二产业比重	Pearson 相关性	0.863**	1		
湖南省第三产业比重	Pearson 相关性	0.431	0.828**	1	
湖南省居民消费水平	Pearson 相关性	0.983**	0.823**	0.382	1

注：** 表示在 0.1 水平（双侧）上显著相关，* 表示在 0.05 水平（双侧）上显著相关。

表 3－7　　湖北省产业结构对区域经济的影响

		湖北省第一产业比重	湖北省第二产业比重	湖北省第三产业比重	湖北省居民消费水平
湖北省第一产业比重	Pearson 相关性	1			
湖北省第二产业比重	Pearson 相关性	0.593	1		
湖北省第三产业比重	Pearson 相关性	0.148	0.708**	1	
湖北省居民消费水平	Pearson 相关性	0.955**	0.487	0.239	1

注：** 表示在 0.1 水平（双侧）上显著相关，* 表示在 0.05 水平（双侧）上显著相关。

表 3－8　　江西省产业结构对区域经济的影响

		江西省第一产业比重	江西省第二产业比重	江西省第三产业比重	江西省居民消费水平
江西省第一产业比重	Pearson 相关性	1			
江西省第二产业比重	Pearson 相关性	0.704*	1		
江西省第三产业比重	Pearson 相关性	0.549	0.208	1	
江西省居民消费水平	Pearson 相关性	0.965**	0.494	0.747*	1

注：** 表示在 0.1 水平（双侧）上显著相关，* 表示在 0.05 水平（双侧）上显著相关。

（二）产业同构对区域协调能力的影响

区域之间的发展协调度取决于区域的资源系统、环境系统、经济系统和社会系统，对这四个系统 2005～2015 年的指标数据加以标准化处理，得到反映城市发展协调能力的区域发展协调度。将产业结构相似度与区域发展协调度进行相关性检验，从而显示产业同构对区域协调能力的影响（见表 3－9 至表 3－11）。

表 3-9　　湖南湖北产业同构与区域协调能力的关系

		湖南湖北产业同构程度	湖南协调度	湖北协调度
湖南湖北产业同构程度	Pearson 相关性	1		
湖南协调度	Pearson 相关性	0.609*	1	
湖北协调度	Pearson 相关性	0.265	0.677*	1

注：* 表示在 0.05 水平（双侧）上显著相关。

表 3-10　　湖南江西产业同构与区域协调能力的关系

		湖南江西产业同构程度	湖南协调度	江西协调度
湖南江西产业同构程度	Pearson 相关性	1		
湖南协调度	Pearson 相关性	0.695*	1	
江西协调度	Pearson 相关性	0.094	0.320	1

注：* 表示在 0.05 水平（双侧）上显著相关。

表 3-11　　湖北江西产业同构与区域协调能力的关系

		湖北江西产业同构程度	湖北协调度	江西协调度
湖北江西产业同构程度	Pearson 相关性	1		
湖北协调度	Pearson 相关性	-0.054	1	
江西协调度	Pearson 相关性	-0.567	0.538	1

为了更好地观测相邻两省产业同构对本省区域协调发展的影响，将数据进行进一步分类整理得表 3-12。

表 3-12　　三省产业同构与区域协调能力的关系

	湖南湖北产业同构度	湖南江西产业同构度
湖南协调度	0.609*	0.695**
	湖北湖南产业同构度	湖北江西产业同构度
湖北协调度	0.265	-0.054
	江西湖南产业同构度	江西湖北产业同构度
江西协调度	0.094	-0.567

注：* 表示在 0.05 水平（双侧）上显著相关，** 表示在 0.1 水平（双侧）上显著相关。

从表 3-12 产业同构程度与区域发展协调度的相关性分析可见，湖南湖北、湖南江西的产业同构与湖南的区域发展协调度正向显著相关；湖北湖南的产业同构与湖北的区域发展协调度虽也是正向相关，但不显著，湖北江西的产业同构与湖北协调度负相关；江西湖南的产业同构与江西的协调度正相关但很微弱，江西湖北的产业同构与江西的协调度负相关。为更直观地体现三省产业同构对区域协调能力的影响，如图 3 – 3 所示。

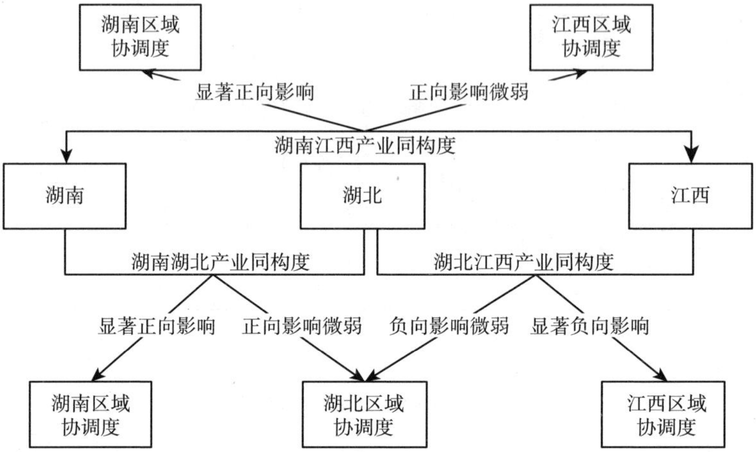

图 3 – 3　长江中游三省产业同构对区域协调能力的影响

五、长江中游三省区域协调讨论建议

问题一：长江中游三省产业同构程度高。

讨论：我国整体的产业同构现象严重，自 20 世纪 80 年代以后，由于历史原因，体制原因、利益驱动、政府宏观调控不力、区域经济体制没有执行市场经济的比较优势等多种原因，各地政府和企业都投资发展很相近的价高利大的加工工业，导致我国的产业同构问题严重。长江中游三省在区域优势、资源禀赋、人文环境、发展基础等方面具有很大的相似性，且处于工业化中后期阶段特征显著。三省作为国家商品粮基地，第一产业比重较大，主导产业以资金和技术密集型为主，第二产业比重最高，第三产业次之，但发展势头强劲，这些都说明长江中游三省产业同构程度高。

建议：三省强化政府政策引导，大力倡导产业发展多元化。各省政府之间建立独立于各省的共建共享平台，打破原有的行政区划限制，消除行政壁垒和地方保护主义，提升公共服务质量，规范服务行为，不断更新基础设施服务配套网络，为三省产业优势互补良性循环提供良好平台。各省在充分沟通的基础上，厘清对各省自身经济发展最为重要的产业部门，最大限度地降低产业同构严重带来的恶性竞争。推动产业发展多元化，推动第二、第三产业对经济发展的效益。长江中游三省区域经济的发展在很大程度上受到第一产业的影响，在国家大力倡导的农村供给侧改革的大背景下，发掘特色农产品，打造区域品牌，采用先进的生产技术，提高生产效率，保证生鲜蔬果的质量。同时在如今“互联网＋”的时代，可以大力发展农村电商，“淘宝”“京东”两大电商巨头已在多个农村实践，效果甚佳。适应数据信息化的潮流，实现农产品的标准化、规模化，农产品销售渠道的多样化，提高农民的生活水平，缩小城乡差距。三省充分发挥各自比较优势，并将比较优势转化为三省之间合作的动力，从而进一步推动三省区域协调发展。

问题二：长江中游三省区域协调能力处于较低水平。

讨论：由于三省长期以来的行政区域划分，省内市与市之间的行政壁垒也比较明显，导致各省及省内各市之间沟通不畅；同时，湖南、湖北、江西作为长江中游主要三省，三省之间的联系合作机制还不完善，存在很多不足，缺少明确的规章制度，尤其是涉及产业发展的产权明确制度；三省现在的基础设施不完备，很多还在规划建设中，城市内部的交通设施不健全，使各个区域之间的资源流动分享受到了极大限制。上述问题的存在，使得长江中游三省的区域协调能力与长三角、珠三角、京津冀相比还存在很大差距，总体的区域协调能力仍处于较低水平。

建议：三省必须充分发挥主观能动性，在完善公共设施规章制度基础上创新促协调发展。三省应首先转变发展观念，在政府引领和市场推动下，齐心合力构建三省协调创新发展平台；其次进一步规划布局加强三省的基础设施建设，利用本省产业发展优势，与邻省开展广泛合作，加快产业结构优化升级，加强资源流动共享；最后建立完备的规章制度，做到有法可依，有法可循，在三省加强合作发展的同时更加规范化、法制化，最终使得三省实现更大范围的优势互补和互惠互利，尽快融入“一带一路”，提高各省区域的协调发展能力。

问题三：长江中游三省产业同构对湖南省协调能力有正向作用，对湖北省影响微弱，对江西省负向影响。

讨论：产业同构容易导致恶性竞争的是产业非合意性趋同，这种非合意产业同构大部分存在于第二、第三产业，尤其是第三产业。就湖南省而言，湖南省与居民消费水平显著相关的是第一产业，其次是第二产业，第三产业关联度不大，在此基础上辅之正确的产业政策引导，采取差别化策略实现区域错位协调发展，产业同构对湖南省区域协调将带来正向影响；就湖北省而言，湖北省与居民消费水平显著相关的只有第一产业，不包括非合意产业同构的第二、第三产业，所以产业同构对湖北省的区域协调能力影响不大；而对于江西省来说，江西省与居民消费水平显著相关的是第一产业，其次是第三产业，第三产业作为非合意趋同存在最集中的产业，容易因产业同构引发恶性竞争、资源浪费，因此，产业同构对江西省的区域协调能力负向影响。

建议：湖南省加强与邻省产业同构发展的同时应寻找细分市场。湖南湖北、湖南江西两省之间可以通过高效协同的产业体系，优化产业布局，从拓展产业集群效应的原则出发，延伸产业链条，建立有利于城市群产业体系发展的市场经济新机制，形成辐射作用大、竞争力强的城市群一体化产业链，进一步提升湖南省的区域协调发展能力。现有的长江中游三省市场规范机制有待完善，湖南省在与邻省发展规模经济的同时，应善于寻找并开拓发展有别于邻省的细分市场，有利于湖南省经济的持续稳步发展。

湖北省继续发挥武汉首位城市的辐射效应，带动周边小城市，推动湖北整体区域协调发展。湖北省应利用武汉其独特的区位、交通、人才、资金、技术优势，整合人力资源，实施人才整体开发战略，在培养大批高层次创新人才队伍的同时，壮大技术工人队伍并提高其整体素质和质量。政府应积极出台相关人才引进优惠政策，并不断完善周边基础设施建设，为引进优质有为青年创造良好的环境。同时，在发展资源密集型和劳动密集型产业的基础上，重点发展一些高新技术产业、新型制造业、信息产业和金融业，并将产业有计划有重点地向周边小城市推移，拉动周边城市发展，推动湖北省整体的区域协调。

江西省应发展区域特色产业，尤其是第三产业，着力于发展区域优势产业，构建区别于其他省市的产品品牌，结合本地资源禀赋和区位条件，实现规模经济，构建自身区域核心竞争力。在旅游业方面，江西省应着力利用其独特的革命历史优势，打造红色旅游这一品牌，政府采取一定的财政补贴、税收优惠等政策大力推动江西红色旅游业的发展。此外，江西省的特色乡村旅游也有很大的市场前景，其中“梦里老家”婺源在热播剧欢乐颂的广告效应下，成为享誉国内外的知名旅游品牌，江西省可以以此为样，打造更多拉动江西省旅游业发展的特色旅游品牌。江西省还建设有一批无公害、绿色、有机农产品生产基地，应基于已有的赣南脐橙、南丰蜜橘、广昌白莲等国内外享有盛誉的农业品牌，延伸产业链，对产品进行深加工，制作成橙汁罐头养生茶，积极打造区域特色第三产业，充分拉动就业，提升江西省的整体区域协调能力。

在此基础上，三省之间加强合作交流，建立统一、规范、有序的市场体系，促进三省产业市场化发展，实现原材料、土地、资本、人才、劳动力、商品的自由流动，形成区域市场互补协作多赢局面，进一步提升区域协调能力。研究发现长江中游三省的产业同构对区域协调能力的影响存在差异化，同时长江中游三省的区域发展协调能力水平偏低，产业同构只是其中一个影响因素，在影响区域能力的诸多因素中，进一步明确关键影响因素，针对性提升三省区域协调能力，推动长江中游乃至整个长江经济带的发展是下一步的研究重点。

第四章

长江中游三省绿色物流效率提升

一、长江中游三省绿色物流效率提升的重要意义

2018年物流行业十大关键词之一就是绿色物流。自电商迅猛发展后，物流规模也越来越大，对整个社会带来的影响也随之增大，尤其是对社会带来的环境污染以及巨大的能源消耗受到政府和业界的高度关注。在物流整个运转操作的过程中，涉及多个产业的多个环节，是一个复合型很强的产业，但其每个环节都需要消耗能量，且会产生污染。例如，在运输配送环节的汽车尾气排放，由于路线节点设置不合理，导致无谓的能源浪费；在仓储保管过程中尤其是冷链仓储，对能源的需求更大；在包装过程中，一次性包装材料的过度使用以及不可回收性等都造成了能源的浪费。

对于这样一个耗能复合型产业，国家和企业都积极采取措施推动其绿色化发展，国家也出台多项政策，包括降本增效、快递包装绿色化等多项绿色物流政策。在近期召开的全国十三届人大会议上，也有不少代表就绿色物流提出各自的意见，涉及快递包装的循环可利用，加大环保材料的研发力度，减少物流包装带来的严重污染，新能源车的投入使用，加强新能源汽车的配套基础设施建设等。企业方面，国家邮政局与几大快递巨头顺丰、京东等积极合作展开包装绿色的试点工作，打造首个绿仓。由此可见，政府和企业对绿色物流的重视也是民心所向。

通过对物流效率以及绿色物流的相关文献成果进行梳理发现，研究主体包括宏微观，研究方法以层次分析法、DEA、SFA为主要研究方法，国外的研究大多强调绿色物流发展的必要性，并从系统角度、用量化的数据展开分析，而后提出建议。国内在借鉴国外发展研究的基础上不断创新，但针对长江经济带

绿色物流效率整个系统的研究还很缺乏。而长江中游三省是整个长江经济带发展的重要区域，尤其是在当下强调中部崛起环境的大背景下，上升空间巨大。而现在专门针对长江中游三省绿色物流效率及其影响因素的研究极为稀缺。因此，测算我国长江中游绿色物流效率并分析其影响因素，针对性地提出提升长江中游三省绿色物流效率的建议，对推动长江中游乃至整个长江经济带绿色物流的发展意义重大。

（一）理论意义

目前学术界对于绿色物流效率的指标选取以及测评方法并没有统一，不同学者基于不同的理论视角，其对绿色物流效率研究的侧重点则不同。同时，影响绿色物流效率的因素众多，且因素之间关系复杂，学者们鲜少对其开展研究。本章以长江中游三省为研究视角，运用 DEA 和 EViews 方法，结合相关模型测评长江中游三省的绿色物流效率并研究其影响因素，以期为提升长江中游三省的绿色物流效率并制定相应政策提供理论依据和参考，进一步完善长江中游绿色物流效率方面的理论，深化人们对长江中游三省绿色物流效率的认识与实践。

（二）实践意义

在国家全面倡导绿色环保发展的大背景下，湖北、湖南、江西作为长江中游的核心三省，其绿色物流效率低下，不仅会导致物流资源的大量浪费，达不到资源最大化利用，也不符合国家绿色发展大局，不利于长江中游的可持续发展。本章基于长江中游三省视角对其绿色物流效率进行研究，运用 DEA 模型进行绿色物流指标选取和绿色物流效率的测评，并用 Tobit 模型分析当前影响长江中游三省绿色物流效率的影响因素，分析不同因素对其产生的影响，并针对性地提出提升长江中游三省绿色物流效率的建议，推动长江中游三省物流行业的绿色可持续发展。

二、绿色物流效率研究综述

（一）物流效率的研究

1. 物流效率区域的研究

首先，关于物流效率的研究区域，大部分都是集中在一个国家的各个省区市，或者是某个省的各个市，再或者是某个经济区域，如长江经济带、长三角、珠三角、京津冀、港珠澳等，还有一部分研究主体为微观企业。Rita Markovits（2014）测算了29个欧洲国家的物流效率；由于各个时期数据可得性以及研究问题的差异性，樊元（2012）、高秀丽等（2013）的研究区域比较大，包括我国整体的31个省区市；而于丽静、陈忠全（2017）测算的是我国30个省区市；王维国（2012）、田刚等（2009）的研究区域涉及我国29个省区市。其次，以某个省的各个市为区域进行物流效率研究。刘满芝等（2009）、唐建荣等（2016）研究的是江苏省13个城市的物流效率；王琴梅等（2013）的物流效率研究区域为整个西安市；肖斌（2018）研究对象为广东辖区内的21个市；高詹（2014）研究的是河南省所有的18个地级市。再次，不同区域经济带的物流效率研究。王蕾等（2014）研究的区域为包括8个地区在内的北疆区域；秦雯（2016）研究的是包括6个省份在内的21世纪海上丝绸之路；王育红、刘琪（2017）研究区域为整个长江经济带；张定（2014）研究区域为长三角的各大城市；霍倩倩（2017）研究区域为渝新欧沿线国家；张璇等（2016）研究了我国新丝绸之路经济带的物流效率；詹荣富（2018）物流效率研究主题为粤港澳大湾区；杨双鹏（2018）研究区域为整个西部地区；徐蒙（2018）研究的是中部地区；陈治国（2015）研究的是新疆；黄洁（2017）、张腾元（2018）研究区域为云南省；微观企业层面，秦雯（2018）研究了珠海港口的物流效率；马桂花（2018）研究对象为钢铁企业。

2. 物流效率测评方法的研究

国内外关于物流效率测评方式的研究主要集中于层次分析法，基于投入产出的DEA分析法和SFA的随机前沿分析方法。国外的Jiuh（2007），Samran（2012），Yunteng（2014）采用的是模糊聚类法展开研究；BenGang（2012）则运用了信息熵和模糊聚类方法进行研究。最早运用DEA模型解决物流企业问题的是Schinnar（1981）；Martinez-Budria E（1999）采用DEA中的BCC模型测算西班牙主要港口效率；Valentine和Gary（2000）则是运用CCR模型，对运输量比较大31个集装箱港口效率进行测算。Gengui Zhou等（2004）运用DEA模型中的两个CCR和BCC，分别评价了十家大型第三方物流企业连续五年的运作效率。Rabinovic等（2006）利用DEA模型对美国部分物流企业的效率进行简单的测评。Desheng（2009）以DEA为主，结合决策树及神经网络，测算物流供应商的效率并进行选择。Arabzad（2012）利用积分卡诺DEA模型测评供应链的物流分销商。Smirlis（2012）将DEA模型运用于车辆运输路径选择问题，确定最佳路线。Peter（2013）利用两阶段DEA测评了巴西的物流设备和货物运输分拣的整体效率。

在物流效率测评方面，李云芳和刘刚（2015）、孟鑫（2015）、杨亚利（2016）、肖斌（2018）、郭子雪（2018）等基于最基本的投入产出的DEA来进行研究；刘一波（2014）采用DEA的BCC、CCR、SE模型研究区域物流效率；王育红和刘琪（2017）、刘婷（2017）采用的是将非期望产出考虑在内的Super-SBM模型；于丽静和陈忠全（2017）运用投影寻踪模型（PP）与随机前沿分析（SFA）相结合的方法；秦雯（2016）、刘亚楠（2018）采用的是能细化DEA评价结果的SE-DEA；唐建荣和杜聪（2016）以Malmquist非参数指数模型为主，辅之ESDA共同分析；王菲（2012）在原有的DEA基础上进行了一定改进；高詹（2014）运用DEA中的BBC模型和空间计量相结合；孟魁（2014），张璇、杨雪荣和王峰（2016）则是运用三阶段DEA，即传统DEA—相似SFA—调整后DEA三个阶段；樊元和马丽梅（2012）、田刚等（2011）、范月娇（2015）运用的是SFA测算物流发展效率；廖志高和许明辉（2014）采用DEA与模糊聚类相结合的方法研究城市物流效率，而后又将DEA和GM（1，1）相结合测评北部湾区域的物流效率；杨星等（2017）、张磊和冯飞（2018）运用DEA-malquist对不同区域物流效率进行分析；张昊和高康（2018）运用了超效率DEA结合Tobit回归方法；马桂花（2018）运用了主成分分析和聚类分析方法；刘艳霞（2018）运用了六步AHP分析方法研究商业物流效率。

3. 物流效率影响因素的研究

对于物流效率影响要素的研究，按照研究方法的不同，其影响要素的选取存在一定差异。Melendez（2001）等认为影响拉美地区物流效率低下的主要原因是规章制度的不完善，以及对物流的不重视。Gengui Zhou等（2004）对第三方物流企业效率测评并进行影响因素分析，研究发现投资的固定资产以及人力、企业销售产品的收益是主要影响因素。Rabinovidi等（2006）也研究美国物流企业的运作效率，其角度是从整个供应链角度出发，研究发现企业提供的服务为主要影响因素。Meidute（2008）从相对宏观角度出发，基于对一个区域整体的物流效率测评及影响因素分析发现，整个市场的一个供需以及区域间的公路交通等基础设施的完善，以及现在信息化时代信息技术的应用发展是主要影响因素。Jiuh（2007）从物流配送的方式方法出发，发现其对物流效率有很大影响。Samran（2012）研究了汽车行业，其研究发现消费者对某种汽车的喜好程度，会影响其对供应商的选择，供应商的运作效率直接影响整个汽车行业的物流效率。Yunteng（2014）利用模糊聚类方法研究发现，语言变量会对顾客产生影响，进而影响物流运营商的顾客服务水平和物流成本的降低。Ben Gang（2012）对于紧急物件的物流效率进行研究，并建立了相关测评指标体系。

杨军、王厚俊和杨春（2011）研究了整个区域不断城市化，其密集的人群分布以及便捷的交通运输对物流效率的影响；杨馥榕（2013）研究的是农产品本身的物流能力对物流效率的影响，具体包括基础设施、运营、协调能力和环境支持力度这四个方面；徐良培、李淑华（2013）认为影响因素包括五个方面，分别是信息服务投入、地区发展水平、制度环境、产业结构调整、外贸依存度；王琴梅（2013）选择的影响因素为经济发展水平、物流资源利用率、市场化程度、对外开放程度、基础设施建设、物流专业人才、区位因素这七大因素；崔振洪、王家旭（2014）研究农产品物流效率的影响因素，其选择的指标是与农产品物流相关的固定资产、从业人数、财政投入和居民的消费支出；黄洁等（2015）选取的是经济发展水平、对外开放度、区位因素和物流资源利用率；陈治国（2015）研究了经济发展水平、市场化程度、区位优势、外贸水平、物流人才、物流基础设施、物流综合利用率七大因素；倪明（2015）考察了区域经济发展程度、利用物流基础设施频率、信息化发展水平、物流专业人才和能源消耗对物流效率的影响；赵旭（2016）、刘亚楠（2017）认为物流影响因素的选择分为三类，分别是渠道类、交通基础设施类和环境类，其中，环境类包括产业结构状况、对外经济开放程度、城镇化、经济发展水平、物流专业程度和制度因素。霍倩倩（2017）认为物流影响因素包括经济发展水平、物流资源利用率、产业结构和区位优势；刘承良（2017）认为影响因素分为四类，分别是区域经济、物流产业环境、物流政策环境、环境规制；倪志敏（2017）认为因素选择分为内外部，内部是区位因素和物流资源利用率，外部是经济水平和外贸水平；秦雯（2018）选择的影响因素变量为经济水平、固定资产、城镇化水平、产业结构、物流业资源利用率、外贸水平和外商投资；戴万亮（2018）认为影响因素包括区域经济、外商直接投资、区位熵和信息化水平；卢迪（2018）考察了区域经济发展水平、物流政策、物流区位优势、物流基础设施建设、物流信息化水平和人力资本研究煤炭物流效率；杨双鹏（2018）研究了西部地区，主要考察了经济发展水平、外商投资额、区位熵、物流资源利用率、地区信息化水平、城镇化这六项影响因素；徐蒙（2018）认为影响因素分为三类，即渠道类、基础设施类和环境类。

（二）关于绿色物流的研究

1. 绿色物流的主体研究

首先是区域方面。郭毓东（2013）、庞燕（2014）研究区域为长株潭；许笑平（2014）绿色物流体系构建研究区域为珠三角；陈宝丹（2016）研究区域为广东省；王娟娟、杜佳麟（2017）研究区域是一带一路；陈燕（2017）研究区域为秦皇岛；秦文展（2017）研究区域为新疆；董博（2018）研究区域为京津冀。其次是研究对象方面。李春香（2014）研究的是绿色物流的绿色包装；胡滢（2015）研究对象为鲜蔬鲜果冷链物流；张琳（2015）研究对象为电子商务中的农产品；王忠伟、赵芳妮（2015）研究对象为农产品的冷链；李春香、蒋成忠（2015）研究的是绿色物流的经济发展情况；马丽荣（2016）研究的是甘肃特色农产品；部分学者对于绿色物流的研究主体为港口。Bergqvist（2013）从绿色港口税的角度展望港口的绿色发展；Verdouw 等（2014）将定性指标与定量指标相结合建立港口绿色指标体系；Harris 等（2014）从绿色物流的共性角度出发，结合实证研究确立评价指标。国内的钮尔轩、孟斌、沈思祎（2017）研究对象为港口企业；陈燕（2017）研究对象为农产品；还有学者将研究重点集中于绿色物流网络的构建。Dezhi Zhang（2016）基于以物流网络设施建设整体的投入成本最低以及在整个物流运输配送过程中排放的碳最少为目标，运用遗传算法对区域绿色物流进行客观分析与研究。李进等（2015）以整体运输配送过程中的碳排放量最低为目标，规划合理的配送路线，并研究其路线规划与物流成本之间的作用关系。熊桂武（2016）针对绿色物流过程中的一个路径优化问题，并在前人研究基础上加入时间窗，考虑了时间成本问题。董肖庆、杨斌（2018）研究的是物流网络选点需求及优化。

2. 绿色物流的影响因素研究

Alan Mckinnonz（2003）认为影响食品运输过程绿色的因素中最主要的是在食品运输过程中能量的消耗。Qinhua Zhu 和 Joseph Sarkis（2004）从整个物流系统生命周期的角度出发，来构建绿色物流的影响因素指标体系。Froseh（2004）通过对企业整个供应链中的采购和供应环节进行细致的访谈分析，发现减少在生产过程中的污染，有利于绿色物流的发展。Yasutaka Kainuma 和 Nobuhiko Tawara（2006）认为绿色物流的影响因素有资源回收率、垃圾回收比、生态性等。

刘和东（2007）基于循环竞价视角，认为影响绿色物流的环节是运输、保管、包装、流通加工、装卸搬运、配送和信息处理这六个环节；吴金纺（2010）认为物流的影响因素主要来自四个方面，即政府、企业、技术和社会；于华（2014）认为影响绿色物流的有群众的思想认识、法律法规、物流基础设施和信息技术水平；温永平（2015）分别从政府、企业、环境这三个层面进行分析；代冬芳（2016）认为影响因素来自三个层面，即政府、企业、环境；马丽荣（2016）认为影响因素来自七个层面，分别是产地生产环境、农户、加工企业、物流部门、市场、政府和消费者；张林强（2017）认为影响因素指标的选取包括经济发展水平、能源消耗、专业人才、城市化水平、政府支持度和低碳经济发展水平，这六大影响因素有具体的计算方法将其量化；秦文展（2017）研究新疆绿色物流，分析了其有利和不利因素，主要集中于政府政策、区位、人才和技术；马静（2017）影响因素分为内外部，外部包括对政府政策、对绿色物流的认识，内部包括农村内部的信息化水平、意识和技术等；董博（2018）认为有益于物流绿色发展的因素包括交通运输低碳化、仓储低碳、构架信息平台以及加强企业管理；田洪燕（2018）选择的绿色物流影响因素有经济发展水平、物流业的整体就业水平、资源的利用率、产业结构以及区域城镇化水平。

3. 绿色物流效率研究

（1）绿色物流绩效评价。

温博语（2010）从价值链的角度构建绿色物流绩效评价指标；严双（2010）运用灰色系统分析方法从运营、资源和能源利用和环境三个方面构建企业指标体系；蒋秀兰等（2013）以生态文明为导向构建建材企业的物流绩效评价指标体系；苑施楠（2013）从环境影响、能源消耗、资源利用三个角度出发构建低碳物流绩效；方凯（2013）从微观企业角度，研究了基于绿色供应链的绩效评价指标体系，其指标主要包括财务管理、冷链物流流程、顾客服务、协同能力、绿色环保、发展能力六个方面；燕玉环（2013）构建的是湖南省林产品的绿色物流评价指标体系，包括供应品质量、供应品环保性、成本、物流服务能力和绿色创新能力；潘云飞（2013）运用模糊理论对物流企业进行绿色物流绩效评价指标体系的构建；左克军（2014）以循环经济为理论基础，对钢铁企业的绿色物流绩效进行研究；荣佳楠（2014）从绿色供应、生产、经销、逆向物流四个方面构建电子制造型企业的绿色物流绩效评价。周东蕾（2015）以企业为研究主体，研究农产品绿色冷链物流绩效；周茂春（2015）基于 AHP 和 FCE，从物质生产、生产物流、环境、运输技术出发，研究煤炭企业的绿色物流绩效；于晓胜（2016）研究了煤炭企业的绿色物流的动力机制和绩效评价；陈业红（2017）首先构建基于绿色理念的农产品冷链物流企业绩效评价指标体系，而后以苏州市众品冷链物流有限公司为案例进行实证分析并改进；田洪燕（2018）研究的是绿色物流绩效评价指标体系的构建，包括基础设施、经济、环境与能源、运营管理四个方面 12 个指标；曾佑新（2018）从财务价值、内部流程、客户服务、未来发展四个维度构建了废旧汽车企业逆向物流绩效评价指标体系；姜晓红（2018）从行业层面出发，以造纸业为切入点对绿色逆向物流绩效进行评价研究。

（2）低碳物流效率。

李永林（2014）基于 VRS 的 DEA-BCC 模型测算了我国 31 个省区市的低碳物流效率；吕娟娟（2014）以安徽省各个城市为研究对象，采用横纵向对比，对区域城市低碳物流效率进行研究；汤中明（2016）以武汉城市圈为研究对象，从内外部研究低碳经济下的城市物流效率；李玉田（2017）研究了在低碳背景下的河北省物流业技术效率；曹兵斌（2016）采用 CCR 和 BCC 模型研究九江市的低碳物流效率；涂建、柳键（2018）以江西省为例，研究产业结构调整对低碳物流效率的影响。

针对现有的国内外文献进行分类整理分析发现，关于绿色物流效率的研究较为缺乏，因此主要从三个角度切入进行文献整理，并梳理了与绿色物流效率相关的绿色物流绩效及低碳物流效率：

一是效率测评及影响因素的方法。对效率测评方法的研究主要集中于 AHP 层次分析法、模糊数学法以及 DEA。相对于前两者，DEA 方法在测算效率方面较前两者的赋权主观性好，同时适用于处理多输入多产出的情况，并且对原始数据无须无量钢化处理。

二是研究区域。国内物流效率的研究区域从宏观层面最主要集中于全国各个省，某个省的各个市，或者是国家战略经济带，如长江经济带、京津冀、珠三角、长三角、丝绸之路、粤港澳等。集中于长江中游经济带的比较少，而我国正在大力提倡发展长江中游地区，推动中部地区崛起发展战略。国外学者对于物流效率的研究多侧重于微观层面的企业。

三是绿色物流的研究角度。关于绿色物流的研究大多集中于冷链、生鲜农产品，再或者是集中于物流运输配送的路径选择优化等。而关于绿色物流效率，即从宏观角度观测物流整个运行效率的绿色化研究则较少。

基于基础文献研究，本章以长江中游三省为主要研究主体，运用 DEA 方法测算其绿色物流效率，运用 Tobit 方法进行影响因素分析，并提出针对性建议。

三、长江中游三省绿色物流发展现状

长江中游经济带是包括湖南、湖北、江西三省在内的经济带，我们从长江中游三省的物流产业发展现状、物流基础设施建设、信息化程度以及绿色化发展四个方面来研究长江中游三省的绿色物流发展现状。

（一）长江中游三省物流产业发展现状

1. 长江中游三省经济发展现状

近 10 年来，长江中游地区经济总量稳步增长，2016 年长江中游三省地区 GDP 为 8. 27 万亿元，相比 2007 年增长了 70. 3%，其中湖南省 GDP 为 3. 16 万亿元，湖北省为 3. 27 万亿元，江西省为 1. 85 万亿元。表 4 – 1 给出了 2007 ~ 2016 年长江中游三省 GDP 占全国 GDP 的比重。从经济总量看，2007 ~ 2016 年，长江中游三省地区 GDP 占全国 GDP 的比重呈现稳步增长的趋势，从 9. 09% 增长到 11. 12%，这与国家近年来重视长江经济带中部城市群的发展以及中部崛起政策的执行相关。

表 4 – 1　　　　长江中游三省经济总量

年份	湖南 GDP（亿元）	湖北 GDP（亿元）	江西 GDP（亿元）	长江中游三省（亿元）	全国 GDP（亿元）	三省占全国比重（%）
2007	9439. 6	9333. 4	5800. 25	24573. 25	270232. 3	9. 09
2008	11555	11328. 92	6971. 05	29854. 97	319515. 5	9. 34
2009	13059. 69	12961. 1	7655. 18	33675. 97	349081. 4	9. 65
2010	16037. 96	15967. 61	9451. 26	41456. 83	413030. 3	10. 04

续表

年份	湖南 GDP（亿元）	湖北 GDP（亿元）	江西 GDP（亿元）	长江中游三省（亿元）	全国 GDP（亿元）	三省占全国比重（%）
2011	19669. 56	19632. 26	11702. 82	51004. 64	489300. 6	10. 42
2012	22154. 23	22250. 45	12948. 88	57353. 56	540367. 4	10. 61
2013	24621. 67	24791. 83	14410. 19	63823. 69	595244. 4	10. 72
2014	27037. 32	27379. 22	15714. 63	70131. 17	643974	10. 89
2015	28902. 21	29550. 19	16723. 78	75176. 18	689052. 1	10. 91
2016	31551. 37	32665. 38	18499	82715. 75	743585. 5	11. 12

从图 4 -1 长江中游三省的柱状图分析可以发现，湖南、湖北两省的 GDP 总量和发展趋势基本保持一致，2007 ~2011 年，湖南省经济总量要略高于湖北省，从 2012 年开始，湖北省超过湖南省，差距在逐年增长。江西省的 GDP 总量近 10 年都远远低于湖南、湖北两省，但近 10 年江西省也一直处于不断上升的趋势，与湖南、湖北两省的差距值也越来越大。

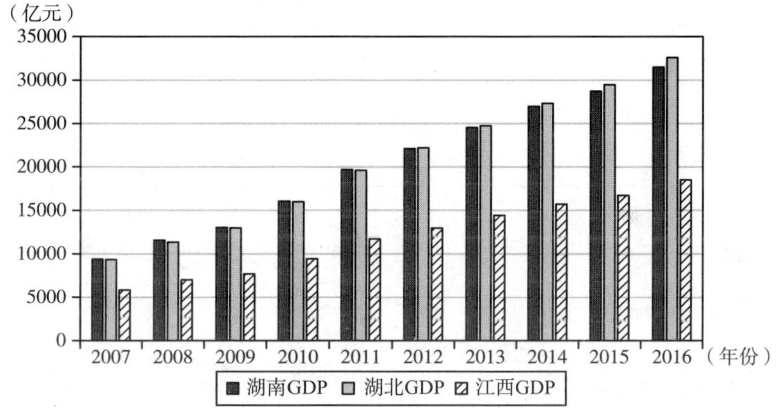

图 4 -1　长江中游三省 GDP 柱状图

2. 长江中游三省物流业增加值

物流业增加值在一定程度上能代表当地区域的物流业经济发展，从表 4 -2 可以看出，2007 ~2016 年，长江中游三省物流业增加值从 2007 年的 1375. 14 亿元发展到 2016 年的 3450. 51 亿元，增加值增长了 2075. 37 亿元，且其占全国物流增加值从 2007 年的 9. 42% 逐步上升到 2013 年的 11. 25%，又缓慢降低到 2016 年的 10. 27% 的占比。

表 4-2　　长江中游三省物流业增加值

年份	湖南物流业增加值（亿元）	湖北物流业增加值（亿元）	江西物流业增加值（亿元）	长江中游三省物流业增加值（亿元）	全国物流业增加值（亿元）	三省占全国比重（%）
2007	517.67	485.87	371.6	1375.14	14605.1	9.42
2008	624.68	562.46	388.42	1575.56	16367.6	9.63
2009	704.83	642.72	394.9	1742.45	16522.4	10.55
2010	832.28	753.61	446.22	2032.11	18783.6	10.82
2011	948.82	869.48	507.44	2325.74	21842	10.65
2012	1077.65	934.96	630.56	2643.17	23763.2	11.12
2013	1172.31	1078.11	678.62	2929.04	26042.7	11.25
2014	1257.64	1181.58	710.08	3149.3	28500.9	11.05
2015	1291.03	1242.34	736.15	3269.52	30487.8	10.72
2016	1356.56	1297.48	796.47	3450.51	33058.8	10.44

从图 4-2 可以发现，三省近 10 年的物流业增加值处于不断上升的态势，总量上湖南最高，其次是湖北，湖南、湖北两省的物流业增加值相差不大，江西近 10 年的物流业增加值相比湖南、湖北两省相差较大，且差距有不断扩大的趋势。

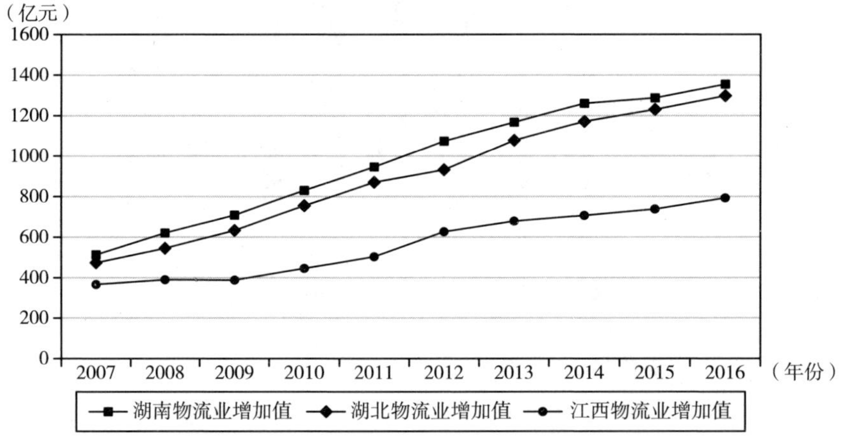

图 4-2　长江中游三省物流业增加值折线图

3. 长江中游三省货物周转量

从图 4-3 长江中游三省货物周转量中可以发现，长江中游三省的货物周转量的总量从2007年的4910.7亿吨/公里提升到2016年的14101亿吨/公里，且呈现不断上升的趋势。三省的货物周转率湖北最快，其次是湖南，再次是江西。湖北的发展趋势与长江中游三省的整体发展趋势保持一致，湖南、江西两省的发展趋势趋于一致。

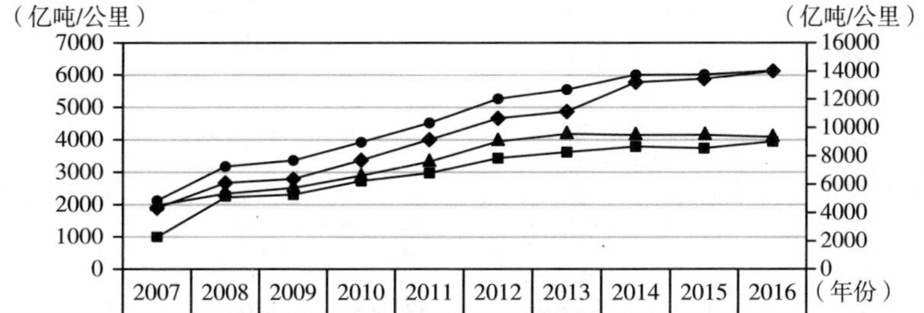

	2007	2008	2009	2010	2011	2012	2013	2014	2015	2016
—▲— 湖南	1982	2340	2505	2905	3346	3954	4227	4123	4149	4043
—◆— 湖北	1902	2700	2808	3370	4044	4694	4883	5798	5908	6160
—■— 江西	1027	2290	2351	2739	3004	3449	3646	3830	3753	3898
—●— 三省	4911	7330	7665	9014	10394	12096	12757	13751	13811	14101

图4-3　长江中游三省货物周转量折线图

（二）长江中游三省物流基础设施现状

1. 长江中游三省物流业从业人员数

现有研究的数据没有专门统计物流业从业人员数，大部分采用交通运输、邮电通信业人数来代表。本章中物流从业人员数将从事铁路、公路、水上、航空运输业、装卸搬运和其他运输服务业、邮政业就业人数加总，代表物流业的从业人员总数。

从表4-3可见，湖南省2007~2016年物流从业人员构成中，铁路运输业从业人员总数从2007年的71436人发展到2016年的78233人，仅增加了6797人；公路运输业从2007年的64070人发展到2016年的102405人，增加了57.8%；水上运输业从2007年的7354人下降为2016年的2857人，降低了157.4%；航空运输业从2007年的3054人增加到2016年的8517人；装卸搬运和其他运输服务业从2007年的8585人降低到2016年的5166人、邮政业就业人数从2007年的21129人增加到2016年的37672人。其中，从业人数增加的有铁路、航空、公路和邮政，增速最快的是公路运输业。水上运载、装卸搬货和其余的运输服务业人数减少，其中水上运载从业人员降幅明显，体现出近几年湖南省随着公路运输业的发展，水运有所减少。同时，随着现代化运输装卸设备的运用发展，在物流的各个环节需要人工的数量逐渐减少，很多环节被智能化、机械化设备取代。

表 4－3　　湖南省物流业从业人员数　　单位：人

年份	铁路	公路	水上	航空	装卸搬运其他	邮政	总数
2007	71436	64070	7354	3054	8585	21129	175628
2008	71727	61897	5792	3069	9355	19038	170878
2009	77668	61256	5316	3707	13631	20543	182121
2010	76653	62099	4368	3954	13100	18284	178458
2011	76063	66072	5412	4794	20509	22545	195395
2012	77023	98687	4374	8343	12256	30069	230752
2013	76901	103424	4761	7463	8273	39273	240095
2014	77848	107524	4549	8334	6953	39954	245162
2015	79466	103606	2809	8452	6407	38096	238836
2016	78233	102405	2857	8517	5166	37672	234850

从表 4－4 可见，湖北省 2007～2016 年物流从业人员构成中，铁路运输业从业人员总数从 2007 年的 127487 人减少到 2016 年的 86669 人，减少了 32%；公路运输业从 2007 年的 59313 人发展到 2016 年的 166210 人，将近 2007 年的两倍；水上运输业从 2007 年的 22379 人下降为 2016 年的 16154 人，降低了 27.8%；航空运输业从 2007 年的 5387 人增加到 2016 年的 7067 人；装卸搬运和其他运输服务业从 2007 年的 20018 人降低到 2016 年的 8962 人、邮政业就业人数从 2007 年的 16866 人增加到 2016 年的 53161 人。其中，从业人数增加的有公路、航空和邮政，公路运输业从业人员数增速最快。铁路、水上运载、装卸搬货和其他运输服务业人数在逐年减少，其中水上运载从业人员降幅明显，体现出近几年湖北省随着公路运输业的发展，铁运和水运受其影响，都有不同幅度地降低。

表 4-4　　湖北省物流业从业人员数　　单位：人

年份	铁路	公路	水上	航空	装卸搬运其他	邮政	总数
2007	127487	59313	22379	5387	20018	16866	251450
2008	137976	64894	21059	6305	18548	13769	262551
2009	151764	64266	20024	4921	14094	18028	273097
2010	88502	62321	18351	5853	13801	17790	206618
2011	89021	66202	16901	5445	10701	21474	209744
2012	83437	97426	12860	7348	10124	24061	235256
2013	83833	145880	15757	9137	11010	54184	319801
2014	86947	156845	14582	6686	9277	57998	332335
2015	86920	160326	15410	7232	8824	53781	332493
2016	86669	166210	16154	7067	8962	53161	338223

从表 4-5 可见，江西省 2007~2016 年物流从业人员构成中，铁路运输业从业人员总数从 2007 年的 71436 人增加到 2016 年的 78233 人，增加了 9.5%；公路运输业从 2007 年的 64070 人发展到 2016 年的 102405 人，增加了 59.8%；水上运输业从 2007 年的 7354 人下降为 2016 年的 2857 人，降低了 61.1%；航空运输业从 2007 年的 3054 人增加到 2016 年的 8517 人；装卸搬运和其他运输服务业从 2007 年的 8385 人降低到 2016 年的 5166 人、邮政业从业人数从 2007 年的 21129 人增加到 2016 年的 37672 人。其中，从业人数增加的有铁路、公路、航空和邮政，增速最快的是公路运输业。水上运载、装卸搬货和其他运载服务业人数减少，其中水上运输从业人员降幅明显，体现出近几年江西省随着公路、铁路、航空运输业的发展，水运受其影响，大幅度地降低。

表 4-5　　江西省物流业从业人员数　　单位：人

年份	铁路	公路	水上	航空	装卸搬运其他	邮政	总数
2007	71436	64070	7354	3054	8585	21129	175628
2008	71727	61897	5792	3069	9355	19038	170878

续表

年份	铁路	公路	水上	航空	装卸搬运其他	邮政	总数
2009	77668	61256	5316	3707	13631	20543	182121
2010	76653	62099	4368	3954	13100	18284	178458
2011	76063	66072	5412	4794	20509	22545	195395
2012	77023	98687	4374	8343	12256	30069	230752
2013	76901	103424	4761	7463	8273	39273	240095
2014	77848	107524	4549	8334	6953	39954	245162
2015	79466	103606	2809	8452	6407	38096	238836
2016	78233	102405	2857	8517	5166	37672	234850

通过对三省物流从业人员具体构成分析，2007～2016 年，公路、航空和邮政的从业人员数三省都保持增长态势，其中公路运输业是其中增长最迅速的一个，尤其是湖北，增长的量是 2007 年的一倍，而铁路运输业从业人员数，湖南、江西两省都有所增长，湖北有小幅度的降低。三省的水上运输和装卸搬运和其他运输服务业人数，都降幅明显，三省作为内陆城市，随着公路、航空等交通运输业的发展，传统的水运在降低。同时，随着现代化运输装卸设备的运用与发展，物流多个环节逐步被智能化、机械化设备取代。

从图 4－4 可见，湖北的物流业从业人员总数近 10 年一直高于湖南、江西两省，江西一直处于三省的最底端。其中，湖南近 10 年从业人员总数在稳步上升，在 2014 年后有缓慢回落的趋势；湖北 2009～2013 年从业人员数有一段剧烈的波动，其余都保持稳定的上升态势；江西 2010～2012 年人数有小幅度的下降后，2012～2013 年猛增，但总数 2014～2016 年有降低的趋势。

2. 运输线路长度

由表 4－6 可知，湖南省通过 10 年的发展，铁路营业里程从 2007 年的 0.29 万公里发展到 2016 年的 0.47 万公里，10 年里增加了 0.18 万公里；而内河航道里程没有发生大的变动，公路里程从 2007 年 17.54 万公里发展到 2016 年的 23.83 万公里，增加了 6.59 万公里。

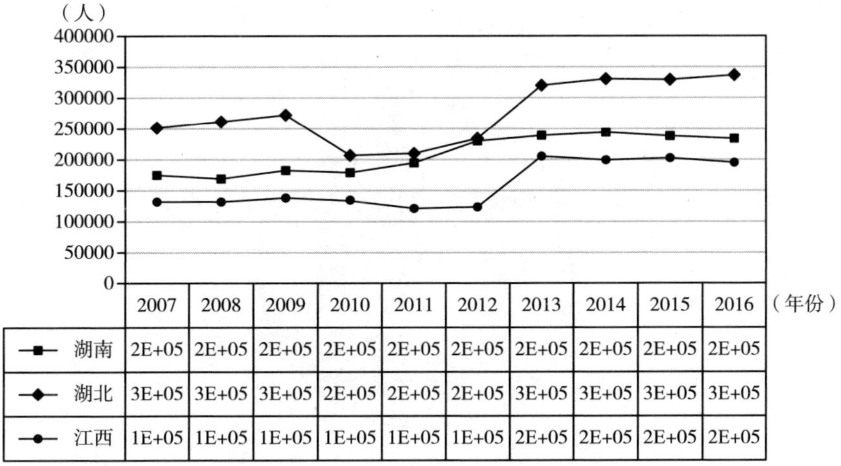

图 4－4　长江中游三省物流从业人员数

表 4－6　　　　　　　　湖南省近 10 年运输路线分布

年份	2007	2008	2009	2010	2011	2012	2013	2014	2015	2016
铁路营业里程（万公里）	0. 29	0. 29	0. 37	0. 37	0. 37	0. 38	0. 4	0. 46	0. 45	0. 47
内河航道里程（万公里）	1. 15	1. 15	1. 15	1. 15	1. 15	1. 15	1. 15	1. 15	1. 15	1. 15
公路里程（万公里）	17. 54	18. 46	19. 14	22. 8	23. 22	23. 4	23. 54	23. 63	23. 69	23. 83
等级公路里程（万公里）	9. 15	11. 87	14. 82	18. 4	19. 89	20. 36	20. 66	21. 13	21. 35	21. 59
高速等级公路里程（万公里）	0. 18	0. 2	0. 22	0. 24	0. 26	0. 4	0. 51	0. 55	0. 57	0. 61
一级等级公路里程（万公里）	0. 06	0. 07	0. 08	0. 08	0. 1	0. 11	0. 11	0. 12	0. 13	0. 16

从图 4－5 可以看出，2016 年湖南省公路占到了 94%，其次是内河航道，最少的是铁路营业里程。

由表 4－7 可知，湖北省通过 10 年的发展，铁路营业里程从 2007 年的 0. 26 万公里发展到 2016 年的 0. 41 万公里，10 年里增加了 0. 15 万公里；而内河航道里程没有发生大的变动，从 0. 82 万公里到 0. 84 万公里，10 年仅增加了 0. 02 万公里；公路里程从 2007 年的 18. 38 万公里发展到 2016 年的 26. 02 万公里，增加了 7. 64 万公里。

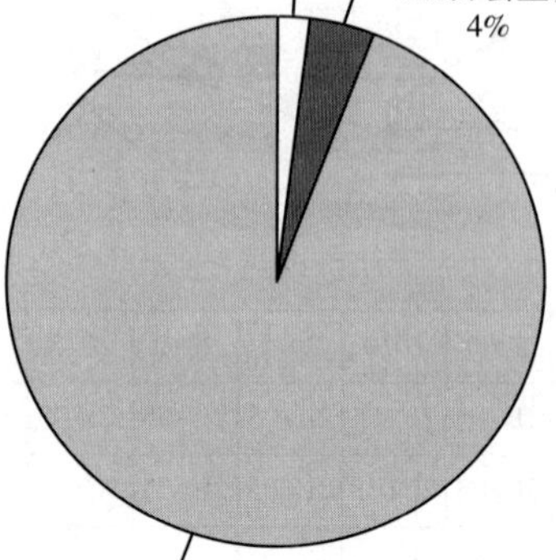

图 4－5　湖南省 2016 年主要运输路线分布

表 4－7　　湖北省近 10 年运输路线分布

年份	2007	2008	2009	2010	2011	2012	2013	2014	2015	2016
铁路营业里程（万公里）	0.26	0.27	0.3	0.34	0.34	0.38	0.39	0.41	0.41	0.41
内河航道里程（万公里）	0.82	0.82	0.82	0.83	0.83	0.83	0.83	0.84	0.84	0.84
公路里程（万公里）	18.38	18.84	19.72	20.62	21.27	21.82	22.69	23.69	25.3	26.02
等级公路里程（万公里）	14.72	15.37	16.88	18.78	19.65	20.31	21.29	22.42	24.09	24.98
高速等级公路里程（万公里）	0.24	0.27	0.33	0.37	0.4	0.4	0.43	0.51	0.62	0.62
一级等级公路里程（万公里）	0.14	0.16	0.17	0.22	0.24	0.25	0.28	0.33	0.52	0.55

由表 4－8 可知，江西省通过 10 年的发展，铁路营业里程从 2007 年的 0.26 万公里发展到 2016 年的 0.4 万公里，10 年里增加了 0.14 万公里；而内河航道里程没有变动，一直保持在 0.56 万公里，公路里程从 2007 年 13.05 万公里发展到 2016 年的 16.19 万公里，增加了 3.14 万公里。

表 4-8　　江西省近 10 年运输路线分布

年份	2007	2008	2009	2010	2011	2012	2013	2014	2015	2016
铁路营业里程（万公里）	0.26	0.27	0.27	0.28	0.28	0.28	0.31	0.37	0.4	0.4
内河航道里程（万公里）	0.56	0.56	0.56	0.56	0.56	0.56	0.56	0.56	0.56	0.56
公路里程（万公里）	13.05	13.38	13.7	14.06	14.66	15.06	15.21	15.55	15.66	16.19
等级公路里程（万公里）	7.24	7.73	9.22	10.15	11.45	12.03	12.27	12.83	12.99	13.4
高速等级公路里程（万公里）	0.2	0.23	0.24	0.31	0.36	0.42	0.43	0.45	0.51	0.59
一级等级公路里程（万公里）	0.09	0.12	0.13	0.14	0.14	0.15	0.16	0.19	0.2	0.26

3. 地方财政交通运输支出

由图 4-6 可知，长江中游三省的地方财政交通运输支出均呈现增长的态势，尤其是湖北省，2012～2015 年，增长迅猛，其交通运输支出超过湖南。湖南省的交通运输支出从 2013 年开始出现下滑，湖北省则是在 2015 年达到一个峰值后下滑，江西省则是在 2014 年出现下滑，整体趋势保持先增后减的趋势。

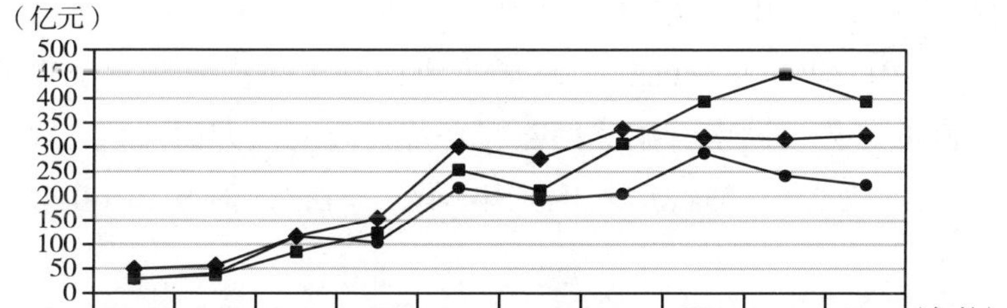

	2007	2008	2009	2010	2011	2012	2013	2014	2015	2016
湖南	48.72	56.96	117.2	153	301.3	273.8	337	322.2	318.9	325
湖北	30.21	38.31	84.92	124	255.2	212.7	308.8	396	452.1	391.8
江西	30.99	37.6	113	107.3	218.1	192.8	206.9	289.5	247.2	223.5

图 4-6　长江中游三省地方财政交通运输支出

（三）长江中游三省信息化程度

从图4－7可以发现，长江中游三省能够通互联网的宽带接口数量2007～2016年这10年来不断上升，且增速较快，表明长江中游三省近几年非常重视信息化的发展，也侧面反映其需求量的巨大。

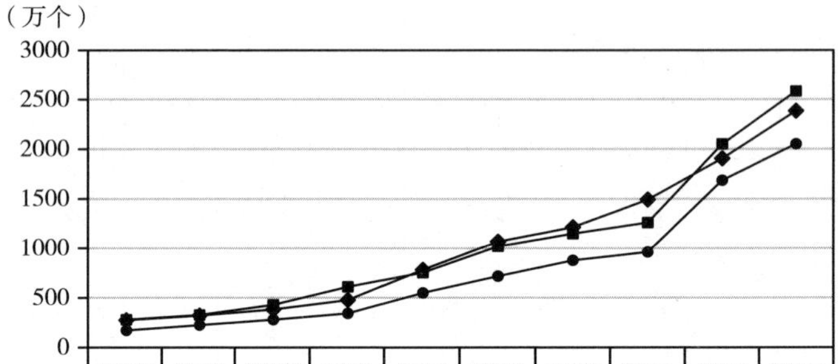

（年份）	2007	2008	2009	2010	2011	2012	2013	2014	2015	2016
―◆― 湖南	262	322.8	389.9	468.7	780.3	1070	1220	1498	1932	2395
―■― 湖北	282.0	327.4	433.3	588.4	746.1	1023.5	1153.2	1266.1	2061.1	2594.7
―●― 江西	167.8	219.1	281.8	358.9	562	719.3	868.6	975.1	1693.2	2056.6

图4－7　互联网宽带接入端口

（四）长江中游三省绿色化发展

1. 地方财政环境支出

由图4－8可知，长江中游三省的地方财政环境支出基本呈现稳步增长的态势，湖南省除了2011年有所下降外，一直保持不断上涨的趋势，且其上涨势头猛，在2012年超越湖北省，跃居成为三省第一；湖北省呈现的是先增后减再增再减的态势，湖南、湖北两省在环境财政支出方面并驾齐驱，江西省近10年的环境财政支出都远远少于湖南、湖北两省，但在2014年后增长速度增加。

2. 物流业能源消耗

由图4－9可知，在物流业能源消耗量方面，2007～2016年，由高到低排序依次为湖北、湖南、江西，首先其能源消耗量与一个省的整体的货运量存在一定关系，其次可以发现湖南、江西两省其增长趋势基本保持一致，增速缓慢且稳定，湖北省虽然长期稳居三省第一，但相比其他两省波动幅度相对较大，呈现“增—减—增—减—增”的波浪形发展。

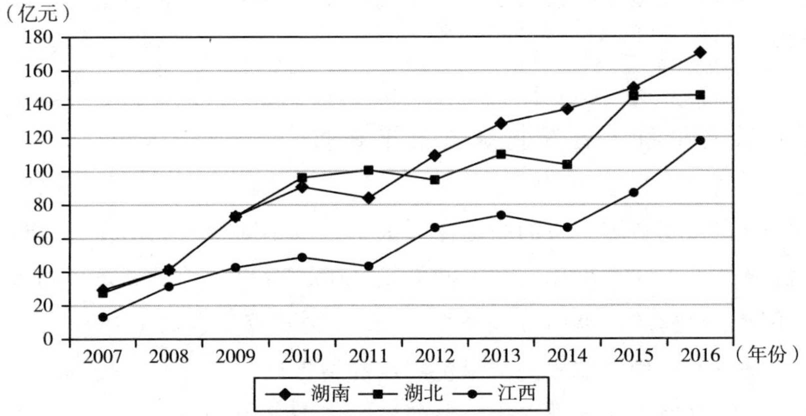

图 4-8　长江中游三省地方财政环境支出

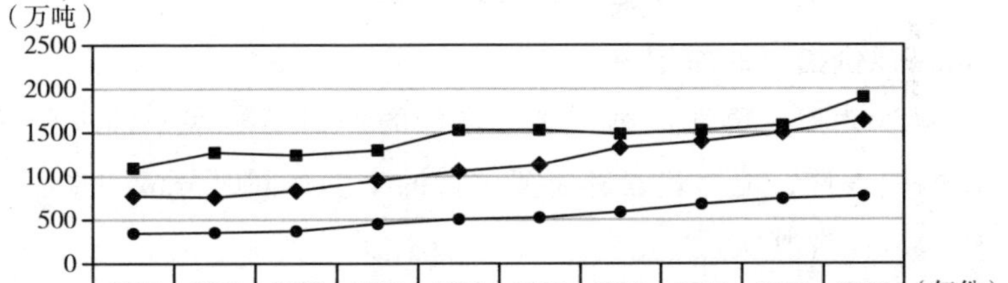

	2007	2008	2009	2010	2011	2012	2013	2014	2015	2016
湖南	796	773	834	956	1053	1147	1343	1443	1551	1630
湖北	1112	1291	1259	1330	1546	1549	1502	1552	1600	1920
江西	362	372	387	469	520	541	605	679	755	784

（年份）

图 4-9　物流业能源消耗

综上所述，长江中游三省绿色物流产业的发展现状主要表现为：在经济增长方面，长江中游三省地区近 10 年 GDP 占全国 GDP 的比重呈现稳步增长的趋势；物流基础设施方面，2007～2016 年，公路、航空和邮政的从业人员数三省都保持增长态势，同时三省的水上运输和装卸搬运和其他运输服务业人数，都降幅明显；铁路和公路里程都呈现出增长态势，内河航道基本保持稳定不变，对于环境的财政支出，三省均为上升态势；信息化程度相较于物流基础设施，其增速较快；针对环境保护的财政支出，三省虽都呈上升态势，但江西省长期处于落后；在能源消耗上，二省近 10 年较为稳定。总体而言，长江中游三省的物流基础设施在不断改善，其绿色物流还存在一定进步空间，改善速度相对缓慢。

四、长江中游三省绿色物流效率评价

本章研究长江中游三省的绿色物流效率，效率即投入产出比，绿色物流效率即物流绿色投入与产出比。在查阅大量文献，对比各种测算效率的方法的基础上，并结合数据的偏纵向性，采取 DEA 方法测算其综合效率作为绿色物流效率。在梳理了大量文献中关于绿色物流的指标后，结合对高校物流专家的访谈，我们将绿色物流效率定义为物流的资产、劳动力、能源、环境消耗四项绿色物流的投入与货物总量和货物周转量两项产出之比。

（一）评价指标体系的建立和数据的选取

1. 选择评价指标的原则

（1）科学性和重要性原则。每个指标的选择既要基于前人的研究，又要具备一定的代表性，能够代表其所要评价的事物，同时分清主次，选择其中相对重要的，以体现其实质。

（2）适用性和可比性原则。指标体系应尽可能反映评价目标的一般特征。另外，指标的选择必须在选用范围和表示内容方面保持相对一致，从而具有横向和纵向上的可比性。

（3）客观性和可得性原则。为保持其客观性，其数据的获得不能随意捏造修改，必须是从官方正规渠道获得，有一定的权威性，对于难以获得的数据，可以尝试采用其他可获得同时又具代表性的指标代替。

2. 评价指标体系的建立

现有的运用 DEA 投入产出法测算物流效率的指标中，基本上包括人力、物力、财力，在原有研究物流效率的基础上，本章加入能源投入和环境投入两大指标，以更好地体现物流效率的“绿色化”，选取的投入产出指标如表 4－9 所示。

表 4-9　　绿色物流效率评价指标

指标属性	指标名称	指标说明
投入指标 1	能源投入 X1	能源年消耗总量
投入指标 2	劳动力投入 X2	物流行业年就业总数
投入指标 3	资本投入 X3	物流行业年固定资产投资总量
投入指标 4	环境投入 X4	物流行业年 CO_2 排放量
产出指标 1	货物总量 Y1	物流行业货物年货物总量
产出指标 2	货物周转量 Y2	物流行业货物年周转总量

为测度长江中游三省的绿色物流效率，本章一共选取了六大指标，其基本数据主要来源于 2007～2016 年湖南、湖北、江西三省的统计年鉴。因为现有的统计年鉴中关于物流业的数据没有，一般用公认的交通运输、仓储、邮电的数据来代表物流业。

其中投入指标中的能源投入和 CO_2 排放量的具体计算过程如下：

（1）能源投入。能源投入即物流业在整个运行过程中所要消耗的能量，如交通运输过程中的燃油消耗；仓储邮电过程中的电力消耗等。通过查找三省 2007～2016 年统计年鉴中交通、仓储、邮电的能源消耗量，并将其折算成标准煤作为能源投入数据。

（2）CO_2 排放量。结合物流行业的具体操作流程，产生 CO_2 的环节主要包括原煤、汽油、煤油、柴油、燃料油、天然气这六种主要的能源消耗，因此其计算公式如下：

$$C = \sum_{i=1}^{6} c_i = \sum_{i=1}^{6} CI_i \times E_i \tag{4-1}$$

其中，E_i 为第 i 种能源能源消耗量（将其折算成标准煤），CI_i 表示第 i 种能源所对应的不同的碳排放系数。

3. 评价指标模型的选取

测算绿色物流效率大多用 DEA 对其投入产出进行测量，本章的面板数据是三省 10 年的纵向数据，采用 Malmquist 指数，来测算长江中游三省不同时期绿色物流效率的动态变化，并对 Malmquist 指数的绿色物流效率动态评价进行因素分解，以进行进一步的分析。

针对长江中游三省绿色物流效率评价问题，假设时期 $t=1, 2, \cdots, T$，有

s 个决策单元（r=1，2，…，s），在 t 时期的第 r 个决策单元的第 i 项投入为 $x_{ir}^t(i=1, 2, 3, 4)$，在对 t 时期的产出为 $y_{ir}^t(j=1, 2)$。在式（4-2）的基础上可以求解 Malmquist 指数的间隔函数 $D^t(x_r^{t+1}, y_r^{t+1})$：

$$\min\theta = [D^t(x_r^{t+1}, y_r^{t+1})]^{-1}$$

$$\text{s.t}\begin{cases}\sum_{r=1}^{s} x_{ir}^t\lambda_r + s_i^- = \theta x_{ir0}^{t+1}, i = 1,2,3,4\\ \sum_{r=1}^{s} y_{ir}^t\lambda_r + s_j^+ = y_{ir0}^{t+1}, j = 1,2\\ \lambda_r \geqslant 0, s_i^- \geqslant 0, r = 1,2,\cdots,s\end{cases} \tag{4-2}$$

将式（4-2）中的 t 替换成 t+1，可进而求解 $D^{t+1}(x_r^t, y_r^t)$ 和 $D^{t+1}(x_r^{t+1}, y_r^{t+1})$。

将计算结果进一步代入式（4-3），可得到第 r 个决策单元的 t 时期到 t+1 时期的 Malmquist 指数：

$$M(x_r^{t+1}, y_r^{t+1}, x_r^t, y_r^t) = \frac{D^t(x_r^t, y_r^t)}{D^{t+1}(x_r^{t+1}, y_r^{t+1})} \times \left[\frac{D^{t+1}(x_r^t, y_r^t)}{D^t(x_r^{t+1}, y_r^{t+1})} \times \frac{D^{t+1}(x_r^{t+1}, y_r^{t+1})}{D^t(x_r^t, y_r^t)}\right]^{\frac{1}{2}} \tag{4-3}$$

这里的 M 指数不同的数值代表不同的含义，当 M 大于 1 时，绿色物流效率随着年份增长而增长，反之减少；当 M 等于 1 时，绿色物流效率不变。

将代表长江中游三省绿色物流效率的 Malmquist 指数进行分解，分解为规模效率指数和技术进步指数，而后据此可以发现影响绿色物流效率变化的关键因素，具体计算方法见：

规模效率指数：

$$EC = \frac{D(x_r, y_r)}{D^{t+1}(x_r^{t+1}, y_r^{t+1})} \tag{4-4}$$

技术进步指数：

$$TC = \left[\frac{D^{t+1}(x_r^t, y_r^t)}{D^t(x_r^{t+1}, y_r^{t+1})} \times \frac{D^{t+1}(x_r^{t+1}, y_r^{t+1})}{D^t(x_r^t, y_r^t)}\right]^{\frac{1}{2}} \tag{4-5}$$

（二）长江中游三省绿色物流效率评价与分析

1. 投入产出指标描述性统计分析

对投入产出指标数据进行简单的描述性统计分析，如表 4-10 所示。

表 4-10　　投入产出指标描述性统计

	最小值	最大值	平均数	标准差
年货物总量	40046	214130	131780.24	45540.754
年货物周转量	1027	6160	3517.62	1209.089
能源投入	362	1920	1055.33	453.720
劳动力投入	74	176	121.57	35.177
固定资产投入	255	2795	1095.52	669.699
环境投入	903	4787	2630.94	1131.124

由表 4-10 可以看出，虽然三省同处长中游，但是三省的每个投入产出指标的极差与标准差都很大，表明各个省的物流业绿色发展水平不一，存在一定差距。对源数据进行分析，在投入指标方面，其中能源消耗的最低值是 2007 年的江西省，最大值则为 2016 年的湖北省，可发现其能源投入随着时间的推移呈不断上升趋势，且其消耗量与该省的经济发展水平有一定联系，各区域物流业的投入和产出情况存在较大差异。

2. 长江中游三省绿色物流效率的动态分析

本章将测算长江中游三省绿色物流效率的综合效率指数，并将综合效率指数分解为规模效率变动和技术进步变动指数，以此分析长江中游三省的绿色物流效率的动态变化。将具体的客观数值通过式（4-2）、式（4-3）的计算，可生成长江中游三省的绿色物流 Malmquist 指数，最终计算出来的结果如表 4-11 所示。

表 4-11　　2007~2016 年长江中游三省绿色物流效率 Malmquist 指数

年份	2007~2008	2008~2009	2009~2010	2010~2011	2011~2012	2012~2013	2013~2014	2014~2015	2015~2016	平均值
湖北	1.127	1.141	0.822	1.014	1.155	0.686	0.739	0.987	1.002	0.96
江西	1.046	1.007	0.823	2.105	1.098	0.691	0.644	1.180	0.893	1.05
湖南	1.318	0.971	1.903	1.056	1.024	0.764	0.855	1.253	0.859	1.11

从表 4-11 中长江中游三省 2007~2016 年物流产业绿色效率的综合效率指数的平均值可见，湖南的绿色物流效率最高，其次是江西，最后是湖北。湖北绿色物流全要素效率年均下降了 0.04，江西年均上升了 0.05，湖南上升最多。

从图 4-10 可以发现长江中游三省的绿色物流效率最为稳定的是湖北省，

从三省近10年的发展趋势看，江西省的绿色物流效率大部分处于其他两省之下，其次是湖北省，长期处于优势的为湖南省。同时，湖南省在2009年绿色物流效率有一次迅猛增长，这与湖南省整体重视绿色环保息息相关，在2003年，湖南省委、省政府非常重视绿色环保，还构想了“绿心”这个概念，2008年湖南省委常委会多次专题研究，经过实地调研后，定下立法保护“生态绿心”的千年大计。江西省则在2010年有一个大幅度的提升，在2010年江西省委提出了绿色崛起，加强了对绿色环保的重视。因此，2010年江西省绿色物流效率的猛增与政府当时重心转变有很大关系。

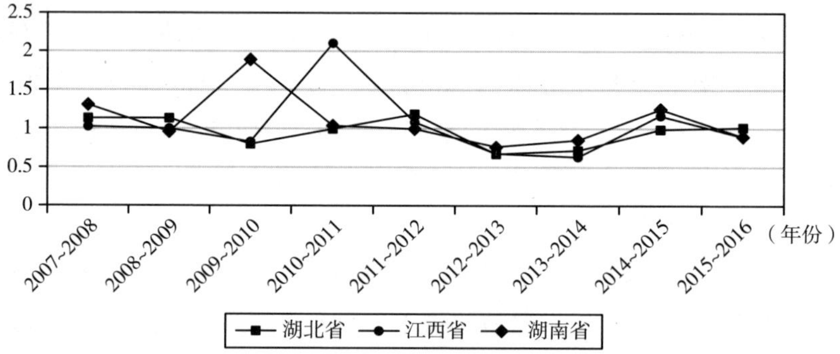

图4－10　2007～2016年长江中游三省绿色物流效率Malmquist指数分布

根据上述式（4－4）、式（4－5），可将综合效率指数分解为规模效率和技术进步，计算结果如表4－12所示。

表4－12　　湖北省综合效率指数变动与分解

年份	规模效率	技术进步	Malmquist 指数
2007～2008	1.030	1.095	1.127
2008～2009	1.117	1.022	1.141
2009～2010	1.000	0.822	0.822
2010～2011	1.000	1.014	1.014
2011～2012	1.000	1.155	1.155
2012～2013	1.000	0.686	0.686
2013～2014	1.000	0.739	0.739
2014～2015	0.960	1.027	0.987
2015～2016	1.041	0.963	1.002
均值	1.016	0.947	0.964

如表 4－12 所示，湖北省规模效率年均上升了 1.6%，技术进步年均下降了 5.3%，Malmquist 指数年均下降了 3.6%。2009～2012 年，2013～2016 年两个时间段绿色物流效率指数增长明显，而在 2012～2013 年绿色物流效率指数出现下降。如图 4－11 所示，将技术进步的曲线与规模效率的曲线与绿色物流效率指数曲线进行趋势对比分析发现，总的绿色物流效率与技术进步的曲线的走势一致，这表明湖北省的绿色物流综合效率主要受技术进步影响，湖北省绿色物流效率的发展主要取决于创新的技术支持。

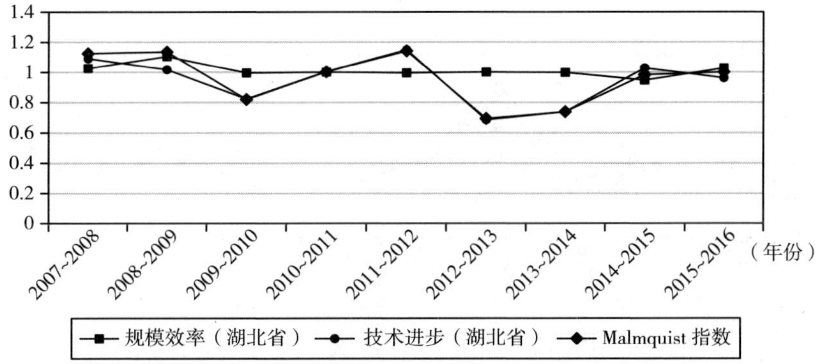

图 4－11　湖北省综合效率指数变动与分解

如表 4－13 所示，江西省规模效率年均上升了 5%，技术进步年均上升了 2.8%，绿色物流效率指数年均上升了 5.4%。江西省虽然整体上呈现上升态势，但是 2010～2014 年，一直有小幅度的回落。由图 4－12 可以更清晰地看出，相较于技术进步，与绿色物流效率指数变动的曲线变动方向更一致的是规模效率，但是规模效率曲线在这近 10 年也基本保持一致状态。因此，江西省绿色物流效率的发展受到其规模效率和技术进步的共同影响，且规模效率的作用更加明显。

表 4－13　　江西省综合效率指数变动与分解

年份	规模效率	技术进步	Malmquist 指数
2007～2008	0.988	1.059	1.046
2008～2009	1.012	0.995	1.007
2009～2010	0.512	1.607	0.823
2010～2011	1.952	1.078	2.105

续表

年份	规模效率	技术进步	Malmquist 指数
2011 ~ 2012	1.000	1.098	1.098
2012 ~ 2013	1.000	0.691	0.691
2013 ~ 2014	0.988	0.651	0.644
2014 ~ 2015	1.012	1.166	1.180
2015 ~ 2016	0.982	0.909	0.893
均值	1.050	1.028	1.054

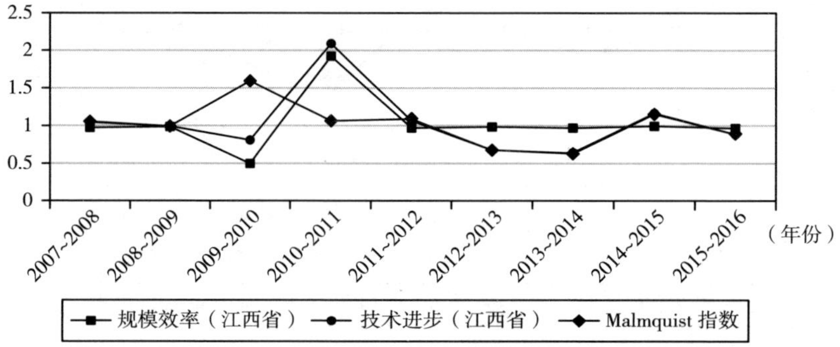

图 4－12　江西省综合效率指数变动与分解

如表 4－14 所示，湖南省规模效率年均下降了 1%，技术进步年均上升了 12.2%，绿色物流效率指数年均上升了 11%。绿色物流综合效率指数 2009 ~ 2012 年不断下降，而 2012 ~ 2015 年，绿色物流效率指数在稳步上升。由图 4－13可以更清晰地看出，与湖南省绿色物流综合效率指数变动吻合的是技术进步曲线，与规模效率曲线相关性略低，这表明绿色物流综合效率指数主要受技术进步影响，湖南省绿色物流效率的发展主要取决于创新的技术支持。

表 4－14　湖南省综合效率指数变动与分解

年份	规模效率	技术进步	Malmquist 指数
2007 ~ 2008	1.000	1.318	1.318
2008 ~ 2009	0.988	0.982	0.971
2009 ~ 2010	1.012	1.881	1.903
2010 ~ 2011	1.000	1.056	1.056
2011 ~ 2012	0.952	1.076	1.024

续表

年份	规模效率	技术进步	Malmquist 指数
2012～2013	1.050	0.727	0.764
2013～2014	1.000	0.855	0.855
2014～2015	1.000	1.253	1.253
2015～2016	0.905	0.949	0.859
均值	0.990	1.122	1.11

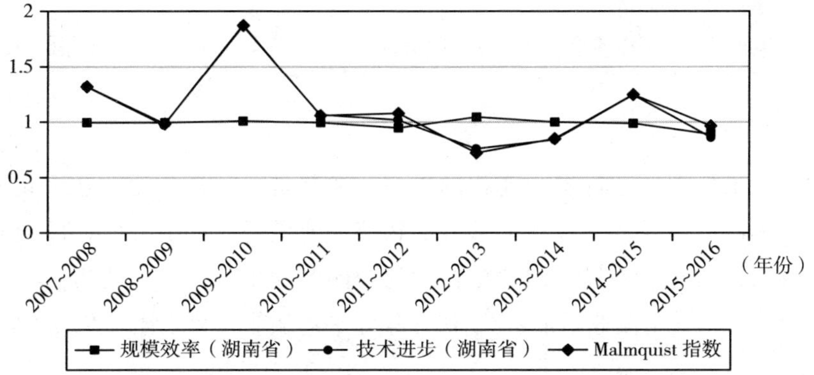

图 4－13　湖南省综合效率的指数变动与分解

本章选用 DEA 模型对长江中游三省 2007～2016 年物流发展绿色效率进行测定，发现在此期间长江中游三省绿色物流全要素生产率年均湖南、江西都大于 1，只有湖北小于 1，其发展空间巨大。利用 Mlamquist 指数法对绿色物流综合效率进行分解发现，影响长江中游三省绿色物流效率的规模效率和技术进步发挥了不同的作用。湖南、湖北主要受技术进步影响比较大，而江西则是规模效率和技术进步共同产生作用，且规模效率相较于技术进步发挥的作用更大。

（三）长江中游三省绿色物流效率的影响因素分析

根据对文献综述的总结，我们选择最具有代表性的绿色物流效率的影响因素，同时结合长江中游区域物流的发展态势与特性，并考虑到相关数据的可获得性，选择区域人均生产总值、劳动生产率、交通基础设施、信息化水平、科技研发能力、环境投资量和能源生产率作为研究绿色物流效率的影响因素，并运用 Tobit 分析方法计算出最主要的影响因素。

1. 影响因素指标的选取

在影响因素指标选取的过程中，选择与绿色物流效率息息相关的七大因素，其选择的原因及计算公式如下。

（1）人均生产总值（pgdp）。

物流业作为贯穿经济发展各个重要环节的产业，其发展速度和效率与经济整体的发展程度相互促进，物流行业是经济整体发展到一定程度出现的新兴产业，并在不断发展壮大，物流业在发展的同时也能够促进经济的发展，又依赖于整体的经济大环境。

人均生产总值 = 各省各年份的 GDP/各省年末平均从业人员（万元/人 × 年）　（4 - 6）

（2）劳动生产率（le）。

物流业虽然现在有许多智能化的设备，尤其是近几年的无人仓、无人配送等，但还未全面普及，还存在大部分的物流作业量需要人工完成，即便是智能化的设备，也需要人操控。因此单位时间内的劳动生产计算公式为：

劳动生产率 = 物流业增加量/物流业年底平均从业人数之比（亿元/人 × 年）　（4 - 7）

（3）交通基础设施（tb）。

物流归根到底是物的流动，物的流动需要各种载体。中国有句古话“要发展，先修路”，可见交通基础设施建设在促进物流发展中的作用。水路、公路、铁路、港口、管道等基本的运输载体以及仓储配送中心、物流园、各个中转点等布局对绿色物流效率有很大影响，交通网络的便捷尤其是仓储配送中心的合理布局，能在很大程度上减少运输配送过程中的能源消耗。计算公式为：

交通基础设施 = 铁路、公路和内河航道的总里程之和/各省土地面积　（4 - 8）

（4）信息化水平（il）。

当今时代是信息化的时代，物流整个环节都涉及信息的交换传递，从消费者下达订单开始，整个车辆运输路线的配合规划，如何运用最少的资源，实现最大规模的配送，除了对交通基础设施和人员需要不断改进外，现在更具增长空间的则是信息的传递。因此信息技术的运用，信息化水平的提高与绿色物流效率的提升有很大联系。本章利用中国统计年鉴上的互联网宽带接入端口来衡量各地的信息化水平。

（5）科技研发能力（rd）。

在这个大众创业、万众创新的时代，一个区域整体的科研能力、创新氛围对整个区域的技术进步有很大影响。只有不断创新融入实践，如研究清洁能源来替代传统的煤炭石油等燃料，才可能在环境方面对依赖于这些能源运输的物流业带来很大改善。计算公式为：

科技研发能力 = 各地申请专利数/全国专利申请数　　(4－9)

（6）环境投资（ei）。

随着电商的迅猛发展，物流也随之快速发展。货运车辆尾气排放的增加，快递包装纸的浪费等都对环境造成一定压力。近几年，习近平总书记提出“既要金山银山，也要绿水青山”，各地政府逐渐重视环境，有些地区将环境指标纳入政府政绩的考核范围，政府对环境的重视程度体现为运用客观的数据来进行衡量与测度，本章采用各省政府对环境的投资额来代表各省对环境的重视程度，衡量其是否营造了一个良好的环境保护氛围。

（7）能源生产率（pe）。

该影响因素与本章提到的绿色物流效率具有直接相关性，直接涉及物流业的能源消耗，其能源消耗与随之产生的污染废气的排放等均与绿色环保直接相关。计算公式为：

能源生产率 = 物流业增加值/各省份物流业能源消耗量（亿元/万吨标准煤）　　(4－10)

变量的符号及含义如表4－15所示。

表4－15　　变量的符号及含义描述

变量类型	指标类型	变量名	含义
被解释变量		绿色物流效率（TFP）	由前文计算得到
解释变量	经济指标	人均 GDP（pgdp）	地区 GDP/地区年末常住人口
		劳动生产率（le）	物流业增加值/物流业年末平均从业人员
	基础设施指标	交通基础设施（tb）	（铁路＋公路＋内河航道）总里程/土地面积
		信息化水平（il）	互联网宽带整体的接入数量
	创新指标	科技研发能力（rd）	各地专利申请数/全国专利申请数
	环境指标	环境投资（em）	地方财政环境保护开支
		能源效率（pe）	物流业增加值/能源消耗量

2. Tobit影响因素模型的建立

面板数据是指将时间期间段与截面数据夹杂在一起的数据，纵向上是按照时间序列的一组数据，从横向上分析，就是在同一时间段、不同地区的具体数值，其整体数据包括三个维度。面板数据不仅能分析一个地区在不同时间段的动态变化，还能分析在同一个时间段不同地区之间的差异性。这样的测算方法能够有效避免在时间序列数据的情况下经常出现的多重共线问题，还能提高其测算结果的准确性。本章的研究对象是长江中游三省的绿色物流效率影响因素，测量时间为2007～2016年，因此选用面板数据进行测量，既能准确地描述实际情况，又在测算过程中占有很大优势。综上所述，建立面板数据模型如下：

$$y_{it} = \alpha_{it} + x_{it}\beta_{it} + \varepsilon_{it}(i = 1,2,\cdots,N,t = 1,2,\cdots,T) \quad (4-11)$$

选择上述解释变量，以长江中游三省的绿色物流效率作为被解释变量，探究各影响因素对绿色物流效率的作用程度大小，构造如下面板数据模型，其中数据样本为2007～2016年我国长江中游三省的客观数值。

$$TFP_{i,t} = \alpha_{it} + \beta_1 pgdp_{i,t} + \beta_2 le_{i,t} + \beta_3 tb_{i,t} + \beta_4 il_{i,t} + \beta_5 rd_{i,t} + \beta_6 ei_{i,t} + \beta_7 pe_{i,t} + \varepsilon_{it} \quad (4-12)$$

其中，i、t分别代表不同的省份以及时间年份，α_{it}为常数项，ε_{it}为随机干扰项。

3. 数据分析

（1）影响因素数据分析。

首先对湖南湖北江西三省的各影响因素进行计算整理，通过数据进行整理分析，得到表4－16至表4－18。数据来源于各年《中国统计年鉴》。

表4－16　　湖南省各影响因素指标统计

年份	人均地区生产总值（pgdp）	劳动生产率（le）	交通基础设施（tb）	信息化水平（il）	科技研发能力（rd）	地方财政环境保护支出（em）	能源生产率（pe）
2007	2.43	17.5628	0.90	262	0.02	29.84	0.38
2008	2.96	17.0878	0.94	322.8	0.02	41.71	0.44
2009	3.32	18.2121	0.98	389.9	0.02	73.63	0.48
2010	4.03	17.8458	1.15	468.7	0.02	90.82	0.49

续表

年份	人均地区生产总值（pgdp）	劳动生产率（le）	交通基础设施（tb）	信息化水平（il）	科技研发能力（rd）	地方财政环境保护支出（em）	能源生产率（pe）
2011	4.91	19.5395	1.17	780.3	0.02	85.26	0.49
2012	5.51	23.0752	1.18	1070.2	0.02	109.43	0.5
2013	6.1	24.0095	1.19	1219.6	0.02	128.67	0.48
2014	6.69	24.5162	1.19	1498.3	0.02	137.49	0.47
2015	7.26	23.8836	1.20	1931.8	0.02	149	0.48
2016	8.05	23.485	1.20	2395.3	0.02	170.85	0.54
最大值	8.05	17.09	1.20	2395.3	0.02	170.85	0.54
最小值	2.43	24.52	0.90	262	0.02	29.84	0.38
平均数	5.126	20.9207	1.11	1033.89	0.02	101.67	0.4750
标准差	1.918	3.11146	0.11972	731.14	0	45.97861	0.04170

表4－17　湖北省各影响因素指标统计

年份	人均地区生产总值（pgdp）	劳动生产率（le）	交通基础设施（tb）	信息化水平（il）	科技研发能力（rd）	地方财政环境保护支出（em）	能源生产率（pe）
2007	1.64	19.32	1.05	282.00	0.02	28.05	0.44
2008	1.99	21.42	1.07	327.40	0.03	40.92	0.44
2009	2.27	23.53	1.12	433.30	0.03	74.15	0.51
2010	2.79	36.47	1.17	588.40	0.03	96.31	0.57
2011	3.42	41.45	1.21	746.10	0.03	101.11	0.56
2012	3.86	39.74	1.24	1023.50	0.03	95.63	0.60
2013	4.28	33.71	1.29	1153.20	0.02	109.72	0.72
2014	4.71	35.55	1.34	1266.10	0.03	103.78	0.76
2015	5.07	37.36	1.43	2061.10	0.03	145.84	0.78
2016	5.57	38.36	1.47	2594.70	0.03	145.64	0.68
最大值	5.57	41.45	1.47	2594.7	0.03	145.84	0.78
最小值	1.64	19.32	1.05	282	0.02	28.05	0.44
平均数	3.56	32.6910	1.2390	1047.58	0.028	94.1150	0.6060
标准差	1.36133	8.12118	0.14403	764.79030	0.00422	38.46523	0.12483

表 4-18　　　　江西省各影响因素指标统计

年份	人均地区生产总值（pgdp）	劳动生产率（le）	交通基础设施（tb）	信息化水平（il）	科技研发能力（rd）	地方财政环境保护支出（em）	能源生产率（pe）
2007	1.33	28.06519	0.831037	167.8	0.005113	13.88	1.025443
2008	1.59	29.3114	0.851408	219.1	0.004522	31.84	1.044983
2009	1.73	28.54334	0.870581	281.8	0.005349	43.14	1.019281
2010	2.13	33.28882	0.89275	358.9	0.00516	49.14	0.95155
2011	2.62	41.72786	0.9287	562	0.005922	43.76	0.975846
2012	2.88	50.84751	0.952666	719.3	0.006075	66.91	1.166063
2013	3.19	33.1039	0.963451	868.6	0.007126	74.17	1.122057
2014	3.47	35.49353	0.987418	975.1	0.010839	68.13	1.045034
2015	3.67	36.07765	0.995806	1693.2	0.013198	87.43	0.974401
2016	4.04	40.68521	1.027561	2055.6	0.01746	117.88	1.016204
最大值	4.04	50.85	1.03	2055.6	0.02	117.88	1.17
最小值	1.33	28.07	0.83	167.8	0.00	13.88	0.95
平均数	2.665	35.7144	0.9301	790.14	0.0081	59.6280	1.0341
标准差	0.94109	7.10003	0.06639	638.75834	0.00433	29.81746	0.06648

从表 4-16 至表 4-18 可以发现，首先，这 10 年来三省标准差远远高于其他各项指标的是“信息化水平”，在当今这个信息化社会，其更迭速度惊人，信息化的普及速度快，信息化水平的标准差湖南省是 731.14，湖北省是 764.79，江西省为 638.76；其次，近 10 年变化幅度较大的是环境保护支出，体现政府在环境保护方面有所作为；最后是劳动生产率，说明随着近几年机械化、智能化设备数量的增加及其操作水平的不断精进，对提高整体的劳动生产率呈现出明显效果。反之，相对较为稳定的是“科技研发能力”，近 10 年没有较大幅度的变动，湖南省基本保持稳定不变。

（2）EViews 回归分析。

将长江中游三省的绿色全要素生产作为因变量，将 7 个影响因素作为自变量，运用 EViews 回归软件，对其影响因素进行影响程度分析，其回归结果如表4-19 所示。

表 4-19　　长江中游三省绿色物流效率影响因素 Tobit 回归表

解释变量	Coefficient	Std. Error	t-Statistic	Prob
pgdp	-1.98E-05	1.07E-05	-1.851480	0.0641
le	0.021013	0.010561	1.989757	0.0466
tb	1.276375	0.891619	1.431526	0.1523
il	0.000602	0.000247	2.438153	0.0148
rd	34.26033	18.83045	-1.819411	0.0688
em	-0.012755	0.004594	-2.776216	0.0055
pe	1.764965	0.636185	-2.774288	0.0055
c	2.053711	0.709117	2.896152	0.0038

从 Tobit 回归结果分析 7 个影响因素对绿色物流效率的影响程度及其显著性。其中，“交通基础设施”对绿色物流效率影响并不显著，根据相关性系数大小，影响程度最大的是“科技研发能力”，其次是“能源生产率”，且“能源生产率”的显著性极其明显，小于 0.01；再者是“交通基础设施”，虽其显著性不太明显，但与绿色物流效率的相关性还是有很大关系；其余的“人均 GDP”“劳动生产率”“地方财政环境支出”相关性系数并不大，“信息化水平”对其影响系数很微弱，但显著性相当明显。

①人均 GDP。人均 GDP 对绿色物流效率有着微弱的影响，回归系数为 -1.98E-05。当今时代，各地的基础设施建设不断完善，物流业是一个贯穿产业链各个环节，涉及各个运输地区的运输、仓储、加工、装卸、配送、包装、信息各环节以及各类资源的优化整合，作为一个移动流通性极强的行业，当地经济水平发展的好坏对物流的发展没有太大影响，对绿色物流效率的影响几乎没有。

②劳动生产率。劳动生产率对绿色物流效率的作用呈正向，其回归系数为 0.021013。该指标反映的是从事物流行业各环节的员工的工作效率，也即单位产值。在原本没有机器的情况下，劳动效率可能会对整个行业的运行效率产生很大影响。但随着机械化、智能化设备不断引入生产运输各环节，大部分活动只需要人工在电脑上按下各个按钮，就会有机器设备进行规范化、快速高效的操作，因此“劳动生产率”对绿色物流效率的影响并没有预期的高。

③基础设施建设。交通基础设施和绿色物流效率的回归系数为 1.2763。不管是绿色物流还是传统物流，归根到底是物的流动，因此完善的交通基础设

施建设是实现物品流动不可或缺的硬件设施。常见的江浙沪包邮即完善的交通运输网络是给物流带来的便利的一个现实体现。在整个下行的过程中，从市到镇再到村，“最后一公里”的问题一直是物流行业的痛点。现在能做到配送到村的只有邮政和京东，现在偏远地区，道路基础设施并不完善，可能在镇一级就结束了配送过程。因此，不管信息技术多发达，智能化设备多先进，完善的交通基础设施建设和优化合理的道路布局仍是重要前提。

④信息化发展水平。信息化发展水平对绿色物流效率的回归系数非常微弱，但其显著性非常明显。虽然按照现有的客观数据分析其绿色物流效率并不受信息化发展很大影响，但是其发展潜力巨大。当下是信息化时代，城镇宽带基本覆盖，近几年，乡村的4G网络、电信电缆的铺设、信号塔的建立，使乡村人民对于网络触手可及，但是其接受程度相对较慢，且其需求并不是很多，快递不能到村的弊端，也在一定程度上削弱了消费者的线上购买意愿，其多种支付APP的使用以及农村人民保守的消费意识，都是其发展的阻碍。但是一旦这种消费意识和消费习惯等发生改变，需求量则会不断上升。信息化水平的不断提高，各地信息传递速度和信息共享能力不断加强，必然会在后期对绿色物流效率的发展产生巨大促进作用。

⑤科技研发能力。科技研发能力对长江中游三省绿色物流效率高度回归，对绿色物流效率的发展影响是7个影响因素中最大的，相关系数为34.26，并且显著性也很高，可见科技研发实力的强弱，在现代化社会中的重要性凸显。其他因素，如“劳动生产率”中的机械化智能化设备的投入，其前提就是科技研发能力，倘若没有该项技术，何来的投入使用；“信息化水平”中是信息平台建设、信息的实时交互，提高效率，充分利用资源等，其前提也是科技研发能力。需要相关专业人才设计相应程序，并配备相关的硬件设施；再如无线射频条码技术、区块链技术的可追溯、冷链物流所需的保鲜制冷设施、随时随地的位置共享以及车辆行驶路径的规划、绿色物流操作平台的设计研发等各环节都离不开科技研发团队。其中的交通基础设施建设中，提到过偏远地区的交通基础设施不完善的问题，但现在的科技研发人员大量的无人机配送就能有效解决这个问题。可以说现在物流各环节都有科技的影子，尤其是现在的绿色物流，仓储的绿色智能化、配送路径的优化以及配送过程的低碳化，就更加具有科技含量。因此，科技研发能力对绿色物流效率影响最大。

⑥环境投资强度。环境投资强度和绿色物流效率的回归系数呈现微弱的负

相关，负相关系数为 -0.012755。一般情况下，对环境越是重视，投资额越高，越有利于绿色生态相关行业的发展。可是本章中数据测算显示投资额越高，反而越不利于绿色物流效率的提升，原因可能是在大量绿色化投资的过程中，并没有实现充分利用，或者可能环境投资对绿色物流效率在一定投资额内会产生正向作用，但是一旦超过这个临界值，又会起反作用。因此，三省可能需要重新考量对于环境领域的投资额，把各项资金使用落到实处。

⑦能源利用效率。能源利用效率作为“绿色”的又一项重要指标，其对绿色物流业效率的影响仅次于科技研发能力，其回归系数为 1.764965。因此，能源利用效率的高低对绿色物流效率的也有很大影响，尤其是在运输过程中，车辆排放的尾气是个大问题，现在国家也是大力提倡新能源车，减少尾气的排放，提高能源利用效率，推动绿色物流效率的提升。

以上运用 EViews 回归法分析了七个影响因素对绿色物流效率的影响程度。其中影响最大是“科技研发能力”，其次是“能源利用效率”，再者是“交通基础设施”。“信息化水平”虽然影响程度不大，但是显著性明显，上升空间很大。

五、长江中游三省绿色物流效率提升建议

长江中游三省绿色物流效率的提高，对于提高三省的整体经济发展水平，以及促进三省的区域协同发展具有巨大的推动作用。基于上述研究，从以下三个方面提出提升长江中游三省绿色物流效率的措施。

（一）加强长江中游三省绿色物流专业化人才培育与技术引进

由回归结果可知，科技研发水平对绿色物流效率的影响最大，因此着力培养绿色物流专业化人才，从政府角度制定相关绿色物流人才的引进政策，企业和高校研究如何培养提高企业绿色物流效率的人才，有助于提高整个区域的绿色物流效率。

1. 加强政府对绿色物流人才引进扶持力度

要想推动一个行业的快速发展，离不开政府的支持。近几年，我国的绿色环保意识不断加强，甚至有些绿色环保指标已经纳入政府的政绩考核体系，政府通过对高污染企业的惩治，绿化带的建设，对河流的整治等一系列绿色环保

措施来响应国家“绿水青山就是金山银山”的号召。然而，针对引进专业化的绿色物流人才，还存在很多不足。推动长江中游三省政府出台鼓励和支持绿色物流发展的政策举措，鼓励三省之间通力合作，资源共享势在必行。政府与企业之间合作，积极引进仓储、运输等方面的绿色物流管理人才和绿色物流技术人员，政府提供政策扶持，企业提供资金保障，政企合作推动多元化绿色物流人才的培养是一个重要途径。同时，政府应与高校合作，出台绿色物流人才的职业资格鉴定证书，企业认可该证书的含金量，激励学生去学习培训，提升绿色物流环保意识并掌握其基本操作。通过以政府为主、企业高校为辅的合作方式协同推进绿色物流业的发展。

2. 优化企业高校绿色物流人才培养方式

高校与企业之间的关系是培养单位和用人单位的关系，要想培养出能够为企业所用的绿色物流人才，必须了解企业的需求，加强学生理论知识与实践活动的衔接，根据企业每个物流岗位所需要的知识与能力结构，定制专业的绿色物流人才培养方案，实现人才的充分有效利用。

同时对绿色物流人才的培养需要从两个角度出发：一是高校的学生视角，二是对物流从业人员的绿色意识培养视角。高校学生的绿色物流意识以及具体操作的培养，首先，要有一个企业需求的大环境，如果没有需求，毕业找不到工作，学生的学习热情就会降低，学生的绿色意识急需建立；其次，提高社会对绿色物流资格鉴定证书的认可度，开展相关培训工作，促进对绿色物流行业具体操作流程的认识与掌握，尤其是信息化平台的操作；最后，理论与实践的结合，与学校合作的企事业单位，应为学生提供实际操作的机会，既给企业减少了一部分成本，也让学生更真实地接触每个环节，也有助于学生更清楚了解胜任该岗位所具备的综合素质，为以后的工作做好准备。

对于一个从事多年物流行业的人员来讲，其对该企业的各环节操作都很熟悉，绿色物流是在其基础上做一定的改变。因此，也需要对物流从业人员进行绿色物流改革的专项培训，从意识上提高员工对绿色环保的接受度，并对具体的操作更新做细致的培训，辅之建立相关的绩效奖励机制，以激励员工更好地去实施。

3. 运用科技创新支撑物流产业绿色转型

科学技术的创新就是要运用于物流的各个环节，尤其是不断加入绿色元素，不管是设备还是从业人员的知识储备都需要不断更新。首先，要通过绿色能源技术逐步优化能源结构，使能源通过绿色技术的改进不断优化，实现最大效用。实现能源最大效用的过程，需要投入研发能源转化器，或者可以将清洁能源渐渐代替现有的燃料能源。其次，当下的各项高科技技术，如与物流密切相关的物联网技术，还有最近兴起的大数据，都有助于实现信息化与物流的高度融合，形成高效的合作形式，提升绿色物流效率。再者，通过一些新型能源设备的投入使用，研制一些能够产生清洁无污染且可持续的机器，如近几年在沿海地带大规模投入建设的风力发电，研制新型的能源转化器等，可以实现能源最大效率的使用。最后，还可以研制污染处理器，使物流作业过程中产生的污染在投入大气中之前，经过一定的过滤转化装置变成绿色无污染的尾气；通过研发智能化设备，减少劳动力的投入，更好地促进物流循环经济和可持续发展，提升绿色物流效率。

（二）提升长江中游三省绿色物流能源利用效率

由回归结果可知，仅次于科技研发水平的是能源利用效率，因此，从意识形成、法规制定、产业结构优化、清洁能源的使用、低碳物流技术的运用等方面入手有助于提升能源利用效率。

1. 软硬兼施营造区域绿色物流环境

第一，要树立绿色物流发展理念。首先，三省应通过协商成立一个绿色物流发展协会，政府和行业协会要积极营造一种绿色光荣的社会环境，积极给大家普及绿色环保带来的益处，提高民众和企业的绿色意识。其次，企业应该具有高度的社会责任感，明白要想成为一家百年企业，成为一家能够可持续发展下去的名企，必然要紧随国家政策导向，积极响应国家绿色环保号召。因为从长期发展来看，前期的绿色环保投资，会在后期带来收益，能够实现收益和环保的双赢。同时，作为消费者要有绿色环保的意识，对于高污染或者难降解不环保的商品，应减少对它的使用，随着市场正常运作，就会迫使企业减少或者不生产这类商品。如果政府、企业、协会、消费者物流的四个重要环节点都重视绿色环保，将进一步推动绿色物流环境氛围的营造，创建一个良好的环保氛围，这也是解决问题的重要前提。

第二，政府绿色环保政策的出台实施。借鉴绿色物流发展起步早且成效好的国家经验，基本上离不开政府规章制度的制定。政府政策的出台要与物流的各环节紧密相连，对于绿色物流企业，应给予财政支持或者一系列优惠补贴，协助其发展；对于高污染的物流企业，以及不按照规范操作，给环境带来严重污染的企业，要进行严厉惩治，制订一系列的规章制度，使物流企业在操作过程中有章可依，科学引导绿色物流稳步健康发展非常必要。规模效率无法发挥其作用往往是由于投资的不足或者是投资没有得到充分的使用。在政策制订过程中，三省应加强合作，在总的大规则的前提下，依据各省的地理位置、经济发展等其他因素制订各自的地方性法规，有助于协同推动绿色物流发展的规范化。

2. 积极推进新能源革命，开发新能源

依靠传统的石油、柴油、天然气等有限资源实现可持续发展必然是难以实现的，积极推进新能源革命，开发新能源是实现可持续发展的重要途径。现有清洁能源开发相对成熟的是风能，在现在沿海地带，随处可见一排排转动的三叶大风扇，除了风能外，还有其他一些尚未开发的绿色清洁能源，其开发使用需要技术的不断成熟，才能获取这些大自然中存在的巨大能量。除了源头上开发清洁能源外，还要提高能源的转化率，实现现有能源的最大化利用。同时还要注意物流运输中二氧化碳的排放。当前随处可见绿色牌照，新能源车正在渐渐打入市场，我国本土汽车品牌比亚迪在电动能源车方面就做得相对较好。不管是清洁能源的开发，还是提高能源的转化率，绿色能源车的投入使用，都离不开政府的大力支持。因为像这样的大型基础设备，或者是新技术的研发，都需要投入大量的人力、物力、财力，一般的企业很难负担，因此必须由政府来主导。政府在牵头过程中可以适时颁布相关能源政策，借鉴发达国家在开发清洁能源以及能源使用减排方面的技术，加强国际间的合作，同时通过招商引资，扩大新能源开发技术队伍，为新能源行业不断注入活力，提升竞争力。

（三）调整长江中游三省三次产业发展结构

一个地区的产业结构与区域绿色物流效率有很大关系，同样质量的货物运输，分别装载第一、第二、第三产业的物品，第三产业的价值会相比第一、第二产业实现的价值高，同等的投入更高的价值，其实现的效率也会有所提高。因此，在产业发展过程中，积极地引导发展第三产业，提高其占整个产业总值的比重非常重要。在发展过程中，应淘汰一批第二产业的高能耗、高污染企业，就像现在的家电一样，也在从高能耗逐渐向低能耗转变。政府在处理高耗能高污染企业时，要制订惩罚制度。但是对于一些清洁能源的企业要大力扶持，提高企业的积极性。推动现代智能技术与第三产业的充分融合，通过智能助力第三产业的发展，提高其发展效率。物流企业还应积极引进绿色环保技术，物流的仓储、配送、运输、装卸等各个环节都要注意节能减排。长江中游三省要积极响应绿色出行，多使用公共交通出行，大量投入使用新能源汽车，减少第三产业的污染排放，不断优化产业结构，实现物流效率的绿色低碳可持续发展。

（四）广泛应用绿色物流技术，推动物流园区发展

物流园区在整个物流产业运行中扮演着集散的重要角色，物流园区绿色物流技术的引进，必然能推动整个园区绿色物流水平的提高。应根据长江中游三省各自的区位优势，结合各个物流园的特色，引进先进的绿色物流设备、信息平台等技术，运用技术实现节能减排，实现绿色发展。如物流园区中常见的叉车，是物流装卸过程中必不可少的工具，但是其使用的能源可以从燃油、柴油式动力转向清洁能源，减少污染排放；整个物流路线的规划，需要信息技术与物流园区的硬件，也即物流配送车辆进行有效实时配合，通过准确定位，以及配送路径的优化，甚至现在的共同配送，用最少量的资源和能耗实现资源的充分配送；多种运输方式合作，有效衔接水运、公路、铁路运输、空运等，更好地满足不同货物及其特性对配送的不同需求。近几年顺丰速运发展迅猛，优于其他快递的速度，使其在已经相对饱和的物流市场崭露头角，顺丰有属于其自己的运输飞机，其硬件设施的配备决定了其在速递方面的优越性，因此很多急件或者生鲜易变质产品大多通过顺丰速运。还有一些大宗物品在设计最优路线的同时也要在能源消耗最低和污染排放最低两个重要的约束条件下进行路径及配送方式的优化。最后，应加强三省物流园区的合作，扩大其运输路径和实时信息共享范围，实现尽可能多的共同配送，促进三省绿色物流效率的不断提升。

（五）加强长江中游三省基础设施规划与整合优化

“交通基础设施建设”是影响绿色物流效率的第三大影响因素，因此交通基础设施建设的不断完善和配置的优化有利于绿色物流效率的提升。

1. 顶层基础设施建设规划

长江中游三省要根据各自的区域地理优势，结合绿色物流发展目标，对自

己进行准确定位，将长江中游三省区域作为一个整体去考虑绿色物流网络的规划设计，同时应分别依据三省的区位优势，来确定整体发展目标，从而构建起三省四通八达、效率最优、能耗最低、碳排放最少的提高绿色物流效率的物流网络。

首先，应形成长江中游三省区域交通一体化构图。政府作为设计者，在整个路径规划的过程中，应从三省乃至整个长江经济带甚至整个国家的角度出发，做到高瞻远瞩，平衡各个区域之间的发展，缩小地区差距，减少矛盾，使三省之间的路更加通畅，三省之间互惠互利，实现多方共赢。构建长江中游三省一体化的交通运输网络是长江中游三省区域绿色物流系统得以优化的基础。三省应从全局考虑规划绿色物流路径，着重选择几个重点城市，如三省的省会，分别是武汉、长沙、南昌，并在此基础上，以各省省会为中心辐射开来，即武汉城市群、长株潭城市群以及环鄱阳湖城市群，而后以三个城市群为主，再辐射开来，覆盖全省，三省之间能做到互联互通，才能使区域间联系更加紧密。

其次，要在交通的基础设施建设中增强现代化信息技术的利用。现在的导航技术非常发达，因此，在规划路线修改的过程中，各项导航技术要做到实时更新，倘若导航信息技术的更新速度滞后于实际路面的变更情况，就会给物流运输路径的规划带来很大阻碍，因此，对导航定点技术的设备需要提出更高的要求。运输速度快，最重要的是实现路况的实时更新。将长江中游三省的省会作为一个节点，构建能充分反映长江中游三省区域交通实时信息的网络系统，让每个人都能及时了解长江中游三省区域的交通信息，能够更精准快速地规划路线，节省因为行驶不必要的路程而消耗的能源，推动绿色物流效率的提高。

2. 整合优化基础设施

长江中游三省的绿色物流资源并没有得到有效整合和合理使用，经常在物流操作过程中，存在因为缺乏有效的管理导致资源的浪费。资源的浪费对于绿色物流效率的提高来说是致命的，必须采取有效措施降低因为资源散乱而导致的无谓的能源消耗，也就是资源的整合优化。

首先，将长江中游三省散乱的绿色物流资源进行整合。从提高绿色物流效率的角度，除了对相似企业的合并重组外，更重要的是信息的资源整合。现有的企业对于绿色生态环保很抵触，很大原因在于意识的偏差，在他们看来，环保需要他们投入更多的资金去达到相关绿色指标，但企业是以盈利为主体的存在，因此投入大量的成本去采购实现绿色物流所需的各项设备是不可行的，因此，我们需要一批具有能力的、具有社会责任感的大型企业，对它们进行兼并重组，用大企业的发展理念去发展壮大企业。信息的资源整合在当今信息化时代尤为重要，谁掌握数据，谁就掌握先机，因此建立一个独立于三省的公共物流数据搜集整理共享平台极具价值。三省所有的交通路线分布图，以及每辆车的行驶路径和所装配货物，都应实现实时信息整合与共享。

其次，对长江中游三省绿色物流资源进行优化。大型绿色物流企业对小企业兼并重组后，企业规模变大，需要一套更完善的管理办法来管理公司的日常，推动整个企业正常有序进行。三省的所有大型企业之间可以互相学习，向绿色物流发展相对较好的城市或地区借鉴经验，并引进先进的绿色物流技术。同时，应对物流信息资源进行优化，在前期搜集整合的基础上，设计一套以能源消耗率低，碳排放少为主要目标的优化体系，设计最佳配送路径以及运输方式。

3. 推动区域协调发展，打造高效绿色物流体系

在进行三省整体的交通基础设施整体规划时，必然要将三省作为一个整体去考虑，因此三省之间要积极打破各自的行政“壁垒”，加强合作，或者建立一个独立于三省，致力于推动三省协调发展的绿色物流协会。三省虽然同处长江中游经济带，但是三省之间在资源禀赋以及经济发展水平等各方面还是存在差异。从前面关于三省经济发展现状的探讨中发现，湖南、湖北两省基本保持持平，而江西则相对次之，因此加强三省之间的合作，推动区域之间的协调发展势在必行。如在交通节点的设置上，除了基本的交通基础设施建设外，节点设置也很重要，就如同古代的驿站一样，其设置要从三省整体角度出发，节点的设置，其地理位置以及数量，要做到用最少的节点覆盖整个长江中游，避免重复建设造成的大量资源浪费，不利于绿色物流效率的发展。根据国家发布的推动区域协调发展的政策，三省要从全局角度出发，落实实施国家政策，分析比较各省的优劣，使三省之间做到优劣互补。三省同处内陆，应加强公路铁路运输建设，在水运方面，江西相对较弱，这就需要发挥武汉港口以及岳阳港口对整个长江中游的辐射。目前武汉正在筹建亚洲最大的货运机场，鄂州机场；湖南的航空货运量在 2018 年实现了井喷式增长，一共开通了 4 条国际货运航线，同比增长高达 130%；而江西依托南昌的昌北机场打造智慧空港物流，三省之间加强空港物流之间的合作，资源共享，可推动区域的协调发展。同时，长江中游三省要积极向国外发达国家借鉴学习发展经验，在建设三省交通路网一体化的基础上，推动商贸物流、绿色物流的一体化发展，创新其发展方式，打造具有先进性一体化的绿色物流体系。

第五章

制造业与物流业联动发展
——以湖南为例

一、研究背景与意义

（一）研究背景

当前国家对制造业与物流业联动发展给予了极大关注，为促进“两业联动”发展，从2016年开始，湖南省物流专家就深入长沙、株洲、怀化等地区开展了系统调研。调研发现，当前湖南省制造业与物流业发展取得了较大成绩，装备制造规模持续扩大，制造产业集群化发展，技术水平进一步增强，信息化服务能力发展迅速。同时，对比东部发达省份以及国外发达国家和地区同时期制造业与物流发展规模，发现湖南省制造业与物流业联动发展还处于传统阶段，物流服务阶段性能力还较弱，创新能力不强，尚不能承接制造业向高端化、数字化、服务化发展所需外包的物流服务。具体表现在：（1）湖南物流业结构不平衡、区域不平衡；（2）湖南制造业在技术、产品、模式、业态上还没有形成突出的创新成果；（3）湖南制造业与物流产业联动效应不显著、区域空间发展协同不够；（4）湖南物流业的供给能力不能满足制造业服务需求，特别是流量、流向与物流资源条件匹配不足。

制造业是推动国民经济发展的基础性产业，也是物流社会化需求的基础。制造业在产业发展过程中持续释放物流需求，同时专业化、规模化的物流业发展又为制造业的提升创造了更好的条件。鉴于此，进一步深化两业联动发展机制，能够增强企业竞争能力，推动制造企业创新发展，还能完善物流服务质量，提升制造业产品流通速度。当前两业发展相互促进，互为前提，所以促进两业联动发展，强化制造业与物流业沟通和衔接，不仅能够调整产业生产结构，还能进一步拉动经济增长水平的提升。因此，深入研究湖南制造业与物流业联动发展、充分发挥物流业作用、有效推动湖南物流产业发展是一个重要视角。

（二）研究意义

在产业联动思想的推动下，制造业与物流业联动发展在发挥各自产业优势的前提下，以互惠互利为原则，培养核心竞争力，寻求产业间的互动与互补，可为产业的调整与升级提供一种新思路。因此，从两业联动的整体层面与行业内部结构发展层面出发，系统分析两业间的联动效应以及对制造业与物流业联动协调度进行评价，搭建提升两业联动发展的基本框架，构建未来湖南省两业联动发展的基本模式具有十分重要的意义，可为湖南省两业联动发展政策制定提供有效的参考。例如，对2006～2016年湖南省制造业与物流业发展联动程度如何以及两业之间存在怎样的协调关系等均需要分析和讨论。2008年亚洲爆发了严重的金融危机，国内制造企业生产利润逐渐开始下滑，甚至有些企业处于濒临破产的边缘，亏损严重。从整个湖南省情况来看，制造业发展同样遭遇困境，在此基础上强化以物流业为突破口，加强两业的协调是促进两业健康持续发展的有效路径。在湖南省出台的《湖南省物流业发展“十三五”规划》中就提出要强化两业的协调发展，将制造业与物流业的联动作为一项重点工程去落实，通过国家政策的支持，为制造业与物流业的协调发展创造更好的条件。

因此，研究湖南省制造业和物流业联动发展主要有三个方面的意义：一是以一种新的研究视角，将协调的理论引入制造业与物流业之间的关系探索上，为扩大区域内物流产业融合，增强区域经济增长能力提供更好的路径选择，同时也为其他相关产业间的联动关系研究提供一个新的思路；二是两业发展作为拉动经济增长有效途径，通过测算湖南省制造业与物流业的联动发展水平，找出影响两业联动发展的主要胁迫因素，对增强两业结构调整和升级具有十分重要的作用；三是可以进一步丰富和完善两业联动发展的相关理论与实践。

二、文献综述与理论基础

在国内，学者们更多的是从制造业与物流业联动的方法入手，从不同视角开展研究。从国外文献来看，研究更多的是关注于两业集成共生的关系，国内学者主要关注的是两业联动的机理与协调发展内涵。虽然国内外专家研究视角有所差别，但是均强调了制造业与物流业联动发展的重要性，提出通过制造业与物流业的衔接、互动来提升两业联动、协调发展的能力。

1. 制造业与物流业关系的研究

制造业与物流业联动发展的关系，最开始来自生产性服务业与制造业的关系。伴随着社会分工的不断细化，物流业已逐渐从服务业大类中演化出来，但从本质上还是归属于生产服务业。从现有的研究来看，研究重点主要是生产性服务业与物流业发展的关系上。从国内研究来看，关于制造业与生产性服务业关系也开始成为人们关注的重点议题，尤其关注制造业与物流业之间的互动研究。

Joseph W. K. Chan（2005）提出，物流服务质量提升来源于制造业发展，因为物流服务第一要务是为制造企业提供服务，同时制造企业也需要为物流服务提供需求，假如缺少了物流服务，那么物流业所提供的服务业就无法体现。Hertzs（2004）研究了工业时代下物流服务方式的变化，开始由推动力变成支撑力，物流业发展对制造业作用更为突出。Sadiq Sohail 和 Obaid Saad Al-Abdali（2006）通过分析第三方物流服务在制造企业中的具体应用发现，对比制造业而言，物流业在整个行业组织当中的作用日益突出。Theodore 和 Jeffery（2000）在归纳整理美国地区物流服务发展的现状的基础上，提出由于市场竞争力以及企业生产成本的原因造成了企业内部资源消耗以及外部环境变化对制造企业物流发展带来的影响。李根（2016）从产业共生维度系统出发，分析了协调发展对制造业与物流业产出水平的作用，以此得出实现制造业与物流业的协同发展最主要的还是强化两业之间的联动。范荣华（2016）提出要增强企业服务创新模式，构建两业协调发展的模式，缓解产业发展不平衡带来的利益不均问题。

2. 制造业与物流业联动机制的研究

对于制造业与物流业发展而言，互动机制多种多样，国内外学者分别从产业联动理论、协同学理论等方面进行了具体分析。

Kaminsky（2006）通过研究区域物流能力提出，物流公司应根据计算机提供的服务内容，对公司物流功能与物流业务开展具体的安排，进而增强企业物流效率，提高企业利润的过程就是区域物流的协同。Wanke Peter 和 Rebecca

Arkader（2007）通过探讨物流业务实施对象与服务内容，结合物流基础设施、物流供给能力等方面探讨了各要素之间的内在联系与胁迫因素。Murali Sambasivan 和 Ching（2010）提出许多制造企业已经开始结成物流联盟，进而将企业内部物流业务外包给联盟组织，以此提升企业经营绩效，扩大企业的综合实力。闫莉等（2011）为揭示制造业与物流业联动发展系统的协同演化规律，归纳分析了产业联动机理，通过种群演化原理分析出两业协调演化的路径与发展规律。吴群（2013）对比了东西部省份物流业发展的基本现状，进而对江西区域物流发展做了比较分析，发现江西省制造业与物流业发展依旧处于传统物流阶段。张林（2016）按照两业联动发展的实施路径，从供需依赖性视角研究了我国物流发展联动水平，研究认为当前国内产业之间的联动存在明显差异，区域发展存在不协调现象，两业联动环境对制造业与物流业发展有着重要影响。戴建平和骆温平（2017）认为社会分工是制造业将物流等非核心业务由内在化到外在化转变的推进剂，制造业与物流业联动最终的共同价值是获得核心竞争力。张彤（2016）研究基于企业价值链的两业协同发展，认为应从物流服务供给出发与制造业形成互动升级关系。

3. 制造业与物流业联动发展模式的研究

当前关于两业联动发展模式研究更多的是基于战略联盟、产业关联以及物流服务外包等方面。Gurrieri 和 Mdiciani（2003）以 20 世纪 90 年代一些经合国家数据为样本，深入分析了生产性服务业与国际竞争力之间的关系，找出影响两业互动发展的主要因素，探讨了两业联动模式。Mortensen 和 Lemoine（2008）基于供应链管理视角，研究了现阶段同第三方物流供应商之间的集成以及协调程度，分析了制造业与物流业联动发展在信息技术方面的应用。何永强（2014）通过分析浙江义乌制造企业的案例，提出限制该区域内制造业与物流业联动的主要影响因素，进而从产业供应链的视角构建了提升产业联动发展的主要模式。王珍珍（2015）探讨了自贸试验区内两业互动融合的机理，研究了区域内两业融合发展阶段，分析了其从寄生模式向非正向的互惠互生模式的演进。

4. 对制造业与物流业联动发展的实证研究

当前制造业与物流业联动发展大多采用定量分析方式，如关联系数法、DEA 模型分析法、聚类分析法等。其中最为典型的是 Tim Padmore 和 Hervey Gibson（2009）通过共生模型分析了生产服务业与制造业发展的协调度，进而提出制造业发展需要服务业的协同，服务业的发展业需要制造业的协调，两者相互促进、相互关联。何博（2016）通过区域面板数据分析构建了系统动力学模型，得出物流信息化水平可以有效提升制造业增加值，相反，物流业增加值则对物流外包的提升有促进作用。王珍珍（2017）在基于超效率 CCR-DEA 模型的基础上，对我国制造业与物流业联动发展效率进行评价。

综上所述，物流业是生产服务业的重要内容，从当前研究来看，两业的研究还不全面，尤其是制造业与物流业的互动关系研究还不多见，因为他们将研究的重点更多地关注于生产性服务业与制造业的关系上。相对而言，国内学者对这两部分都做了大量研究，特别是近一段时间以来这方面的研究更加广泛，大多是基于联动发展的基本理论以及通过模型对协调度进行的评价。然而从研究的内容上来看，鲜有文献完整地从制造业与物流业的全部行业层面研究过两业的联动发展，大部分研究成果都是局部的。

同时，在当前的文献中关于问题与对策研究比例较高，但分析方式均比较类似，更多的是从制造企业、物流企业、流通企业以及外部环境等四个方面开展研究，因此，从制造业与物流业整体上、制造业与物流业内部结构之间对制造业与物流业联动状况与协调因素分析，这将是一个比较可行且非常直观的研究方式。就湖南而言，针对制造业与物流业联动发展的研究更多的是侧重于系统分析的理论以及策略，很少有行业数据支撑。因此，本章从全局角度出发，选取制造业与物流业 2006～2015 年的数据作为研究对象，完整地把两业联动发展理论与实践结合在一起。

三、制造业与物流业联动发展理论基础

（一）基于产业融合发展的联动理论

产业联动是基于产业关联的产业协作活动，通过外文数据库输入“Industry Interaction、Industry Linkage、Industry Cooperation、IndustryLinks、Industry Inter Dynamics”等关键词发现，能够检索的文件还比较缺乏，目前的文献大多都是基于某一产业的统计与描述性解释，从这个层面来看，国外由于经济发展程度高，产业布局优化，行业内部产业分割较小，使研究内容并没有十分关注于产业联动问题的研究。现有的研究方式更多的是从制造业与生产性服务业之

间的业态关系来进行的，通用的方式主要包括“产业融合论”“协同论”“互动论”等。据此，基于制造业与物流业的联动，应以产业融合发展为基础，将湖南省制造业与物流业发展整合起来，进行产业协作活动，推动两者协同发展。制造业与物流业的联动具体应该从两个层面展开：

（1）制造业与物流业联动的基础是产业关联及产业分工。从产业联动的视角来看，分析产业之间的经济联系是制造业与物流业联动发展的基础，产业关联与分工是联动发展的理论基础。两业发展相互依存、互为因果，利用物流、资金流与物流的结合可构建产品生产—流通—消费的增值框架。通过两业联动可以有效提升行业整体以及内部结构上的协同效益，提升产业之间发展水平。研究发现，具有较强关联度的行业，其联动效果也会更为明显，相反关联度较低的行业往往难以协同发展。

（2）联动发展的本质是一种互利行为。产业间的联动实际上将市场实体、产业内部以及区域经济实施了有效分割，从原来单一的发展模式转变为一种具有多层次、多向导的互利行为。从市场实体本身来看，产业间的联动实际上可以强化区域内企业联合，随着企业间进一步深入合作，更容易形成互惠互利的局面。从产业层面来看，产业之间联动发展可以根据产业空间布局、结构调整以及技术优化等方式开展深入合作，提高两业之间的协调发展水平。从提升区域经济发展层面可以发现，产业联动不仅可以提升产业发展规模，还能够提高产业增长速度，从而进一步提升区域经济发展水平。

（二）基于系统提升的协同学理论

“协同学”理论最开始起源于哈肯教授对激光理论的研究。该研究主要应用于自然界内与社会内部体系，他认为该系统是由多个不同功能、不同特点的子系统所构成的，系统内部相互联系、相互协调，同时他在研究中还得出各子系统原理差别很小，与子系统的性质关系不大的结论。协同学理论的基本内涵包括以下几个方面：

（1）相变。系统在变化过程所展现出来的有序与无序变化被称为相变。普通的相变主要存在于形态差异化的集聚变化，也可以看作一类大众存在的变化现状，相变的差异化实际上就是无序变化的结果。

（2）控制参量。控制参量直接体现在系统内外因素上，运作过程中承接着各类产品的信息服务以及参数输入。当参数变化发展到一定的阶段时，系统内就会产生临界阈值，自动调节着整个系统的变化。

(3) 松弛变量。在系统内部对系统的临界行为进行有效的解释，该解释分为两种形式：一种是参数运行过程中阻力大、速度慢，只能在某一时间段发生作用，这种变量往往被称为松弛变量；另一种是变量数量少，但是参数的运行通畅、顺利，响应速度化，可操作性强，这类变量往往被称为序参变量。

(4) 涨落。在多层次、多梯队的系统内部，不同系统之间实际上是相互协调的，各子系统在整体上与局部上均会受到环境因素的制约，使系数可能会发生更多的变化，造成系统运行的阈值高于或者低于平均值的现象被称为涨落。

(5) 自组织。假如在一个系统内部，在时间、空间结构的变化过程中，不通过外界的干涉，这就可以看作自组织，反之就称为他组织。从制造业与物流业联动发展来看，通过协同学理论可以发现两业的联动实际上是在一个复杂系统环境下构成的，具有协同作用的应用对象。而制造业与物流业的联动模式实际上也在持续演变，联动的因素受到外界的干扰较多，这实际上影响了制造企业的物流需求量，为此通过强化两业的联动，促使制造企业释放更多的物流需求可以提高物流业发展的效益；同时，由于当前制造业在整个行业均面临着全面激烈的竞争、市场买卖关系的变化、消费者需求的改变等，这些情况也迫使制造企业不得不寻求更为广泛的物流服务，将制造企业的非核心业务外包给第三方物流运营，从而解放企业的职能，便于企业有足够的精力进行产品生产、运营以及品牌创新，提高企业核心竞争能力。根据协同学理论可以发现两业的发展只有相互联合、互动，才能够实现稳定、协调可持续发展。

四、湖南省制造业与物流业联动阶段与演进路径

(一) 制造业与物流业阶段性联动的阶段分析

对两业联动阶段性分析，更多的是关注于对两业联动内在关系的解释。从阶段性来看，两业联动发展主要分为三个阶段：第一阶段，两业磨合联动，在这一阶段内制造业与物流业相互作用、提升；第二阶段为啮合联动，在这一阶段内两业发展过程就相当于相互提升转动的齿轮，两者相互影响，互为前提，

直到最后形成一个有序平衡的状态；第三阶段是耦合联动阶段，由于制造业行业内部的持续推进，行业范围内不同模块会有所差别，这就要求具有不同功能的行业模块之间进行有效的衔接，这样就能够保障外来企业以及行业实体有序地进入该模块中来，推动供应链行业内部开展有序竞争，维持行业平稳有序发展。

1. 制造业与物流业磨合联动

对两业联动发展来说第一阶段是磨合联动阶段。两业的磨合联动由于不断的磨合造成了制造业产品价格持续提升，费用提高，这也是市场环境因素所造成的。但是，当制造业发展到一定阶段而出现企业库存配送等物流服务问题时就势必会改进当前政策，扩大物流需求。制造业根据生产计划进行产品生产，持续强化物流系统功能建设，进而为物流业的发展提供了资源的支持。

2. 制造业与物流业啮合联动

制造业与物流业联动发展第二阶段是啮合联动。

（1）啮合原理。

根据系统动力学理论，两业的联动过程实际上是如同齿轮一样相互摩擦联合的过程。在齿轮的转动过程中，内啮合齿轮机构负责动力的传动，制造业发挥着主动件的作用，物流业发挥着从动件的作用。在此基础上优化升级，将两业独立状态延伸到联动的状态中来，具体过程包括以下几点：第一，制造业的发展独立运转，物流业继而承担摩擦片的作用驱使物流业以比较低的速度持续转动。第二，当物流业逐渐成为阻碍制造业发展的因素时，制造业就会在物流业压力下自然地向下转动，继而推动会物流业主动为物流业发展提供需求，承担啮合的功能，带动物流业的进一步发展。第三，由于制造业的拉动作用，物流业发展速度加快，实现负载的传递（见图 5 - 1）。

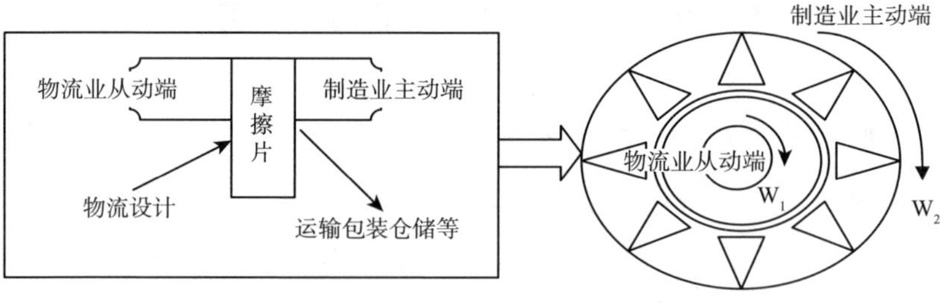

图 5 - 1　物流业与制造业啮合结构

在两业逐渐稳定下来、互为前提时，物流业就发挥了传送带的功能，为制造业发展提供服务，继续开展运输、包装、流通加工、信息处理等业务，实现两业融合发展，共同作用提升区域内经济发展水平，如图 5 - 2 所示。

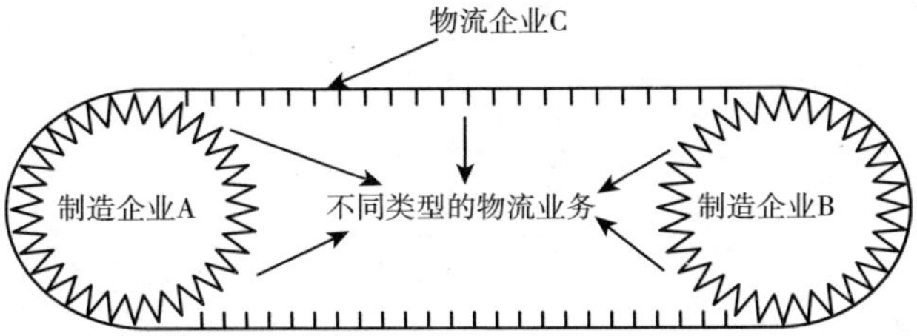

图 5 - 2　两业联动运行

（2）制造业与物流业啮合点分析。

由理论推导发现，齿轮啮合动力最强时是在首次开始啮合的时候。在图 5 - 3 中具体展现了不同时期内齿轮啮合的过程及阶段。当前国内的制造业规模十分庞大，产业量持续提升，但是制造业发展水平还处于传统阶段，在此基础上制造业的发展就需要依靠物流业的拉动作用。如图 5 - 3 所示，在两业相互分离前，制造业一端会按照一定的速度向物流业慢慢逼近，此时端口两边分别按照自身的角度旋转；图（b）时刻展现的是两业开始摩擦，这时制造业转速高于物流业转速；图（c）时刻，制造业开始逐渐移动，并与物流业重合交叉，制造业轻微接触，转动到首个峰值；图（d）时刻，两业之间的啮合慢慢地开始到一个平衡点，动轮转动的速度逐渐平缓下降，最后下降到 0，此时制造业的转动速度在轴向的作用下持续提升；图（e）时刻，制造业转速开始提升，直到最后从一个端口转动到另一个端口；图（f）时刻，由于制造业端口转动的速度高于物流业转动的速度，因此，两业开始融合时由于动力的作用两者的速度开始下降。最后，因为侧隙的存在，制造业的转速在波动以后慢慢趋于稳定。

3. 制造业与物流业耦合联动

两业联动发展的第三个阶段是耦合联动。耦合属于物理学的概念，一般指两个及其以上的系统或者运动方式通过彼此的作用而相互影响的现象。两业耦合联动的主要因素是零部件的标准化。对制造业而言，将来提升的方向主要是零部件标准化。对于工业发展而言，其与服务业的关系归属于融合协调的关

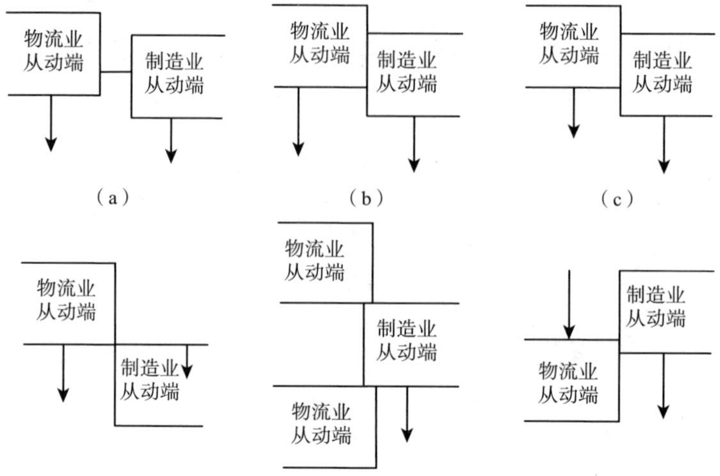

图 5－3　制造业与物流业啮合机理

系。从工业发展的阶段来看，最开始出现的是生产型制造业，继而发展到现在的服务型制造业，换句话说，服务也可以看作制造的一种形式。由于物流市场的持续发展，随着客户个性化要求以及产业结构优化升级，产品种类也越来越丰富。

由于工业产品多样化、生产的集中化，产品功能和结构产生了重大变化。在集群的市场中，供应商—物料需求方—制造商—经营者之间构成了一条完整的产业链条，公司的生产—加工—销售业务均可以采取服务外包的方式进行，从而提升了企业经营效益、增强了企业竞争力。产品零部件的标准化生产，需要制造企业在服务过程中加入物流活动。两业的耦合发展，也使企业内部信息得以共享，对整个市场需求快速反应，甚至于企业内部可以按照生产—加工—创造—研发来强化全产业链的竞争实力，两业耦合关系如图 5－4 所示。

（二）制造业与物流业联动的演化路径分析

两业的联动不仅涵盖企业物流服务外包路径演化，也包括制造企业物流需求释放的路径，这两种演化的方式实际上决定了制造业与物流业发展的整个演变过程。

1. 制造企业物流外包的演变路径

对生产企业而言，其业务外包实际上是一个不断提升、深化的过程。根据

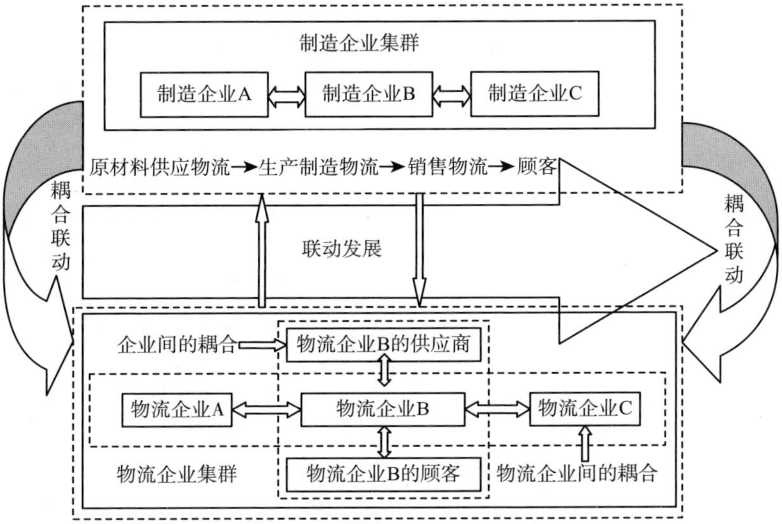

图 5－4 制造业与物流业耦合联动发展系统

企业业务外包来看，其发展大体涵盖了四个阶段：企业内部物流分散阶段、企业物流集中发展阶段、企业物流集群发展阶段、企业物流集聚发展阶段。从企业本身来看，企业组织中物流的发展均是通过分散到集中再到分散的发展过程，以此为标志，企业的物流业务也慢慢地与企业内部组织相分离；企业物流服务外包程度更多的是基于企业物流业务功能的外包，继而向外不断延伸的过程，如图 5－5 所示。

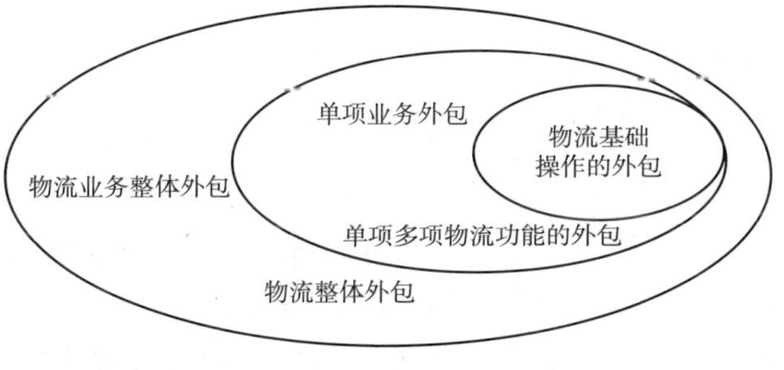

图 5－5 制造企业物流外包演变过程

2. 制造企业物流需求释放的路径

制造企业的物流业务外包实际上体现了制造业发展过程中物流需求得到不断释放的过程，这也体现了制造企业物流外部化程度的提升和发展的过程，具体而言，制造企业物流业外包业务越广泛，也就意味着随着企业物流外部化的不断提升，企业发展规模逐渐增强，企业发展的空间也更加广泛。对制造企业而言，其物流服务释放主要经历了五个发展阶段，具体如图 5－6 所示。

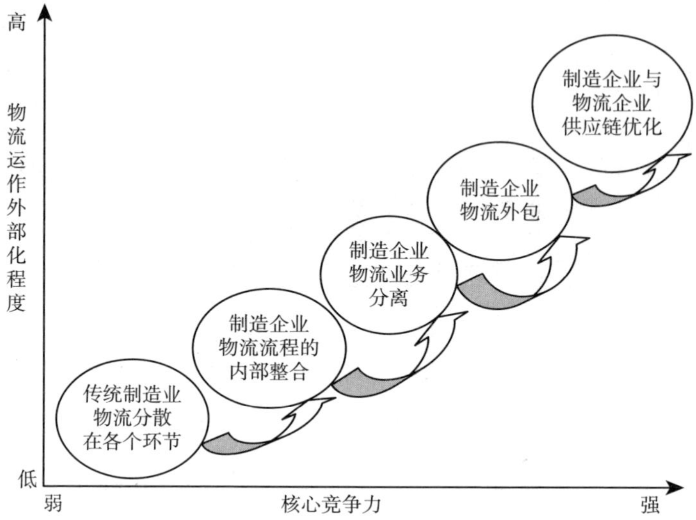

图 5－6　制造企业物流需求释放的路径

五、湖南省制造业与物流业联动发展现状分析

（一）湖南省制造业发展状况及问题分析

1. 制造业总体规模

制造业发展程度展现了一个国家的工业生产水平。当前中国也被人们看成是“世界工厂”，现阶段湖南省制造业发展正处于转型优化阶段，未来湖南省制造业必将向市场化、产业化、社会化方向继续向前推进，强化湖南省制造业与物流业的联动发展，通过物流业的发展提升制造业技术水平，通过强化制造业发展规模，可为物流业发展带来更大的市场需求。本章选用 2006～2015 年湖南省制造业总产值、增加值、制造业增加值率、固定资产、制造业企业数及制造业职工人数 6 个指标来测度当前湖南制造业总量，相关数据整理结果见表 5－1。

表 5－1　　　　　　　湖南省制造业整体发展状况

年份	制造业总产值（亿元）	制造业增加值（亿元）	制造业增加值率	固定资产（亿元）	企业单位个数（个）	从业人员年均人数（万人）
2006	6131.18	2089.06	0.355	5764.58	8999	178.15
2007	8464.08	2853.84	0.366	5593.72	10201	195.47
2008	11553.31	3748.8	0.314	6473.21	10982	200.75
2009	13507.64	4255.03	0.135	6542.32	11487	240.68
2010	19008.83	5921.04	0.392	6382.45	13844	272.44
2011	26386.58	7911.51	0.336	7212.51	12477	289.67
2012	28628.62	8562.88	0.082	7986.63	12785	303.79
2013	29784.64	8659.21	0.011	8531.09	13598	330.32
2014	30782.25	9035.46	0.043	9478.16	13723	330.01
2015	30985.14	9235.41	0.022	9903.94	13992	336.9

从表 5－1 可以看出，湖南省制造业在过去 10 年的时间内呈现持续增长阶段，例如，2006 年湖南省制造业总产值为 6131.18 亿元，到 2015 年增长到 30985.14 亿元，增长了 5 倍。同时，制造业增加值也在稳步上升，尽管制造业增加值率呈现递减趋势，如图 5－7 所示，但是湖南省制造业增加值却由 2006 年的 2089.06 亿元增加到 2015 年的 9235.41 亿元，对比发现也增长了近 5 倍。

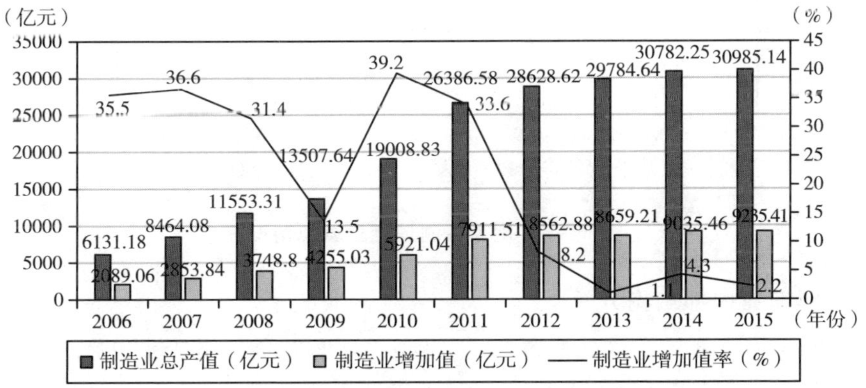

图 5－7　湖南省制造业总产值、增加值和增加值率

如图 5－7 所示，湖南省制造业增加值率经历了由平缓下降到持续上升再下降的一个过程，究其原因主要是由于经济的波动调整所导致的，2008～2009年正好遭遇经济危机，这无疑会减缓制造业发展的速度，因此这段时间内湖南省制造业发展保持在原来的基础上略有增长。在经济危机过后，整个产业进入了全面的恢复发展阶段，同时，由于政府支持力度的不断加大，导致2009～2011年出现了蓬勃发展的局面。此后湖南省制造业由于基础设施建设、信息化水平、行业制度无法满足快速发展所带来的需求，湖南省制造业尽管依旧保持不断增长的态势，但是增长幅度有所下降。

湖南省制造业的发展极大地促进了当地就业形势的变化，从图5－8可以看出，湖南省企业单位个数大体上呈现持续增长的态势，这说明湖南省制造企业是在不断发展的，同时较好地保持了增长的劲头，在制造企业发展拉动下，湖南省制造业从业人员年均人数也在不断增长，同时还可以发现，湖南省年均就业人数的增长趋势与增长幅度与湖南省制造企业数量之间呈现明显的正向相关性。这足以说明，2006～2015年湖南省制造企业在拉动就业方面做出了十分重大的贡献。

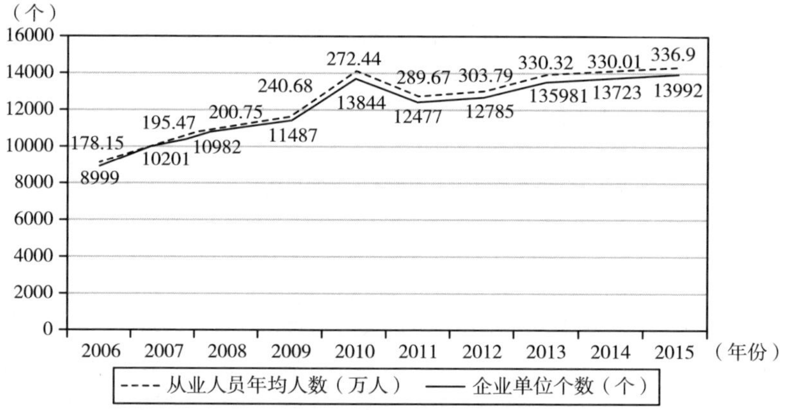

图5－8　湖南省制造企业就业情况

2. 制造业内部结构分析

根据权威数据显示，截至2015年年底，湖南省全部制造业包含30个行业类别，形成了非常完备的制造业行业体系。以湖南省电子信息制造业为例，2015年，湖南省电子信息制造业产业量高达2000多亿元，是2010年生产量的5倍，年产量增长额高达40%；湖南省工业增长值也持续上升，据统计2015

年工业生产总值高达850多亿元，较2010年增长了5倍。从2016年开始正式进入了第十三个五年计划发展阶段，湖南省继续发挥行业领军优势，实行产业结构调整，实施供给侧改革，继续努力推定重点项目投资建设。

2015年全省地区生产总值29047.2亿元，同比增长约9%，规模以上工业增加值高达1500多亿元。2006～2015年，湖南省规模以上工业增加值对湖南省GDP的贡献率一直维持40%以上的高位，对于全省规模以上工业增加值的贡献率也均超过15%。湖南省制造业逐渐成为拉动经济增长的支柱型产业，被称为湖南省产业发展的龙头，如表5－2所示。

表5－2　2015年湖南省制造业内部结构

行业	资产总计（亿元）	增加值（亿元）	企业单位个数（个）	从业人员（万人）	固定资产合计（亿元）	总资产贡献率（%）
农副食品加工业	1075	53.55	1272	22.52	510.33	22.71
食品制造业	423.04	71.44	386	11.22	182.49	20.25
酒饮料和精制茶制造业	333.73	47.51	387	6.4	162.93	20.25
烟草制造业	779.96	56.88	9	1.33	94.7	97.6
纺织业	341.05	33.31	237	8.81	148.49	15.29
纺织服装、服饰业	129.59	25.37	228	5.92	62.11	19.22
皮革、毛皮、羽毛及其制品和制鞋业	128.96	6.36	270	10.76	65.63	33.17
木材加工和木、竹、藤、草制品业	198.29	19.06	429	8.59	118.07	27.27
家具制造业	97.53	17.84	137	2.73	56.95	35.29
造纸和纸制品业	542.8	8.45	317	6.58	261.58	12.22
印刷和记录媒介复制业	156.58	6.95	207	3.35	60.8	34.53
文教、工美、体育和娱乐用品制造业	77.18	1.74	172	3.58	35.49	39.45
石油加工、炼焦和核燃料加工业	272.87	－6.31	39	2.17	178.47	60.42
化学原料和化学制品制造业	1354.29	105.43	1589	36.76	684.72	24.58
医药制造业	497.8	88.69	307	6.85	199.12	23.09
化学纤维制造业	19.23	0.38	13	0.29	12.75	11.42
橡胶和塑料制品业	244.46	30.18	352	5.24	116.66	25.32

续表

行业	资产总计（亿元）	增加值（亿元）	企业单位个数（个）	从业人员（万人）	固定资产合计（亿元）	总资产贡献率（%）
非金属矿物制品业	1633.76	163.24	1647	35.6	832.13	18.71
金属制品业	507.39	64.57	492	9.23	200.91	25.04
通用设备制造业	878.31	34.85	788	13.07	282.76	16.62
专用设备制造业	2842.88	-49.62	627	16.82	534.52	7.26
汽车制造业	1239.81	299.91	300	10.78	373.01	8.33
铁路、船舶、航空航天和其他运输装备制造业	1078.29	175.75	136	7.68	230.25	12.49
电气机械和器材制造业	1307	93.84	565	13.06	349.07	11.37
计算机、通信和其他电子设备制造业	853.4	99.99	434	18.64	321.94	17.67
仪器仪表制造业	176.45	26.46	101	2.14	46.33	16.77
其他制造业	40.7	13.56	76	1.84	15.26	35.9

资料来源：各年《湖南统计年鉴》。

根据表5-2计算制造业27个细分行业的规模经济，通过计算所有行业权重的平均值发现，有9个行业综合能力比较强，依次是：非金属矿物制品业，化学原料和化学制品制造业，专用设备制造业，电气机械和器材制造业，计算机、通信和其他电子设备制造业，汽车制造业，通用设备制造业，农副食品加工业，铁路、船舶、航空航天和其他运输装备制造业。

3. 制造业发展存在的问题

（1）制造业大而不强，国际竞争力有待提高。从国内制造业生产过程中发现，当前国内众多企业还处于传统生产时期，产品生产还是以代加工为主，难以与国外同类型企业相比较，所以现阶段制造发展存在着极大的提升空间。从某种意义上来讲，西方高科技企业几乎均不希望将自己的核心技术以及核心产品放在中国生产，而是将中国看成是廉价劳动力工业基地与世界“加工工场”，只能够对一些零部件进行代理加工。因此，对制造业生产企业而言，必须加大科技投入力度，开展产品研发和产品创新，推动产业结构优化升级，积极参与国际竞争，掌握更多、更广泛的核心技术，打造企业核心竞争力。

（2）制造业内部结构不合理。通过计算得出在制造业的27个行业中，只有极少数行业的经济规模增长量持续提升，剩余的20个行业，经济规模有增有减，专业化水平提升幅度较小。而造成这一问题的主要原因在于行业内部结构不合理，物流需求量降低。对湖南而言，制造企业需要紧跟时代发展脚步，及时放弃对那些高污染、高能耗等资源密集型产业的依赖，着力于打造“自主研发—生产—加工—流通—销售”为一体的新型工业化发展路径，挖掘行业内优秀人才，同高校及科研院所紧密合作，共同打造产学研生产、研发基地。

（二）湖南省物流业发展现状分析

1. 物流业整体发展分析

由于经济的进一步增长，湖南省物流业发展正逐渐开始进入一个新的发展时期，物流总产值与物流业发展规模不断上涨。表5－3全面地反映出2006～2015年全省物流业发展的具体现状，表5－3数据全部来源于2007～2016年《湖南统计年鉴》。表格数据主要基于制造业的总产值、增加值、增加值率、规模以上制造业企业单位的个数、从业人员年平均数等5个指标来统计和描述湖南省物流业的发展现状。

表5－3　湖南省物流业整体发展状况

年份	物流业总额（亿元）	物流业增加值（亿元）	物流业增加值率	企业单位个数（个）	从业人员年均人数（万人）
2006	9854	723.66	0.341	786	6.43
2007	18654	721.83	0.337	863	8.95
2008	22626	832.26	0.324	1685	9.68
2009	24566	1015.17	0.315	1876	10.64
2010	32640	1150	0.311	1927	12.58
2011	37280	1317	0.3	2531	15.84
2012	45880	1432.54	0.299	2954	17.98
2013	50816	1604	0.291	3042	18.65
2014	54785	1806	0.294	3428	20.61
2015	56842	1954	0.298	5846	23.84

从表5－3可以看出，湖南省物流业在过去10年呈现持续增长，例如，

2006年湖南省物流业总额为9854亿元，到2015年增长到56842亿元，增长了6倍。同时，物流业增加值也在稳步上升，尽管物流业增加值率呈现递减趋势，如图5-9所示，但是湖南省物流业增加值却由2006年的723.66亿元增加到了1954亿元，对比发现也增长了近3倍。

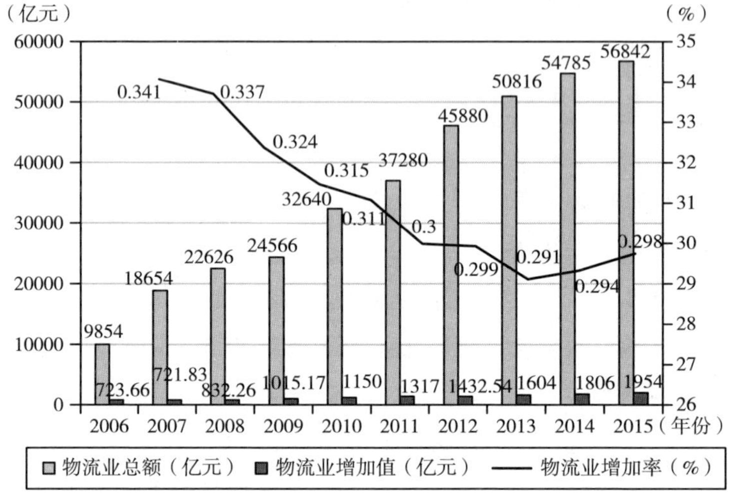

图5-9 湖南省物流业总产值、增加值和增加值率

根据图5-9显示，湖南省物流业近年来的增加值率经历了由平缓下降到再持续上升的发展趋势，究其原因主要是由于物流产业的增加在经历大规模提升波动后，会呈现一个平缓的周期递减规律，同时受到制造业发展速度的影响，物流业的发展也展现出平缓增长的局面，以至于增长的幅度有所下降，但是就物流业发展而言，由于物联网技术和大数据的进一步发展，物流业的发展开始出现更大幅度的增长。如图5-9，2014年以后物流业增长较为明显。同时，物流业社会生产总值以及物流业增加值率呈现着较为明显的增长幅度，这与我国近年来加大地区基础设施建设，提升经济活力，改善人们生产生活水平具有极其密切的关系。

湖南省物流产业企业的发展极大地促进了当地就业形势的变化，从图5-10可以看出，湖南省企业单位个数大体上呈现持续增长的态势，这说明湖南省物流企业在不断发展，同时较好地保持了增长的劲头，在物流企业发展拉动下，湖南省物流业年均从业人数也在不断增长。同时，从图5-10还可以发现，湖南省年均就业人数的增长趋势与增长幅度与湖南省物流企业数量之间呈现出明显的正向相关性。这足以说明，2006～2015 年湖南省物流企业在拉动就业方面做出了十分重大的贡献。

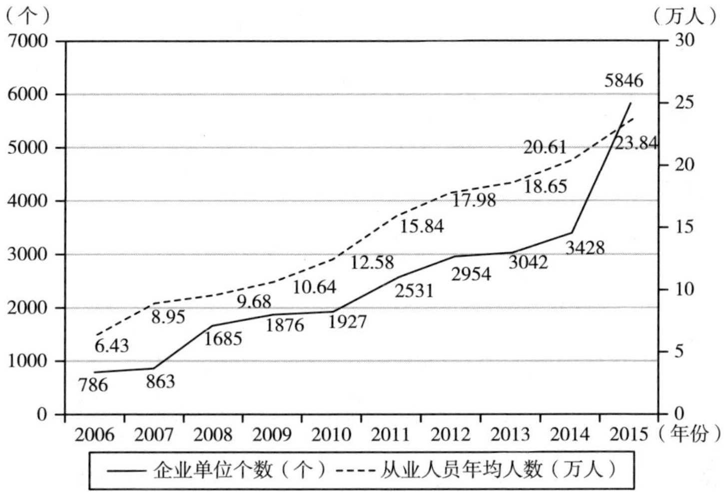

图 5－10　湖南省物流业就业情况

2. 物流业内部结构分析

物流产业主要由交通运输、仓储、批发、配送加工包装和邮政业等构成。通过系统整理《湖南省统计年鉴》发现，2006～2015 年湖南省交通运输/仓储/邮政业发展呈现平稳上升趋势，以 2006 年为例，交通运输/仓储/邮政业增加值为 425.09 亿元，经过 10 年的发展，截至 2015 年该产业增加值为 1291.03 亿元，增长了近 3 倍，同时批发零售业增长幅度更为明显，2006 年该产业增加值为 558.88 亿元，经过 10 年的发展，截至 2015 年为 2323.67 亿元，增长了 4 倍，如图 5－11 所示。

从 4 种主要运输方式来看，湖南省货物运输中水运量最为显著，从 2008 年至今，运货物周转量呈现持续增长的态势，2015 年，全省水运货物周转量高达 666.83 亿吨·公里；对比发现，铁路货物周转量下降速度很快，从 2006 年以前的 56% 跌至 2015 年的不到 20%。从 2015 年数据可以发现，这一年中湖南省铁路货物周转量大约只有 750 吨左右，只占了全年公路运输货物量的 1/4；公路货物周转量增长比较迅猛，从 2006 年的 32% 上升到了 68%，占所有运输方法的一半以上；民航周转量所占比重则一直较为平稳，其在 10 年间每年货运周转量还不到全省货物周转量的 5%，同时，由于货物运输方式的不

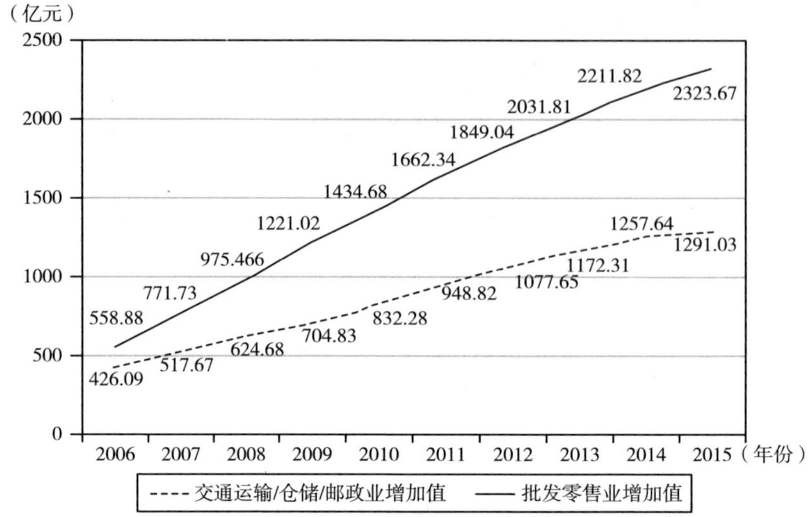

图 5-11　2006~2015 年交通运输/仓储/邮政业与批发业发展情况

断提升，最近一段时间以来货物周转量均有所增长，具体见表 5-4、图 5-12。

表 5-4　　湖南 2006~2015 年货运量和货物周转量及增速

年份	货物周转量（万吨·公里）	货物周转量增速（%）	货运量（万吨）	货运量增速（%）
2006	1781.11	7.17	84998	10.57
2007	1981.63	11.26	99501	17.06
2008	2340.11	18.09	115810	16.39
2009	2505.27	7.06	128582	11.03
2010	2904.98	15.95	149168	16.01
2011	3345.76	15.17	168152	12.73
2012	3953.62	18.17	190712	13.42
2013	4227.44	6.93	210659	10.46
2014	4122.58	-2.48	202800	-3.73
2015	4149.45	0.65	214130	5.59

资料来源：各年《湖南统计年鉴》。

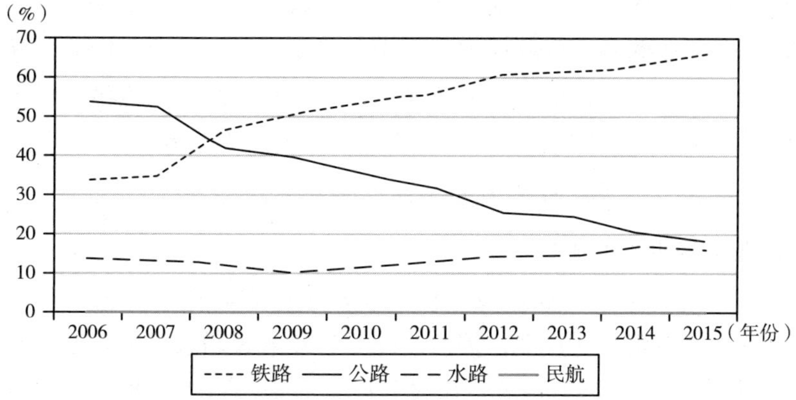

图 5-12 不同运输方式占比量示意

注：由于《湖南统计年鉴》等数据没有将管道运输列入其中，因此本章鉴于数据的可得性没有计算管道货物运输周转量。

（三）物流业发展存在的问题

1. 供应链结构性矛盾明显

从湖南省具体情况来看，物流企业服务外包水平还有待增强，从物流企业的业务经营范围来看，主要业务依旧是物流采购、销售等业务类型，企业内部与行业结构间的物流活动并未完全分开，物流业务更多地停留在物流节点上，无法实施有效的物流业务运作。从当前的具体情况来看，企业竞争方式正在发生改变，如何强化行业内部制造业的“生产—加工—流通—销售”就成为必须面对的主要问题。为此，企业必须有效整合物流节点，促进物流不同环节当中的协调，缩减物流供应链成本，提升制造企业发展潜力。

2. 物流业出现开工不足和产能过剩问题

由于当前快递、电子商务、冷链物流的不断发展，消费性物流活动成为推动物流业发展的重要途径。对当前物流运输而言更多的是采用大批量、少批次的运输形式，但是消费性物流恰恰相反，呈现着频次高、批量少的特征。在生产—消费日趋激烈的情况下，制造业的生产难以满足日益增长的消费需要，导致了当前物流行业内部出现了物流服务功能缺乏，开工不足，同时企业生产严重过剩的问题，这必然会导致制造业与物流业务量供给—需求不平衡。

3. 物流行业管理体制不健全

对物流管理来说，物流体制建设还有待提升，难以对物流业务实行全面有效的管理。在行业内部不同的部门所承担的物流管理服务均不相同，甚至于有些地区出现了行业壁垒，行业保护主义十分严重，造成产业生产的垄断，产品价格上升。在此基础上，由于当前的法律制度存在滞后性，也给一些不法企业“钻空子”的机会。省内物流业务不协调，资源还比较分散。

（四）湖南省制造业与物流业联动发展的现状分析

1. 两业发展水平的比较

（1）从湖南省整体行业发展规模来看，湖南省制造业规模持续上涨，对比物流业发现，不论是在产业发展速度还是行业规模增长量上均远远高于物流产业。如图5－13，从两业最近一段时间以来的变化可以看出，制造业发展速度远大于物流业发展速度，制造业增加值占GDP比重远远高于物流业增加值占GDP比重，如图5－14所示。

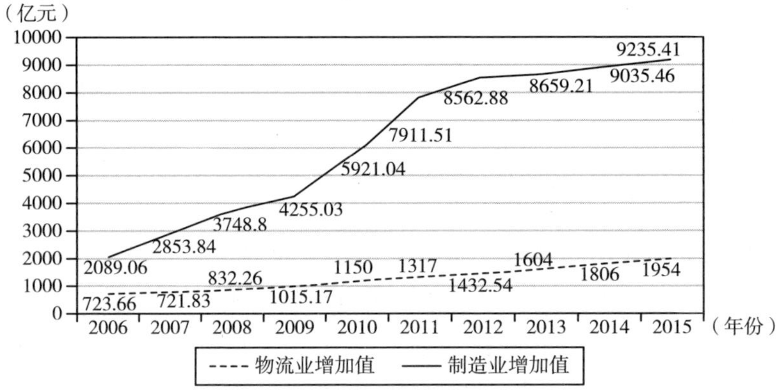

图5－13　2006～2015年湖南省物流业和制造业增加值

资料来源于《湖南统计年鉴》整理所得。

（2）从单位企业的角度来看，制造企业占全国百强的企业要远远高于物流企业占全国百强企业的数量。

（3）从技术水平可以发现，物流业与制造业发展还存在相当大的差距。制造企业中现代化大型企业数量较多，其投资额在几亿美元甚至上百亿美元的非常普遍，但是物流企业规模往往不及制造企业规模大。同时，制造企业拥有强大的硬件、软件技术，而物流企业能够配备完整的现代化、集群化的物流现代软、硬件技术的并不多见。

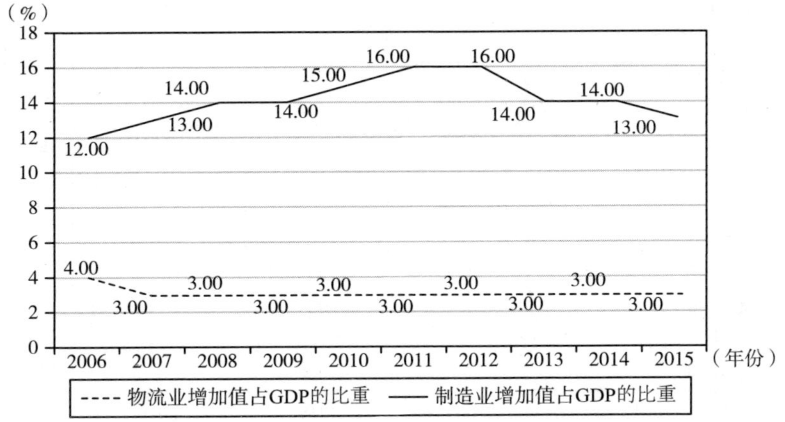

图 5－14　2016～2015 年湖南省两业增加值对 GDP 的贡献水平

资料来源于《湖南统计年鉴》整理计算所得。

2. 两业与外部资源、环境协调协调度分析

如图 5－15 所示，2016 年，综合能源消费量为 5946.23 万吨标准煤，同比下降 1.5%，比上半年和第三季度能耗降幅分别收窄 8.2 个百分点和 3.2 个百分点。湖南省作为全国煤炭、电力等主要能源的消费大省，对省外和国外能源资源依赖度高。其中，电力、热力的生产和供应业 2013 年能耗为 1537.77 万吨，占规模工业比重为 28%；2016 年能耗为 1319.26 万吨，占规模工业比重为 22%，较 2013 年下降 0.6 个百分点。尽管湖南省电力、热力的生产和供应业能耗有所下降，但是其占规模工业比重依旧非常高。由此可见，湖南省制造业发展更多地倾向于通过资源推动发展。从物流企业本身来说，其与环境协调程度的高低直接决定了物流企业的战略定位，决定了是否执行绿色物流路线，持续增强物流体系建设的程度。当前，从湖南省物流企业发展布局来看，依旧存在着小、散、弱的局面，物流业务还处于传统过程中，物流企业“绿色物流”“低碳物流”意识还比较薄弱，需要加强政府监督和管理。

3. 湖南省制造业与物流业联动发展存在的问题分析

（1）缺乏政府规划和引导。现阶段湖南省物流业发展还没有制定完备、具体的物流发展战略，尽管出台了《湖南省“十三五”物流业发展规划》，但具体的落实方案并不具体。在与制造业的联动方面，指导不够，造成物流业发展过程中出现了监管缺位的问题，使物流服务难以有序开展。对制造业而言，

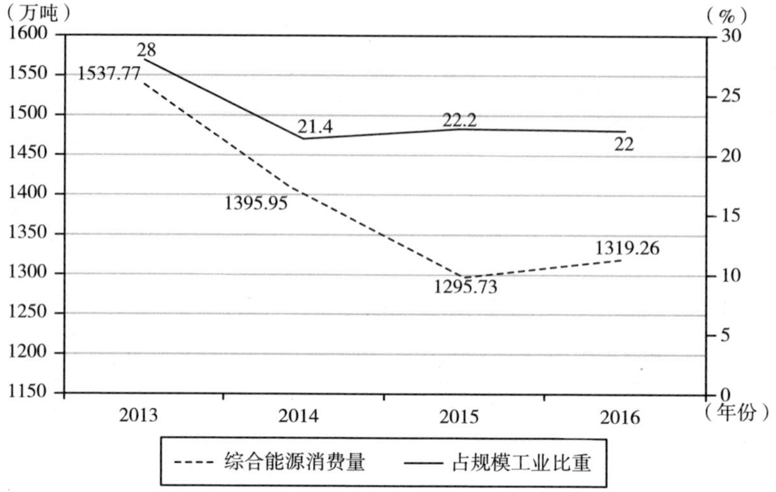

图5-15　2013~2016年湖南省电力、热力的生产和供应业能耗情况

由于物流资源的不断消耗，物流运输成本进一步增强，造成了产品在消费过程中价格提升。此外，制造业与物流业联动过程中没有涉及行业内部的联动，导致产业联动程度不高。

（2）企业低碳联动意识薄弱。一直以来，湖南省物流业发展速度有所提升，而物流服务却一直停留在传统阶段，制造业与物流业联动机制还有待增强，对企业而言其发展更多的是关注于自身的短期效应而忽略了长期效益，没有将环境因素考虑进来，以至于企业往往更多的是关注于企业成本，低碳意识严重不足。企业往往把物流的低碳化看成是运输、储存的环保，一味地压低外包价格，认为成本减少就是环保。为此，要强化企业的低碳意识，改变企业物流经营方式，提升物流服务质量。

（3）物流设施设备约束，运作效率不佳。当前对物流业投入量并不充足，物流技术与装备还比较落后，同时还存在不合理分布的问题，机械化程度不高，这些均制约了制造业的进一步发展。从国内形势来看，制造企业目前还存在着“大而全”和“小而全”的现象，企业在发展过程中并没有关注于企业的竞争能力，而是将更多精力投入企业不擅长的业务中，造成了企业生产效率低，没有合理有效利用资源。制造企业生产效率直接影响到物流需求量的提升，导致了两业发展一直停滞不前。

（五）湖南省制造业与物流业的关联度与协调度测算

1. 灰色关联过程分析

（1）灰色关联模型原理。

制造业与物流业关联分析往往样本数据量大，指标的选取以及计算公式繁多，计算过程主要依托计量分析软件。对于制造业与物流业联动分析的指标并不规律，信息指向模糊。由于灰色关联模型适用于多因素动态指标分析，因此该特征能较好地适用灰色关联分析。在统计学中，回归分析、方差分析也是分析多因素关联的方法，但在解决实际问题时常常需要大样本数据，同时对数据要求严格，须服从概率分布，导致数据获取困难。灰色关联分析对数据要求并不高，能够适应在不完全信息下对指标数据进行处理，因此应用范围极广。

国内不少学者运用灰色关联模型研究多种预测与分析问题：贺祥（2016）等运用灰色关联模型计算PM2.5浓度与影响因素间关联度，分析主要影响指标因子与PM2.5浓度空间分布的相互关系。高星、彭频（2017）利用灰色关联模型对江西省家具产业集群与区域物流联动发展进行了实证分析，认为江西家具产业集聚与区域物流业发展之间的协调关系，得出该区域内产业内部协调耦合度具有较为明显的波动性的结论。何宜庆（2016）等利用灰色关联分析评价企业内部供应链绩效。刘峰（2017）通过灰色关联分析研究小黄鱼形态性状与质量之间的关系。武春友（2017）利用灰色关联分析评价区域绿色增长系统。一般来说，灰色关联分析主要包含4种模型：数据灰色关联聚类分析、邓氏关联度9（即通过研究点与点之间的几何关系来测算各因素之间的关联度强度）、B型关联度，以及C型关联度模型。

综上所述，本章基于湖南省物流业及其相关产业生产增加值的面板数据，运用灰色关联模型对物流业及其相关产业进行权重赋值，定量分析物流业及其相关产业的灰色关联度，测度湖南省物流业及其相关产业的关联程度，找出系统内影响湖南省制造业与物流业联动的主要胁迫因素，发现其内在规律，为湖南省两业联动发展提供有效的参考意见。

（2）指标选取。

在两业联动系数测算以及两业联动协调度实证分析过程中，需要考虑的最重要的因素是两业联动发展的指标选择。结合湖南省具体情况，在向该领域专家进行咨询的基础上，本着科学性、实用性和完整性原则，选出如下指标，如表 5－5 所示。

表 5－5　　制造业与物流业指标

一级指标	二级指标	三级指标
制造业指标体系	国际竞争力指标	实际利用外商直接投资（M1）
		进出口总额（M2）
	价值创造能力指标	制造业总产值（M3）
		制造业增加值（M4）
	经营效益能力指标	固定资产交付使用率（M5）
		制造业产品销售率（M6）
		成本费用利润率（M7）
	人力资源能力指标	制造业从业人数（M8）
物流业指标体系	物流市场规模指标	货运量（L1）
		货运周转量（L2）
		境内高速公路里程（L3）
	物流设施发展指标	民用载货汽车拥有量（L4）
		交通运输/仓储/邮政业增加值（L5）
	外部经济环境指标	农村居民消费水平（L6）
		城市居民消费水平（L7）
		社会消费品零售总额（L8）
	人力培养指标	物流业从业人数（L9）

（3）数据整理与关联度测算过程。

①数据整理。以上指标数据主要从湖南省 2007～2015 年统计年鉴整理而得，使用 Matlab 9.0 软件，按照上述计算公式和步骤，计算得出制造业当中的全部行业所涉及的 5 类指标与物流行业 4 类指标的关联程度，在上述指标中不仅包括制造行业的 27 个主要行业，也包括物流行业主要 9 个行业的数据。数据量较为完整且具有普遍性。具体数据如表 5－6、表 5－7 所示。

表 5-6 制造业指标体系

制造业指标	2006 年	2007 年	2008 年	2009 年	2010 年	2011 年	2012 年	2013 年	2014 年	2015 年
实际利用外商直接投资（M1）	202.51	238.9	272.39	313.58	354	399.77	457.21	526.93	630.29	750.95
进出口总额（M2）	735259	968987	1256584	1015101	1468886	1900006	2194082	2516439	3102729	2936680
制造业总产值（M3）	6131.18	8464.08	11553.31	13507.64	19008.83	26386.58	28628.62	29784.64	30782.25	30985.14
制造业增加值（M4）	2089.06	2853.84	3748.8	4255.03	5921.04	7911.51	8562.88	8659.21	9035.46	9235.41
固定资产交付使用率（M5）	57.6	37.9	34.9	40.2	40.2	45.8	60.5	62.8	63	70.3
制造业产品销售率（M6）	99.55	99.05	98.746	98.6	98.54	98.62	97.91	98.45	98.3	97.8
成本费用利润率（M7）	49	48.2	45.4	47.3	50.5	52	65.8	62.8	66.1	71.3
制造业从业人数（M8）	178.15	195.47	200.75	240.68	272.44	289.67	303.79	330.32	330.01	336.9

表 5-7 物流业指标体系

物流业指标体系	2006 年	2007 年	2008 年	2009 年	2010 年	2011 年	2012 年	2013 年	2014 年	2015 年
货运量（L1）	84998	99501	115810	128582	149168	168152	190712	210659	202800	214130
货运周转量（L2）	1781.11	1981.63	2340.11	2505.27	2904.98	3345.76	3953.62	4227.44	4122.58	4149.45
境内高速公路里程（L3）	1403	1764	2001	2226.07	2386	2648.55	3968.097	5084	5492.897	5652.634
民用载货汽车拥有量（L4）	94.64	121.72	142.67	200.07	243.72	290.58	340.18	397.75	443.42	516.6
交通运输/仓储/邮政业增加值（L5）	440.96	517.67	624.68	704.83	832.28	948.82	1077.65	1172.31	1257.64	1291.03
农村居民消费水平（L6）	3081	3437	3914	4154	4513	5607	6382	7005	7908	9785
城市居民消费水平（L7）	9491	10551	11749	13000	14707	16783	18060	19508	21227	22770
社会消费品零售总额（L8）	2869.4	3419.17	4222.17	4943.859	5952.562	7208.986	8318.659	9509.524	10723.45	12023.97
物流业从业人数（L9）	135.52	154.58	166.92	163.06	165.44	170.06	176.43	162.63	145.3	168.91

②关联度测算过程。由于制造业与物流业联动评价指标的作用、地位、影响力均存在一定的差别，因此在赋值上往往也会出现差异。为了避免主观赋值对结果带来影响，我们在进行灰色关联分析前对湖南省制造业与物流业所有指标数据通过熵权法计算，确定指标权重，使计算结果更加科学准确，具体步骤如下：

第一，数据标准化。

数据标准化处理。假设给定了 k 个指标 X_1，X_2，…，X_n，其中 $X_i = \{x_1$，x_2，…，$x_n\}$。假设对各指标数据标准化后的值为 Y_1，Y_2，…，Y_K，那么，有

$$Y_{ij} = \frac{x_{ij} - \min(x_i)}{\max(x_i) - \min(x_i)} \tag{5-1}$$

第二，求各指标的信息熵。

$$E_j = -\ln(n)^{-1}\sum_{i=1}^{x} p_{ij}\ln p_{ij}, j = 1, 2, \cdots, n \tag{5-2}$$

其中 $p_{ij} = Y_{ij}/\sum_{i=1}^{n} Y_{ij}$，如果 $p_{ij} = 0$，则定义 $\lim_{p_{ij}\to 0} p_{ij}\ln p_{ij} = 0$。

③确定各指标权重。根据式（5－2），计算出各个指标的信息熵为 E_1，E_2，…，E_K。利用熵计算各指标的权重：

$$w_j = (1 - E_j)/\sum_{j=1}^{n}(1 - E_j) \tag{5-3}$$

同时熵权符合 $\sum_{j=1}^{n} w_j = 1, 1 \geqslant w_j \geqslant 0$。

基于式（5－1）~式（5－3）的处理，对标准化的比较数列（湖南省制造业与物流业指标数据）和参考数列（湖南省制造业与物流业各评价指标标准化数据）进行差值计算，然后求得其最大差值、最小差值，其中，$x_i^*(k)$ 表示各评价指标的最优值。

$$\Delta\max = \max_i \max_k |x_i^*(k) - x_i(k)| \tag{5-4}$$

$$\Delta\max = \min_i \min_k |x_i^*(k) - x_i(k)| \tag{5-5}$$

最后，湖南省制造业与物流业联动系数计算公式：

$$\zeta_i(k) = \frac{\min_i \min_k |x_i^*(k) - x_i(k)| + \rho \max_i \max_k |x_i^*(k) - x_i(k)|}{|x_i^*(k) - x_i(k)| + \rho \max_i \max_k |x_i^*(k) - x_i(k)|} \tag{5-6}$$

其中 $x_1(k)$、$x_i(k)$ 分别体现的是在 K 时间点内两业指标数据标准化处理的值。$\rho \in [0, +\infty)$ 被称为分辨系数，直接作用于 ρ，ρ 提升，分辨率也提升；ρ

减少，分辨率减少。计算过程中往往设定为 $\rho\in[0,1]$，$\rho=0.5$；$\zeta_i(k)$ 为 k 时刻内两业联动的关系系数，$\zeta_i(k)$ 越大，证明其在 K 时刻内的关联性越强。根据两业关联系数可以测算出两业关联度矩阵 E_{ij}，E_{ij}的值代表着湖南省两业之间的耦合关系。根据两业不同指标的关联系数可以求出湖南省制造业与物流业各指标中的关联度数值，以此得出影响两业联动发展的主要胁迫因素。

E_{ij}的计算公式为：

$$E_{ij} = \sum_{i=1}^{n} w_i r_j(i) \tag{5-7}$$

湖南省制造业与物流业各指标关联度，如表 5-8 所示。

表 5-8　　湖南省制造业与物流业各指标关联系数分界表

关联程度一般	关联程度稍强	关联程度较强	关联程度极强
(0，0.35)	(0.35，0.6)5	(0.6，0.85)	(0.85，1)

通过关联矩阵求出两业联动发展的平均值分别得到式 d_i、d_j 有：

$$d_i = \frac{1}{n}\sum_{i=1}^{n} E_{ij}(i = 1,2,3,\cdots,n;j = 1,2,3,\cdots,m) \tag{5-8}$$

$$d_j = \frac{1}{n}\sum_{j=1}^{m} E_{ij}(i = 1,2,3,\cdots,n;j = 1,2,3,\cdots,m) \tag{5-9}$$

从 d_i、d_j 计算数值区间能够发现两业联动发展最主要胁迫因素与约束因素。

2. 湖南省制造业与物流业关联度实证分析

(1) 制造业与物流业整体关联性分析。

选取物流业指标作为参考序列，制造业指标作为比较序列，根据灰色关联模型计算的具体步骤进行数据标准化，如表 5-9 所示。

根据 2006~2015 年湖南省 27 个制造业与 13 个物流业共 1080 个数据的相关指标计算出两业不同的指标权重，如表 5-10 所示。

表 5-9　将原始数据通过极差化法转化为无量钢化表

制造业指标	2006 年	2007 年	2008 年	2009 年	2010 年	2011 年	2012 年	2013 年	2014 年	2015 年
M1	0	0. 066352	0. 127416	0. 20252	0. 27622	0. 359675	0. 464408	0. 591532	0. 779994	1
M2	0	0. 098725	0. 220203	0. 118203	0. 309878	0. 491979	0. 616195	0. 752356	1	0. 929862
M3	0	0. 093865	0. 218159	0. 29679	0. 518132	0. 814979	0. 905186	0. 951698	0. 991832	1
M4	0	0. 10702	0. 232246	0. 303084	0. 536212	0. 814744	0. 905891	0. 919371	0. 972021	1
M5	0. 641242938	0. 084746	0	0. 149718	0. 149718	0. 30791	0. 723164	0. 788136	0. 793785	1
M6	1	0. 714286	0. 540571	0. 457143	0. 422857	0. 468571	0. 062857	0. 371429	0. 285714	0
M7	0. 138996139	0. 108108	0	0. 073359	0. 196911	0. 254826	0. 787645	0. 671815	0. 799228	1
M8	0	0. 109102	0. 142362	0. 39389	0. 593953	0. 702488	0. 791433	0. 958551	0. 956598	1
物流业指标	2006 年	2007 年	2008 年	2009 年	2010 年	2011 年	2012 年	2013 年	2014 年	2015 年
L1	0	0. 112311	0. 238609	0. 337515	0. 496933	0. 643946	0. 818651	0. 973121	0. 91226	1
L2	0	0. 081959	0. 228509	0. 296022	0. 459413	0. 639592	0. 88807	1	0. 957136	0. 96812
L3	0	0. 084949	0. 140718	0. 19368	0. 231314	0. 293096	0. 603603	0. 866193	0. 962411	1
L4	0	0. 064177	0. 113826	0. 249858	0. 353304	0. 464357	0. 581903	0. 718338	0. 826571	1
L5	0	0. 09024	0. 216123	0. 31041	0. 460339	0. 597433	0. 748985	0. 860341	0. 960721	1
L6	0	0. 053103	0. 124254	0. 160054	0. 213604	0. 37679	0. 492393	0. 585322	0. 720018	1
L7	0	0. 079825	0. 170043	0. 264252	0. 392801	0. 549138	0. 645305	0. 754349	0. 883801	1
L8	0	0. 060057	0. 147773	0. 226603	0. 336788	0. 474034	0. 595248	0. 725332	0. 85794	1

表 5－10　　　　熵值与熵权计算结果

一级指标	二级指标	三级指标	熵值	熵权
制造业指标体系	M1	M1	0.851	0.139
		M2	0.858	0.132
	M2	M3	0.88	0.112
		M4	0.885	0.107
	M3	M5	0.857	0.134
		M6	0.892	0.101
		M7	0.822	0.166
	M4	M8	0.884	0.109
物流业指标体系	L1	L1	0.889	0.086
		L2	0.878	0.094
	L2	L3	0.836	0.126
		L4	0.86	0.108
		L5	0.886	0.087
	L3	L6	0.815	0.142
		L7	0.845	0.119
	L4	L8	0.836	0.126
		L9	0.856	0.111

其中熵权系数 wi 越大，说明湖南省两业之间关联度的作用越大。为了分析两业之间的关系度，测算关联系数，分别求出制造业指标变量与物流业整体之间的关系度。在灰色关联分析中，一般认为，若关联度无穷接近 1，关联度最大；若关联度小于 0.4，关联度比较弱；若关联度位于 0.4～0.65，关联度一般；若关联度大于 0.65 而小于 0.85，关联度较强；若关联度大于 0.85，则认为关联度非常强，存在明显的联动效应。以 L1 为例，求差序列如表 5－11 所示。

通过式（5－5）、式（5－6），得出湖南省货运量指标（L1）与制造业指标最大绝对差值与最小绝对差值，并得到表 5－11。$M=\Delta max=0.57908$；$M=\Delta min=0.00117$。基于此，通过式（5－7），计算比较序列与参考序列的关联系数，得到关联系数表（见表 5－12）。

表 5－11 湖南省货运量指标与制造业对应极差数列表

极差指标	2006 年	2007 年	2008 年	2009 年	2010 年	2011 年	2012 年	2013 年	2014 年	2015 年
|L1(K)－M1(K)|	0.054903	0.059843	0.08332	0.06562	0.099722	0.110681	0.116354	0.07571	0.22379	0.44236
|L1(K)－M2(K)|	0.136949	0.10048	0.045784	0.260875	0.141673	0.024757	0.006436	0.04422	0.41846	0.25428
|L1(K)－M3(K)|	0.244544	0.223573	0.177293	0.163703	0.027237	0.2109	0.17595	0.10478	0.20362	0.14109
|L1(K)－M4(K)|	0.207816	0.177703	0.138229	0.138572	0.002616	0.19568	0.15608	0.04406	0.15471	0.1144
|L1(K)－M5(K)|	0.57908	0.10252	0.060184	0.038546	0.170127	0.182349	0.04011	0.122789	0.068659	0.00117
|L1(K)－M6(K)|	0.46679	0.36902	0.26169	0.17857	0.04638	0.074146	0.225548	0.347565	0.298854	0.376346
|L1(K)－M7(K)|	0.33422	0.22719	0.07281	0.0252	0.049078	0.143557	0.04062	0.221842	0.112512	0.091807
|L1(K)－M8(K)|	0.1219	0.09387	0.00935	0.0768	0.06381	0.0068	0.084672	0.113109	0.064033	0.110726
|L1(K)－M9(K)|	0.054903	0.059843	0.08332	0.06562	0.099722	0.110681	0.116354	0.07571	0.22379	0.44236

表 5－12 湖南省货运量指标与制造业关联系数表

制造业指标	2006 年	2007 年	2008 年	2009 年	2010 年	2011 年	2012 年	2013 年	2014 年	2015 年	平均值
M1	0.844	0.832067	0.779676	0.818532	0.746823	0.726374	0.716221	0.795921	0.566322	0.397199	0.722314
M2	0.681	0.745372	0.866953	0.528165	0.674168	0.924953	0.982208	0.871015	0.410607	0.53457	0.721965
M3	0.544315	0.566561	0.622728	0.6414	0.917712	0.580909	0.624525	0.737244	0.589484	0.675081	0.649996
M4	0.584511	0.622182	0.679596	0.679051	0.995051	0.59913	0.652372	0.871433	0.654384	0.719686	0.70574
M5	0.33468	0.741494	0.831256	0.886079	0.632436	0.616056	0.881875	0.705044	0.811588	1	0.744051
M6	0.384369	0.441433	0.527384	0.621029	0.865414	0.799343	0.564389	0.456298	0.494074	0.436576	0.559031
M7	0.466061	0.562596	0.802291	0.923651	0.858519	0.671235	0.880512	0.568479	0.723066	0.762324	0.721873
M8	0.706567	0.758222	0.972632	0.793552	0.822725	0.981002	0.776859	0.721994	0.822206	0.726292	0.808205

从表5-12中可见，湖南省货运量指标与国际竞争力指标、价值创造能力指标、经营效益能力指标、人力资源能力指标之间的联动系数分别为0.722139、0.677868、0.674985、0.808205，其中湖南省货运量指标与人力资源能力指标联动程度最高，为0.808205。在此基础上，再测算出制造业所有行业与物流业关联度大小，制造业4个指标与物流业10个指标之间的关联度值介于0.3631和0.8772之间，如表5-13所示。对于货运量（L1）来说，制造业M1～M4指标与货运量L1关联系数分别为0.7221、0.6778、0.6750、0.8082，均大于0.65，说明货运量L1与M1、M2、M3、M4具有较强的关联性，其中关联性最高的是M4，即人力资源指标。对于货运周转量（L2）来说，制造业M1～M4指标与货运周转量（L2）关联系数分别为0.4129、0.3691、0.3631、0.5189，均小于0.65，而货运周转量（L2）与M2、M3的系数低于0.4，说明货运周转量（L2）与价值创造能力指标（M2）、经营效益能力指标（M3）的关联程度较低，同时与国际竞争力指标（M1）、人力资源指标（M4）的关联程度分别为0.4129、0.5189，说明其关联程度一般(0.4～0.65)。对于境内高速公路里程（L3）来说，制造业M1～M4指标与L3的关联系数分别是0.8078、0.7215、0.5859、0.6034，说明境内高速公路里程（L3）与国际竞争力指标（M1）、价值创造能力指标（M2）的关联度较高(0.65～0.85)，同时与经营效益能力指标（M3）、人力资源指标（M4）的关联程度一般（0.4～0.65)。对于民用载货汽车拥有量（L4）来说，制造业M1～M4指标与民用载货汽车拥有量（L4）的关联系数分别是0.8352、0.8241、0.5859、0.6034，说明民用载货汽车拥有量（L4）与国际竞争力指标（M1)、价值创造能力指标（M2）的关联程度较强（0.65～0.85)，同时与经营效益能力指标（M3)、人力资源指标（M4）的关联程度一般（0.4～0.65)。对于交通运输/仓储/邮政业增加值（L5）来说，制造业M1～M4指标与交通运输/仓储/邮政业增加值（L5）的关联系数分别是0.8420、0.8048、0.7196、0.8113，说明交通运输/仓储/邮政业增加值（L5）与国际竞争力指标（M1)、价值创造能力指标（M2)、经营效益能力指标（M3)、人力资源指标（M4）的关联程度较强（0.65～0.85)。对于农村居民消费水平（L6）来说，制造业M1～M4指标与农村居民消费水平（L6）的关联系数分别是0.8204、0.6333、0.6321、0.7192，这说明农村居民消费水平（L6）与国际竞争力指标（M1)、人力资源指标（M4）的关联程度较强（0.65～0.85)，而与价值创造能力指标

（M2）、经营效益能力指标（M3）的关联程度一般（0.4～0.65）。对于城市居民消费水平（L7）来说，制造业M1～M4指标与城市居民消费水平（L7）的关联系数分别是0.486、0.4243、0.4656、0.6886，说明城市居民消费水平（L7）与国际竞争力指标（M1）、价值创造能力指标（M2）、经营效益能力指标（M3）的关联程度一般（0.4～0.65），而与人力资源指标（M4）的关联程度较强（0.65～0.85）。对于社会消费品零售总额（L8）来说，制造业M1～M4指标与社会消费品零售总额（L8）的关联系数分别是0.8772、0.8076、0.6351、0.6883，说明社会消费品零售总额（L8）与国际竞争力指标（M1）、价值创造能力指标（M2）、人力资源指标（M4）的关联程度较强（0.65～0.85），而与经营效益能力指标（M3）的关联程度一般（0.4～0.65）。对于物流业从业人数（L9）来说，制造业M1～M4指标与物流业从业人数（L9）的关联系数分别是0.6196、0.5822、0.7714、0.7607，说明物流业从业人数（L9）与国际竞争力指标（M1）、价值创造能力指标（M2）的关联程度一般（0.4～0.65），而与经营效益能力指标（M3）、人力资源指标（M4）的关联程度较强（0.65～0.85）。

从平均值来看，国际竞争力指标（M1）与物流业各指标的关联系数均值为0.7137，价值创造能力指标（M2）与物流业各指标的关联系数均值为0.6494，经营效益能力指标（M3）与物流业各指标的关联系数均值为0.6084，人力资源指标（M4）与物流业各指标的关联系数均值为0.6967。因此，制造业与物流业关联度中国际竞争力指标（M1）0.7137 > 人力资源指标（M4）0.6967 > 价值创造能力指标（M2）0.6494 > 经营效益能力指标（M3），据此可以发现，制造业发展对物流业最主要的胁迫因素为国际竞争力指标，也即实际利用外商直接投资（M1）与进出口总额（M2）指标是影响湖南省物流业发展最重要的因素。

同时，对于国际竞争力指标（M1）、价值创造能力指标（M2）、经营效益能力指标（M3）、人力资源指标（M4）来说，物流业所有指标中与其关联程度较高的分别是交通运输/仓储/邮政业增加值（L5）0.7944、社会消费品零售总额（L8）0.7521、民用载货汽车拥有量（L4）0.7396、货运量（L1）0.7208、农村居民消费水平（L6）0.7013、物流业从业人数（L9）0.6835、高速公路里程（L3）0.6797，其均值均位于0.65～0.85。据此可以发现，物流业对制造业发展最主要的胁迫因素是物流设施发展指标，也即民用载货企业拥有量（L4）、交通运输/仓储/邮政业增加值（L5）是影响制造业发展最重要的因素。

表 5-13　制造业所有行业与物流业关联度分析

物流行业 制造行业	L1	L2	L3	L4	L5	L6	L7	L8	L9	求和	平均值	排序
M1	0.7221	0.4129	0.8078	0.8352	0.8420	0.8204	0.486	0.8772	0.6196	6.4233	0.7137	1
M2	0.6778	0.3691	0.7215	0.8241	0.8048	0.6333	0.4243	0.8076	0.5822	5.8448	0.6494	3
M3	0.6750	0.3631	0.5859	0.6273	0.7196	0.6321	0.4656	0.6351	0.7714	5.4752	0.6084	4
M4	0.8082	0.5189	0.6034	0.6718	0.8113	0.7192	0.6886	0.6883	0.7607	6.2703	0.6967	2
求和	2.8832	2.08	2.7187	2.9585	3.1777	2.8051	2.0644	3.0082	2.7338			
平均值	0.7208	0.416	0.6797	0.7396	0.7944	0.7013	0.5161	0.7521	0.6835			
排序	4	9	7	3	1	5	8	2	6			

（2）制造业内部结构与物流业关联度分析。

为了细化产业结构，同时又体现行业差异性，我们通过湖南省统计年鉴数据中的工业指标整体，对当前湖南省存在的27个行业进行具体的分类，根据王珍珍（2010）对制造行业划分方式，将湖南省制造业划分为13个劳动密集型行业、7个资本密集型行业、7个技术密集型行业。

如表5-14所示，通过分析2006~2015年制造业与物流业所有数据，可以此推断出不同行业类别下，制造业与物流业指标系数，以此测度制造业与物流业的关联程度及其协调程度。

表5-14　熵值与熵权计算结果

一级指标	二级指标	三级指标
劳动密集型行业	制造业生产总值（M1） 制造业增加值（M2） 制造业增加值率（M3） 全员劳动生产率（M4）	农副食品加工业 食品制造业 酒、饮料和精制茶制造业 纺织业 纺织服装、服饰业 皮革、毛皮、羽毛及其制品和制鞋业 木材加工和木、竹、藤、棕、草制业 家具制造业 造纸和纸制品业 印刷和记录媒介复制业 文教、工美、体育和娱乐用品制造业 化学纤维制造业 橡胶和塑料制品业
资本密集型行业	制造业生产总值（M1） 制造业增加值（M2） 制造业增加值率（M3） 全员劳动生产率（M4）	非金属矿物制品业 黑色金属冶炼和压延加工业 有色金属冶炼和压延加工业 金属制品业 通用设备制造业 石油加工、炼焦和核燃料加工业 烟草制品业
技术密集型行业	制造业生产总值（M1） 制造业增加值（M2） 制造业增加值率（M3） 全员劳动生产率（M4）	化学原料和化学制品制造业 医药制造业 专用设备制造业 电气机械和器材制造业 仪器仪表制造业 计算机、通信和其他电子设备制造业 铁路、船舶、航空航天和其他运输

①劳动密集型行业与物流业关联度分析。

如表5-15所示，劳动密集型行业各指标与物流业各指标的关联度值介于0.5294~0.8078范围内。对于货运量（L1）来说，制造业M1~M4指标与货运量L1关联系数分别为0.6785、0.683、0.6819、0.6651，说明货运量L1与M1、M2、M3、M4具有较强的关联性，其中关联性最高的是M3，即制造业增加值率指标。对于货运周转量（L2）来说，制造业M1~M4指标与货运周转量（L2）关联系数分别为0.6826、0.6819、0.6829、0.6548，说明货运量L2与M1、M2、M3、M4具有较强的关联性，其中关联性最高的是M3，即制造业增加值率指标。对于境内高速公路里程（L3）来说，制造业M1~M4指标与L3的关联系数分别是0.7692、0.7582、0.5629、0.7025，说明境内高速公路里程（L3）与M1、M2、M4具有较强的关联性，其中关联性最高的是M1，即制造业生产总值指标，同时与制造业增加值指标（M2）的关联度一般，0.5629<0.65。对于民用载货汽车拥有量（L4）来说，制造业M1~M4指标与民用载货汽车拥有量（L4）关联系数分别为0.8078、0.7787、0.5344、0.652，说明民用载货汽车拥有量（L4）与M1、M2、M4具有较强的关联性，其中关联性最高的是M1，即制造业生产总值指标，同时与制造业增加值指标（M2）的关联度一般，0.5344<0.65。对于交通运输/仓储/邮政业增加值（L5）来说，制造业M1~M4指标与交通运输/仓储/邮政业增加值（L5）的关联系数分别是0.6988、0.7006、0.6339、0.6616，说明交通运输/仓储/邮政业增加值（L5）与M1、M2、M4具有较强的关联性，其中关联性最高的是M2，即制造业增加值指标，同时与制造业增加值率指标（M3）的关联度一般，0.6339<0.65。对于农村居民消费水平（L6）来说，制造业M1~M4指标与农村居民消费水平（L6）的关联系数分别为0.6949、0.7317、0.6567、0.681，说明农村居民消费水平（L6）与M1、M2、M3、M4具有较强的关联性，其中关联性最高的是M2。对于城市居民消费水平（L7）来说，制造业M1~M4指标与城市居民消费水平（L7）的关联系数分别为0.6577、0.688、0.6972、0.6589，说明城市居民消费水平（L7）与M1、M2、M3、M4具有较强的关联性，其中关联性最高的是M3即制造业增加值率指标。对于社会消费品零售总额（L8）来说，制造业M1~M4指标与社会消费品零售总额（L8）的关联系数分别为0.7599、0.7555、0.5675、0.6589，说明社会消费品零售总额（L8）与M1、M2、M4具有较强的关联性，其中关联性最高的是M1即制

表 5-15　劳动密集型行业与物流业关联系数表

劳动密集行业 \ 物流行业	L1	L2	L3	L4	L5	L6	L7	L8	L9	求和	平均值	排序
M1	0. 6785	0. 6826	0. 7692	0. 8078	0. 6988	0. 6949	0. 6577	0. 7599	0. 56	6. 3093	0. 701	2
M2	0. 683	0. 6819	0. 7582	0. 7787	0. 7006	0. 7317	0. 688	0. 7555	0. 5928	6. 3705	0. 7078	1
M3	0. 6819	0. 6829	0. 5629	0. 5344	0. 6339	0. 6567	0. 6972	0. 5675	0. 637	5. 6545	0. 6283	4
M4	0. 6651	0. 6548	0. 7025	0. 652	0. 6616	0. 681	0. 6589	0. 6589	0. 5294	5. 8642	0. 6516	3
求和	2. 7085	2. 7023	2. 7927	2. 7729	2. 6949	2. 7643	2. 7019	2. 7418	2. 3192			
平均值	0. 6771	0. 6756	0. 6982	0. 6932	0. 6737	0. 6911	0. 6755	0. 6855	0. 5798			
排序	5	6	1	2	8	3	7	4	9			

造业生产总值指标，同时与制造业增加值率指标（M3）的关联程度一般 0.5675 <0.65。对于物流业从业人数（L9）来说，制造业 M1 ~ M4 指标与物流业从业人数（L9）的关联系数分别是 0.56、0.5928、0.637、0.5294，说明物流业从业人数（L9）与 M1、M2、M3、M4 的关联程度一般，M3 < M2 < M3 < M4 <0.65。

从平均值来看，制造业生产总值指标（M1）与物流业各指标的关联系数均值为 0.701，制造业增加值指标（M2）与物流业各指标的关联系数均值为 0.7078，制造业增加值率指标（M3）与物流业各指标的关联系数均值为 0.6283，全员劳动生产率指标（M4）与物流业各指标的关联系数均值为 0.6516。因此，制造业与物流业关联度中制造业增加值指标（M2）0.7078 > 制造业生产总值指标（M1）0.701 > 全员劳动生产率指标（M4）0.6516 > 制造业增加值率指标（M3）0.6283，据此，劳动密集型行业发展对物流业最主要的胁迫因素为制造业增加值指标（M2）。

同时，对于制造业生产总值指标（M1）、制造业增加值指标（M2）、制造业增加值率指标（M3）、全员劳动生产率指标（M4）来说，物流业所有指标中与其关联程度较高的分别是境内高速公路里程（L3）0.6982、民用载货汽车拥有量（L4）0.6932、农村居民消费水平（L6）0.6911、社会消费品零售总额（L8）0.6855、货运量（L1）0.6771、货运周转量（L2）0.6756、城市居民消费水平（L7）0.6755、交通运输/仓储/邮政业增加值（L5）0.6737 其均值均位于 0.65 ~0.85。因此，物流业发展对劳动密集型行业发展最主要的胁迫因素是境内高速公路里程（L3）。

②资本密集型行业与物流业关联度分析。

如表 5 – 16 所示，资本密集型行业各指标与物流业各指标的关联度值介于 0.5198 ~0.8422 范围内。对于货运量（L1）来说，制造业 M1 ~ M4 指标与货运量 L1 关联系数分别为 0.6794、0.7064、0.6679、0.7179，说明货运量 L1 与 M1、M2、M3、M4 具有较强的关联性，其中关联性最高的是 M4，即全员劳动生产率指标。对于货运周转量（L2）来说，制造业 M1 ~ M4 指标与货运周转（L2）关联系数分别为 0.6839、0.7018、0.6694、0.7234，说明货运周转量（L2）与 M1、M2、M3、M4 具有较强的关联性，其中关联性最高的是 M4，即全员劳动生产率指标。对于境内高速公路里程（L3）来说，制造业 M1 ~ M4 指标与 L3 的关联系数分别是 0.7295、0.8061、0.579、0.6832，说明境内高速

表 5-16　资本密集型行业与物流业关联系数表

物流行业 资本密集行业	L1	L2	L3	L4	L5	L6	L7	L8	L9	求和	平均值	排序
M1	0.6794	0.6839	0.7295	0.7853	0.7142	0.6743	0.6567	0.7763	0.5198	6.2194	0.691	2
M2	0.7064	0.7018	0.8061	0.8422	0.734	0.759	0.7047	0.8259	0.5733	6.6534	0.7393	1
M3	0.6679	0.6694	0.579	0.5775	0.6405	0.6779	0.6902	0.6044	0.814	5.9206	0.6578	4
M4	0.7179	0.7234	0.6832	0.6347	0.6953	0.6698	0.7181	0.6508	0.6906	6.1838	0.6871	3
求和	2.7716	2.7785	2.7978	2.8397	2.784	2.781	2.7697	2.8574	2.5977			
平均值	0.6929	0.6946	0.6994	0.7099	0.696	0.6952	0.6924	0.7143	0.6494			
排序	7	6	3	2	5	4	8	1	9			

公路里程（L3）与 M1、M2、M4 具有较强的关联性，其中关联性最高的是 M2，即制造业增加值指标，同时与制造业增加值率指标（M3）的关联度一般，0.579 <0.65。对于民用载货汽车拥有量（L4）来说，制造业 M1 ~ M4 指标与民用载货汽车拥有量（L4）关联系数分别为 0.7853、0.8422、0.5775、0.6347，说明民用载货汽车拥有量（L4）与 M1、M2、M4 具有较强的关联性，其中关联性最高的是 M2，即制造业增加值指标，同时与制造业增加值率指标（M3）的关联度一般，0.6405 <0.65。对于农村居民消费水平（L6）来说，制造业 M1 ~ M4 指标与农村居民消费水平（L6）的关联系数分别为 0.6743、0.759、0.6779、0.6698，说明农村居民消费水平（L6）与 M1、M2、M3、M4 具有较强的关联性，其中关联性最高的是 M2。对于城市居民消费水平（L7）来说，制造业 M1 ~ M4 指标与城市居民消费水平（L7）的关联系数分别为 0.6567、0.7047、0.6902、0.6698，说明城市居民消费水平（L7）与 M1、M2、M3、M4 具有较强的关联性，其中关联性最高的是 M2，即制造业增加值指标。对于社会消费品零售总额（L8）来说，制造业 M1 ~ M4 指标与社会消费品零售总额（L8）的关联系数分别为 0.7763、0.8259、0.6044、0.6508，说明社会消费品零售总额（L8）与 M1、M2、M4 具有较强的关联性，其中关联性最高的是 M2，即制造业增加值指标，同时与制造业增加值率指标（M3）的关联程度一般，0.6044 <0.65。对于物流业从业人数（L9）来说，制造业 M1 ~ M4 指标与物流业从业人数（L9）的关联系数分别是 0.5198、0.5733、0.814、0.6906，说明物流业从业人数（L9）与 M3、M4 具有较强的关联性，同时与制造业生产总值指标（M1）、制造业增加值指标（M2）的关联程度一般，0.5198、0.5733 均小于 0.65。

从平均值来看，制造业生产总值指标（M1）与物流业各指标的关联系数均值为 0.691，制造业增加值指标（M2）与物流业各指标的关联系数均值为 0.7393，制造业增加值率指标（M3）与物流业各指标的关联系数均值为 0.6578，全员劳动生产率指标（M4）与物流业各指标的关联系数均值为 0.6871。因此，制造业增加值指标（M2）0.7393 > 制造业生产总值指标（M1）0.691 > 全员劳动生产率指标（M4）0.6871 > 制造业增加值率指标（M3）0.6578。可见，资本密集型行业发展对物流业最主要的胁迫因素为制造业增加值指标（M2）。

对于制造业生产总值指标（M1）、制造业增加值指标（M2）、制造业增加值率指标（M3）、全员劳动生产率指标（M4）来说，物流业所有指标中与其关联程度较高的分别是社会消费品零售总额（L8）、民用载货汽车拥有量（L4）、境内高速公路里程（L3）、农村居民消费水平（L6）、交通运输/仓储/邮政业增加值（L5）、货运周转量（L2）、货运量（L1）、城市居民消费水平（L7）、社会消费品零售总额（L8）。因此，物流业发展对资本密集型行业发展最主要的胁迫因素是社会消费品零售总额（L8）。

③技术密集型行业与物流业关联度分析。

如表 5－17 可见，技术密集型行业指标与物流业指标的关联度值介于 3.713～0.79082 范围内。对于货运量（L1）来说，制造业 M1～M4 指标与货运量 L1 关联系数分别为 0.6627、0.6804、0.4278、0.6479，说明货运量 L1 与 M1、M2 具有较强的关联性，而与 M3、M4 的关联系数一般 0.4278、0.6479 均小于 0.65，其中最高的为 0.6804，即制造业增加值指标 M2。对于货运周转量（L2）来说，制造业 M1～M4 指标与货运周转量（L2）关联系数分别为 0.6671、0.6764、0.4281、0.6415，说明货运周转量（L2）与 M1、M2 具有较强的关联性，其中关联性最高的是 M2，即制造业增加值指标，而与 M3、M4 的关联系数一般，0.4281、0.6415 均小于 0.65。对于境内高速公路里程（L3）来说，制造业 M1～M4 指标与 L3 的关联系数分别是 0.7586、0.7507、0.3837、0.7139，说明境内高速公路里程（L3）与 M1、M2、M4 具有较强的关联性，其中关联性最高的是 M1，即制造业生产总值指标，同时与制造业增加值率指标（M3）的关联度较低，0.3837 < 0.4。对于民用载货汽车拥有量（L4）来说，制造业 M1～M4 指标与民用载货汽车拥有量（L4）关联系数分别为 0.7908、0.7835、0.3735、0.6727，说明民用载货汽车拥有量（L4）与 M1、M2、M4 具有较强的关联性，其中关联性最高的是 M1，即制造业生产总值指标，同时与制造业增加值率指标（M3）的关联度较低，0.3735 < 0.4。对于交通运输/仓储/邮政业增加值（L5）来说，制造业 M1～M4 指标与交通运输/仓储/邮政业增加值（L5）的关联系数分别是 0.6861、0.6992、0.4126、0.6513，说明交通运输/仓储/邮政业增加值（L5）与 M1、M2、M4 具有较强的关联性，其中关联性最高的是 M2，即制造业增加值指标，同时与制造业增加值率指标（M3）关联度一般，0.4126 < 0.65。对于农村居民消费水平（L6）来说，制造业 M1～M4 指标与农村居民消费水平（L6）的关联系数分别为 0.6929、0.7149、0.4216、0.6658，说明农村居民消费水平（L6）与 M1、M2、M4 具

表 5－17　技术密集型行业与物流业关联系数

物流行业 / 技术密集行业	L1	L2	L3	L4	L5	L6	L7	L8	L9	求和	平均值	排序
M1	0.663	0.6571	0.7586	0.7908	0.6861	0.6929	0.6425	0.7617	0.5347	6.1971	0.6886	2
M2	0.680	0.6764	0.7507	0.7835	0.6992	0.7149	0.6716	0.7567	0.5721	6.3055	0.7006	1
M3	0.4278	0.4281	0.3837	0.3735	0.4126	0.4216	0.4368	0.3879	0.441	3.713	0.4126	4
M4	0.5479	0.6415	0.7139	0.6727	0.6513	0.6658	0.6369	0.6711	0.5077	5.8088	0.6454	3
求和	2.4188	2.4131	2.6069	2.6205	2.4492	2.4952	2.3878	2.5774	2.0555			
平均值	0.6047	0.6033	0.6517	0.6551	0.6123	0.6238	0.597	0.6444	0.5139			
排序	6	7	2	1	5	4	8	3	9			

有较强的关联性，其中关联性最高的是 M2，即制造业增加值指标，同时与制造业增加值率指标（M3）的关联度一般，0.4126 < 0.65。对于城市居民消费水平（L7）来说，制造业 M1 ~ M4 指标与城市居民消费水平（L7）的关联系数分别为 0.6425、0.6716、0.4368、0.6369，说明城市居民消费水平（L7）与 M1、M2、M4 具有较强的关联性，其中关联性最高的是 M2，即制造业增加值指标，同时与制造业增加值率指标（M3）的关联度一般，0.4368 < 0.65。对于社会消费品零售总额（L8）来说，制造业 M1 ~ M4 指标与社会消费品零售总额（L8）的关联系数分别为 0.7617、0.7567、0.3879、0.6711，说明社会消费品零售总额（L8）与 M1、M2、M4 具有较强的关联性，其中关联性最高的是 M1 制造业生产总值指标，同时与制造业增加值率指标（M3）的关联度较低，0.3879 < 0.4。对于物流业从业人数（L9）来说，制造业 M1 ~ M4 指标与物流业从业人数（L9）的关联系数分别是 0.5347、0.5721、0.441、0.5077，说明物流业从业人数（L9）与 M1、M2、M3、M4 的关联程度一般，均小于 0.65。

从平均值来看，制造业生产总值指标（M1）与物流业各指标的关联系数均值为 0.6886，制造业增加值指标（M2）与物流业各指标的关联系数均值为 0.7006，制造业增加值率指标（M3）与物流业各指标的关联系数均值为 0.4126，全员劳动生产率指标（M4）与物流业各指标的关联系数均值为 0.6454。因此，制造业增加值指标（M2）0.7006 > 制造业生产总值指标（M1）0.6886 > 全员劳动生产率指标（M4）0.6454 > 制造业增加值率指标（M3）0.4126。据此可见，技术密集型行业发展对物流业最主要的胁迫因素为制造业增加值指标（M2）。

同时对于制造业生产总值指标（M1）、制造业增加值指标（M2）、制造业增加值率指标（M3）、全员劳动生产率指标（M4）来说，物流业所有指标中与其关联程度较高的分别是境内高速公路里程（L3）、民用载货汽车拥有量（L4），其均值均位于 0.65 ~ 0.85。因此，物流业发展对技术密集型行业发展最主要的胁迫因素是民用载货汽车拥有量（L4）。

3. 湖南省制造业与物流业协调度实证分析

（1）制造业与物流业联动发展的协调度测算。

为了更为全面地观察制造业与物流业之间的协调度数值，需要在 $\zeta_i(k)$ 上将模型改进为：

$$Z(k) = \frac{1}{m \times n}\sum_{i=1}^{m}\sum_{j=1}^{n}\zeta_i(k) \tag{5-10}$$

其中，我们将 Z(k) 看作制造业与物流业的经济系统协调度，通过计算可以得出两业之间联动的协调系数，表 5－18 具体展现了制造业与物流业大小的分界线。

表 5－18　　经济系统协调程度界定表

等级	及其失调	严重失调	中度失调	濒临协调	初级协调	中级协调	良好协调	优质协调
协调度	(0,0.3)	(0.3,0.5)	(0.5,0.7)	(0.7,0.8)	(0.8,0.85)	(0.85,0.9)	(0.9,095)	(0.95,1)

（2）制造业与物流业联动发展的协调度分析。

我们通过对关联系数模型进行改进，在关联系数方程式的基础上通过两次系数的求和加总，求得所有行业的关联数值，在此基础上通过改进后的公式，进而求出所有行业以及不同类别行业的协调度数值，如表 5－19 所示。

表 5－19　　制造业与物流业联动发展的协调度

行业	2006 年	2007 年	2008 年	2009 年	2010 年	2011 年	2012 年	2013 年	2014 年	2015 年
所有行业	0.6037	0.6515	0.7343	0.6992	0.7964	0.9831	0.9306	0.7006	0.6685	0.5615
劳动密集型行业	0.6194	0.7152	0.6473	0.7641	0.6418	0.7074	0.6588	0.7087	0.6488	0.6103
资本密集型行业	0.6421	0.7419	0.6431	0.781	0.7147	0.7286	0.709	0.6737	0.6513	0.6527
技术密集型行业	0.6187	0.71	0.6323	0.778	0.654	0.6911	0.6964	0.7101	0.6539	0.6336

基于表 5－19 中的数值，利用 Excel 画出所有行业以及不同类型行业的关于制造业与物流业的协调度变化趋势图，如图 5－16 所示。

当前湖南省制造业与物流业协调度大致介于 0.5615～0.7964，其中制造业与物流业总体协调度在 2006～2009 年，以及 2014～2015 年均处于中度失调与濒临协调的范围内，2008 年、2010 年、2013 年处于濒临协调范围内，2011 年、2012 年处于良好协调与优质协调范围内。同时，对比三大行业的协调度数值业可以发现，其协调度均比较趋于平稳，但均大致处于中度失调与濒临失调的状态。由此可见，湖南省制造业与物流产业依旧存在协调度不高，联动效应不明显的现象。其中，在湖南省制造业产业与物流产业联动发展的10年内，其趋势主要体现在两者相互协调、反馈调整、再协调、再反馈调整的过程，两业的发展实际上也在持续地进行着不断从协调到不协调再到协调，如此往复的发展路径。从图5－16能够发现，2006～2010年，总共出现过两次波峰，第一次的时间出现在2006～2008年，波谷的位置处于2008年，由于2008年亚洲出现了比较严重的金融危机，在此背景下，企业生产过剩，但是市场需求较为持续冷淡，为此该时期湖南省制造业与物流业的发展相应出现一定的下滑。同时可以发现，该时期技术密集型行业与劳动密集型行业的波动相对较小，而资本密集型行业的波动较大。2007年、2009年、2013年以及2015年三大行业的协调度均高于制造业与物流业的协调度，而2010～2013年三大行业协调度却低于制造业与物流业协调度。

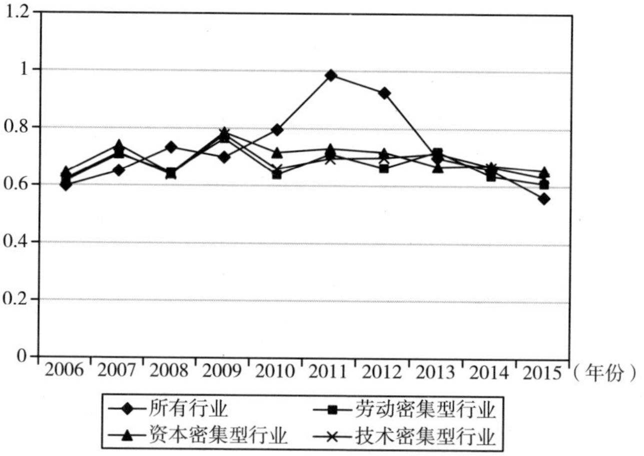

图5－16　制造业与物流业联动发展的协调度变化曲线

六、制造业与物流业联动发展思考与框架构建

（一）实证研究的思考

1. 制造业与物流业整体联动思考

从制造业与物流业整体层面来看，国际竞争力指标与物流业关联系数最大，物流设施发展指标与制造业的关联系数最大。

因此，制造业发展对物流业最主要的胁迫因素为国际竞争力指标，换言之，即实际利用外商直接投资（M1）与进出口总额（M2）指标是影响湖南省物流业发展最重要的因素；物流业对制造业发展最主要的胁迫因素是物流设施发展指标，换言之，民用载货企业拥有量（L4）、交通运输/仓储/邮政业增加值（L5）是影响制造业发展最重要的因素。

2. 制造业与物流业行业内部结构联动思考

从制造业行业内部结构来看，劳动密集型、资本密集型、技术密集型的制造业增加值指标与物流业的关联系数最大，同时物流业的社会消费品零售总额与资本密集型行业关联系数最大，境内高速公路里程与劳动密集型行业关联系数最大，民用载货汽车拥有量与技术密集型行业关联系数最大。

因此，制造业发展对物流业最主要的胁迫因素为内部行业增加值指标，物流业发展对制造业最主要的胁迫因素分别是社会消费品零售总额、境内高速公路里程、民用载货汽车拥有量。

3. 制造业与物流业联动的协调度思考

从协调度层面来看，如图 5－16 所示，2006～2015 年湖南省制造业与物流业协调度变化类似于一个“M”形状，湖南省制造业与物流业协调度大致介于 0. 5615～0. 7964，其中，制造业与物流业总体协调度在 2006～2009 年，以及 2014～2015 年均处于中度失调与濒临协调的范围内，而 2008 年、2010 年、2013 年处于濒临协调范围内，2011 年、2012 年处于良好协调与优质协调范围内。同时，对比二大行业的协调度数值业可以发现，具协调度均比较趋于平稳，但均大致处于中度失调与濒临失调的状态。由此说明，湖南省制造业与物流产业依旧存在协调度不高，联动效应不明显的现象。

因此，湖南省制造业与物流业协调度变化呈现“M”形的变化趋势，同时，湖南省制造业与物流产业依旧存在协调度不高，联动效应不明显的现象。

（二）制造业与物流业联动发展框架构建

基于上述制造业与物流业联动发展的结论，我们构建了制造业与物流业联动发展框架。

从图 5－17 中可以看出两业联动的主要影响因素。从两业联动来看，制造业、物流业发展的影响因素将在很大程度上影响湖南省制造业与物流业联动能力。由于物流业的发展利润空间巨大，被俗称为第三利润源，在阅读相关文献

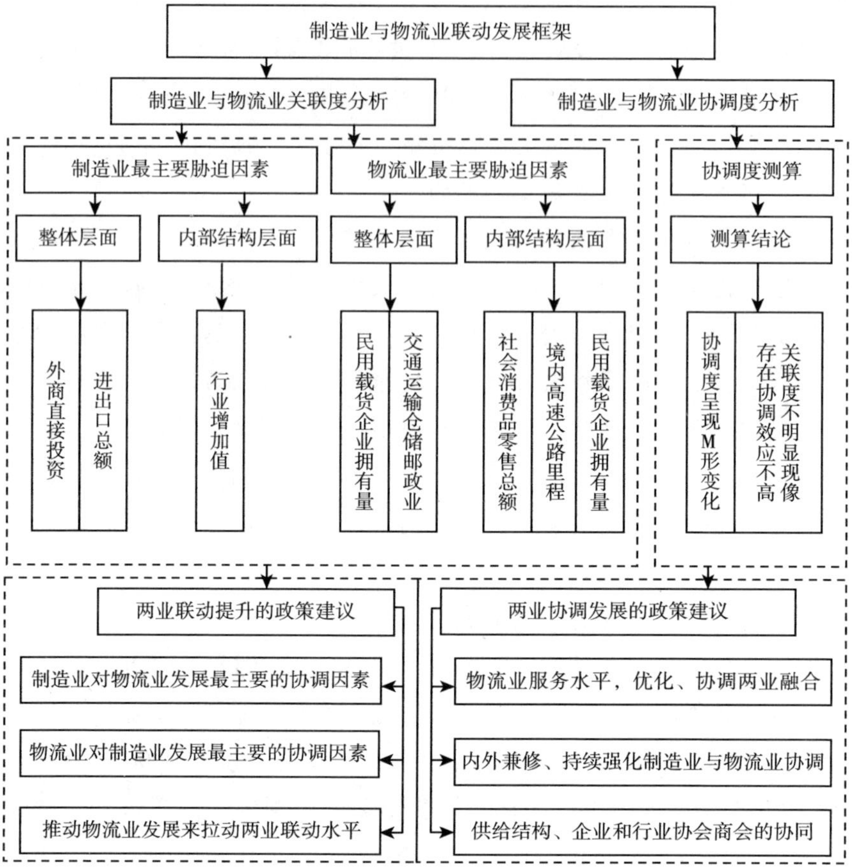

图 5－17　制造业与物流业联动发展基本框架

的基础上，我们提出通过拉动物流业发展来为制造业发展提供更多机遇的观点，从而实现制造业与物流业内部结构与外部结构的多渠道联动发展。此外，制造业与物流业联动发展离不开制造业与物流业的协调发展，可在测算湖南省制造业与物流业联动发展之后，进一步求出两业联动的协调度，进而深度强化制造业与物流业联动发展。

1. 基于政府政策投入的制造业与物流业联动模式

政府资金、政策投入可以提高基础设施建设、增强信息网络通达度、培养企业需要的优秀人才，这可以提升制造企业与物流企业发展效益，增强企业核心竞争力。同时，加强制造企业、物流业内部要素之间的联动，有助于提升物流企业管理能力，进而通过企业内部的联动向外延伸，提高制造业与物流业联动发展效益。如图 5 – 18 所示。

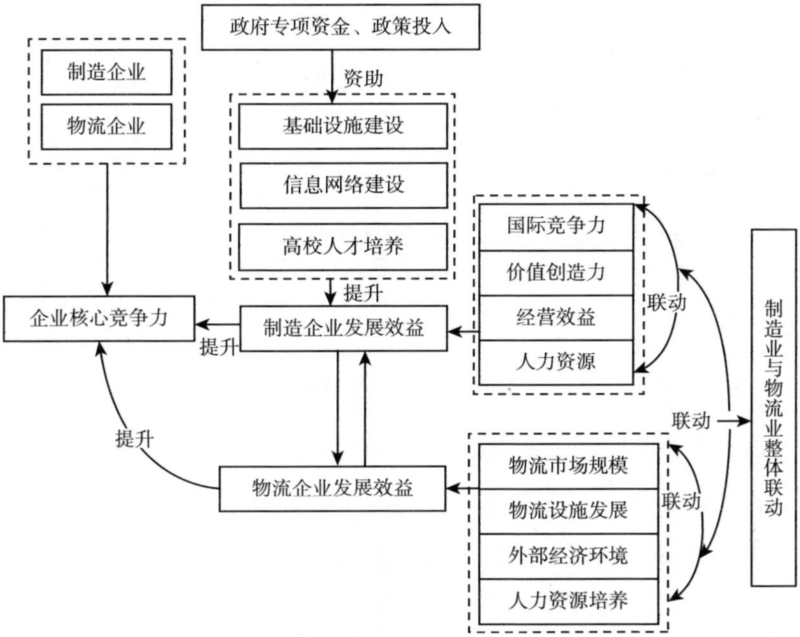

图 5 – 18　基于政府资金、政策投入的制造业与物流业联动提升模式

2. 基于行业内部结构升级的制造业与物流业联动提升模式

通过制造业行业内部结构升级，有利于扩大湖南省制造企业物流需求，推动物流企业的发展，反过来又为制造企业的发展提供更多机调，加快制造企业产品的流通。同时，制造企业内部结构可具体划分为劳动密集型行业、资本密集型行业与技术密集型行业，通过制造业细分行业的生产总值、增加值、增加值率以及全员劳动生产率与物流业所有相关行业之间的联动，可为湖南省制造业与物流业发展带来经济效益、社会效益和产业集聚效益，从而提升制造业与物流业联动发展能力，如图 5 – 19 所示。

七、制造业与物流业联动发展的对策建议

按照前面关于湖南省制造业与物流业联动发展现状结合实证分析发现，制造业与物流业的联动最重要的胁迫因素还是在于两业联动指标的提升，基于此，我们提出以下促进制造业与物流业联动发展、协调发展的对策建议，进一

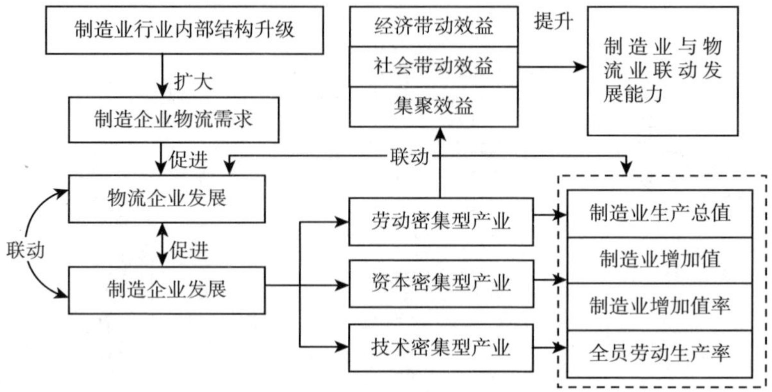

图 5-19 基于行业内部结构升级的制造业与物流业联动提升模式

步强化湖南省制造业与物流业联动发展的深度与广度。

（一）制造业与物流业联动发展的对策建议

1. 提升制造业与物流业整体联动发展水平

从制造业与物流业全部产业联动系数来看，制造业对物流业发展最主要的胁迫因素是国际竞争力指标，排名第一，说明制造业与物流业国际竞争能力对湖南省物流业的发展具有十分重要的影响；物流业发展对制造业发展最主要的胁迫因素是民用载货企业拥有量、交通运输/仓储/邮政业指标，为此应从以下方面提升制造业与物流业联动发展水平：

一是要配合国家战略，推进物流企业走向国际化。现阶段我国相继出台了一系列措施，如“一带一路”倡议、中国制造 2025 战略、装备制造业“走出去”战略等。这些措施的实施将对国内经济的发展起到关键性的作用。对湖南来说需要抓住机遇，迅速融入国家发展大局中来，如强化公路联通，提升生产服务业发展速度，加大政策支持力度推动本土企业更新技术，主动参与到国际竞争当中来，提高第三方物流业业务量等。通过制造业释放更大的物流需求，可拉动物流业务量增长，提升制造业产品流通速度。同时，积极引进外资，支持境外企业在湖南投资办厂，进而增加外商直接投资总额，提高进出口量。

二是完善现代物流体系，提升制造业产品配送能力。目前，湖南省发展现代物流业有比较好的外部基础条件，陆、水、空运输方式较为齐全，国内、外贸仓储设施充裕，信息设施建设进展迅速，但这些基础设施存在空间布局上的不合理，且未能形成一个有效的现代物流体系。因此，在具体规划建设物流基础设施方面，应根据湖南省物流市场发展的实际需求，统筹规划，合理规划全省大型物流园区建设项目，优先整合现有存量资源，减少土地占用，防止重复建设和盲目发展。同时，合理构建现代物流体系，有效整合现有运输、仓储及配送资源，科学、合理地开展多式联运，实现运输中途整合、交接运输的无缝衔接和信息的实时处理与反馈，提升门到门快速送递、户到户准时送货以及逆向物流与退货处理的能力，在此基础上大力开展市域配送、区域配送、国际物流业务。

2. 提升制造业与物流业行业内部结构联动发展水平

从内部结构来看，社会消费品零售总额、境内高速公路里程、民用运输企业拥有量是影响制造业发展最主要的胁迫因素。为此应从以下方面提升制造业与物流业联动发展水平：

一是要合理构建现代物流体系，提高物流企业的货运量。整合现有运输、仓储及配送资源，科学、合理地开展多式联运，促进物流运输业务的整合，加快应急物流的反应速度，提高物流配送能力，实现产品门到门的运输。同时构建共同物流体系，将物流输出与制造业产品输入无缝连接，提高货物周转率，增强区域物流配送能力，提升制造企业产品流通能力。

二是要推动制造业行业内部结构升级，拉动物流业需求总量提升。近年来，湖南两业发展速度较快，物流业规模持续增加；制造业创造的物流业务量占全部行业规模正在不断提升，湖南作为中部地区经济领先区域，在推动产业融合发展与提升方面的作用巨大，为此，大力发展物流流通领域中的生产性服务业，能为行业内部结构升级提供有效的知识和技术。同时，应营造良好环境，促进两业联动发展，积极推进实施联动发展示范试点工程，提升服务质量，平稳发展化解产业生产过剩的矛盾，利用物流业发展创造更大的市场需求以强化制造业与物流业的联动发展。

3. 以物流业发展促进制造业与物流业联动发展水平提升

在两业联动发展过程中，物流业发展速度难以跟上制造业发展的速度，具有滞后性，这不利于制造业与物流业联动发展。为此，需要提升物流业务能力，升级物流技术与装备。具体可以从以下三个方面入手：

一是要提高物流管理水平，增强物流服务能力和运营效率。对企业管理者来说要努力革新观念，用现代企业管理的思想来统筹全局，制定科学的企业发展战略。同时加强与高校、科研院的联系，实现物流业务运作与制造产业协调发展，促进产学研一体化发展，进而为制造业提供更好、更专业的物流服务。

二是加快物流基础设施建设，构建功能齐全、结构优化、完整的物流产业链条。通过物流基础设施建设，给物流产业的发展带来质的超越，给两业间的联动发展创造更好的条件。

三是要强化物流业人才培养。当前湖南省物流业发展水平还比较低，大多数业务还停留在传统的运输、仓储、包装等基本业务上，缺乏创新性。同时，物流业发展过程中还存在需求不足，没有形成物流联盟，各自为战，造成了资源严重的浪费，效率难以提升。鲜有物流企业能够提供综合性、全方位一体化的物流服务的，究其内在原因，最终还是出在人才培养上，因为现代物流发展对物流企业要求更高，不仅需要物流企业能够有效提供传统物流服务，还要其业务能力升级，提供更为多样化的物流服务，这就需要努力促进物流人才与制造业人才的对接，实现双向联动、融合发展。

（二）制造业与物流业协调发展的政策建议

1. 强化两业融合的供需链优化与协调

2006～2015 年，湖南省制造业与物流业主要体现在两者相互协调、反馈调整、再协调、再反馈调整的过程，其中两业的发展实际上也表现为持续不断地从协调到不协调再到协调这一往复的发展路径。其中，最为突出的表现就是两业协调融合不均衡。伴随着制造业物流需求不断释出，物流供给服务支撑功能逐步实现，物流业供给服务需要为制造业巩固核心竞争力、扩大市场优势提供良好契机。

一是要加强物流企业的扶持和培育，提高其物流服务的能力，为制造业与物流业协调发展创造良好的外部环境。政府在政策制定上要有前瞻性，既需要保持政策的持续稳定性，又需要适应未来两业协调发展的要求。

二是要积极探索制造业与物流业协调发展的模式，为制造业与物流业协调发展搭建桥梁。

三是要借助市场机制，引导资源配置，推动制造业与物流业的协调发展。一方面，政府部门需要出台相关措施支持和鼓励本地物流企业提高业务水平、增强企业综合实力、扩大企业发展规模，以便更好对接制造业物流业务；另一方面，制造业需要转变发展观念，积极开展物流业务服务外包，将制造企业内部的非核心业务外包给第三方专业物流企业运作，更好地集中精力发展优势产业，增强企业核心竞争力。

2. 内外兼修强化制造业与物流业协调

由于制造业与物流产业包含着协调性、复合型以及整合性三个基本特征，因此，针对两业联动发展研究需要从多元化角度具体实施。主要从三个层面来具体把握：

一是宏观层面上，物流产业的空间布局是物流产业空间协调的基础，投影在地域空间上，则表现为物流主体在地域上的具体空间位置关系、集聚程度、相互作用的方向和强度等。

二是中观层面上，制造业与物流业之间的协调发展是两业联动发展的基础，具体表现为制造业与物流业间投入产出的技术经济联系。

三是微观层面上，制造业与物流业之间的联动关系是物流产业链内部整合的基础，而以制造业与物流企业联盟为代表的新型产业组织方式是其中的典型代表。目前，就湖南物流产业发展而言，更多的是需要联系湖南产业发展的实际，结合自身优势，打造湖南制造业与物流业发展协调效应新局面。

3. 推动两业供给结构与行业协会商会协调

社会组织，尤其是行业协会、商会在制造企业发展、规范市场秩序、开展行业自律、制订团体标准、维护会员权益、调解贸易纠纷等方面发挥着十分重要的作用，能够有效促进供给结构、主体企业和行业协会商会的协同，主要体现在：

一是要加强制造企业产品与物流服务供给结构调整和优化的指导支持，围绕物流需求提供订单式产品和服务，提升物流服务供给效率与服务价值，提升产业链的投入产出价值，形成制造业与物流业深度联动的产业竞争优势。

二是要围绕湖南省内地区物流需求线上线下结合、制造业产品城市与农村上行下行贯通的要求，重点支持一批企业做大做强，促进制造业和物流业的网络化、集团化发展。

三是要积极发挥行业协会、商会的作用，整合各种要素资源、加强商品市场信息交流服务、优化制造与物流业联动发展环境、促进制造业与物流业健康发展，从而实现制造企业生产在供给结构、主体企业和行业协会、商会物流需求等方面的协同发展。

第六章

新型城镇化进程中智慧城市的可持续发展

一、新型城镇化进程中智慧城市建设的可持续性内涵与规律

新型城镇化是指在社会经济环境发展进入新的时代阶段时，我国对于人与自然和谐发展现代化建设的城镇化策略。智慧城市是指在城市建设的各方面充分运用新一代信息技术，并基于知识社会下一代创新的城市信息化高级形态。

（一）新型城镇化发展特点

与我国过去传统城镇化相比，新型城镇化的优势主要体现在：

(1) 在新型城镇化开始之际，全国城镇化率已在一定水平之上并处于新的阶段；(2) 在新型城镇化中更注重绿色和谐稳步，而过去则更注重经济快速增长及其发展速度；(3) 在新型城镇化中将生态环境与人居环境质量提高问题视为关键，致力于构建生态文明社会，解决传统粗放型城镇化发展模式所造成的环境污染严重和资源浪费面临枯竭的问题；(4) 新型城镇化是以人为本，注重在城镇化过程中人的同步化发展，其中包括配套基础设施、公共设施完善等方面，而过去则更倾向从事农业的乡村人口进城，而对城市人口的保障性重视不够；(5) 在新型城镇化中注重经济的绿色可持续化发展与科技文化、创新创业文化软实力的增强，而过去更强调工业化；(6) 在新型城镇化中更注重发展城乡一体化，而过去对城乡发展一体化的重视度明显不足。

总之，新型城镇化更强调绿色低碳、智慧共享、协调发展智慧城市，这也是党的十八大创新驱动战略的重要之举，有利于新型城镇化建设。

（二）新型城镇化所面临的问题及解决思路

根据新型城镇化概念提出的时代背景，以及环境与发展的逻辑关系，可以从人地关系矛盾、经济模式调整、社会发展方向、发展动力技术、空间地域设计、科学规划管理六个层面来总结当前新型城镇化所面对的六大问题。

（1）解决人地矛盾。关于人地关系矛盾，新型城镇化需要重点解决过去土地资源不足，适应城镇中的市民与土地之间的需求矛盾的问题。当前我们处在一个营造生态文明的时代，其要求是解决矛盾的人地关系，实现可持续发展，这是解决问题的核心思想，以资源、环境的可承载能力作为当前发展的前提是根本要求，不损害后代的发展利益，协调平衡好资源节约、环境友好与经济发展的相关关系是解决问题的出路。

（2）调整经济模式。因过去一味地追求经济发展而忽视环境问题所导致的资源浪费和环境污染严重的情况，我们需要改变以前的发展经济模式。转型后的工业化社会采取的是新型工业化战略，即生态文明发展模式，科技技术高且所占比重较高、资源利用率高且消耗低、环境污染范围小且影响小、经济效益得到提高、人才等资源充分因地制宜，生产交换与流通消费的实现全过程化是其最显著的特征，其追求的是循环、绿色、低碳化的发展目标。

（3）完善动力技术。当多元信息普遍渗透到各个领域的各方面社会生活中时，它可以为城乡一体化发展提供新的强有力的动力，同时循序渐进地改变人们的学习生活工作方式，以前的互动模式更加完善，并创建出相对应的模式和机制。互联网的运用突破了城市市民的等级分化结构，并为城镇的市民就业、物流、信息化提供了更好的平台，建设智慧城市是新型城镇的一种新模式，为城镇发展提供了发展动力和创新技术。

（4）提高效率与公平。实现效率与公平共进，建造包容、共享与发展的社会氛围，缩小社会不同阶层之间的贫富差异与地位分化是一直亟待解决的问题。核心思想是以人为本，健全和完善多渠道全方位的双方交流，不断改善民主法制相关法律等方式，提高公平度，加快效率，推动宜居城市建设与和谐社会的发展。

（5）发展地域合作。地域间交流的局限及发展体系的不平衡在当今空间地域全球化时代被打破，如今地域合作发展成了全球各方的诉求，其本质特征是发展一体化，出路是通过全球互动促进国际一体化，通过城市集群实现区域一体化，通过城乡统筹实现城乡一体化。

(6) 增强综合学科。加强学科之间发展的联系程度，共同指导现实生活中的问题是创造宜居环境时代的基础。从系统论的方向来看，学科之间的相互融合，促进新型城镇化理论体系的形成，在现实生活中急切需要建设智慧高效的管理体系，其建设可以从构建生态城乡学、新能源城市规划建设理论等方向来考虑。推进智慧城市建设有利于加快城镇化建设，有利于促进产业转型改造、促进生产节能减排，促进转型经济发展的方式模式；有利于开发发展和培育战略性新兴产业，加快找到经济新增长点和形成新的核心竞争力；有利于提前进入新的产业革命。因此，城镇化最后必然会选择智慧城市建设这一方向。我国正处于并将长期处于社会主义初级阶段，该阶段建设智慧城市，可以正向促进城镇化特色发展，引导形成一种新的可持续发展的城市模式。

(三) 智慧城市对新型城镇化的内涵与质量提升作用

新型城镇化内涵是：市民可以安居乐业，生态环境更加美好，经济发展模式变得健康，社会保障发展全面，具有鲜明的城乡特色，基础设备不断完善，社会氛围和谐安康。新型城镇化将全面贯彻创新、协调、绿色、开放、共享的国家新时期发展理念。

作用一：城市资源的合理利用与配置，城镇的智慧有效统筹，从而改善城市环境，传承和创新城市文化，进而开创新的城镇化模式。以人为本是基础，实现统筹兼顾，新兴产业提供动力，全面提高城镇化水平和提升有效质量程度，坚持城乡统筹、生态宜居、社会和谐的发展理念。

作用二：指导思想的准确确立，建立保障运行质量的架构体系，创造资源成本使用较低的生命周期，构建人与环境的和谐关系，以科学规划来确保运行的服务水平。其本质是以知识与创新推动社会的经济发展，确保生态平衡，确保高质量发展，促进建设绿色经济体系与文明社会。

(四) 新型城镇化进程中智慧城市的特征

(1) 基于透彻感知的物联化。智慧城市的透彻感知体现在：一方面智慧城市运用物联网的感知技术手段，先进技术的感知力相对传统的来说都要强一些，如当今的人脸识别监控摄像、高清美图的数码相机和手机、准确 GPS 定位等，同时还包括智慧化的设备和系统无论何时何地均可感知、测量和准确地传递信息；另一方面，可以感知更加丰满的客体，如人的血压高低、公司财务数据真假的变化等。而物联化则是在原本的理论技术基础上加上物联网相关理论和技术，优化升级城市里一部分可执行的公共设施、技术，从而在城市核心系统实施感测方面具有先进、互联和智能三大特征。

（2）全面的互联互通。通信网络工具具有高速、高宽带、种类繁多的特征，其将物联化的信息相互通联，可以实现多方同时共享信息。在智慧城市建设系统中，主要核心部分是物联网和互联网系统，将数据及时准确的收集和整合是城市的核心系统运营图的形成过程，同时运营图可以实时监控城市运营情况和自然环境、城市之间参与者的动态，以全局的思维来分析制定相关问题的方案，同时分析高度和协作广度得到提高，城市运营的方式也发生了改变。

（3）全面升级的智能化。智慧城市采用最科学的云计算和数据挖掘等数据处理技术手段，可以跨行业、跨公司职能部门甚至是跨时间和地域来进行综合分析数据，在特定的场景下，采取特定的知识来制订相对应的方案，从而解决特定的问题，有利于政策开展与行动的进行。

（4）系统运作和激励创新。政府、企业、各种组织和个人都与城市系统有着密不可分的关系，而智慧城市的建设在一定程度上改变了这种关系，将传统单一纬度的“生产—消费”“管理—被管理”“计划—执行”模式转型为多维度有创新能力的协作关系，在完善基础设施的智能化以后，城市系统运作将达到其最佳状态。建设的智慧城市不仅为政府、企业和个人提供了智能化的基础设施，而且激励促进其进行在科技方面的创新应用，为城市发展提供源源不断的发展动力。

（五）新型城镇化进程中智慧城市建设的可持续性内涵

1. 促进转变城市化模式

在我国经济增长过程中，城市化是重要的一环。如今城市化发展迅速，是以传统模式下基础设施的大量建设、大量土地不合理的占用、自然资源的过度浪费、能源无规划的消耗、建筑不妥当的大量拆迁和重建以及严重破坏环境为代价的。现在这种“粗放型”“不顾忌式”的城市化模式所带来的不良后果产生，甚至导致有些城市承受能力达到极限无法继续发展，而急需改善。

北京市，在2009年年底常住人口近2000万，而98%的能源需从其他地方调入，交通堵塞、环境污染等问题突出。依据传统的模式，进行道路进一步扩宽、基础设施加大建设，但其措施的效果在逐渐递减。在水资源方面，2008年我国北方开采了45%的地表水和38.7%的地下水，城市水资源出现极度紧缺情况。而水资源的供不应求，不单单是因为自然界供应不足，最重要的原因还是人为因素，如水资源规划不合理、管道管线的长期滴漏、利用不适当等。截至2008年，我国城镇人口为6.07亿，乡村人口为7.21亿，根据一般估算，在未来时间里中，城镇人口每年将增加3000万，将有3亿~4亿人涌入城市，出现约8个人口超千万的超级城市。与此同时，二三线城市发展迅速，“城市群”逐步崛起。我国城市发展模式需要尽快进行转型，从粗放到节约，从外延到内涵，提高资源利用率和生态文明环境建设。智慧城市系统，从整体规划、系统综合运行到具体智慧服务，以整合、节约资源和创造宜居生活为宗旨，将成为我国城市发展模式转型的重要平台。

2. 政府提供公共服务能力提高

智慧城市建设推进了信息化建设，其中，政府从以前的“电子政府”转变成“整合政府”“服务性政府”，最终实现“智慧政府”，从而加强了政府的公共服务能力。

（1）高效率低成本。在新城镇化环境下的智慧城市建设，各部门之间行政资源根据信息化同步开展行政业务，行政资源使用效率达到最大化；能够实时准确反映在城市管理和公共安全方面问题的基础业务达到成本最小化。

（2）深化公共服务层次。在智慧城市建设中，智慧服务所拥有的公共服务可根据原有的高层次细化的公共服务进行相对应的量身订制。

（3）推进转变政府职能。之前是“管理与被管理”式政府服务，智慧城市中的具有人文关怀的服务，更易为管理者和被管理者营造一份非常友好、可以随时互动的关系状态，最终推进政府职能从源头上转型。

3. 有利于变革城市治理模式

建设智慧城市有助于城市治理模式的转型变革，体现了公共行政改革实践的基本价值取向。

（1）公开化公共权力。互联网与物联化的相互通联，实现了共享城市公共管理的信息，从而使公共权力的决策和使用不得滥用，城市治理结构扁平化，这有助于实现新公共管理的相关要求。

（2）城市管理拥有“自治”特征。以往的城市管理模式是“他治”，政府发号施令，市民组织服从命令，在最大程度上削弱了人民在管理方面的积极主动性。而在智慧城市系统中，城市管理由“他治”转变成“自治”，例如，上班族或者其他出行者可提前根据智慧城市系统提供的交通拥堵情况和停车位空闲情况，由他们自行决定是否出行以及如何出行的问题，在这样的情境下，他们自己主动做出不开车进入拥堵地段的决策是极有可能的，于是每个人都“变相”维护了良好的交通秩序。这种选择方式明显要比已经实行的“尾号限行”行政方式的执行力度更加有效。智慧城市的自治制度让被管理者可以自主选择如何实行和符合行政命令方式方法，从而达到自我管理的效果。由此，公共服务的模式转型为政府主持、公民自治的模式。

（3）改变城市管理中心主义的主体。智慧城市中的公共管理要求“主体中心主义”转型为“客体中心主义”，这种转型符合国家发展需求。由此，在智慧城市中，市政局也从发号施令的官僚机构转型成为以人为本、尊重“顾客”满意度的服务者。

4. 促进城市经济的发展

从粗放式的城市化建设转化到智慧化城市建设，智能化与系统化对城市经济将起到较大的促进作用。

（1）智慧城市建设中开拓和发现新的经济增长点。智慧城市建设中智慧化需要依靠先进的物联网、数据处理、传感网与互联网更新、计算技术的研发与应用等技术手段，这样会形成高科技密集产业链，从而成为新的经济增长点，推进产业升级，对相关产业带动极强。

（2）提升城市经济发展的质量。智慧城市建设使城市管理系统与创造财富活动得以升级换代，同时使城市经济逐步转型为创新性经济和知识型经济，从而提升城市经济发展的质量，达到低耗、高效、可持续发展的目的。

（3）激励投资、促进就业。民营投资将顺应政策得到大量政府采购等业务机会，从而推进民营投资产业结构的升级改造；智慧城市下普遍的基础设施和服务以及高效的公共服务水平，为民营企业营造了一个良好的市场环境；创新后的城市管理模式缓解了民用资本与政府之间的关系，并同步稳定优化我国民营资本的投资创业与发展环境。当今就业形势严峻，激励民营投资会提供更多的就业岗位与就业新领域，具有重大现实意义。

（六）新型城镇化进程中智慧城市建设的可持续规律

智慧城市建设可以从以下几个维度来体现可持续性。

（1）空间维度。智慧城市中的空间建设实现了城市不同地区的协同与统筹发展，其功能结构得以整体优化，实现了在空间上的可持续发展。利用新兴技术，实现人、空间、环境的协调和发展一体化，促进资源合理利用和资源配置的公平性，营造维护社会公平公正的氛围。建设智慧城市可以创新城市技术，提高城市的创新发展能力和运行效率，从而实现城市生态、协调、公平和可持续发展。

（2）生态低碳维度。智能应用和智慧经济发展大大降低了能源消耗与资源浪费，从而促进了生态、低碳经济的发展。以智慧城市的创新技术系统提升为依托，推动城市基础设施完善与改进，社会服务智能化，有利于能源资源的低消耗少浪费、提高生态环境质量、加强城市管理水平提升，有利于促进整体的社会服务质量、使效率得以提升到一个新的高度，有利于提高减少能源消耗和提高节约能源的效率，促进生态低碳，发展城市经济。通过先进技术来推进城市智慧化水平的提高，节约在社会管理与运行方面的相关成本，进而使整个社会的可持续发展水平得到提升。

（3）技术创新维度。城市智慧生态的可持续发展必须依靠创新技术，在智慧城市建设中运用的先进信息技术以及云计算等技术就是最好的体现，技术之间的融合、大数据平台的搭建，有助于创造在智慧城市环境下的创新技术支撑系统。

综上所述，城镇化不仅要快，而且要智慧。智慧城市的建设要做到差异定位，每个城市应根据自己的优势来制订智慧城市发展策略；市场的需求始终是城市发展的引导方向，运用智慧化手段推动建设智慧城市势在必行。技术层面的支撑，需要加强和坚定不移坚持创新技术和发展战略信息的产业，进一步促进智慧城市建设。长期以来存在的“孤岛”现象是智慧城市建设需要解决的关键问题之一，需要整合全社会的所有资源，需要突破分布治理，城市管理模式需要转型。

二、新型城镇化进程中湖南智慧城市建设的可持续性战略思想

（一）湖南省总体发展的SWOT分析

所谓SWOT分析，即针对内外部竞争环境和竞争条件下的态势分析，即将

与研究对象密切相关的各种主要的内部优势、劣势和外部的机会、威胁等，通过缜密调查列举出来，并依照矩阵的形式排列，然后用系统分析的思想，把各种因素相互匹配起来加以分析，并从中得出有益的结论。

S（strengths）是优势，W（weaknesses）是劣势；O（opportunities）是机会，T（threats）是威胁。运用这种方法，可以对研究对象所处的情景进行全面、系统、准确的研究，从而根据研究结果制定相应的发展战略、计划以及对策等。如表 6－1 所示湖南城镇化的 SWOT 分析。

表 6－1　　　　湖南城镇化 SWOT 分析

	利用	改善	
优势	• 具有相对区位和交通优势	• 与全国和相邻地区差距大	劣势
	• 特色民族文化多样化	• 市场发展环境急需改善	
	• 自然资源密集丰富	• 经济结构性矛盾依然突出	
	• 新能源崛起	• 生态环境脆弱（土地、水等）	
	• 民风淳朴，吃苦耐劳，拥有艰苦奋斗的精神	• 城镇体系结构矛盾突出	
		• 发展模式粗放，效益不高	
	• 群众对改革适应性强	• 城镇化滞后工业化	
	• 气候光热条件良好	• 资金不足与人次外流并存	
	监视	消除	
机遇	• 国家新政策的支持与推动	• 生态环境不断恶化	威胁
	• 中部大开发的区域效应	• 资源利用率不高	
	• 经济全球化和区域一体化促进	• 城市内外交通发展不足	
	• 国家重视中部经济带带动	• 周边省份快速发展	
	• 新型城镇化模式促进城乡一技术产业发展	• 传统产业优势不断丧失，高新技术产业发展	
	• 国家重大能源项目建设、内陆河流域保护与治理等工程	• 教育资源分散，教育水平不高	
	• 工业化与城镇化关键时期	• 城乡二元结构矛盾突出	

（二）湖南省智慧城市建设成效

从 2010 年 8 月开始，湖南开始实施“数字湖南”战略，推进和加快湖南智慧城市的建设，先后确立了湘潭、岳阳、常德、株洲、怀化等地为实验的智慧城市。其中，被列入建设部国家级智慧城市试点的有长沙河西的“智慧梅溪湖”、岳阳“智慧岳阳楼”等项目。在建设期间，湘潭市努力将其打造成光网城市、无线城市，并建设“三网”融合试点体系，获批国家下一代互联网示范城市和宽带中国示范城市。电子政务和党政工作专网平台完成搭建，初步实现了从市到村的纵横向双向贯通覆盖。一套全程的标准体系、一套共用的基础设施、一个统一的运行指挥中心、一套通用的功能平台、一套全时的安全体系，再加N个应用系统，形成了“5+N”智慧城市总体框架。怀化依靠信息资源的共享管理平台，整合全市50多个部门的300余条行政审批事项，创新了“一站式”服务模式。

截至2016年年底，智慧怀化相关建设项目共计投入1.7947亿元。依托网格化管理的株洲“数字城管”，最大化地提升了城市管理能效。

同时，湖南先后出台了《湖南省加快推进“互联网+政务服务”工作实施方案》《数字湖南建设纲要》《数字湖南规划（2011~2015年）》《湖南省软件和信息服务业发展规划（2016~2020年）》《湖南省移动互联网产业发展规划》（2014~2018年）》《湖南省电子信息制造业“十三五”发展规划》等政策文件和规划，设立了“1+13”省级两化融合试验区。2017年11月22日，省政府出台了《关于印发〈湖南省政务信息资源共享管理办法（试行）〉》的通知（湘政发〔2017〕34号），使政务信息资源共享逐步走上正轨。

（三）湖南省智慧城市建设所存在问题

（1）智慧城市建设等同于城市信息化。目前仍存在市民对智慧城市概念认识模糊的现象，少数市民并不了解和知道智慧城市是什么。同时政府、企业和研究机构等一些专业研究人士也未全面理解智慧城市的内涵，简单地将智慧城市建设与建设健全的城市相对等，这对于湖南城市智慧建设是存在弊端的。

（2）硬件和应用软件开发间的互相割裂。通常将智慧城市建设等同于网络构建，热衷于构建云存储和云计算中心，且由于高新科技产业对于智慧城市在硬件设施方面的开发力度不够，使许多硬件建设无法在投入后发挥其最大化的效益，这对于智慧城市建设的可持续性直接带来不利影响。

（3）数据采集与共享平台搭建相分离。通过政府部门积累大量统计数据，这些数据平台完全可以支持智慧城市建设，但由于部门之间的利益冲突问题，致使各个部门不愿意主动自觉地将自己已有的数据分享出来公用，这样一来城市统一数据的平台就难以建设，或者建设后也使用甚少，在一定程度上制约了智慧城市的建设。

（4）技术研发与人文内涵建构相对立。同样存在一些地方政府部门认为智慧城市建设归属于技术领域，对于人文社会科学方面的重视度严重不够，同时忽视了以人为本的指导理念，智慧城市的建设离不开艺术和社会科学，以人为本理念的缺失直接制约着智慧城市的建设。

（5）政府监管与市场监管相互矛盾。在智慧城市建设初期通过政府制定相关政策来利用好政府这只“有形的手”，指导人们参与和进行顶层设计，制定相对应的规则进行市场项目建设是必然选择，但在后期阶段，企业可以参与建设一些项目，招商引资，发挥市场经济的自我调控，稳定智慧城市建设的可持续性和发展性。

（6）顶层设计与项目建设分开。智慧城市建设是一项系统工程，需要一套严格的流程和系统规划。首先要做好顶层设计，然后分别进行施工和运营。由于当下智慧城市的建设缺乏统一的顶层设计，因此导致现有智慧城市建设往往采取的是单打独斗的建设，相关部门以及城市之间交流甚少，如智慧交通、智慧购物的建设等方面，对应负责的各部门之间的协调整合力度很低，易于出现单片化倾向，导致智慧城市建设呈现出来的整体效果欠佳。

（四）湖南省智慧城市建设与发展思路

针对湖南智慧城市建设现状与发展趋势，我们提出湖南智慧城市建设与发展的基本思路。

（1）坚持政府监管与市场监管相结合。政府负责大规模资金投入的公共基础设施建设，其他智慧城市建设需要的部分资金可以引入社会资本，实现政府与市场并举。

（2）多重学科共同发展。顾名思义，智慧作为智慧城市建设的核心，自然包含所有需要运用的知识领域，不仅包括自然科学和工程技术，也包括人文社会科学和艺术。

（3）坚持硬件建设的同时研发应用软件。硬件设施主要覆盖于数据采集和配套建设之中，一次性建设完毕较为适宜。软件开发主要应用于数据分析、决策模拟部分，其建设可以根据当地硬件设施情况进行针对性建设。

（4）信息共享与隐私保护并行。智慧城市发展的基础之一是信息数据的整合有效处理，同时信息安全也是制约数据共享的主要矛盾。绝大部分的公共部门出于对信息安全与保密的问题的考量，会采取封锁公共信息的手段，导致在进行智慧城市规划、建设和管理时难以把握中心问题是什么的现象。但是，依法对个人隐私信息进行保护是合乎情理的。

同时，智慧城市包括环境、经济、社会、管理四个维度，以及以ICT为核心的一系列的基础设施，这是连接智慧城市其他要素的基础平台。与这四个维度相对应，智慧城市的可持续发展取决于以下四个方面：

（1）环境：保护现在和未来环境，以及需要具备自然资源可再生的能力。城市的建设和运营必须坚持可持续发展的理念。

（2）经济：持续稳定提高居民收入水平和提高居民就业机会的能力。与此同时，智慧城市需要具备为居民们提供大量的工作岗位和维持经济持续发展的能力。

（3）社会：社会需要保证公平性，确保城市中不同阶层、不论男女，都能在五险一金、教育、竞争等方面享有同等的权利和福利，智慧城市必须为以人为本。

（4）管理：贯彻以人为本的核心，积极维护社会稳定、民主、公正。城市必须持续保持健康的监管机制和统筹多方的能力。

三、新型城镇化进程中湖南智慧城市建设的可持续性模式构建

从全局来看，湖南通过对城市发展的内部规律进行系统研究和梳理，结合对城市运行采集的数据，得出智慧城市可持续发展建设的模式，再将多种决策采用GIS等软件和评估系统对区块进行仿真分析，最后得出适合每个区块最优的建设管理决策，从而达到真正的实事求是、可持续发展的目标。其具体可分为以下4个层面：

（1）数据采集与数据库建设。通过互联共享的泛在网系统获取对城市数据的监测采集以作为整个模型建立的基础，其完备性、可靠程度与精细程度将直接影响模型拟真分析的效果。智能城市发展模型基于对获取的数据进行分析，充分结合泛在网、物联网等信息技术，针对城市居民各种行为采集以下数据，如交通数据、医疗数据、饮食数据等；客观数据采集包括环境气象数据、视频监控数据、能源设施等。各部门构建数据互联互通平台，通过共享和交换，促进相互间的数据流通，将信息分门别类，编制系统高效的数据库。通过

对各个数据进行分类、组织和管理，然后在模型中分析城市问题，为后续的决策和仿真模拟提供数据支持。需要指出的是，在挖掘城市运行动态实时数据的同时，该模型还需要对静态历史数据（包括统计数据）进行分析，综合其特点和优势，以便更好地服务于空间规划决策。

（2）管理决策与量评标准建设。建立起对接城市要素数据运行系统的城市要素运行模型库，做到数据与系统匹配，决策与资源结合，从城市公共安全、交通管理、社区发展、资源利用等八个方面建立子模型，对城市运行问题进行梳理与综合分析，该子模型简化了对各单元系统运行状态的模拟。具体来说，首先要建立一套城市要素运行状况的定量评价标准，通过对各要素运行过程的分解和细分，选择合适的定量分析模型，并将其有机地整合起来；然后依靠大量的城市运行数据为支撑，充分考虑模型运行过程中的影响因素。通过多次重复运算，拟合优化模型最终实现城市系统运行的精确反演和精细模拟。同时根据城市公共服务、运行效率、社会治理和生态环境四个方面，将城市运行问题分解为四个方面的子问题，进行现象模拟和问题重现，并采用空间分析、相关分析等方法提出解决方案，最终通过梳理问题的逻辑，综合各行业的专家意见，将解决方案有机整合，形成最终的综合方案。城市系统运行中存在的问题往往是多种因素综合力影响的结果。在智能城市海量数据的支持下，通过模型仿真和专家决策，对问题进行分类、分解、量化分析和有机集成，为解决复杂城市问题提供了可行的工作路径。

（3）政策模拟，对比实施机制建立。在收集、存储和分析城市运行数据的基础上，利用 GIS 可视化和虚拟现实技术，对城市空间发展的模拟与决策进行评价，对城市空间要素的运行状况进行模拟，并将规模、强度和人口密度等要素结合起来，为城市土地、建筑工程、能源、食品、技术、社会服务等因素的优化配置提供决策支持。与城市人口、社会、经济等各个方面的信息交互作用，有效地还原城市真实形态，模拟和比较各种方案中城市的发展趋势，为规划者提供信息服务，同时对不同城市开展政策的实施，对其影响进行模拟。根据模拟结果，评价城市发展政策的优缺点，从城市可持续发展的角度，干预城市内在运行机制和发展政策，增强城市协调发展能力，提升城市协调发展能力、城市规划与管理决策的科学性。

（4）空间发展规划体系建立。智慧城市空间规划作为城市可持续发展目标空间落实的核心环节，也决定了智慧城市发展的每一个目标最终都须通过对空间资源的分配与布局去实现。城市空间发展规划体系的构建目标也是基于对城市经济与社会发展战略目标的构建与落实，通过适度的城市规模、合理的城市布局与良好的城市环境来提升城市质量与居民的幸福感，从而增强城市功能，促进城市社会经济的全面协调发展，这一点与城市可持续发展的理念不谋而合。此外，智慧城市的建设也催生了一大批以海量数据挖掘为基础的城市空间研究方法的出现。传统的以城市人口、经济、环境等历史统计数据分析为基础的城市空间规划也面临着数据来源与研究架构的革新。总的来说，智慧城市空间规划体系是在对城市海量运行数据挖掘分析的基础上，通过对城市问题的深度分析与城市空间发展情况做动态模拟，充分利用舆情分析、统计分析、空间分析、系统分析等方法，对城市用地布局进行优化调整，并对城市资源进行动态配置。具体来说：①在空间发展战略制定方面，通过对城市各要素发展状况的实时跟踪和动态预测，推测城市发展的大致方向与总体定位；②在空间发展现状评价方面，通过构建评价指标体系配合对城市空间发展政策的有效评估，从而实现对城市发展质量的动态评价；③在空间发展规模预测方面，通过对城市人口与用地规模数据的及时更新，从而提高城市空间发展规模的预测进度；④在空间发展协调布局方面，通过对不同场景下城市资源配置与用地结构布局可能的情景进行精细模拟，进而为规划编制人员进行决策分析提供有效参考。

智慧城市可持续发展结构如图 6－1 所示。

四、新型城镇化进程中湖南智慧城市建设的可持续性实现策略

“推式—拉式—网络”（push-pull-networking）三个阶段是智慧城市建设的必经之路，其中，推式阶段以提升政府工作透明度，增强公信力为特征；拉式阶段主要以市民主动参与为特征；网络阶段以市民共同解决问题和创新为特征。据此逻辑，智慧城市建设的建设内容应经历项目设施建设、管理制度建设和维护创新三个阶段，市民全程参与此三阶段任务是智慧城市建设的基础支撑。这三个阶段在城市大系统这个“面”上可能会存在交叉情况，但对于城市系统中某个子系统这个“点”，则必须按照这种逻辑顺序来建设。

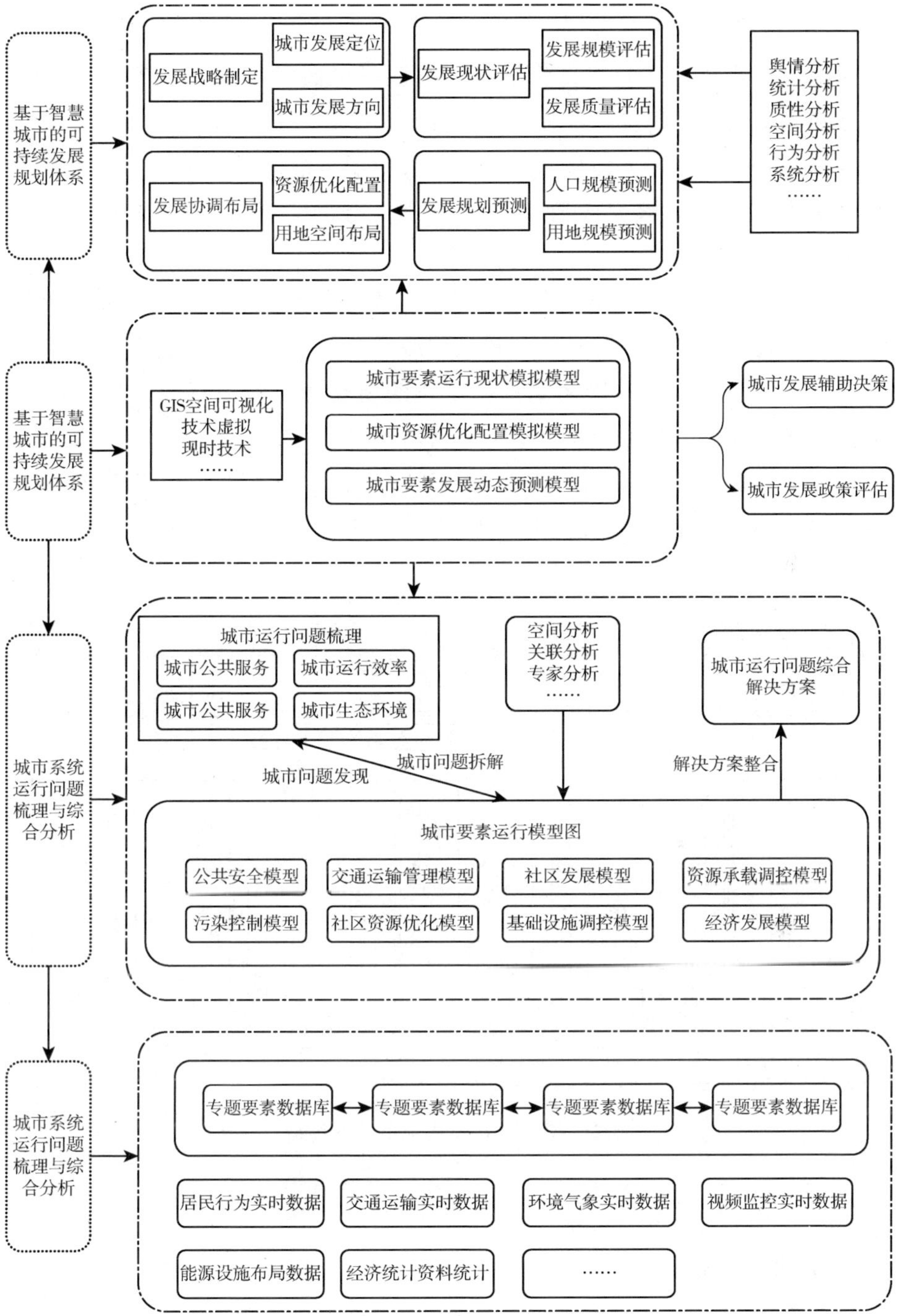

图6-1　智慧城市可持续发展结构模式

（一）项目设施建设

湖南省智慧城市 PPP 项目建设包括基础设施建设部分、各产业智慧化建设部分和信息化应用建设三部分。以三部分为主体，执行项目构建过程包含确认、准备、采购、实施、转移五个过程。相对于传统的融资模式，PPP 模式将社会资本引入，有效减少政府风险的负担，有助于提高项目的质量与建设效率。

在 PPP 模式下，政府与社会资本“利益共享，风险共担”，能达到减少负担、降低风险、提高效率的目的。根据财政部第三批政府和社会资本合作收费项目分析报告显示，湖南省 PPP 示范项目的项目数量与投资规模均呈现高速增长的趋势：数量由 9 个增长至 27 个，投资规模由 229 亿元增长至 482 亿元。这表明 PPP 项目在湖南省被关注度逐渐提高，社会资本参与到 PPP 项目建设的意愿逐渐增强，这也正是湖南省智慧城市建设的强大推动力，如图 6－2 所示。

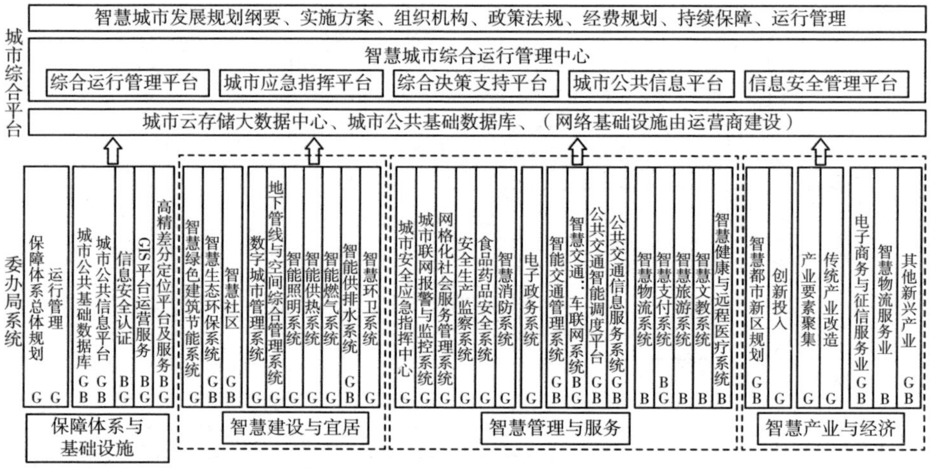

注：G 表示由政府投资，我方协助融资建设项目；B 表示我方可投资建设运营项目

图 6－2　PPP 模式项目共建结构

（二）管理制度建设

1. 数据安全管理制度

（1）统筹顶层设计指导。顶层设计作为智慧城市科学、系统、安全建设的前期行动计划，对于指导和协调解决智慧城市的建设、管理和使用有着至关

重要的作用。智能城市大数据安全应从系统安全入手，科学预测和统筹思考智慧城市建设和运营过程中可能涉及的数据安全问题，运用系统思维制订相应的安全方案。一方面，应在国家层面建立标准化的安全管理体系，在吸收和总结智慧城市大数据安全管理经验的基础上，不断完善各项技术标准和操作规程，自上而下进行总体布局和规划；另一方面，应建立和完善一大批智慧城市，按照安全保证管理制度，通过各级安全组织和监督机构的完善，明确职责分工，做到统一领导、合理分工，在监督下开展合作，确保安全生产顺利进行。在实践中不断完善管理体系，逐步形成有效的管理战略。

（2）构建可靠保障机制。保障智慧城市大数据安全是一项系统的、重要的工程，涉及用户隐私、软硬件可靠性、数据安全保密等多方面因素。为了应对各种因素造成的安全风险，需要建立一套可靠的数据安全保障机制。第一，要建立大数据安全宣传教育机制，通过宣传教育，引导全员参与，提高用户的信息安全自我保护能力；第二，建立大数据安全系统的保障机制，建立科学规范的规章制度，加强管理和职责落实政策，真正确保大数据信息安全；第三，建立大数据安全技术保障机制，通过技术研发和应用，增强抵御大数据风险的能力；第四，建立大数据安全风险控制机制，对大数据风险事件进行监测和预警，制定安全应急预案，确保信息安全事件第一时间得到解决；第五，建立检查监督机制，通过定期检查和评估，确保各项安全制度的落实，及时发现智慧城市运行中的大数据安全风险，做好监督和处置工作。

（3）加强技术保障支撑。新技术的应用是一把“双刃剑”，不仅给大数据的安全带来风险，同时也对大数据的安全起到了护卫作用。在智能城市大数据安全保障中，要不断加大高新技术的研发力度，运用技术手段为大数据设置安全屏障。在智能城市系统运行中，应制订合理有效的安全策略；应根据用户需求和系统需求制订策略，以确保整体数量；应善于运用大数据技术，完善数据安全保护体系，通过人工智能技术结合对应的数据挖掘引擎，从浩如烟海的数据中挖掘出黑客攻击、非法操作以及内外部威胁源等安全相关事件，并及时进行警报。

（4）做好安全教育引导。公民往往是大数据安全保护中最薄弱的环节。在现实生活中，一些公民的安全意识较弱，缺乏安全意识，缺乏自我保护技能。因此，政府部门应该加强数据安全知识的宣传教育，各级人员的保密意识和常识可以有效地加强，让每个人都知道和实践智能城市的信息安全。政府部门要把公民安全教育提升到城市发展规划的战略层次，制定和实施国家信息安全教育规划，明确信息安全教育的目标和任务，形成健全的教育引导体系，不断提高公民的信息安全素养。此外，积极利用先进技术，通过数据挖掘和分析，将相关信息安全知识推向社会，实现安全教育资源的精准化和个性化也是一大趋势。

2. 公共信息管理制度

（1）统筹运行管理。信息化已经渗透到社会的各个领域。在社会公共领域，政府应加强信息技术建设，其他社会力量和利益集团应在政府的指导下积极参与信息化建设的进程。在电子政务建设过程中，要贯彻“四个统一、一种分类”的原则。“四统一”是指组织管理的统一、互联网平台的统一、规范标准的统一、安全措施的统一；“一种分类”是责任分类、促进经济增长和促进发展。在政府领导小组的统一协调部署下，推进电子政务系统建设，应全面贯彻“四个统一，一种分类”原则，明确转型方案。各职能部门应根据转型计划构建不同的信息应用系统，最终为平台建设和开发提供数据支持。其中应注意应用系统的维护和改进，必要时应设立保密信息中心。政府授权的第三方组织有权统一管理和维护系统，如有必要，可以将非保密内容外包出去，以促进区域信息转化的进程。

（2）平台建设责任分级。信息化的纵向发展应当从经济价值高、基础条件充足、社会影响大的重点项目着手；关注境内外信息化建设实施方案的变化，并及时加以分析和研究；遵循政府统一安排，为建设诚信体系提供坚实的后备力量。从城市基本情况出发，制定符合当前状况的工作规划，具体包括：一个基础：加大对信息产业的支持和培育力度，改善本市产业结构；三个系统：以政务信息系统、企业信息服务系统、基础地理信息系统为主。六个应用：涵盖社会保障、社会诚信、社区、港口物流、教育、医疗卫生等系统。

（3）建立平台监管体系，加速反应，提高应急能力。必须明确并执行配套的信息安全保障措施，如信息安全措施、容灾备份、电子商务认证等。构建电子商务认证中心必然增加资金投入，因此可以通过灵活的方式予以实现。通过持卡认证来代替电子商务认证，可降低资金消耗。注重设置容灾备份，向重点企业和关键信息系统提供备份服务，主要方式包括提供信息存储载体、在线信息、在线系统。平台的顺利运行和可持续发展离不开配套的监督管理体系。结合平台自身的技术特征，遵循系统安全等级维护要求，构建完善的信息安全防护体系至关重要，其具有防范入侵、防范病毒、信息保密、控制访问、弥补漏洞等功能，避免平台遭受恶意入侵，防止信息被泄漏和盗取。总之，构建配套监督管理体系的意义在于：能够对部门间、行业间、系统间的信息汇总和业务协作中存在的安全风险予以防范，采用多种安全保障措施，做到事先防范、实施检测、及时解决。

（4）加强信息安全宣传和人才培养。首先，应普及信息平台安全使用。重视信息化推广，提高群众的信息化水平。加强乡镇电子政务宣传，提高平台用户访问率。积极开展各类科学素质建设活动，组织和安排农村居民参与智慧化建设科普知识讲座。另外，充分运用公众宣传媒介，多频次组织城乡电子科学知识普及活动。同时，广泛展开智慧化建设普及讲坛，增强智慧城市建设认可度、提高公众素养。加强对系统操作人员的培训，提升其操作能力；构建和执行网上审批考核稽查机制；提高推广和宣传的力度，支持公众通过互联网申办项目。其次，应加强技术人才的培养。从本质上来讲，公共信息资源管理部门具有开放化的特点，这是由其职能定位和反馈机制所决定的，一方面要加强与外界的交流；另一方面要保证信息资源服务的质量，保证信息的准确性、全面性和鲜活性。为了完善服务、提高服务能力和服务质量，应创建出科学的信息反馈机制，公共信息资源管理部门的作用是将系统输出信息的功效进行反馈，并分析反馈结果，进一步重新组织，有助于提升政府职能的发挥。在信息技术快速发展的背景下，公共事业在改革中迎来一次又一次的挑战，高素质、高知识的技术型人才成为时代所需。目前，我国因缺乏对公共信息资源的专业认识而在这方面远远落后于其他发达国家。在社会发展、时代进步的基础上为了满足新时代的要求，我们需要依托高校，向社会提供以公共信息资源管理和信息技术应用为核心的培训项目，认真考虑公共信息基本理念和基本规律，确定专业设置，为社会输送适应性强、层次高、知识高的专业管理人才。

3. 维护创新

城市市民基于智慧城市提供的公共平台进行信息交流和知识创新，有助于推动智慧城市升级发展，这也是智慧城市建设绩效决定阶段。根据市民提供的数据信息，应进行对应的维护，回归到“以人为本”的核心理念（见图6-3）。

智慧城市建设的动力来自人类对城市治理和可持续发展的认识。在此之后，城市管理者将根据ICT技术的成熟程度和城市的实际需求来确定智慧城市建设的顺序。从某种意义上说，智慧城市建设应该是一个分级推进的模式。相关部门应利用新一代ICT，特别是移动互联技术，从需求确定、方案规划、项

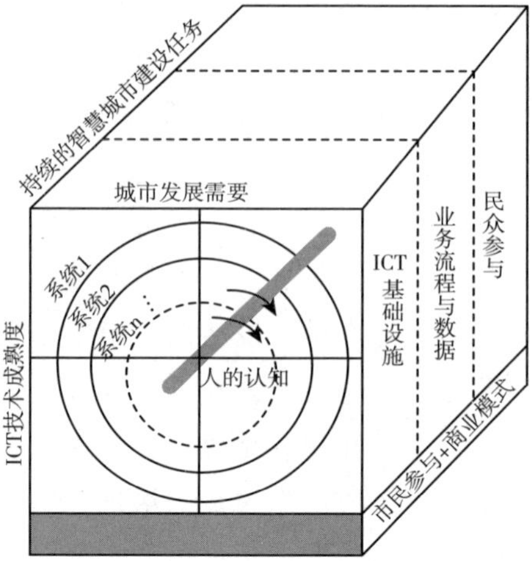

图6-3　以“人”为核心的智慧城市建设图

目建设、制度转型、开放创新等方面，吸引市民参与智慧城市建设的全过程。以交通拥堵为例，当交通已经成为影响公民生活的重要痛点时，相关部门应根据当时城市的 ICT 技术水平和实际情况来决定智能交通建设的需求。确定建设要求后，第一步是建设相关基础设施。这些是数据采集的物理支持，如地磁感应设施、公共交通 GPS 设施、交通引导设施等。同时，还需要开发一些配套软件。确定 ICT 基础设施建设方案后，需要规范来自系统的数据，如政府级、公共安全、移动等强制数据共享，以及涉及这些数据的脱敏解密系统。两个阶段完成后，最后一个阶段是应用推广和创新阶段，这直接决定了智慧城市建设的绩效。公民的深入应用不仅可以解决所面临的问题，而且可以促进应用的升级和创新。因此，在这项研究中提出的“共同创造”是建立吸收公民的智能城市参与机制，在整个生产过程中，改变公民的角色从传统的“消费者”到“产消者”，这也将有助于解决存在严重同质性问题的中国现阶段智能城市建设。

五、智慧城市助推生态文明建设

（一）智慧城市与生态文明内涵

我国不断加速的城镇化和城市化进程，在一定程度上促进了城市经济的发展；与此同时，也出现了因人口快速大量聚集所带来的诸多问题，城市中出现了诸如交通拥堵、环境破坏、资源不足、资源闲置浪费等问题，严重影响着城市的进一步发展。在这一环境下，以大数据、物联网和云计算为基础的智慧城市应运而生，智慧城市通过收集、整理、传递、交流城市信息来提高城市对于环境变化的反应和应对能力，提升城市反应的敏捷程度。在信息化与城镇化协同发展以及深度融合而出现的智慧城市，把之前城市之间、城市内部分散的信息化进行系统化整合，进而为市民营造一个高效智能生态的生活环境，也提高了政府的协调和调控能力。我国最新推出智慧城市试点名单，是在 2012 年原有基础上继续扩大试点范围，于 2013 年推出智慧城市技术和标准双试点相关政策，2014 年八部委印发《关于促进智慧城市健康发展的指导意见》，出台的一系列政策显示我国逐年加大对智慧城市建设和发展的力度。

城市建设为智慧化是继第三次科技革命后出现的信息化的再次全方面突破。当今世界城市发展的趋势是必须建设智慧化城市。建设生态文明的城市，需要先建设智慧化城市，才能更好地保护环境，有效利用资源，从而建设智慧生态城市。近年来，全世界人们一直在研究和探索城市发展状况和创新城市发展模式，建设“智慧城市”渐渐被各个国家所应用，被社会公众所了解、认可和支持。在追求生态文明城市建设的背景下，“智慧城市”应具备三大特征：针对城市生态要全面透彻感知和信息互联互通，针对城市管理要应用智能融合，针对城市生态文明发展要坚持可持续创新。

（1）针对城市生态要全面透彻感知和信息互联互通。智慧城市的重要技术之一是传感技术，城市生态方面的变化如果要进行全面检测和感知，则很有必要使用此项技术。具体来看，各种任意时间所需要感知的事物地点，智慧城市都需要装配感知设备和智慧化的系统，进而及时准确地智能识别、全方位地感知城市生态环境信息方面的任意变化，并对检测到的数据进行实时收集、分析、处理，然后与业务流程进行智能化集成，最后主动呈现相应识别出来的效果，促进城市各个系统高效有序的运行。

（2）针对城市管理要应用智能融合。当代城市生态形式多样化，将其建设好则需要准确高效的决策与管理支持。基于云计算的智慧城市，应用智能融合技术对城市生态的海量数据进行存储、计算与分析，并通过人的介入和引入综合集成法，最大化地加强决策支持能力，进一步推动“云”与“端”的结合，加快技术的融合发展，进而推动市民对城市管理的参与程度。

（3）针对城市生态文明发展要坚持可持续创新。城市建设以人为本、社会协同开放发展，创新以及创造新社会价值与独特价值使总价值增加。为市民设身处地考虑，站在市民的角度，利用微博、Living Lab、Fab Lab 等软件和采取感兴趣的方法来加强市民的参与度，积聚民众智慧，不断促进人思维观念创新和技术手段创新，有助于构建城市生态文明的形态和发展理念、发展模式和道路，实现可持续发展。

（4）保护城市生态环境成为全社会共识。我国城市的快速发展，全国人民生活水平普遍提高，随之而来的还有城市的过快和无序发展与膨胀所导致的一系列城市问题，包括城市环境污染、交通拥挤等，使市民的切身利益遭受巨大的威胁。近年来，城市的生态环境问题一直受到政府、学者以及社会的高度关注和重视，理论界与实务界均开始研究探讨这些问题，力求最有效最可行的各种解决方案。人们对美好生活环境的向往与追求从宏观、中观以及微观层面上都应形成对应的一套普遍认可且可复制性的生态策略。

（5）智慧城市是生态文明建设的主载体。新技术加速发展之时，智慧城市正逐步成为生态文明的主载体，承载着创新、生态、生产协同共进的职能。城市在以后的发展过程中必然向生态型城市发展，指导未来城市发展方向的则是建设生态文明体系的相关指标系统。在先进技术下的智慧城市，以新生活、新产业链和新生态环境为前提，实现城市的低碳化、经济化、智慧化相结合的目标，且三者之间并行不悖的有效发展途径更具有社会现实意义。如阿拉伯联合酋长国建设氢电厂利用氢气发电，捕获、运输产生的二氧化碳并注入油田，增加石油开采量等循环技术，推动城市资源零浪费、能源的零排放，从而构建生态环境友好型生态城市。

综上所述，云计算、大数据、物联网等先进信息技术是智慧城市建设的基础，并在此前提下构建生态文明友好型城市形态。在当今时代，利用物联网、云计算管理系统、云服务等技术，对城市建设的各个方面进行智慧化的感知识别分析与集成，以此来削弱政府在行使社会管理、经济调节和公共服务等职能时产生的缺陷，实现高度的集约化、信息化、智能化和数据化。我们应当建设的是低碳城市和智慧城市的多元综合体现代生态文明城市。在迅速发展的技术和可持续发展的前提下，提升技术创新和产业原创能力，构建新型的以生态文明为主载体的城市既是智慧城市的发展趋势，也是生态文明的必然要求。

（二）智慧城市建设下的生态文明内在需求验证

要运用智慧城市助推生态文明建设，事先就须验证和阐述说明生态与智慧两者之间存在的内在联系性。本章将从以下两个方面阐述这两者的关联性，一是自身内涵层面；二是技术应用层面。从这两个方面来阐述，并结合世界上较为成熟的智慧城市案例来验证智慧城市，助推良好生态文明建设以及生态与智慧两者之间的密切关联。

1. 生态与智慧在自身内涵层面的相关联系

对智慧的定义本章选择被世人所认可且比较具有权威性的解释来进行阐述。《现代汉语词典》中智慧的定义是分析判断、发明创造的能力。在现代使用频率最高的网络中的维基百科则将智慧的定义分为狭义与广义，其中狭义的智慧是高等生物所具有的一种基于神经器官高级的综合能力，包含有感知、知识、记忆、理解、联想、情感、逻辑、辨别、计算、分析、判断、文化、中庸、包容、决定等多种能力。智慧让人可以深刻地理解人、事、物、社会、宇宙、现状、过去、将来，拥有思考、分析、探求真理的能力。从相关参考文献对于智慧的理解，可以梳理出智慧特性的多个方面，包含能力、结构、系统、关系以及环境等多个方面（见表6－2）。对于智慧城市概念的提出，可以看出人类对于世界和未来的期许与想象，对于“智慧”总体来说拥有多重含义和广泛而丰富的理解。

表6－2　　智慧定义、特征及阐述

基于多角度下的智慧定义及阐释		智慧特征	智慧特征阐释
基于能力观	认识客观事物和解决问题的能力； 对未来的洞察力； 具有创造价值的能力	准确性 生产性 效率性 创造性 巧妙性 前瞻性 洞察力 自由性	效率，竞争力； 洞察力：于平凡中看到奇迹是智慧的永恒标志，智慧是能迅速看出事物的本来面目； 前瞻性：不仅能够明察眼前，还能预见未来；智慧是人的自由发展和达成自由境界的综合能力

续表

基于多角度下的智慧定义及阐释		智慧特征	智慧特征阐释
基于结构观	组织结构合理、运行程序优良、产生的功效较大。结构越合理，内耗越小功效越大，系统的智慧越高，反之越低	逻辑性 结构性 组织性 合理性	组织合理 运行高效
基于系统观	由智力体系与非智力体系、知识体系、方法与技能体系、观念与思想体系、审美与评价体系等多个子体系统构成的复杂系统	全面性 完整性	构成元素完整性
基于关系观	处理人与人、人与地、人与自然等关系时，最大限度地整合了竞争与共生（协调进化）的关系	整合性 平衡性 和谐性	向自然学习，生态关系和谐；自律性，考虑未来；智慧是若干物体所特有的那种容易而迅速把握各种事物及其相互关系的总的能力
基于环境观	以价值观为中介，运用智力、创造性和知识，在短期和长期之间通过平衡个人内部、人际间和个人外部的利益，从而更好地适应环境，塑造环境和选择环境	适应性 趋优性	适应环境，改善环境； 人的最高智慧就是适应环境和反抗外来威胁的本领
基于心理、艺术与美学观	智慧具有幸福内涵，智慧的特征是喜悦，欢愉，幸福，快乐，智慧具有美学内涵，智慧是一切美的源泉	内心的安宁与幸福；美学与艺术性	西方现代心理学与其五种经典智慧观；智慧是幸福的创造者，人的智慧是快乐的源泉； 只会最明显的标志是恒定的快乐
基于美德观	智慧的美德，具有利他（使用智慧帮助自己或他人获得福祉）； 亲社会（理解他人，关怀他人，同情心，包容），考虑公共利益的特点（朝向公共利益的价值观）等属性	利他性 同情心 包容性 追求公共利益	智慧是人类灵魂的美德，智慧是比科学更加完美的德性； 真正的智者不是仅仅有见识的人，而是既有远见卓识，又对人类有着最深热爱的人； 只有当知识转化为美德和善性时才是真正的智慧

注：资料来源于文献《智慧生态城市规划建设基本理论探讨》。

“生态”的定义则比较固定。现代“生态”一词是指生物在一定的自然环境下的生存和发展状态，具体而言是指一种美好的、健康的、和谐的、绿色可持续的整体环境，生态系统中的各个元素都可以和谐共生。环境不仅是自然生态方面，还有整个城市系统的和谐的、可持续的运营和发展。

从表6－2和前面对智慧与生态两者的内涵解释来分析，其关联性主要是智慧城市的存在特征以及在环境和美德方面的内在需求，生态环境良好是前提条件。城市的环境生态文明，生态系统运行稳定而持续发展，整个智慧城市系统才能可持续地运行下去。智慧城市的内涵都显现着在生态文明方面的追求，而高标准、高要求的生态和自动形成体系的方法与结构，又引导和指导着智慧城市的正常可持续发展。

2. 生态与智慧在技术层面的实践中相辅相成

为了缓解生态环境，实现人与自然和谐发展的目标，所需采用的技术都涉及智能化、智慧化的方法，这正是生态与智慧在技术层面的关联性。其主要涉及的技术手段有绿色循环的产业链系统、能源系统的低消耗且高效清洁、交通系统的便捷系统化要求、生态文明系统宜居宜家的技术、建筑系统绿色且能综合集成分析的技术、信息系统高效智慧化技术等。

在以上技术领域中都需要先进技术的支撑，如交通系统需要实现高效便捷系统化则需要实施智慧的物联网技术，进而达到及时识别和设备的感应检测，及时提供交通流量的变化和停车位空闲的数据，数据的集成和分析有助于市民了解交通状况做出方便的选择。这一举措对于城市交通经常出现的交通拥堵和人流量大问题等都能得以有限缓解。同理可得，在其他技术手段层面也都存在着需要智慧城市的相关先进技术手段来帮助监测监控的情况，需要在数据的支撑上提供强大的基础和帮助，从而完成具体量化，更好地实施生态保护。

3. 已建设（相对成熟）智慧生态城市案例对比与总结

我们可从已建设的案例来研究阐述以生态为指导方向在智慧城市建设中的理论发展方向与可能性发展途径，分析案例之间的区别与联系。许多城市已经在智慧城市理论与生态城市理论两者的指引下，以智慧城市为基础加强生态建设，或在生态城市建设上加入智慧体系，两者相结合在城市建设中发挥着巨大作用。据此，通过文献综述和相关专家的推荐，选取了符合以上条件的城市作为案例，以此证明生态与智慧之间存在的紧密联系，并总结生态导向下智慧城市所具有的特点。案例城市分别是荷兰的阿姆斯特丹和西班牙巴塞罗那，它们都拥有着渊博的历史文化，是智慧城市建设的城市典范。通过对这两个案例的具体探索和分析，进一步验证智慧城市与生态之间存在的密切关联，并将尝试总结在以生态为重要引导因素下的智慧城市建设中城市所呈现出的新特征和相关举措。

（1）荷兰阿姆斯特丹可持续的 ASC（Amsterdam Smart City）计划。荷兰是欧洲国家，国土面积虽小但其发展城市的意识和模式以及对于保护生态环境的意识在欧洲范围内，甚至在全世界都是十分先进的典范。从可查资料来看，阿姆斯特丹一直追求实现生态、可持续发展城市的目标。阿姆斯特丹这座城市是围海造田形成的，市民拥有城市寸土寸金的观念以及对城市环境的高度重视，于是，先进的智慧信息技术被引用到其城市生态环境保护中。

为了提高市民生活水平和就业率上升，阿姆斯特丹政府在 2000 年提出了 ASC（Amsterdam Smart City）计划，最初采取建设智慧化系统的阿姆斯特丹，进而建设可持续发展城市，并提出在就业、居住、交通以及公共空间四个方面的可持续发展理念，其制定了到 2025 年较 1990 年减少温室气体排放 40% 的目标，并通过循序渐进的方式，提出数个具体项目去实现该目标。

在可持续居住方面，提出了通过在家庭安装新型能源管理系统来控制家庭能源消耗和二氧化碳排放的 West Orange 项目，通过安装家庭智慧电表和能源反馈现实设备来促进居民关心家庭能源使用情况和建立家庭节能方案的 Geuzenveld 项目。在可持续交通方面，因阿姆斯特丹位于城市旧中心，其街道狭窄，运河发达，往来船只、汽车噪声和尾气导致空气污染相当严重，于是在城市建设的规划改进中，提出了 Energy Dock 项目，在公共交通系统的各个环节推广清洁能源，并集中统一配备 154 个电源接入口便于充电，同时通过统一的账号管理自动扣除费用，该项目对交通系统的生态环保起到了极大作用。除了以上提及的具体项目外，阿姆斯特丹政府仍然在不断增加具体项目，从太阳能共享计划、数字监控设施的市政办公楼建设、智能家用充电器到商务办公区域全面使用太阳能节能计划等，政府的多项举措说明了智慧与生态城市的建设是可以循序渐进不断发展的，其用行动证明了智慧城市的建设和发展与生态环境的保护相辅相成。

（2）西班牙巴塞罗那绿色环保智慧城市。西班牙巴塞罗那市一直是世界绿色环保智慧城市的典范，被称为“欧洲之花”。2009 年，巴塞罗那市提出建设绿色环保智慧城市。到目前为止，它已经制定了众多绿色环保环境发展措施，并广泛运用于实践，不断推进绿色生态与智慧的技术与创新。

在改善整体的城市智慧化和生态化的同时，巴塞罗那还规划出面积约两平方千米的 Poblenou 街区，名为 22@ Barcelonna，来进行智慧城市的试点区创新规划建设。该街区全方位地实施智慧化，包括基础设施建设的信息化、依托信息化的智慧政府管理、创意型的知识密集的产业发展以及各种有助于城市可持续化、生态化健康发展的生态智慧措施的实施，涉及垃圾收集、城市噪声控制、智能气象预告、新能源运用等诸多方面。

①技术角度。从技术手段领域来看，巴塞罗那是欧洲第一个在2000年就已经实施“太阳能法规”的城市，根据统计的城市年均超过2800小时的日照时间，市政府制定了城市内所有新建、翻修或变更用途的建筑都必须以太阳能供应建筑物内六成的热水的法令，这项法令极大促进了太阳能设施的使用和普及，每年可以为城市节省超过250亿千瓦的电力。

对于垃圾处理这一困扰现代城市的普遍问题，巴塞罗那采取了智慧化的处理手段，推广带有感应器的垃圾箱，在其自身满载时主动发出信号，工作人员根据其发出的信号来安排和分配运输车出行的频率和路线，同时在每一辆垃圾处理车上安装了GPS定位系统，能够为运输车制订合理的行进路线，从而大大提高了垃圾处理的效率，并减少了垃圾车长期在街道运行造成的不必要燃料浪费和碳排放。在城市交通出行方面，Google的智慧公交线路帮助市民获取最佳出行路线，IRIS系统为市民提供目的地的机动车流量和停车数据，TRAM现代有轨电车极大鼓励了市民利用公共交通出行。此外，城市还推广了LED智慧街灯，可感应道路的繁忙程度，以减少夜间无人使用的街道对电力的浪费，在城市草地上甚至还设置了湿度感应器来控制草地的浇水设施。

②智慧策略推进手段。与其他注重技术的城市一样，巴塞罗那在实施那些真正带来收益的项目时非常小心谨慎，尽量避免将不必要的数字化方面的投资强加给市民。工程师们领导的智慧城市研究项目团队认为，当前愈演愈烈的智慧城市发展热潮背后的一大风险在于认为智慧城市应由技术推动而不是由技术拉动。智慧城市建设发展应来源于需求，智慧城市技术应该依靠需求拉动。巴塞罗那对于生态环境保护与低碳城市方面深入的追求是该城市智慧领域发展的巨大推动力。

③改变城市和生活的方式。在城市生态策略的引导、智慧化策略的推动下，城市以及城市居民的自身生活都有了很大提升和改变，主要体现在能源使用习惯、交通出行习惯、工作与消费方式等方面。这些生活方式的改变将会通过改变人们的行为而逐步对城市产生影响。

西班牙巴塞罗那市和荷兰阿姆斯特丹市都是欧洲的文化古城，两者在建设信息化与智慧化的城市时所采取的一系列具体政策和举措比较雷同，对于城市的生态文明和可持续性关注很多，智慧化和信息化也主要运用于这个方面。因此，对城市市民的生活各个方面都有着重要的有利影响。两个城市在追求建设智慧城市的发展进程中都有意识地将生态文明和可持续性的建设列为最重要的指导方向，可见城市的智慧性与生态性密不可分的关系。表6－3对案例城市发展趋势进行了比较。

表6－3　　案例城市发展趋势对比分析图

城市发展趋势	巴塞罗那	22@ Barcelonna	阿姆斯特丹
重视保护与发展生态环境	☆	☆	☆
重视生活环境的高品质	☆	☆	☆
高度信息化产生影响		☆	
信息化和虚拟空间使城市空间形态产生改变		☆	
实体和虚拟网络密集并共同发展	☆	☆	☆
高新科技产业、知识密集产业占比较大		☆	

（3）智慧城市发展规律总结。针对以上智慧城市建设的详细研究与总结，不仅可以验证智慧与生态之间的关联性，而且有助于我们从实践角度去理清智慧与生态关联性发展的城市新的发展趋势和城市变化的各个方面。从前述案例分析中我们可以发现智慧城市建设有一些显著共同点。这些共同点无异于突出保护生态环境在信息化的智慧城市中诸多方面的新变化，从而可以得出新变化下生态策略在智慧城市的具体运用，主要有以下五点：

①重视保护与发展生态环境。在以上两个案例中，城市规划的重要因素之一是生态环境的可持续发展，在一定程度上成为衡量该城市规划是否成功的重要标准之一，即运用智慧化来解决和改善生态环境方面的相关问题。和谐的生态环境是智慧城市的内在需求，创造了智慧城市进步发展的条件，智慧与生态相互促进，形成良性循环的理念和手段。

②重视高品质生活环境。生态环境的优化、交通系统的高效便捷、配套服务系统的健全、社区驱动力的完善等均是高质量生活环境的组成部分。案例中的两个城市不仅注重基础设施的智慧化和生态环境的优化，还关注城市居民生活水平的提高，在科学教育、人才培训和社会建设上投入较多。而这些投入是

有重要作用的，不仅有利于创造一个高质量的生活环境留住人才，而且也为智慧城市建设带来源源不断的可持续进步。先进技术支撑和市民的较高满意度是建设智慧生态文明城市的内在需求，因此案例中的城市对提升社会软环境也十分重视。

③高度信息化产生影响。居民的生产生活方式会不断改变，与此同时，对促进城市管理、城市发展等方面也起到重要作用。高度信息化是智慧城市的根本特征之一。从长远来看，信息化提升了资源与信息整合程度，从而对城市居民的工作生活产生影响，也影响着产业发展模式。

④实体与虚拟网络密集并共同发展。巴塞罗那的 LED 路灯与垃圾处理的智能化以及实时准确的草地湿度感应等，可以对城市生态文明环境及其他城市功能方面进行平衡协调的作用，促使实体空间中的城市与智慧虚拟的信息化之间产生互动和形成共同发展方法。当智慧城市基础设施发展较为完备时，城市管理者和市民利用城市中的物联网系统形成高度感知作用，从而生成自动分析结果，这样的自动化与互动对改善生态环境有极大促进作用。

⑤高新科技产业、知识密集产业占比较大。正如巴塞罗那市 22@ Barcelonna 新规划的生态智慧新区，在产业布局和发展做规划时，注重引入高新技术产业、创新性产业和知识密集型产业，这切合信息化不断发展的趋势，也与智慧生态城市的产业需求相适应。

4. 智慧城市与生态文明之间的密切关联性

智慧和生态之间的关联性除了前面在内涵层面和技术应用层面的论证说明外，车乐与吴志强在他们的学术著作《知识与生态——空间互动论》中，运用 SAS 统计分析系统进行关联性研究，并计算了智慧表征和生态表征，得出结论是智慧表征和生态表征的差异显著小于 5%，根据国际通用标准，这也充分验证和表明了两者之间有显著的线性相关关系。

两个城市是世界著名的智慧城市案例，案例城市体现的“智慧性”与城市生态都发生了密切联系。建设城市和实施政策措施将智慧与生态同时考虑在内，两者共同成为影响或主导因素，表现出了智慧型整体内涵和追求中包含着的生态性趋势，即体现了智慧性与生态性的对等并列关系。

总体而言，建设智慧城市必须追求优良生态环境，这也说明运用智慧城市的智慧手段解决城市生态环境相关问题，不仅必要，而且可行，两者密切相关。

（三）智慧城市面临生态建设困境

自然生态系统是城市生态系统的基础，以城市为中心，目标是人的需要，它是城市系统中的重要组成部分。我国现阶段正处于社会转型期，城市人口和产业高度集中，导致资源利用过度和环境污染严重，城市生态系统面临巨大挑战。城市生态环境的破坏不利于城市发展和居民生活。

在智慧城市建设过程中，面临生态文明建设困境。城乡协同发展、可持续化进行，关注民生问题，有效融合先进技术和先进的城市管理理念，数字化管理城市的资源、地理、环境、经济等系统信息，实时处理与利用城市基础设施、基础环境和设施多方位数字化、信息化数据，以政府、企业、市民为三大主题构建交互、共享平台，向城市治理与运营提供便捷、高效、灵活的决策支持与行动工具，有助于推动实现现代城市运作更安全、更高效、更绿色的和谐目标，实现城市生态化。

1. 基础设施引起网络安全和环境污染问题

如今智慧城市基础设施的发展速度快于安全工具发展速度，这为各种网络攻击和其他形式的事件（如恐怖分子、设备障碍、自然灾害）提供了充足时间和空间。智能城市的漏洞数量明显高于其子系统，这使网络安全问题成为智慧城市发展面临的挑战之一。与此同时，智慧城市在结构规划上，数以万计的传感器和收集器散布在城市各个角落，但这些基础设施并不生态，过度密集会破坏生态环境。在全球范围内，2011 年产生的电子垃圾约为 4.150×10^7 吨，2016 年达到 9.35×10^7 吨。因此，如何解决基础设施引起的网络安全问题和环境污染问题成为智慧城市下一步需要思考的问题。

2. 智慧城市影响社会阶层

智慧城市发展影响着社会阶层的变化。涉及多学科交叉的智慧城市理论，会使介入的不同阶层随着智慧城市的发展而随之发生改变。互联网的兴起和发展使信息技术与智慧城市建设之间建立起联系，信息技术和计算机科学技术、大数据等成为智慧城市相关技术研发的主要力量。此时，政府部门为刺激经济增长，依据相关理论制订相关政策，应推动智慧城市理论研究与具体实践的开展。

如今，信息和通信技术对智慧城市的影响越来越大，Facebook、谷歌、亚马逊以及中国的阿里巴巴等企业正在不断引领智慧城市的发展。“智慧城市”

是在全球市场上进行激烈的资本竞争和自我推销的竞赛的一个方面，如何使主导地位成为城市居民和环境，开创新的智慧城市模式促进城市环境和社会可持续发展是一个新的思路。

随着智慧城市基础设施不断完善，互联网不断渗透到生活方方面面，这引发了另一个问题：智慧城市将会改变原有的社会阶层的分布——不熟练数字技术和拒绝使用数字技术陷入数字边缘化的人将很难享受社会的公共设施与机会，成为社会边缘阶层。例如，2010 年，约有 15% 的瑞典人不使用互联网。大多数非使用者是老年人，但是，在年轻人中也可以找到非使用者。其中，最为显著的因素是对尝试和测试新技术设备和服务的消极态度。智能城市的发展威胁到没有互联网接入或无法负担技术成本的公众的公平以及平等机会等基本问题，成为智慧城市模式的空白部分。

（四）智慧生态城市是城市发展的战略选择

树立尊重自然、顺应自然、保护自然的生态文明理念；坚持节约资源和保护环境的基本国策，坚持节约优先、保护优先、自然恢复为主的方针；正确处理好经济发展同生态环境保护的关系，牢固树立保护生态环境就是保护生产力，改善生态环境就是发展生产力的理念，更加自觉地推动绿色发展、循环发展、低碳发展，绝不以牺牲环境为代价去换取一时的经济增长。总之，智慧生态城市是城市发展的战略选择。

未来城市发展路线必须结合我国国情。对优化开发区、重点开发区、限制开发区和禁止开发区，根据主体功能区的划分，不同地区解决不同的问题，应构建基于未来城市的现代生态文明战略路线图。现代生态文明是城市与生态文明的耦合，新技术的催化和城市化进程使城市成为现代生态文明的载体。因此，依托“三元互动”，农业规模化经营，TOD 开发模式将生态文明建设的理念、原则、目标等融入我国城市建设的方方面面，凝练出未来城市现代生态文明建设的基本框架，勾勒出未来城市发展的作业指导书，充分发挥未来城市对生态文明建设的支撑作用。

1. 智慧生态城市建设推动城市社会形态转型

自改革开放以后，我国的城市经历了从传统社会、工业社会、封闭性社会的相对应的转型和变迁。智慧生态城市的建设促进了城市社会形态的转型。

智慧生态城市的建设打破了以往组织专业化程度低的限制，加强了平台之间组织的专业化程度。而且，智慧生态城市可以突破以往组织单位功能不足的限制，提高互相依赖程度，提高分工和专业化程度，增加市民生活的选择权利和空间。至关重要的是，智慧生态城市建设可以影响人的价值观，不断培育出创新型人才，加快城市工业社会转型的进程。智慧生态城市具有更加全面灵活的能力和信息资源整合的能力，实现了居民接收信息渠道的多样化，能够加快从封闭性社会向开放性社会变迁的进程。智慧生态城市建设也让人的生活网络化成为新的方向标，从衣食住行到情感寄托、需求搜索等无不与网络产生关系，带动了生活网络化变革。社会形态由封闭到开放，由传统的工业社会向后工业社会转变，由此带来的是对城市管理创新的需要。

智慧生态城市将加强人在城市管理中的参与度，促进高级管理人员制定和管理科学化、人性化的行政决策，促进城市管理决策思维的转型，地区的统筹规划以及统筹方向由内涵向外延蔓延，社区功能不断丰富化。智慧城市的建设可以使资源得到进一步的优化改进和创新，努力实现信息化、智慧化与经济社会的深度融合，有利于实现城市生态发展的高度融合。

2. 智慧生态城市建设推动城市经济发展模式转变

促进城市经济发展方式的转变的一大动力是智慧生态城市的建设。智慧生态城市的建设推进了过度浪费资源、环境污染严重的经济模式向资源环境友好型的发展方向转化，促进了生产模式从以产品为中心转向成以功能为核心，从链式经济转化成网络经济，从自然经济转型为知识经济，从职业谋生走向生态乐生的循环经济转型。

（1）有助于提升自主创新能力。知识的发展与传承因智慧技术得到促进，并激发人们的自主创新能力。先进的技术不仅可以创新工具，而且创造了创新的手段。先进的智慧化技术为创新提供了更多的机会和可能。例如，在智慧城市的建设进程中，运用物联网、节能、智能化等技术可以招商引资，促使先进技术的引进和高附加价值的先进制造业和高端服务业的发展，而且能够通过应用智慧技术加快城市模式的转型。

（2）有助于资源的优化配置。如何驱动创新发展、内生增长，探索城市改革发展新模式是一个新方向。生产要素的信息、知识和智慧，可以推进劳动力、土地、技术、管理等生产要素的重组融合，促进国家对科学技术的投入，为知识型人才提供大量的就业岗位和发展机遇，加强产学研联合，通过升级初产品、提高人才管理水平、重新建构业务流程，达到优化资源配置，减少消耗、提高效率、增加收益，实现资源禀赋约束条件下的经济可持续发展。

（3）有助于强化对节能减排的监管。资源浪费和环境污染程度，随着城市建设的不断智慧化和生态化，得到大大的降低，并促进生态文明建设，使城市向生态文明方向转型。先进技术手段的运用，可以及时动态准确地反映和检测到相关指标变化，资源和环境将得到更有效的保护。

在生态文明城市建设中，智慧化是中坚力量。安定民生，解决市民关注环境的问题是生态文明建设的核心环节。提高生活质量水平是生态建设中最基本的民生，适应时代的社会形态和城市化管理，发展经济也不可忽视这一点。

（五）智慧生态城市内涵及建设的具体措施

1.“智慧生态城市”的提出及其内涵

从我国城市建设加强工业化和信息化以来，我国城镇化不断普及，2013年年底，我国城镇化已经达到53.7%，如今城镇化率就可想而知了。加速发展的城市化和城镇化的进程，促进了我国经济发展，但城市化进程的过快加速，使市民有所得也有所失。于是，城市的发展模式在不断探索和实践中也推动了城市的快速发展和创新城市建设理论的完善。

在“智慧城市”建设过程中不断进化衍生出“智慧生态城市”新概念。城市生态文明建设的重要内容和标志是城市智慧化和生态化，以及建设智慧生态城市。在智慧城市研究过程中，城市生态环境问题得到中央政府、学者以及各界人士的关注和重视，研究探讨这些问题的主旨在于探寻最有效、最可行的解决方案和制定相关措施。寇有观于2012年3月在《中国市长》杂志发表《落实科学发展观 建设智慧生态城市》，公开提出建设“智慧生态城市”。智慧生态城市与“智慧城市”相比，顺应时代发展需求，把绿色化元素和生态融入城市建设理念，目的是要在智慧城市理念的引导下，坚持信息化和生态化的原则，将城市建设成为人民理想的生活城市，实现城市可持续生态发展。因此，“智慧生态城市”既不是简单的“智慧城市”，也不是独立的“生态城市”，而应该是以“生态”为特征，基于现代技术的智慧城市，构建以新生活、新产业为基础，实现城市化与低碳经济、生态化发展相结合、并行不悖发展的有效路径。

基于上述探讨，所谓“智慧生态城市”，是通过有效完善融合智慧与生态的核心理念，在遵循城市发展规律的前提下，智慧化和生态化的统筹城市发展运行，使经济与生态环境协同发展，实现城市全方位发展，营造人们宜居的城市环境。城市智慧化和生态化完美融合是智慧生态城市的核心理念，追求经济、社会、生态三个方面发展相统一，推进城市可持续发展进程。

与以往的城市建设模式相比，智慧生态城市具有鲜明的智慧生态文明特征。智慧化的核心是“信息化”“感知化”与“智能化”，智慧生态城市本身显示出明显的人文关怀。从“智慧生态城市”的方向来看城市建设，可以得出一个结论，即城市建设终归以人为本。正如马克思、恩格斯明确宣称：“我们的出发点是从事实际活动的人。”

2. 智慧生态城市建设具体措施

智慧城市的快速发展让社会生态问题显现出来，这些问题不应该成为发展智慧城市的限制，而应该被当作未来智慧城市的发展方向，使其成为智慧可持续城市的一个必要的切入点。生态视角下的智慧城市的发展对策主要有以下措施：

（1）满足人民对“城市让生活更美好”的追求。近年来，智慧城市的研究与建设是我国重要关注点，而智慧城市终究会在环境因素的条件下转型建设智慧生态城市。对于智慧生态城市建设，影响着市民生活的各个方面，其中包括自然环境、公共环境、居住环境等。并且，在城市发展过程中实用性极强，其包含通过智慧化的技术和手段，促进城市整体发展，同时还可对城市未来的发展进行一定的计算以及规划，当技术达到一定程度时，还能够有效地促进当地经济的良性发展。

曾经我国主要依赖于对资源的开发和利用来发展城市经济发展，如今身处信息时代，通过建设智慧生态城市，能够将城市中的各种信息资源收集起来并加以利用，从而进一步加强对城市的智能化管理，改进城市发展模式。当前，城市自身具备竞争力是城市发展的必然要求，而很多城市在这一方面存在一定问题，主要是其发展受到传统的产业结构限制，而这在智慧生态城市的建设中，对原有的传统产业进行结构升级必不可少，这样不仅能够改良生态，而且能够优化城市的产业链结构，提升城市核心竞争力。

建设智慧生态城市还可以推动城市文化建设，文化软实力是国家综合实力的重要指标之一，与经济发展处于同等地位。智慧生态城市建设不仅丰富了人们的物质生活，而且促进了人们对精神文化追求的升华；不仅带动了城市文化的发展，还促进了与其他国家的文化交流，推动我国文化与其他国家文化不断交流和繁荣。

（2）智慧生态城市应该充分体现其“智慧性”。全面建成小康社会需要建设和完善信息化，因此，城市发展中更需要建设信息化。智慧生态城市的“智慧性”可以从两个方面体现：

一方面为“智慧”城市基础设施，主要是运用 GPS、AR 等先进科技手段，将城市的各个部分融合成一个有机整体，将城市建设中的每个信息连接成一个动态的信息系统，优化和完善资源配置。全面建设信息化城市，需要将前沿的技术手段应用于智慧生态城市建设的具体实践中，健全社会服务系统，加快运行效率。另一方面为“智慧”城市治理，通过管理方式的转型，采用信息化的城市化管理，在管理型政府到服务型政府转化中加入智慧生态化管理，运用智慧化恩惠人民，显示其智慧性。

（3）智慧生态城市应该是“生态城市”。集约化、高效化、生态化、宜居化是建设生态城市的重要依据。我国地域辽阔，城市众多，每个城市的发展程度都不同，每个城市建设智慧生态城市的起点都不同，所走的道路途径也不尽相同。因此，在智慧生态城市建设中不能要求每个城市在形式上完全一致，而应该根据每个城市的实际发展情况，在智慧城市建设发展理念下，充分了解自身在城市生态发展道路上的优劣势，制订符合自身城市建设的发展道路指南，实现因地制宜的城市建设。

（4）智慧生态城市必须体现人文关怀。在学者们研究人类与自然之间谁为中心时，我们从始至终都要注重人文关怀。人的生存是所有发展的基础前提，我们所做的一切都是为了让人类生活得更好，城市是人们的家园，这个城市“智慧”与“生态”，将更好地使市民感到家的温暖，干净、整洁、舒适的生活环境，是每一个市民的共同期盼，通过共同努力以实现经济发展与大自然的和谐相处。

生态文明建设，“绿水青山就是金山银山”“生态优先”等指导理念，新的发展理念：创新协调、绿色开放和共享，是城市模式转换的一个方向。我国多年的探索与研究，融合创新发展智慧生态城市是妥当的。生态环境是城市发展的基础，城市智慧化可以提供源源不断的动力，运用信息智慧，建设生态文明，创新发展智慧城市是大势所趋。智慧化是时代潮流，生态文明建设离不开智慧化的建设，智慧化可以加快生态环境的维修和维护进程。

（5）生态文明与智慧城市协同建设。第一，建设规划的协同。政府对于城市的生态文明与智慧建设有着至关重要且不可推卸的责任担当。政府应成立由主要领导负责的生态文明与智慧城市协同建设机构，加强面上工作的指导协调，使在各个层面与各个方向上的相关人员积极主动，充分运用政府的“有形之手”、市场的“无形之手”，创造城市建设的优良环境，实施战略合作方案，从而促进生态文明与智慧城市的建设。

建设规划等顶层设计工作是一个城市在创建生态文明与智慧城市中首先需要解决的问题，它将直接关系到建设起点、建设目标、建设内容和建设路径。针对智慧城市建设落后于生态文明建设的现状，应尽快出台《智慧城市建设总体规划》和《生态文明与智慧城市协同建设指南》，补齐短板，在编制过程中，强化尊重自然、传承历史、绿色低碳等理念。将城市生态文明建设与智慧城市建设融为一体、协调发展，扎实推进空间布局一体化、规划设计一体化、生态保护一体化、产业协同一体化、基础设施一体化、体制机制一体化，实现生产空间集约高效、生活空间宜居适度、生态空间山清水秀，转变经济发展方式，展现“绿水青山就是金山银山”的魅力，形成人与自然和谐发展的新型城市化格局。

第二，建设路径的协同。城市发展趋势与需求是智慧城市和生态文明建设的指导方向，应依据具体城市独特的历史文化底蕴、所在的地理位置、所拥有的资源、特色的产业链等方面，应用智慧化来推进相关建设。生态文明方面，每个城市都应往绿色生态上建设。智慧生态城市建设应因地制宜，智慧化与生态化融会贯通，协同推进，相得益彰。

坚持绿色发展，让生态成为城市醒目的标签。智慧城市建设需要营造绿色的生态环境，促进生态经济的发展。通过城市发展模式的转化，促进产业结构与此相适应，从而带动城市经济发展。在智慧化方面的建设，要融合信息化与工业化，建设现代化的农业、制造业、服务业。创新驱动发展，技术创新、模式创新、产业创新等产业体系各个环节的创新，都需要信息化与相关产业融合，开创信息化新产业。信息化建设是智慧生态城市中智慧建设的一环，应发展该产业实现应用健全的体系和信息化产业链，促进“一个系统、多个平台、多批人才、多批产品、多个产业”的良性循环。智慧化分布在城市的各行各业，应运用智慧化手段促进和完善生态产业运行，达到智慧化和生态化的可持续性发展。

第三，建设目标的协同。生态文明与智慧城市建设的终极目标是服务人的全面发展。根据建立“宜居的生活环境、安全的网络空间、便捷的社会服务、智慧化的基础设施”等智慧生态的目标，改革管理城市发展模式和提供公共服务的方式方法，公共服务应该多样化、层次分明、更高质量，关注与民生息息相关的问题，在无形之中改变市民的生活思维定势，使恩格尔系数不断降低，从而使人民生活幸福指数上升。针对城市空气质量问题，应制定防治雾霾等大气污染的方案，加强区域之间的共同防治工作，促进“五水共治”建设，让人民受益。

保障和改善人民生活水平是智慧生态城市的起点和目标。针对建设智慧生态城市的各个阶段，在不同层次和不同方面要一直坚持全心全意为人民服务的宗旨。其中与民生紧密联系的教育、医疗、公共安全、交通等方面要重点关注，加强信息化的普遍度，加强信息的交换与交流系统建设，让人民更直接明了地了解就业相关信息，解决就业渠道闭塞的问题。在医疗方面，敬老院、疗养院等为老人和医患看护的医院建设应该更加智慧化，社区之间的信息应更加综合便捷。应听取民众意见，建立和完善相关民众与政府之间的沟通桥梁。

第四，建设体系的协同。升级经济发展模式、提高人民生活质量水平的一个创新化与系统化的方向是生态文明与智慧城市的共同建设。在建立相关体系时，应首先适应城市发展规律，如评价考核与服务体系、领导促进体系等；统筹规划产业规模、发展空间结构以及在三个至关重要步骤上的筹划。科技文化创新、改革制度是新模式建立的动力源泉，应科学规划人民生活、自然环境、生产状态的三个有关生态文明的布局，围绕构成城市的三大主体分别为社会、政府、人民，坚定不移地走依法治国道路，不断使制度符合时代发展，推陈出新。与此同时，完善制度与标准体系，将统筹规划、人才培养等制度融会贯通，政府应该建立相关制度，强化决策咨询制度。标准化和法律法规健全是智慧城市与生态文明高效有序运行的重要保障。

第七章

农产品安全追溯的绿色发展
——消费者视角

一、研究背景与意义

在食品供应链全球化的背景下，国际农产品贸易壁垒障碍严峻。据我国农业农村部（原农业部）消息，2017 年，我国已成为世界稻米、大豆和油菜籽进口第一大国，凸显出我国农产品国际竞争力不强的事实。为进一步推进农产品质量提升以应对激烈的国际竞争，农业农村部将 2018 年定位为“农业质量年”。2018 年中央“一号文件”强调，通过加强农产品质量安全追溯体系建设等措施以完成质量兴农的战略，这更表明了农产品可追溯体系建设的关键性和紧迫性。另外，在消费者不断升级的消费需求及食品安全意识日益增强的驱动下，消费者逐步认识到农产品质量安全问题。然而，农产品市场中的信息不对称现象导致了大量食源性农产品质量安全事件，如 2011 年的瘦肉精、2013 年的山东毒生姜及湖南镉大米、2017 年的欧洲毒鸡蛋等农产品质量安全事件，造成消费者对政府和企业的信任度大大降低。如何降低问题农产品造成的伤害并提振消费者的信心成为政府及企业关注的核心问题。因此，能提供“从农田到餐桌”整个食品供应链信息的可追溯体系受到了世界各国的重视。

国内外实践经验及理论研究证明，农产品可追溯体系是国际上用来进行农产品质量安全管理、为消费者提供农产品信息的有效工具，是农产品质量与安全的重要保障（Van Rijswijk and Frewer，2008）。农产品可追溯体系贯穿“从农田到餐桌”整个食品供应链，以条码以及人工可读的方式对农产品生产、加工、流通以及消费各个环节上的管理对象进行标识，通过标识来追溯发生食品质量问题的源头。除了消费者可通过查询农产品可追溯体系获取食品信息以作为决策参考外，政府及企业还能将农产品可追溯体系作为管理农产品供应链的有效工具。

我国自2002年启动农产品可追溯体系的建设以来，其在理论和实践方面取得了较大进展，但目前仍属于初级阶段。虽然我国政府各部门及相关企业积极推动农产品可追溯体系以保障农产品质量安全，但我国消费者作为农产品可追溯体系的终端使用者，其对农产品可追溯体系的认知水平不足，且缺乏信任，从而导致消费者对农产品可追溯体系接受意愿不高，消费者与农产品可追溯体系间的隔阂是阻碍我国农产品可追溯体系发展的重要原因。消费者对农产品可追溯体系的接受意愿是扩大可追溯农产品市场需求、推动相关企业参与可追溯体系的重要动力，同时也是检验政府推广可追溯体系成效的"试金石"。因此，加快农产品可追溯体系的建设，除了政府以及相关企业的积极推动之外，消费者对农产品可追溯体系的接受意愿及其影响因素的研究对于政策的推动和发展发挥着至关重要的作用。目前，国内关于农产品可追溯体系的研究大多数都是涉及农户和企业等相关主体的参与意愿与参与成本研究、政府决策研究以及消费者购买行为研究等方面，但探讨消费者对农产品可追溯体系接受意愿以及影响因素的研究较为缺乏。因此，本章以消费者为研究对象，主要探讨其对农产品可追溯体系的接受意愿及其影响因素，从而辨识出农产品可追溯体系发展进程中的障碍与关键因子，以期为我国农产品可追溯体系的健全和发展提供新的视角及政策依据。

（一）理论意义

农产品可追溯体系是从根本上预防农产品安全风险的主要工具，而消费者作为农产品可追溯体系中关键的终端使用者，如何定量地研究消费者对农产品可追溯体系接受意愿的影响因素，对于农产品可追溯体系的发展发挥着至关重要的作用。技术接受模型（TAM）被国内外学者广泛应用于研究消费者对信息系统的行为意愿这一领域，而将TAM应用于农产品可追溯体系领域的研究相对较少。本章以农产品供应链中关键的终端使用者消费者作为研究对象，将技术接受模型的应用领域扩展到与消费者生活质量相关的农产品可追溯体系领域，基于理论和实证分析，探究消费者对于农产品可追溯体系接受意愿的影响因素。

TAM 被国内外学者广泛应用于预测和解释个人接受特定信息系统、信息技术的影响因素研究（Davis and Bagozzi，1989）。大部分学者对于技术接受模型的应用存在两个问题：第一，调研对象主要为企业员工或在校学生，这限制了 TAM 的适用范围；第二，需要对 TAM 加以修正及拓展，以预测和解释个人对不同领域信息技术的接受意愿（Legris，2003；Lim，2011；Holden and Karsh，2010）。本章以技术接受模型为理论基础，基于文献讨论与专家访谈结果，考虑农产品的信任品特性以及现有标签的竞争效果，加入感知障碍性，并加入消费者自我意识有关的食品安全意识与健康意识，为扩大技术接受模型的适用领域提供一定的理论支撑，并在一定程度上弥补我国现有研究将 TAM 应用于农产品可追溯体系领域的不足。

（二）实践意义

（1）有利于提升政府及企业的公信力。近年来，我国食源性农产品安全事件频发，导致消费者对政府和企业的信任度大大降低。虽然我国政府各部门及相关企业积极推动农产品可追溯体系以保障农产品质量安全和提振消费者信心，但消费者对农产品可追溯体系的认知度和信任度不高，导致推动可追溯体系的进展缓慢。政府管理部门及相关企业亟须了解和掌握消费者对农产品可追溯体系接受意愿的影响因素，本章基于消费者的视角，探讨影响消费者对农产品可追溯体系接受意愿的关键因子、辨识出农产品可追溯体系发展进程中的障碍，有利于提升消费者对农产品可追溯体系的认知度和信任度，从而促进消费者对农产品可追溯体系的接受意愿，通过查询可追溯体系获取食品信息，最终达到提升政府及企业公信力的目的。

（2）有利于促进农产品可追溯体系的发展。农产品可追溯体系在全球被公认为是食品安全管理的主要工具之一，而消费者作为掌握购买决策权的终端使用者，消费者的接受意愿对农产品可追溯体系的成功推动十分关键。通过对消费者接受意愿的实证研究，了解其对农产品可追溯体系的接受态度、使用意愿及其影响因素，找到农产品可追溯体系发展进程中的障碍与关键因子，并据此提出促进可追溯体系发展的路径对策，有利于消除消费者与农产品可追溯体系间的隔阂，以促进农产品可追溯体系的发展。

（3）有利于提高农产品质量安全，提升消费者信心。随着消费的不断升级，并且在健康潮流及场景化消费的驱动下，消费者食品安全意识和健康意识不断增强。农产品可追溯体系是国际上用来进行农产品质量安全管理、为消费者提供农产品信息的有效工具，是农产品质量与安全的重要保障。本章立足于研究消费者对农产品可追溯体系的接受态度与使用意愿，通过实证得出消费者接受农产品可追溯体系的关键因子，有利于提高农产品质量安全，提升我国消费者对食品安全信心和生活品质。

二、理论基础与研究综述

近年来，一系列食源性食品安全事件地发生，造成消费者对政府和企业的信任度大大降低。如何降低问题农产品造成的伤害并提振消费者的信心成为政府及企业关注的核心问题，国内外学者纷纷展开了对农产品可追溯体系的研究热潮。本章主要梳理总结国内外关于农产品可追溯体系的相关文献及理论。

（一）概念界定

（1）可追溯性。可追溯性是可追溯体系的重要特征。国际食品标准委员会（CAC）将其定义为“利用标识的方式来追溯食品在供应链各个环节的历史、应用情况以及位置等信息的能力”。通过对国内外相关文献的查阅发现，关于可追溯性概念的界定主要包括三个特点：第一，可追溯性是一种追溯能力；第二，其追溯范围包括供应链的各个环节；第三，其追溯的内容是与食品质量相关的全部信息。

（2）可追溯体系。可追溯体系是可追溯性的实现载体。国际食品标准委员会（CAC）提出，可追溯体系是“提供食品生产、加工、流通以及消费环节内所有信息流的连续性保障体系”。中国物品编码中心认为可追溯体系是“采用商品条码（EAN/UCC）系统将食品供应链每一环节相关的管理对象进行标识，由条码以及人工可读的方法记载信息，当发生食品质量安全事件时，能利用食品标识来追溯发生食品质量问题的源头”。综上所述，可追溯体系源自可追溯性的概念，即通过构建完善的可追溯体系，食品生产加工主体提供与食品质量安全相关的信息，供应链各主体能通过公开的系统查询到产品生产、加工、流通以及消费每一个阶段的信息。

（3）农产品可追溯体系。农产品可追溯体系的追溯对象是指未经过深度加工的种植类、畜牧类及渔业类初级农产品。农产品可追溯体系贯穿“从农田到餐桌”整个供应链，利用现代追溯技术对农产品生产、加工、流通以及销售各环节的质量安全信息进行详细的标识，建立全程记录并追溯农产品质量安全信息和监管数据的农产品追溯信息系统，由一系列保障制度对农产品可追溯体系进行管理，以实现农产品供应链全程可标识、农产品流向可追踪、责任主体可追究、质量安全有保障、问题源头可追溯的主要目的。综上所述，农产品可追溯体系包括技术体系和制度体系两部分内容。其中，技术体系是指利用现代追溯技术对农产品进行质量安全和监管数据的标识；制度体系是指政府相关部门为保证农产品可追溯体系的顺利发展而制定的一系列政策规定。

（4）接受意愿。接受意愿是个人对未来接受某一行为或某一活动的主观态度和意图，由行为意愿扩展而来，其被学者大量应用于消费者行为研究以及各类信息系统接受意愿的研究。Fishbein（1975）提出，个人的行为意愿是指其接受某一行为强弱程度的判断。行为意愿属于心理学范畴，接受属于行为的一种，因此，接受意愿也属于心理学范畴。消费者对于农产品可追溯体系的接受意愿可以解释为：消费者将来接受农产品可追溯体系这一信息系统的接受态度以及使用意愿。

（二）理论基础

（1）理性行为理论。理性行为理论（TRA）是指个人对某一特定行为的行为意向会受到态度与主观准则的影响（Fishbein and Ajzen，1975）。TRA 的理论模型详见图 7－1。TRA 最重要的理论价值在于其可以解释、预测不同领域内个体的决策行为。TRA 存在三个假设前提：“理性人”假设；个体的决策行为不会受外部环境的影响；个体拥有对其决策行为的完全控制能力。然而，在个体完成行为决策的实际过程中，其行为意向除了受到个体的态度和主观准则的影响外，外部影响通常会对个体的决策行为产生重要的影响。TRA 的假设前提使其运用范围受到了局限，TRA 的解释和预测能力也受到了大大限制。

（2）计划行为理论。计划行为理论（TPB）是对理性行为理论（TRA）加以改进而来的，TPB 的理论价值是其对个体决策行为的研究方面添加了感知的行为控制的新变量。TRA 认为个体的决策行为除了受个体的态度和主观准

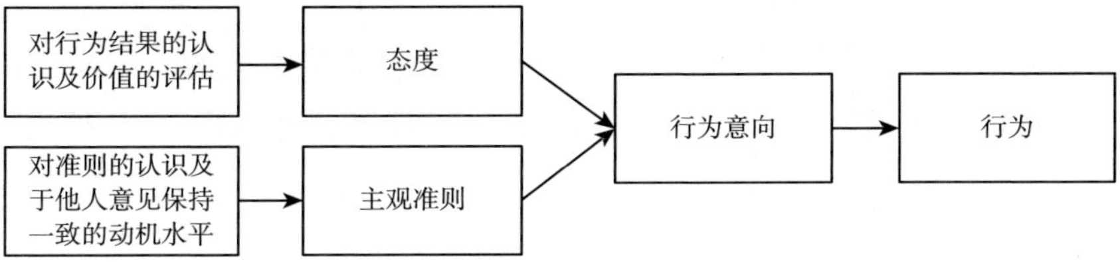

图7－1　理性行为理论模型

则的影响之外，还会受个体对外部环境控制能力的影响。因此，Ajzen（1985）加入了感知的行为控制（PBC）变量。该理论的研究框架详见图7－2。然而，TPB中主观准则对个体行为决策的影响还未完全得到证实，并且TPB对于态度、感知的行为控制及主观准则等变量信念基础的界定也十分不清晰。因此，TPB在一定程度上也存在着理论局限性。

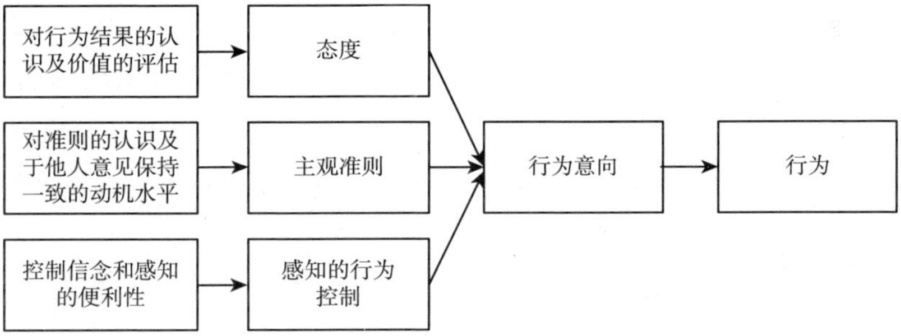

图7－2　计划行为理论模型

（3）技术接受模型。技术接受模型（TAM）是Davis（1986）对TRA和TPB加以改进而提出的，主要应用于预测和解释个体接受特定信息系统、计算机技术的影响因素（Davis and Bagozzi，1989）。Davis（1986）认为外部因素会影响人对信息系统的感知有用性、感知易用性，并对使用IS的态度造成影响，进而改变个体对IS的行为意愿以及实际使用的情况。Davis（1986）认为影响个体对信息技术接受意愿的关键因子是行为态度，而不是TRA和TPB认为的主观准则。因此，Davis（1986）舍弃了TRA和TPB中的主观准则变量，增加了感知易用性和感知有用性两个变量，形成TAM。

TAM认为个人的行为意愿决定了个人对某特定信息系统的行为。其中，感知有用性（PU）是指个人接受使用某种信息系统所感受到的其效能增强的程度，而感知易用性（PEOU）是指个人认为学会使用这个系统所付出的努力程度。行为态度（ATT）是指个人对执行目标行为的总体感受，行为意愿是指个人进行特定行为意愿的强度（Davis，1989）。TAM 具体如图 7－3 所示。

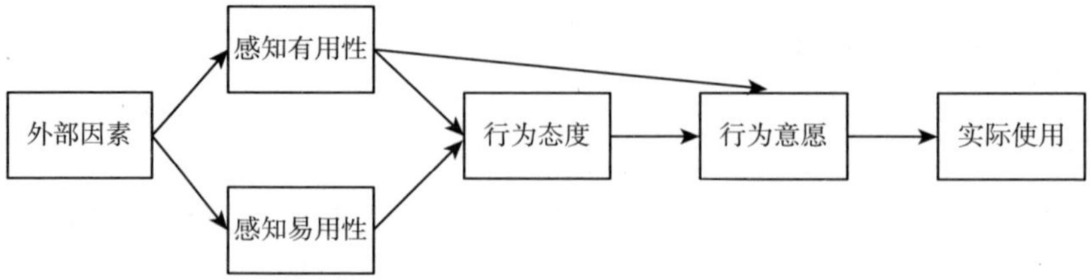

图 7－3　技术接受模型

TAM 结合了 TRA 和 TPB 的优点，并完善了早期理论无法预测个人对信息系统使用意愿的不足，是解释个人对信息系统接受意愿最好的理论模型。TAM 可以结合不同理论形成新的理论模型，适用于各类信息系统的接受意愿研究，吸引许多学者将 TAM 应用于个人对不同信息系统接受意愿的研究（Venkatesh，2007）。由 TAM 及其发展而来的拓展模型也被视为解释、预测个体对信息系统接受意愿最为精简实用的理论模型（Legris and Ingham，2003；Liu，2012）。TAM 对消费者的接受意愿研究具有重要的理论意义。因此，本章运用 TAM 作为探讨消费者对农产品可追溯体系接受意愿的基础理论模型。

（三）研究综述

1. 可追溯体系内涵的相关研究

国内外学者对可追溯性体系的内涵研究非常广泛且严格。一方面是关于可追溯体系相关定义的界定。Bechini 和 Cimino（2008）认为可追溯性是指沿着供应链追踪食品的上游路径、下游路径的历史记录而获得的产品来源及特征信息的能力。而 Olsen 和 Borit（2012）通过对可追溯体系内涵定义的相关研究进行详细对比之后发现，所有内涵的界定中都提及可追溯性是“通过记录标识的方式，追踪和追溯食品整个生命周期全部信息的能力”。可追溯体系的水平可以用四个维度来描述，即宽度、深度、精度和速度（McEntire，2010；Golan，2004）。

另一方面是关于可追溯体系功能与作用的研究。Gellynck 和 Verbeke（2001）提出，农产品可追溯体系具有四个主要功能：有利于保障消费者的食品来源与食用安全；有利于辨识出问题食品与残次食品；有利于食源性疾病的控制与农药残留量的管控；验证与确认食品符合食品安全的法律规章制度。而Barling和Sharpe（2009）提出，推动农产品可追溯体系的作用主要有五个：高效率地管理食品供应链中食品的存储、食品订单的形成与运送；高效率地管理食品的检验与管理；有利于降低食源性食品安全事件造成的损失以及问题食品的回收；有利于保障食品在生产加工过程中的品质；为消费者提供有价值的食品安全资讯。除此之外，许多学者提出，构建农产品可追溯体系有利于减轻消费者与农产品生产加工企业间信息不对称的问题（Ortega，2011；蔡宪唐和洪嘉聪，2012）。Vanrijswijk和Frewer（2006）也认为可追溯体系能提供有价值的资讯，有利于消费者判断农产品生产加工企业提供的食品品质的真实性。农产品可追溯体系也被视为管理食品回收或下架的工具（Mora and Menozzi，2008）。Wang和Li（2009）提出，严格的农产品可追溯体系具有确保食品安全、食品质量与提升劣质食品回收效率的作用。Manzini和Accorsi（2013）指出，严格的食品追溯体系除了维护食品安全的主要作用外，还是高效率的食品供应链管理工具。

综上所述，国内外学者对可追溯性体系的内涵研究主要包括两个方面：相关定义的界定及功能研究。学者普遍认为农产品可追溯体系能提高管理效率、降低劣质食品的伤害、减轻生产加工企业与消费者之间的信息不对称、帮助管控农药及食源性疾病的作用。

2. 农产品可追溯体系主体行为的相关研究

（1）政府主体行为。部分学者通过对政府的研究发现，政府在农产品可追溯体系的建设和运作中发挥了重要作用：制定有关农产品可追溯体系的法律法规（Moe，1998）；通过严格的惩治制度来加强对农产品市场的监管（Golan，2004）；Carter和Bélanger（2005）指出，政府应通过了解影响消费者接受意愿的决策因子来制定相关政策，以保障可追溯体系能顺利推动；加强对追溯标识、追溯技术应用以及追溯信息查询方式等相关知识的宣传和推广；并通过资金补贴来激励企业参与的积极性（Wagner，2003；Broughton，2010）。

（2）生产加工主体行为。国外学者研究得出农产品生产加工主体参与可追溯体系的动机主要包括三个方面：优化供应链管理，减少食品交易和供应链管理的成本；产品差异化是食品竞争力的主要来源；减少因食源性农产品质量安全事件而导致的损失（Souza-Monteiro，2004；Golan，2004；Sun，2014）。Caswell 和 Mojduszka（1996）通过研究发现，食品质量的相关标准（如 ISO2000、GAP 等标准）是食品生产加工企业与消费者之间沟通的良好工具。农产品质量的安全标准规范对生产加工企业的食品销售具有显著影响，学者认为取得有关食品安全规范的认证将有利于食品的销售（Jaffee and Jabbar，2005）。因此，生产及加工企业除了可以通过食品质量安全认证来提升消费者信任度、降低消费者的价格敏感性、增强竞争力以及扩大市场占有率来提升销售利润外，还可以通过广告的方式让消费者认知到产品的品质，从而提高农产品价格以提高销售利润（Salaün and Flores，2001）。但部分学者指出，参与可追溯体系必须投入大量的成本与资源，可追溯农产品能否与一般农产品形成差异化是相关企业需要关注的问题。农产品生产主体对可追溯体系的参与行为取决于成本和收益的平衡，收益越大，其参与食品追溯体系的积极性越高（Bevilacqua，2009；Jin，2014）。Mattevi（2016）以英国中小企业为研究对象，发现英国中小企业能意识到可追溯体系的主要功能，如降低食品的召回成本，快速召回以及食品安全和质量的改善，对可追溯体系存在积极态度，且认为推动可追溯体系是重要的，但增加对可追溯体系投资的意愿不高。

国内学者对农产品生产加工企业以及农户等供应链主体的参与意愿进行了实证研究。首先，农产品生产加工企业参与农产品追溯体系的影响因素主要包括：政府优惠政策的获取情况（吴林海；吴治海，2015）；食品供需网的建设情况（何静等，2015）；是否位于一线城市正向影响超市对食品可追溯体系接受意愿（陈雨生等，2014）；源自于企业内外部驱动力（谢筱，2012）；与企业自身相关的经营年限和规模因素、获利情况、制定认知等影响因素（周洁红等，2011）。其次，农户参与农产品可追溯体系的影响因素主要包括：政策意识、市场价格预期、农户年收入情况、技术培训等（陈丽华，2016；肖开红，2017）；预期收益、质量改进意识、群体规范、同行竞争及风险认知水平（肖开红，2017）；农户的文化程度、风险评估、销售价格的提升、认知程度、市场准入许可制度等（王芸等，2012）；另外，陈江华（2016）通过研究发现，农产品生产加工企业参与可追溯体系的成本没有大量增加，可追溯农产品的高价制定是一种营销策略，且需要考虑消费者的支付意愿。朱长宁（2015）通过对农产品供应链各主体的研究发现，农产品供应链各主体参与农产品可追溯体系的整体利润取决于消费者对可追溯农产品的需求量的大小。

（3）消费者行为。国外对可追溯体系的相关研究表明，消费者对经由可追溯体系认证的食品会产生不同的支付意愿（Dabbene，2014；Anica-Popa，2012），支付意愿的影响因素主要包括：消费者自身的经济水平、食品安全意识、食品标签信息的准确性及完整性、食品原本价格等（Jia，2013；Hobbs，2005）。Gellynck 和 Verbeke（2001）强调消费者对食品加工信息记录和功能信息的感知，Ortega（2011）对中国消费者的支付意愿展开研究后发现，其愿意为可追溯食品支付更高的价格。Kim 和 Woo（2016）利用扩展的技术接受模型研究得出基础维度对消费者使用 QR 码（二维码）查询食品可追溯性体系的意图存在显著影响。Dickinson 和 Bailey（2002）指出，消费者的认知水平对推动农产品可追溯体系具有积极影响。

国内学者也进行了大量的实证研究，消费者参与农产品可追溯体系的影响因素主要包括：质量认证属性、可追溯信息、消费者的个体特征（陈超，2013；吴林海，2014；郭世娟，2017）；消费者对农产品标识、可追溯食品的认知水平、信任度以及食品安全意识（赵荣，2009；张小栓等，2015）。

综上所述，国内外关于农产品可追溯体系主体行为的研究主要包括三个方面：政府、生产加工主体以及消费者，以往的研究主要集中于政府的功能研究，各参与主体对农产品可追溯体系的参与意愿、支付意愿、成本风险分析，而探讨消费者对农产品可追溯体系接受意愿的研究较为少见，关于消费者对农产品可追溯体系信任度及接受意愿不高的原因分析更是缺乏。

3. 农产品供应链的相关研究

可追溯体系记录食品供应链各主体的相关信息，以保证每一个食品或食品成分都能被追踪和追溯。这种可追溯性对供应链管理中的质量管控、产品召回、逆向物流等具有重大意义（Modrak and Moskvich，2012；Epelbaum and Martinez，2014；Beske，2014；Wong，2014；Rekik，2015；Thiesse and Buckel，2015）。

Manzini 和 Accorsi（2013）认为可追溯体系除了维护食品安全之外，同时还是高效率的食品供应链管理工具。部分学者认为，可追溯体系能通过准确追溯和定位供应链中的食品来降低库存水平、快速检测食品供应链中的残次品、提高物流效率（Viaene and Verbeke，1998；Golan，2004；Schwagele，2005）。Wang 和 Li（2006）指出，实现农产品供应链全程可追溯的关键在于可追溯性功能与供应链管理流程的契合程度，可追溯性信息有利于管理和改进供应链。

Monteiro 和 Caswell（2010）基于供应链视角，通过对农产品可追溯体系的研究指出，消费者不断升级的消费需求促使食品供应链节点越来越多，复杂的食品生产加工流程导致新的多成分食品通常由不同的主体生产。因此，如果供应链的相关主体缺乏统一的追溯标准，交叉污染可能会更加频繁。此外，部分学者认为，可追溯体系的追溯水平不依赖于单一公司，追溯的效率依赖于公司之间的协议，一个节点缺乏透明度足以影响整个供应链（Hu and Zhang，2013；Lavelli，2013）。Aung 和 Chang（2014）认为，政府行为和消费者的需求将供应链可视性推到一个新的阶段，这意味着完成食品供应链“从农场到餐桌”的可追溯正在成为现实。McEntire（2010）和 Golan（2004）等学者基于供应链视角提出了可追溯体系水平的四个测量维度，即宽度、深度、精度和速度。宽度指连接每个追溯单元属性的数量，即可追溯体系所包含的信息范围；深度指食品可追溯体系中正确确定追溯单元的上下游范围；精度指体系精准定位特定产品的运动轨迹或者产品特点的确定程度；速度则指追溯和追溯信息可以传达给供应链相关主体的速度，以及在食品紧急情况下向供应链相关主体传递信息的速度。

综上所述，农产品可追溯体系是提高供应链管理效率的有力工具。农产品可追溯体系能降低问题（瑕疵）食品的伤害、有利于管控农药及食源性疾病、降低生产加工企业与消费者之间信息不对称的问题、提高供应链管理效率。因此，农产品可追溯体系在全球被公认为是从根本上预防农产品安全风险的主要工具之一（Hobbs，2005；Van Rijswijk and Frewer，2008；Kher，2010；Zhang，2012）。

4. 接受意愿的相关研究

国内外学者对于消费者的行为意愿及某种信息系统的接受意愿进行了大量实证研究。技术接受模型（TAM）被国内外学者广泛应用于研究消费者行为意愿这一领域，Venkatesh（2012）指出大多数研究对于技术接受模型的应用仅限于调查职场员工对信息系统的接受意愿，较少使用于探究其他领域的信息技术接受意愿，从而限制了 TAM 的应用范围。部分研究不仅呼应 Venkatesh（2012）的观点，并认为必须对 TAM 加以修正及拓展以适用于解释其他的现象（Legris，2003；Lim，2011；Holden and Karsh，2010）。

Pappa（2018）将技术接受模型（TAM）和计划行为理论模型（TPB）结合成一个新的混合模型，运用 PLS-SEM 方法分析了来自希腊乳品供应链的数据，探讨了农民和乳品加工企业对农产品可追溯体系参与行为的影响因素，其结果证明，感知的行为控制是农户和农产品生产主体参与可追溯体系的关键因子，感知成本是影响农户和农产品生产主体安装和运行农产品可追溯体系的最重要的变量，由于农民需要满足社会和企业的需求，因此，相较于乳品加工企业，关键变量对农民的影响更为显著。Pappa（2018）指出，相比于农民，某些强制性推行方法在加工者层面会取得更为显著的成效。

Kim 和 Woo（2016）通过添加变量使用感知信息、食品参与度扩展了技术接受模型，以研究个人使用 QR 码（二维码）查询食品可追溯体系的接受意愿。其实证结果表明，TAM 理论模型十分适用于研究消费者对食品可追溯性体系的接受意愿，同时验证了感知有用性、感知易用性等基础变量对消费者使用 QR 码用于食品可追溯性体系的意愿存在显著影响，PI 对扩展 TAM 中 PU 的影响因子最大，这一发现与之前的研究结果一致（Rese，2014；Venkatesh and Davis，1996），并验证了 FI 于 PI 与 PU 间的中介作用。Kim 和 Woo（2016）认为消费者的参与程度越高，他们使用 QR 码查询食品可追溯体系的接受意愿越高。

国内学者关于技术接受模型的应用大多数是关于消费者行为意愿的研究，但鲜有学者将 TAM 应用于消费者对农产品可追溯体系接受意愿的研究。卢强（2017）基于 TAM 模型，对消费者网购有机农产品的接受意愿展开研究，验证了安全性感知等对消费者具有积极影响；胡凤霞（2017）基于整合型技术接受模型及顾客满意度指数模型，探讨了网购用户对朋友圈中广告宣传的接受意愿；杨杏（2016）利用 TPB 模型探讨了消费者对可追溯农产品的购买意愿；洪巍（2016）基于 TAM 与 TRUST 的综合模型，对消费者对食品安全网络舆情中媒体信息的接受意愿进行实证研究，验证了感知有用性与信任是关键影响因子；肖川江（2016）基于成都的调查，探讨了消费者对生鲜农产品的网购意愿；甄李（2016）运用参照点对可追溯农产品消费者网络购买意愿进行了研究；而杨颖（2014）利用技术接受模型验证了消费者的感知有用性对生鲜农产品的网购意愿具有积极影响。

综上所述，由 TAM 与其发展出来的拓展模型被视为预测个人对信息系统接受意愿的最精简实用的理论模型（Legris and Ingham，2003；Liu，2012）。然而，相对于国外，我国对于 TAM 的运用范围受到了限制，鲜有研究将 TAM 应用于农产品可追溯体系领域。

5. 文献评述

通过对可追溯体系内涵、农产品可追溯体系主体行为、农产品供应链、消费者接受意愿四个方面的相关文献进行梳理总结，国内外学者关于消费者对农产品可追溯体系影响因素的研究的主要贡献包括三个方面：一是国外学者对可追溯体系相关定义的界定以及功能研究已逐渐成熟，学者普遍认为农产品可追溯体系能提高管理效率、降低劣质食品的伤害、减轻生产加工企业与消费者之间的信息不对称、帮助管控农药及食源性疾病的作用；二是农产品可追溯体系相关主体的研究较为丰富；三是技术接受模型（TAM）被国内外学者广泛应用于研究消费者对信息系统的行为意愿这一领域，其理论框架较为成熟。

以上三个方面对后续研究具有重要的参考价值，但现有研究仍存在部分有待完善的问题：一是消费者对农产品可追溯体系接受意愿影响因素的作用机理与路径分析有待深入研究。国内外学者对农产品可追溯体系主体行为的研究主要包括政府、生产加工主体以及消费者三方面，以往的研究主要集中于政府的功能研究、各参与主体对农产品可追溯体系的参与意愿、支付意愿、成本风险分析，而探讨消费者对农产品可追溯体系接受意愿的研究较为少见，关于消费者对农产品可追溯体系信任度及接受意愿不高的影响因素研究更是缺乏。二是将技术接受模型应用于农产品可追溯体系接受意愿的研究较为缺乏。技术接受模型（TAM）被国内外学者广泛应用于研究消费者对特定信息系统的行为意愿这一领域，而将 TAM 应用于农产品可追溯体系领域的研究相对较少。相对于国内，国外学者运用的分析方法丰富且先进，技术接受模型（TAM）已逐渐被国外学者应用于研究消费者对农产品可追溯体系的行为意愿这一领域，而相对于国外，目前我国对于 TAM 的运用范围受到了限制，鲜有研究将 TAM 应用于农产品可追溯体系的接受意愿领域。如何将技术接受模型扩展以应用于我国消费者对农产品可追溯体系接受意愿的研究是本章的主要目标之一。

因此，本章以消费者为研究对象，扩展了 TAM 在农产品可追溯体系领域的应用，构建消费者对农产品可追溯体系接受意愿的理论模型，探究消费者对农产品可追溯体系的接受意愿及影响因素，以期为推进农产品可追溯体系的发展与运用提供新的视角。

三、我国农产品可追溯体系的发展现状分析

基于上述对国内外相关文献及相关理论的梳理总结，为后续研究奠定了理论基础。接下来主要分析我国农产品可追溯体系实施的现状及存在的问题，为后续理论模型地构建及对策建议的提出奠定现实基础。

（一）我国农产品可追溯体系的发展概述

我国自2002年启动农产品可追溯体系的建设以来，农产品可追溯体系的建设在法律制度建设和试点实践方面取得了一定进展，但目前仍属于初级阶段。

首先，法律制度建设方面，农业部于2002年发布的《动物免疫标识管理办法》标志着我国可追溯体系的建设的开端。《动物免疫标识管理办法》首次强制要求猪、羊、牛等畜牧类动物的养殖需要建立免疫档案，此法案因2006年颁布的《畜禽标识和养殖档案管理办法》而废止，新管理法案增强了对畜禽的标识及养殖档案的管理，并要求建设畜禽及畜禽产品可追溯制度。2015年新修订颁布的《中华人民共和国食品安全法》是我国于食品质量安全相关的根本大法，规定了食品安全的全程控制。2015年《食品安全法》的实施说明了推行农产品可追溯体系势在必行。我国2009～2018年连续10年的中央“一号文件”均对食品追溯体系提出了明确的要求。而2016～2017年是农产品追溯体系快速推进阶段，2017年中央“一号文件”强调，建设食品追溯体系是我国“十三五”重点战略工程之一，并提出2020年完成全国食品追溯体系建设的主要目标。

其次，试点实践方面，我国从2010年开始，由商务部及财政部主导农产品可追溯体系建设试点工作，此次农产品可追溯体系建设试点工作确定了以肉类、蔬菜追溯体系为试点实践的重点对象，主导部门分五个批次，在全国范围内选取了58个试点城市，覆盖了近1.5万家企业、30多万家商户，在试点城市范围内，初步完成了肉菜追溯体系的建设。

综上所述，我国农产品可追溯体系的发展可以概括为以下三点特征：第一，政府部门的积极推动和财政的大力支持；第二，确定了肉类、蔬果、水产品等实现追溯的优先顺序；第三，由省级城市中经营规模大的企业作为执行

主体。

（二）基于农产品供应链的追溯流程

根据我国国家标准《物流术语》的定义，供应链是生产、流通环节中所涉及将产品或服务提供给最终用户的上游与下游所形成的网链结构。农产品供应链是指生产、加工、流通以及消费各环节形成以物流、信息流及资金流连通的网链结构，其中，从生产加工环节到消费环节的物流属于单向流动，而从消费环节至生产环节的信息流属于双向流动。供应链视角下的农产品可追溯体系是指，基于供应链理论、物联网技术以及现代信息科技，构建一个农产品质量安全追溯系统，其中包括服务器、农残检测仪、二维码扫描、追溯标签、标签打印设备、网络设备等，对农产品的生产、加工、流通以及消费环节的所有信息进行记录存储，完成整个农产品供应链的追踪与追溯检测，最终达到农产品供应链物流、资金流和信息流的互通。

基于农产品供应链的追溯流程如图 7 –4 所示。首先，农产品供应链生产环节的追溯信息包括农产品供应商（农户、农民专业合作社、种植基地）提供的农产品种植养殖方案和生产档案、农产品通过质检部门获取的农药检测信息等。其次，加工环节的追溯信息主要包括加工包装单位提供的农产品产品档案、二维码/条形码信息、加工工艺记录等。再次，经过物流运输，农产品到达批发市场、连锁超市或电商平台。流通环节的追溯信息主要包括运输车辆信息、运输路线以及运输公司信息等。最后，农产品通过市场销售被消费者购买，消费者可以根据农产品的追溯二维码/条形码查询来获取农产品的相关信息。消费环节的追溯信息主要包括销售单位信息、农产品交易价格信息、农产品销售流向分析等。一旦农产品出现质量问题，政府部门或者相关企业可通过农产品供应链每个环节的追溯信息快速定位问题源头，即可快速有效地发现问题源头所在，有利于根据问题源头开展补救措施。

（三）我国农产品可追溯体系的主要管理模式

为有效保障农产品供应链各环节的质量安全、减轻食源性食品安全事件的伤害，我国目前形成了以中央、省级以及城市三层追溯管理平台为主体的管理模式。我国农产品可追溯体系的主要管理模式如图 7 –5 所示。

首先，政府追溯管理平台由中央、省级以及城市追溯管理平台组成，其主要负责发挥政策制定及引导作用，由农产品产地、屠宰、批发、零售以及消费

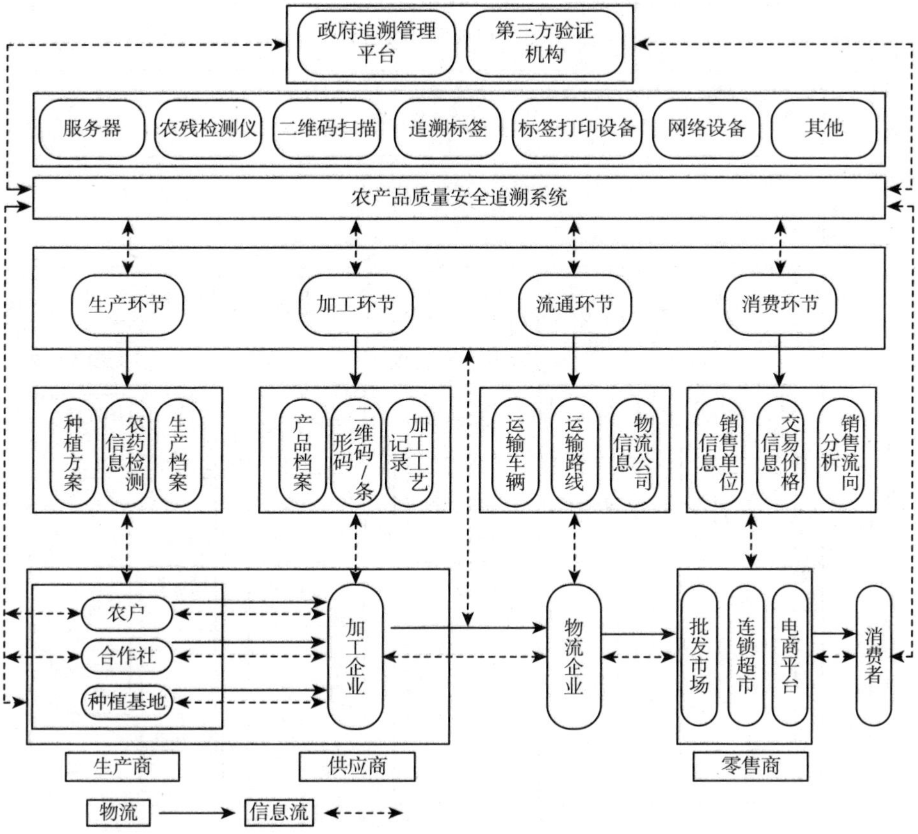

图 7-4　基于农产品供应链的追溯流程

环节的追溯子系统组成的五大流通节点子系统，则主要负责监管各农产品生产加工企业。

其次，各流通节点子系统不仅是追溯农产品质量安全信息的主要工具，也是政府监管的主要手段。流通节点子系统及控制要点主要包括：各类农产品产地追溯子系统需要采集的肉菜产地检验上市证明。其中，动物屠宰环节追溯子系统屠宰需要进行入场登记、宰前检验、肉品检验以及出厂登记。然后，肉菜批发环节的控制要点包括肉菜进场登记、抽检管理、肉菜交易记录以及电子结算。到了肉菜零售环节，追溯的控制要点包括进场确认、抽检管理以及交易订单。肉菜消费环节的控制要点包括消费者信息查询的主要方式以及团体消费管理方式。中央追溯管理平台应加强对可追溯农产品市场的监管，完成农产品可

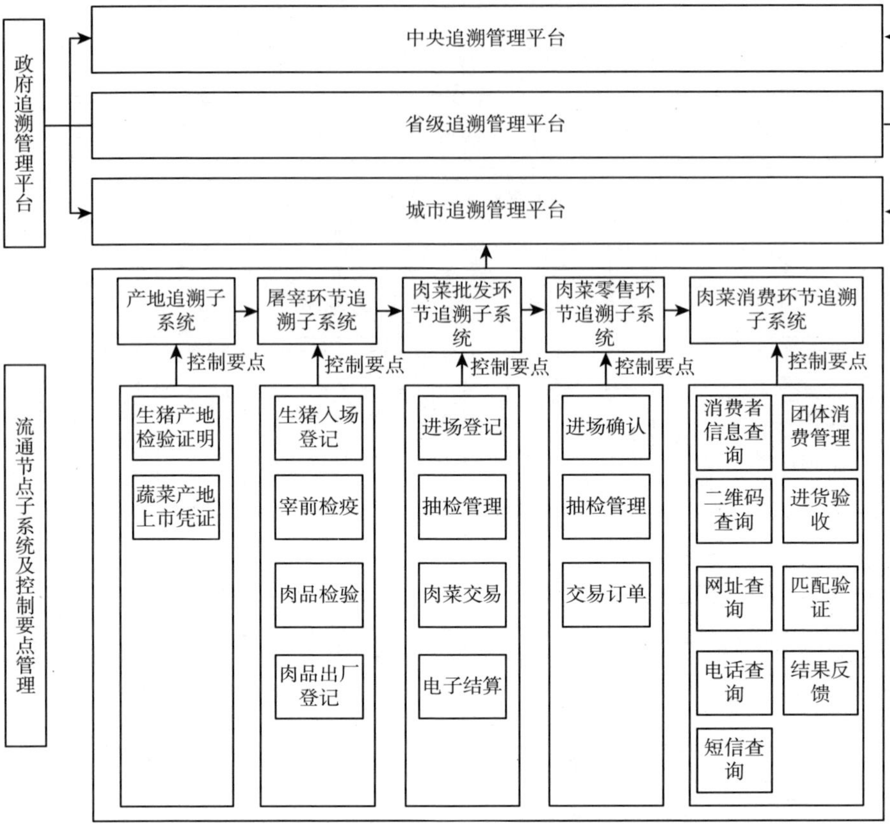

图 7-5　我国农产品可追溯体系的主要管理模式

追溯体系的标准化、规范化建设，保障可追溯农产品的质量可靠性。

（四）我国农产品可追溯体系发展的主要问题

1. 缺乏宣传力度，消费者认知度低

消费者对农产品可追溯体系的认知度是影响可追溯体系建设和发展的重要影响因素。现阶段，我国对于农产品可追溯体系的宣传力度不大，缺乏对追溯标识、追溯信息查询方式和追溯技术应用等相关知识的宣传和推广，导致我国消费者对农产品可追溯体系的总体认知水平较低。一方面，如果消费者对可追溯农产品缺乏充分理解，会导致消费者无法轻易区分出可追溯农产品与普通农产品的价值差异，从而大大降低其对可追溯农产品的购买行为；另一方面，消费者一旦缺乏对农产品可追溯体系使用方法的知识，就会选择使用现有的食品标签，而不会轻易选择去搜索追溯信息的查询方式，从而大大降低了消费者对农产品可追溯体系的使用意愿。

2. 忽略消费者的实际需求，消费者使用意愿低

消费者对农产品可追溯体系的实际需求是扩大可追溯农产品市场、推动相关企业参与可追溯体系的重要动力。Dickinson 和 Bailey（2002）指出，消费者对农产品可追溯体系的认知水平对农产品可追溯体系的发展具有积极影响，消费者对可追溯农产品的态度、接受意愿及支付价格会影响农产品生产加工企业的决策。满足消费者需求的可追溯农产品会提升农产品价格，这是吸引生产加工企业自觉参与农产品可追溯体系的主要动力。

消费者对农产品可追溯体系的需求是企业获益的主要来源，因此，美国等发达国家对于农产品可追溯体系的推动，主要注重识别出消费者对于农产品可追溯体系的态度与实际需求，致力于提高农产品可追溯体系对于消费者的吸引力，增强消费者的使用意愿。然而，现阶段，我国农产品可追溯体系的发展与消费者的需求之间存在着明显的隔阂，农产品可追溯体系不能识别消费者的实际需求，无法为消费者提供有价值的资讯，并不能吸引消费者完成购买行为，造成可追溯农产品因缺乏需求而失去市场，生产加工企业也因此缺乏参与积极性，从而导致农产品可追溯体系推动进程的缓慢。政府应通过了解影响消费者接受意愿的关键影响因素来制定相关政策，以保障可追溯体系能顺利推动。

3. 缺乏严格的认证体系，消费者信任度低

农产品可追溯体系的认证体系不完善，会导致农产品市场中存在大量缺乏实质性价值的伪追溯品牌，大大降低了可追溯农产品的品牌公信力。由于缺乏严格的认证体系和管理体系，导致生产加工企业以不完整的追溯信息、伪追溯包装等营销手段售卖高价格、低品质的农产品，且由于农产品的信任品特性，消费者只能接受或信任生产加工企业所提供的追溯信息，从而大大降低了消费者对农产品可追溯体系的信任度。

4. 缺乏合理的盈利模式，企业参与积极性低

虽然农产品可追溯体系是我国实施质量兴农战略的重要工具，是相关企业未来发展的方向，但能否均衡参与农产品可追溯体系的收益与成本，是决定企业对于农产品可追溯体系参与意愿的关键因素。一方面，由于推行可追溯体系的成本大、收益成效缓慢等原因导致农产品生产加工企业对于参与农产品可追溯体系的积极性不高。企业在参与农产品可追溯体系过程中，需要购置冷链设备、追溯信息管理系统以确保农产品的品质与信息的可追溯性，同时还需要引进追溯技术人才，高额的前期成本使企业参与农产品可追溯体系很难快速获取直接效益。另一方面，企业参与农产品可追溯体系的门槛较高。我国农产品可追溯体系的试点工作确定了肉类、蔬果、水产品等产品供应链追溯的优先顺序，并且由省级城市中相对较大的食品公司作为执行主体，促使大多数中小规模企业选择直接不参与，部分有参与意愿企业也不会选择直接参与农产品可追溯体系。

5. 缺乏完善的管理制度，政府管理效率低

一方面，缺乏与农产品可追溯体系直接相关的法律依据。我国虽已陆续颁布了一系列与食品质量安全相关的法律规章制度，但与农产品可追溯体系相关的规章制度大多数是以管理办法、决定以及通知等形式颁布，并没有达到法律体系层面，缺乏长效机制。另一方面，未形成与国际接轨的追溯标准。我国农产品可追溯体系的发展缺乏全国统一的规范指导。欧盟、美国以及日本等发达国家和地区针对农产品供应链的各关键环节均颁布了生产加工规范细则，使农产品相关企业有章可循，有利于追溯体系的快速推广。现阶段，我国农产品追溯标准虽很多，但并不兼容统一，且与国际标准还有一定的差距，导致我国形成了标准紊乱、重复建设、资源浪费以及出口困难等问题。

四、理论模型构建与研究设计

前面主要奠定了理论基础及现实基础，确定了以农产品可追溯体系中关键的终端使用者消费者作为研究对象，选取了技术接受模型作为探讨消费者对农产品可追溯体系接受意愿的基础理论模型。接下来，首先将对理论模型的研究变量进行讨论，构建消费者对农产品可追溯体系接受意愿模型，并提出研究假设。其次，详细讨论新增变量的衡量方式与操作型定义、变量的测度项及来源。再次，基于理论模型，参考其他学者的相关研究成果，在学者成熟量表的基础上进行适当的修正，完成本章研究变量测量维度的设计。最后，通过专家访谈、预调查、正式问卷三个步骤完成消费者对农产品可追溯体系接受意愿调查的问卷设计。

（一）研究变量选取与研究假设

1. TAM 基础变量定义与相关假设

本章以解释、预测个体对信息系统接受意愿最为精简实用的技术接受模型作为理论模型，将农产品可追溯体系视为对消费者而言的新信息系统，主要探究消费者对农产品可追溯体系接受意愿的影响因素，并不考虑消费者的实际使用情况，因此，我们选取了技术接受模型中的感知有用性、感知易用性、对农产品可追溯体系的态度、对可追溯体系的使用意愿四个变量作为理论模型的基础变量。基础变量的操作化定义及相应假设如下：

（1）感知有用性（perceived usefullness，PU）。感知有用性（PU）是指消费者感受到自己接受使用农产品可追溯体系将使其选购到安全食品和提升生活质量的程度。通过对 TAM 相关研究对比发现，消费者对特定信息技术的接受态度和使用意愿主要取决于感知有用性（PU）和感知易用性（PEOU）。其中，感知有用性（PU）通常被学者视为个人对信息系统接受意愿的关键变量，大量学者证明了 PU 对消费者的行为态度、行为意愿具有显著影响（Igbaria and Iivari，1995；Chau and Hu，2001；Moores，2012）。

农产品可追溯体系旨在为消费者提供农产品生产、加工、流通与消费环节的相关信息（包括农药、兽药、激素、抗生素等有害物质残留水平等），以作为消费者购买农产品时的重要参考。对于消费者而言，其感受到农产品可追溯体系提供的信息对于提升生活质量越有用，则对农产品可追溯体系的使用态度越积极，对于农产品可追溯体系的使用意愿更强烈。因此，消费者对于农产品可追溯体系的感知有用性对农产品可追溯体系的使用态度以及接受意愿具有积极影响。

因此，基于上述研究分析，提出如下假设：

H7 -1：感知有用性对农产品可追溯体系接受态度具有正向显著影响。

H7 -2：感知有用性对农产品可追溯体系使用意愿具有正向显著影响。

（2）感知易用性（perceived ease of use，PEOU）。感知易用性（PEOU）是指消费者感受到学会使用农产品可追溯体系的容易程度。PEOU 虽然不是具有统计显著性的关键变量，但部分学者仍将 PEOU 作为影响态度的变量之一，并认为 PEOU 对消费者的行为态度、行为意愿具有显著影响（Liu and Huang，2012；Moon and Kim，2001）。PEOU 对接受意愿的影响可能会因研究对象或是研究设计的差异而有所不同，考虑到研究的完整性，我们选择将 PEOU 作为理论模型的基础变量进行讨论。在农产品可追溯体系的使用过程中，消费者感受到学会使用农产品可追溯体系的容易程度会影响到消费者的接受态度与使用意愿。消费者觉得使用农产品可追溯体系越简单易用，会越容易接受农产品可追溯体系，并真正使用它。越简洁易懂的使用方法越有利于提升消费者对农产品可追溯体系的使用态度以及接受意愿。

因此，基于上述研究分析，提出如下假设：

H7 -3：感知易用性对农产品可追溯体系接受态度具有正向显著影响。

H7 -4：感知易用性对农产品可追溯体系使用意愿具有正向显著影响。

（3）对农产品可追溯体系接受态度（attitude，ATT）。对农产品可追溯体系接受态度（ATT）是指消费者对接受使用农产品可追溯体系的总体感受；对农产品可追溯体系使用意愿（intention to use，ITU）是指消费者意图接受并使用农产品可追溯体系的强度。消费者对农产品可追溯体系接受态度（ATT）也被证明是影响消费者对农产品可追溯体系使用意愿（ITU）的关键变量（Fishbein and Ajzen，1975）。如果消费者对接受使用农产品可追溯体系的总体感受越积极，说明其对农产品可追溯体系接受态度（ATT）越强烈，则消费者会积极地选择使用农产品可追溯体系，消费者对农产品可追溯体系的使用意愿越高。

因此，基于上述研究分析，提出如下假设：

H7 -5：农产品可追溯体系接受态度对农产品可追溯体系使用意愿具有正向显著影响。

2. TAM 扩展变量定义与相关假设

在文献研究、专家访谈的基础上，我们新增加三个扩展变量：食品安全意识（food safety concern，FSC）、健康意识（health consciousness，HC）、感知障碍性（perceived limitations，PL），以期将 TAM 扩展到与消费者生活质量相关的农产品可追溯体系领域。扩展变量的操作化定义及相应假设如下：

（1）感知障碍性。感知障碍性（PL）是由于农产品具有信任品（credence goods）的特性，现有食品标签的竞争效果影响了消费者对农产品可追溯体系的接受态度，并降低了消费者的使用意愿。Van Rijswijk 和 Frewer（2012）指出，由于农产品具有信任品的特性，消费者在选购农产品时不会花太多时间用于搜寻质量信息，并且相较于查询农产品可追溯体系，消费者完成购买行为会更加倾向于参考农产品现有的食品标签，而不愿多投入搜寻成本（如时间成本）查询可追溯农产品的相关数据。Cornelisse-Vermaat（2008）指出，虽然信息与通信技术能提供更多更详细的农产品可追溯数据，但由于消费者担忧参与可追溯体系会增加生产加工企业的成本，并认为生产加工企业会将成本转移至消费者，同时，消费者对农产品的追溯信息的准确性与信息更新效率的信任度不高，因此，消费者购买农产品时，仍会偏好于使用现有的食品标签。

综上所述，PL 主要来源于两个方面：其一，农产品的信任品特性；其二，现有食品标签与可追溯体系的竞争效果。因此，我们认为食品的信任品特性及现有食品标签的有效性会对消费者在农产品可追溯体系的接受态度及使用意愿上造成负向影响，并提出如下研究假设：

H7－6：感知障碍性对农产品可追溯体系接受态度具有负向显著影响。

H7－7：感知障碍性对农产品可追溯体系使用意愿具有负向显著影响。

（2）健康意识。健康意识（HC）是指消费者对自我健康的在意程度。Steptoe 和 Pollard（1995）指出，健康意识是影响消费者食品决策的关键决策因子。Jayanti 和 Burns（1998）指出，健康意识与健康行为（health motivation）影响个体对营养食品与健康食品的行为决策，也对个体进行保健行为具有显著影响，即健康意识高的人进行预防性的健康行为的意愿高。Kempen（2012）探讨了健康意识与食品标签使用度的关系，发现关注食品标签信息意识较强的人具有较高的健康意识，偏好于查阅营养与健康的相关资讯。部分学者亦指出，无论对有机食品的常态购买者或是临时消费者而言，消费者的健康意识对于消费决策具有显著影响，健康意识与食品安全意识对购买健康食品的接受态度与行为意愿具有统计方面的显著相关性（Pino and Peluso，2012；Michaelidou and Hassan，2008）。

综上所述，消费者的健康意识是指消费者对自身健康的在意程度，其对消费者购买“健康”食品的行为具有影响。因此，提出如下研究假设：

H7－8：健康意识对农产品可追溯体系接受态度具有正向显著影响。

H7－9：健康意识对农产品可追溯体系使用意愿具有正向显著影响。

（3）食品安全意识。Yee（2005）认为消费者越来越关注食品中农药残留、人工添加剂及防腐剂含量等食品安全问题，并认为这些问题源自于农产品的生产与加工过程。然而，与禽流感等重大食品安全事件相比，蔬菜瓜果的农药残留、人工添加剂及防腐剂含量等问题并不容易引起媒体的关注与报道。Michaelidou 和 Hassan（2008）认为食品安全意识（FSC）代表了消费者对上述食品安全议题的关注程度。

大量学者基于消费者的食品安全意识以及健康意识，讨论了消费者对有机食品的购买意愿，结果均为显著。Michaelidou 和 Hassan（2010）的研究亦将食品安全意识应用于消费者对自由放牧家禽的购买态度与意愿。Pino（2012）通过实证研究得出，食品安全意识显著影响消费者采购有机食品的行为意愿。由前述研究可见，消费者的食品安全意识为采购有机食品态度与行为意愿的关键影响因素。

综上所述，虽然食品安全意识之前多用于测度消费者对有机食品购买意愿的影响因子，但我们认为消费者使用农产品可追溯体系同样是为了取得健康与具有品质的食品，因此，本章将食品安全意识视为影响消费者使用可追溯体系的变量之一，并提出如下研究假设：

H7－10：食品安全意识对农产品可追溯体系接受态度具有正向显著影响。

H7－11：食品安全意识对农产品可追溯体系使用意愿具有正向显著影响。

消费者对农产品可追溯体系接受意愿模型的研究假设汇总详见表 7－1：

表 7－1　　研究假设汇总表

研究变量	假设
感知有用性（PU）	H7－1：感知有用性对农产品可追溯体系接受态度具有正向显著影响 H7－2：感知有用性对农产品可追溯体系使用意图具有正向显著影响
感知易用性（PEOU）	H7－3：感知易用性对农产品可追溯体系接受态度具有正向显著影响 H7－4：感知易用性对农产品可追溯体系使用意图具有正向显著影响
感知障碍性（PL）	H7－6：感知障碍性对农产品可追溯体系接受态度具有负向显著影响 H7－7：感知障碍性对农产品可追溯体系使用意图具有负向显著影响
健康意识（HC）	H7－8：健康意识对农产品可追溯体系接受态度具有正向显著影响 H7－9：健康意识对农产品可追溯体系使用意图具有正向显著影响
食品安全意识（FSC）	H7－10：食品安全意识对农产品可追溯体系接受态度具有正向显著影响 H7－11：食品安全意识对农产品可追溯体系使用意图具有正向显著影响
对农产品可追溯体系接受态度（ATT）	H7－5：农产品可追溯体系态度对农产品可追溯体系使用意图具有正向显著影响

（二）理论模型构建

基于上述对 TAM 模型变量定义与假设分析，得出消费者对农产品可追溯体系接受意愿的理论模型如图 7－6 所示。消费者对农产品可追溯体系的接受意愿包括其对未来接受农产品可追溯体系这一信息系统的接受态度以及使用意愿。总体来看，消费者对农产品可追溯体系接受意愿的影响机制主要包括：感知有用性（PU）的正向影响、感知易用性（PEOU）的正向影响、感知障碍性（PL）的负向影响、健康意识（HC）的正向影响、食品安全意识（FSC）的正向影响以及接受态度（ATT）对使用意愿（ITU）的正向影响。

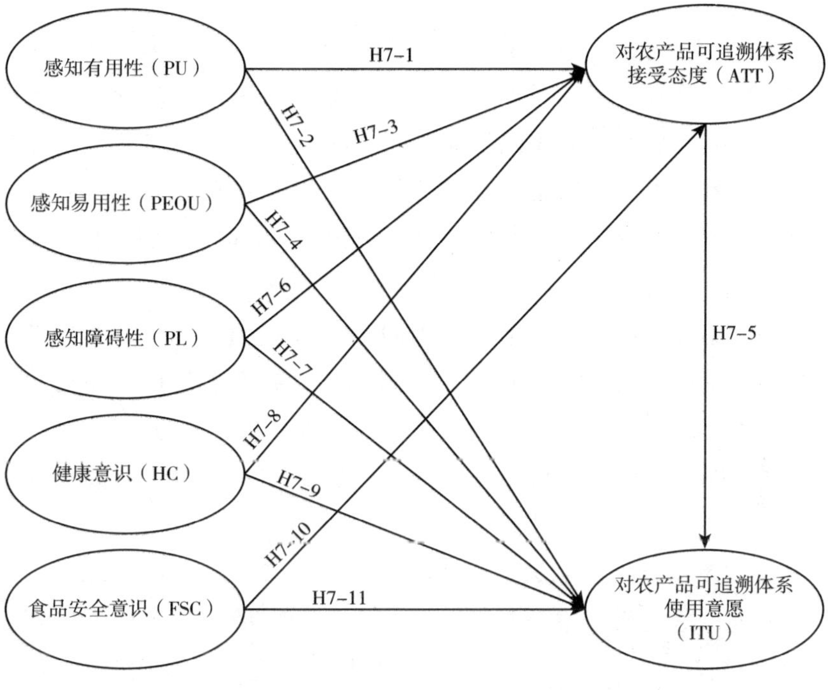

图 7－6　消费者对农产品可追溯体系接受意愿的理论模型

（三）研究设计

1. 研究变量测量维度设计

通过上述对技术接受模型变量选取的讨论，确定了我们的研究变量。接下来，首先参考其他学者的相关研究成果，在学者相关成熟量表的基础上进行适当修正，完成了研究变量测量维度的设计。

（1）基础变量。TAM 基础变量的测量由 Davis（1989）、Egea 和 González（2011）的研究量表修改所得。感知有用性（PU）的测量主要了解消费者是否认为使用可追溯体系能帮助其选购到安全的食品以及想要的食品；感知易用性（PEOU）的测量主要了解消费者是否认为学会使用和查询农产品可追溯体系很简单；对农产品可追溯体系接受态度（ATT）的测量主要了解消费者是否认为可追溯体系是重要的，并且是否认为可追溯体系能保障食品安全；对农产品可追溯体系使用意愿（ITU）的测量主要了解消费者未来是否会查询可追溯体系，是否认为使用可追溯体系是有意义的，是否会推荐他人使用可追溯体系。

（2）食品安全意识。我们适当修正了 Michaelidou 和 Hassan（2008）的测量量表，得到食品安全意识对消费者对农产品可追溯体系接受意愿的测量题项：一是“我在意食品中防腐剂与添加物的量”；二是“我认为食品中残留的肥料与农药，就算我们买回来并经过烹煮后，仍会对我们的健康造成影响”；三是“我关注媒体所提到有关食品安全的议题”；四是“我在意食品的质量与安全”。

（3）健康意识。我们适当修正了 Michaelidou 和 Hassan（2008）的测量量表，得到健康意识对消费者对农产品可追溯体系接受意愿的测量题项：一是“我在意饮用水的质量”；二是“我会减少油炸食品与盐分的摄取”；三是“可能的话，我会减少摄取快餐食品（如汉堡、薯条）”；四是“我要为我自己的健康负责”。

（4）感知障碍性。我们通过对 Van Rijswijk（2012）及 McCarthy（1998）的研究量表进行适当修正来测量 PL 对 ATT 与 ITU 的影响，形成感知障碍性（PL）的测量题项：一是“消费者认为食品标示信息不足使用”；二是“虽然选购时间短，但仍会使用可追溯体系”。

综上所述，理论模型的变量测度项及文献来源如表 7－2 所示。

2. 问卷设计

我们主要通过问卷调查的方式获取数据。调查问卷采取 Likert 七点量表，1 表示完全不同意，7 表示完全同意。为了使问卷收集的数据更好地适用于研究，本问卷的设计通过专家访谈、预调查及正式问卷三个步骤完成。

表 7-2　　变量的测度项及文献来源

研究变量	指标	测量题项	文献来源
感知有用性（PU）	PU1	使用可追溯体系能帮助我选购到安全的食品	Davis（1989）及 Egea and González（2011）
	PU2	使用可追溯体系能让我有效的选购到我要的食品	
	PU3	使用可追溯体系可以让我查到我想要的数据	
感知易用性（PEOU）	PEOU1	认为用手机下载可追溯体系的应用程序很简单	Davis（1989）及 Egea and González（2011）
	PEOU2	认为学会使用可追溯体系很简单	
	PEOU3	认为查询可追溯体系很简单	
食品安全意识（FSC）	FSC1	在意食品中防腐剂与添加物的量	Michaelidou and Hassan（2008）
	FSC2	认为食品中残留的肥料与农药，就算我们买回来并经过烹煮后，仍会对我们健康造成影响	
	FSC3	关注媒体所提到有关食品安全的议题	
	FSC4	在意食品的质量与安全	
健康意识（HC）	HC1	在意饮用水的质量	Michaelidou and Hassan（2008）
	HC2	会减少油炸食品与盐分的摄取	
	HC3	可能会减少摄取快餐食品	
	HC4	为我自己的健康负责	
感知障碍性（PL）	PL1	认为虽然选购食品时间短，但仍需要使用可追溯体系	Van Rijswijk and Frewer（2012）及 McCarthy and Barton（1998）
	PL2	认为食品上的成份及营养标示对我而言不足够	
对农产品可追溯体系接受态度（ATT）	ATT1	认为推动可追溯体系是重要的	Davis（1989）及 Egea and González（2011）
	ATT2	认为推动可追溯体系能保障食品的安全	
	ATT3	认为具有可追溯体系认证的食品是安全的	
对农产品可追溯体系使用意愿（ITU）	ITU1	会推荐别人使用可追溯体系	Davis（1989）及 Egea and González（2011）
	ITU2	认为使用可追溯体系查询数据是具有意义的	
	ITU3	未来将会使用可追溯体系查询信息	

（1）专家访谈。首先通过与专家访谈，了解农产品可追溯体系的整个运作流程，基于可追溯体系的最终使用者（end-users）消费者的视角，综合以往学者的成熟量表，适当修改得到本章的调查问卷。问卷初步形成之后，与导师及资深老师等学者一起对问卷的所有测量题项逐一探讨，初步确定调查问卷的内容。

（2）预调查。专家访谈虽提高了问卷的科学性，但仍无法代表调查问卷能有效发放，调查对象能否正确理解问卷题项十分重要。为使调查对象能正确理解调查问卷，首先，选取了部分消费者作为预调查对象，根据预调查对象的反馈意见，修改了表述不明确的测量题项。其次，确认问卷的测量题项能被普通调查对象轻松无误地理解后，得到了研究调查使用的最终问卷。

（3）正式问卷。通过专家访谈以及预调查之后，得到了本章使用的正式问卷。本章所使用的问卷主要分为以下三部分：

问卷第一部分为问卷说明，内容包括研究起源以及研究目的。

问卷第二部分为问卷主体，主要了解调查对象对农产品可追溯体系的知识调查、接受意愿影响因素调查以及使用状况调查，共30题。其中，农产品可追溯体系知识调查包括3题；消费者对农产品可追溯体系接受意愿的影响因素调查（感知有用性、感知易用性、食品安全意识、健康意识、感知障碍性、接受态度、使用意图），共22题；消费者对农产品可追溯体系的使用状况调查，共5题。

问卷第三部分为调查对象的基本资料，包括性别、年龄、教育程度、家庭收入、农产品的购买行为等，共9题。

3. 问卷发放及样本选取

我们的研究数据源于2017年6月至2017年11月对长沙等地区的调研，主要包括现场发放纸质问卷以及通过问卷星发放网络问卷两种调研方式。调研共访问400人次，回收问卷367份，删除无效或空白问卷后，最终回收有效问卷332份。有学者认为问卷人数至少为300人，且调研人数应当为问卷测量题项的五倍（Ghiselli，1981；Hai，1998）。我们使用的调查问卷测量题项共39题，有效问卷为332份，满足上述要求标准。因此，综合以上两点对样本数据的建议，研究样本数据的选取较为科学。

五、消费者对农产品可追溯体系接受意愿的实证分析

我们运用SPSS 22.0以及AMOS 24.0统计软件对332份调研数据进行实证分析：首先，对调研数据进行了描述性统计分析，得出消费者对农产品可追溯体系的认知情况。其次，对理论模型的量表进行信度和效度检验，分析量表的稳定性和准确性。再次，信度效度检验通过之后，对样本数据进行因子分析，验证观测变量维度的设置是否科学。最后，利用结构方程模型对理论模型的拟合度、研究假设进行验证，得出消费者对农产品可追溯体系接受意愿影响因素

的作用机理与路径。

（一）描述性统计分析

1. 样本描述性统计分析

研究共发放问卷400份，共回收问卷367份，其中有效问卷为332份，有效问卷回收率为90.46%。样本描述性统计详见表7-3。

表7-3　　　　样本描述性统计

描述指标	选项	频数	百分比
性别	男	155	46.7
	女	177	53.3
年龄	18岁以下	13	3.9
	18~25	166	50.0
	26~30	30	9.0
	31~40	54	16.3
	41~50	53	16.0
	51~60	14	4.2
	60岁以上	2	0.6
教育程度	高中（中专，含）以下	56	16.9
	大专	84	25.3
	本科	137	41.3
	研究生（含）以上	55	16.6
职业	全日制学生	117	35.2
	生产人员	10	3.0
	销售人员	26	7.8
	市场/公关人员	1	0.3
职业	客服人员	4	1.2
	行政/后勤人员	23	6.9
	人力资源	9	2.7
	财务/审计人员	18	5.4
	文职/办事人员	9	2.7
	技术/研发人员	10	3.0
	管理人员	13	3.9
	教师	33	9.9
	顾问/咨询	3	0.9
	专业人士	12	3.6
	其他	44	13.3

续表

描述指标	选项	频数	百分比
家庭成员结构	与家人同住，家人有小孩	109	32.8
	与家人同住，家中无小孩	67	20.2
	独自在外居住	156	47.0
每月可用于购买食材或用餐的金额	1000元以下（含）	99	29.8
	1001~2000元	105	31.6
	2001~3000元	57	17.2
	3001~4000元	32	9.6
	4001~5000元	14	4.2
	5001~6000元	11	3.3
	6000元以上	14	4.2
我会自行购买食品或蔬果	是	306	92.2
	否	26	7.8
为家庭中主要采购食品或蔬果的人	是	163	49.1
	否	169	50.9

由表7-3可知，在本次调研对象中，男性和女性的比例为46.7%和53.3%，比例较为科学，调研对象年龄主要集中在18~50岁的中青年，设置比较合理。

关于调研对象教育程度方面，学历为本科的人数为137人，占比为41.3%；高中（中专，含）以下的为56人，占比为16.9%，研究生（含）以上的为55人，占比为16.6%，这说明调研对象能比较准确地理解问卷含义并做出具有代表性的回答。

关于调研对象职业方面，主要包括在校学生、教师、销售人员行政及财务人员等公司职员。其中，学生占比为35.2%，教师占比为9.9%，销售人员等公司职员占比为35.1%。调研数据样本涉及的职业范围较为合理，但仍存在学生数量接近1/3的比例的问题，是后续研究需要改进的地方之一。

关于调研对象家庭成员结构方面，与家人同住且有小孩的为109人，占比为32.8%；与家人同住，家中无小孩的为67人，占比为20.2%；独自在外居住的为156人，占比为47%；调查对象包括生活中比较常见的三类家庭结构，有利于了解不同家庭结构下消费者对于农产品可追溯体系的接受意愿。

关于调研对象每月可用于购买食材或用餐的金额方面，每月消费2000元以下的情况最多，为204人，占比为61.4%；2001~3000元的占比为17.2%；

3001～5000元的情况占比为13.8%；高于5000元的情况占比为7.5%。从总体来看，每月可用于购买食材或用餐的金额正常偏低，可能是受学生样本的影响。

调研对象中会自行购买食品或蔬果的人数为306人，占比为92.2%；为家中食品或蔬果采购者的为163人，占调查对象的49.1%。说明调研对象基本上具有购买农产品的经验，符合我们的研究主题。

综上所述，我们的调研对象主要以高学历的中青年为主，大多为本科及本科以上的学历，能比较准确地理解问卷含义并做出具有代表性的回答。受访者的职业和家庭收入比较稳定，具有一定的消费能力，并具备自行购买食品或蔬果的经验。因此，由统计结果可知，本次调研数据具有较高的代表性以及可信度。

2. 变量描述性统计分析

我们通过SPSS 22.0统计软件对调查问卷各指标进行了变量描述性统计分析，包括每个研究变量的均值以及标准差，计算结果详见表7－4。

从表7－4可以发现，消费者对农产品可追溯体系的认知水平低，且使用行为较少。虽然大多数的受访者认为推动农产品可追溯体系重要（均值为5.94，标准差为1.242），并认为可追溯体系能保障安全（均值为5.86，标准差为1.292），且在意食品的质量与安全（均值为6.30，标准差为1.162），在意食品中防腐剂与添加物的量（均值为6.04，标准差为1.265），但真正使用过农产品可追溯体系的人却很少（均值为3.86，标准差为1.967），在问卷前曾查询过可追溯体系的行为也很少（均值为3.86，标准差为1.967）。这说明大部分消费者虽然比较关心食品安全问题，但对农产品可追溯体系的认知度低，并没有形成追溯意识。

表7－4　　变量描述性统计分析

研究变量	指标	测量题项	均值	标准差
感知有用性（PU）	PU1	使用可追溯体系能帮助我选购到安全的食品	5.69	1.307
	PU2	使用可追溯体系能让我有效的选购到我要的食品	5.54	1.371
	PU3	使用可追溯体系可以让我查到我想要的数据	5.60	1.375
感知易用性（PEOU）	PEOU1	认为用手机下载可追溯体系的应用程序很简单	5.12	1.577
	PEOU2	认为学会使用可追溯体系很简单	5.01	1.632
	PEOU3	认为查询可追溯体系很简单	4.85	1.668

续表

研究变量	指标	测量题项	均值	标准差
食品安全意识（FSC）	FSC1	在意食品中防腐剂与添加物的量	6.04	1.265
	FSC2	认为食品中残留的肥料与农药，就算我们买回来并经过烹煮后，仍会对我们健康造成影响	5.89	1.371
	FSC3	关注媒体所提到有关食品安全的议题	5.80	1.331
	FSC4	在意食品的质量与安全	6.30	1.162
健康意识（HC）	HC1	在意饮用水的质量	6.24	1.164
	HC2	会减少油炸食品与盐分的摄取	5.83	1.348
	HC3	可能会减少摄取快餐食品	5.79	1.411
	HC4	为我自己的健康负责	6.45	0.999
感知障碍性（PL）	PL1	认为虽然选购食品时间短，但仍需要使用可追溯体系	5.68	1.333
	PL2	认为食品上的成分及营养标示对我而言不足够	5.65	1.328
对农产品可追溯体系接受态度（ATT）	ATT1	认为推动可追溯体系是重要的	5.94	1.242
	ATT2	认为推动可追溯体系能保障我们食用食品的安全	5.86	1.292
	ATT3	认为具有可追溯体系认证的食品在质量上是安全的	5.67	1.332
对农产品可追溯体系使用意愿（ITU）	ITU1	会推荐别人使用可追溯体系	5.51	1.385
	ITU2	认为使用可追溯体系查询数据是具有意义的	5.74	1.333
	ITU3	未来将会使用可追溯体系查询信息	5.70	1.339
可追溯体系使用状况（UB）	UB1	知道政府在推动可追溯体系	4.60	1.816
	UB2	在问卷前曾查询过可追溯体系	3.86	1.967
	UB3	常使用可追溯体系查询食品资讯	3.83	1.996
	UB4	曾听过可追溯体系的宣传	4.10	1.996
	UB5	三个月内曾使用手机查询资讯（包含股票、新闻、交通资讯、美食等）	4.98	1.848

（二）样本的科学性检验

我们以332份样本数据为基础，利用SPSS 22.0以及AMOS 24.0统计软件对研究模型中的7个潜在变量以及相应的22个观测变量进行了信度和效度检验。

1. 量表的信度检验

信度代表量表内部的一致性、稳定性和集聚性，同一潜在变量下的观测变量相关性越高，说明量表内部的信度越高。本章主要采用了因子载荷量、

Cronbach's Alpha 系数以及组合信度（composite reliability，CR）对量表的信度进行检验。

Moores（2012）认为因子载荷量大于 0.6 的变量才具有内部信度（convergent validity），Chin（1998）认为因子载荷量至少应大于 0.6，若能大于 0.7 则更佳。Chau and Hu（2001）也指出，每个因子的因子载荷量应大于 0.6。

Cronbach's Alpha 系数是由 Cronbach 于 1951 年创立，是现阶段最常用的信度检验方法。Nunnally（1978）提出 Alpha 系数小于 0.35 属于低信度范围，应拒绝使用；大于 0.35 小于 0.7 则属于中信度范围，可以接受；大于 0.7 的 Alpha 系数则属于高信度范围。

组合信度和平均变异萃取也常用来检测内部信度，学者一般建议组合信度一般需要高于 0.7（Fornell and Larcker，1981）。

综上，得出信度指标测量标准如表 7－5 所示。

表 7－5　　信度指标检验标准

信度指标	检验标准	结果评价
因子载荷量	> 0.7	高信度
	> 0.6	一般信度
Cronbach's Alpha 系数	≥ 0.7	高信度
	0.35 ~ 0.7	中信度
	< 0.35	低信度
组合信度	≥ 0.8	高信度
	≥ 0.7	中信度
	≥ 0.5	低信度

运用 SPSS 22.0、AMOS 24.0 统计软件得出量表的信度检验结果如下：因子载荷量数值范围为 0.712～0.944，均高于 0.7，且大部分高于 0.8，属于高信度范围。Cronbach's Alpha 系数值范围为 0.757～0.925，均高于 0.7，且大多 Alpha 系数大于 0.85，其中感知有用性变量的 Alpha 系数最高，为 0.925，说明问卷量表具有较高的信度。组合信度 CR 值为 0.7126～0.9262，均高于学者建议的 0.7，说明本研究具有良好的内部信度（high internal reliability）。综上所述，说明本研究量表总体信度较好，具体信度检验结果如表 7－6 所示。

表 7－6　　量表的信度检验结果

研究变量	指标	因子载荷量	CR	Cronbach's Alpha
PU	PU1	0.880	0.8965	0.896
	PU2	0.866		
	PU3	0.839		
PEOU	PEOU1	0.850	0.9262	0.925
	PEOU2	0.944		
	PEOU3	0.899		
PL	PL1	0.806	0.7126	0.757
	PL2	0.679		
FSC	FSC1	0.780	0.8516	0.848
	FSC2	0.696		
	FSC3	0.760		
	FSC4	0.831		
HC	HC1	0.865	0.8628	0.881
	HC2	0.712		
	HC3	0.713		
	HC4	0.830		
ATT	ATT1	0.897	0.9048	0.902
	ATT2	0.908		
	ATT3	0.808		
ITU	ITU1	0.859	0.9058	0.906
	ITU2	0.887		
	ITU3	0.873		

2. 量表的效度检验

效度代表问卷量表潜在变量间的准确程度及区别程度，区别程度越高，量表的效度越高。高效度的量表需要满足两个条件：同一潜在变量下观测变量相关性高；不同潜在变量下观测变量相关性低。效度检验一般通过利用平均方差抽取量（average variance extracted，AVE）、平均方差抽取量（AVE）的平方根指标来检验。AVE 值亦被称为收敛效度，AVE 值的平方根亦被称为判别效度。

AVE 值是指潜在变量对全部观察变量的整体解释程度，AVE 值越高代表着其测量题项的解释能力越强，收敛效度越强。Fornell 和 Larcker（1981）建议 AVE 至少要高于 0.5 才具有收敛效度。

AVE 的平方根代表的是潜在变量内部的系数，Fornell 和 Larcker（1987）指出当一个潜在变量的 AVE 的平方根大于其他潜在变量之间相关系数的绝对值时，则说明该研究量表具有判别效度。

综上所述，效度指标测量标准如表 7－7 所示。

表 7－7　　效度指标检验标准

效度指标	效度类别	检验标准
平均方差抽取量（AVE）	收敛效度	AVE≥0.5
平均方差抽取量（AVE）的平方根	判别效度	$\sqrt{AVE}$ > 相关系数

各研究变量的收敛效度检验结果如表 7－8 所示，各潜在变量的 AVE 值为 0.5553～0.8073 的取值范围，皆高于研究者所建议的 0.5。这说明消费者对农产品可追溯体系模型的变量间具有较好的收敛效度。

表 7－8　　变量的收敛效度检验结果

研究变量	PU	PEOU	PL	FSC	HC	ATT	ITU
AVE 值	0.7428	0.8073	0.5553	0.5902	0.6131	0.7606	0.7623

各研究变量的判别效度检验结果如表 7－9 所示，AVE 平方根为 0.745～0.898 的取值范围，并且每个 AVE 平方根均高于其相对应潜在变量相关系数的绝对值，因此，我们的研究变量间具有较好的判别效度。

表 7－9　　变量的判别效度检验结果

	PU	PEOU	PL	FSC	HC	ATT	ITU
PU	0.862						
PEOU	0.495	0.898					
PL	－0.521	－0.557	0.745				
FSC	0.663	0.471	－0.571	0.768			
HC	0.561	0.437	－0.567	0.701	0.783		
ATT	0.814	0.674	－0.63	0.702	0.577	0.872	
ITU	0.746	0.644	－0.676	0.695	0.629	0.835	0.873

注：表格斜对角线数值代表 AVE 值的平方根。

（三）因子分析

Moores（2012）指出，一个观察变量只能反映一个潜在变量，即某一潜在变量下的因子载荷量应高于其他潜在变量对应的因子载荷量数值，则说明各潜在变量下的观察变量具有区别效度。

因子分析主要验证对观察变量的结构效度，同时判断是否应该做降维处理。因子分析是通过一些因子来描述变量间的相互关系，相关性比较强的指标归为一类变量，用少量的变量来反映原始数据的大部分的信息，此方法被广泛应用于消费者意愿和满意度等方面的研究。测量量表需要通过 KMO 和巴特利特球形检验才能进行因子分析。其中，KMO 值大于 0.9 表示非常适合；0.8～0.9 时，说明很适合；0.7～0.8 时，说明适合；0.6～0.7 时，则不太适合；0.5～0.6 时表示勉强适合；小于 0.5 时表示不适合。同时，满足巴特利球体检验显著性概率小于 1%，才能进行因子分析。

采用 SPSS 22.0 对问卷调查的数据进行 KMO 和巴特利球体检验，计算结果如表 7－10 所示。问卷数据的 KMO 值为 0.935，说明它非常适合进行因子分析；同时，巴特利球体检验中显著性概率为 0.000，小于 1%，符合检验要求，表明调研数据通过效度检验，适合进行因子分析。

表 7－10　　KMO 和巴特利球体检验

Kaiser-Meyer-Olkin Measure of Sampling Adequacy		0.935
巴特利球体检验	近似卡方分配	5915.185
	自由度 df	231
	Sig	0.000

KMO 和巴特利球体检验通过之后，我们利用 SPSS 22.0 统计软件进行主成分分析，通过最大方差法完成正交旋转，提取了 7 个因子，详见表 7－11 和表 7－12。

1. 前因变量因子分析

通常来说，因子载荷量的绝对值高于 0.5 的因子可归于一个测量维度。由表 7－11 可以得出，前因变量可以划分成 5 个因子。PU 包含于因子 3 中，PEOU 包含于因子 2 中，FSC 包含于因子 1 中，HC 包含于因子 4 中，PL 包含于因子 5 中，因子数量与测量维度和原量表保持一致性，说明调查问卷可以较好地反映以上 5 个变量。

表 7－11　　前因变量因子载荷

测量维度		因子载荷量				
		因子 1	因子 2	因子 3	因子 4	因子 5
感知有用性（PU）	PU1	0.255	0.123	0.847	0.128	0.178
	PU2	0.221	0.211	0.848	0.121	0.114
	PU3	0.269	0.239	0.811	0.101	0.063
感知易用性（PEOU）	PEOU1	0.154	0.850	0.195	0.147	0.138
	PEOU2	0.163	0.892	0.205	0.138	0.136
	PEOU3	0.155	0.892	0.142	0.109	0.167
食品安全意识（FSC）	FSC1	0.752	0.121	0.221	0.226	0.121
	FSC2	0.718	0.174	0.084	0.230	0.128
	FSC3	0.700	0.175	0.329	0.090	0.225
	FSC4	0.790	0.131	0.255	0.208	0.095
健康意识（HC）	HC1	0.456	0.111	0.185	0.501	0.121
	HC2	0.330	0.179	0.121	0.800	0.184
	HC3	0.283	0.181	0.091	0.857	0.167
	HC4	0.569	0.082	0.258	0.556	0.068
感知障碍性（PL）	PL1	－0.127	－0.256	－0.237	－0.199	－0.755
	PL2	－0.234	－0.145	－0.072	－0.131	－0.849

2. 中间变量因子分析

由表 7－12 可以得出，中间变量可以划分为 2 个因子，对农产品可追溯体系接受态度（ATT）包含于因子 2 中，对农产品可追溯体系使用意愿（ITU）包含于因子 1 中，说明调查问卷可以较好地反映以上两个变量。

表 7－12　　中间变量因子载荷

测量维度		因子载荷量	
		因子 1	因子 2
对农产品可追溯体系接受态度（ATT）	ATT1	0.418	0.659
	ATT2	0.491	0.788
	ATT3	0.341	0.870
对农产品可追溯体系使用意愿（ITU）	ITU1	0.875	0.331
	ITU2	0.772	0.483
	ITU3	0.768	0.476

(四) 基于结构方程模型的研究假设检验

我们主要运用 AMOS 24.0 统计软件，利用结构方程模型对消费者农产品可追溯体系接受意愿理论模型的拟合度及研究假设进行检验。

1. 结构方程模型简介

结构方程模型（SEM）是现代行为与社会领域定量研究的关键统计方法。SEM 被学者广泛用于以下研究：其一，对潜在变量进行路径分析，确定结构模型的路径；其二，验证替代模型（alternative）的配适度；其三，发展理论模型（Garson，2012）。Hair（1998）提出，结构方程模型主要具备两个优点：第一，可以同时高效率地检测多重路径关系；第二，可以完整地检验测量维度间的关系，并可以将探索性因子分析（explore factor analysis，EFA）转化为验证性因子分析（confirm factor analysis，CFA）分析，尤其适用于检测大规模模型与整个理论架构。

综上所述，为构建消费者对农产品可追溯体系接受意愿模型，并检测其潜在变量，本章以结构方程模型为主要的定量分析方法。SEM 主要由测量模型、结构模型两部分构成。具体如下：

测量模型是一组观察变量的线性函数，它主要由潜在变量和观察变量构成，可以用如下矩阵方程表示：

$$X = \Lambda_X \xi + \delta \qquad (7-1)$$

$$Y = \Lambda_Y \eta + \varepsilon \qquad (7-2)$$

结构模型则反映的是潜在变量间的因果关系，其方程式则可以下列矩阵方程式来表示：

$$\eta = \Gamma\xi + \zeta \text{ 或 } \eta = B\eta + \Gamma\xi + \zeta \qquad (7-3)$$

其中，Λ_X 与 Λ_Y 为指标变量（X、Y）的因子负荷量（loading）；B 表示内衍潜在变量之间的回归系数的接受系数矩阵；δ 与 ε 为外显变量的测量误差，反映模型中未能被解释的部分；ξ 表示外衍潜在变量，η 表示内衍潜在变量。其中 ε 和 η、ξ 以及 δ 无相关，并且 δ 与 ε 和 η、ξ 也无相关；X 表示外衍潜变量 ξ 的可观察变量组成的向量；Y 表示内衍变量 η 的可观测变量组成的向量。

2. 模型拟合度检验

我们以 AMOS 24.0 为分析工具，运用结构方程模型进行拟合度检验，具体拟合结果见表 7-13。Hair（2009）指出模型拟合度检测参考至少应报告

X2、CFI 或 TLI 及 RMSEA 指数，本章 X2 分析结果为 425.876，卡方自由度比率为 2.277，GFI 指数为 0.898，AGFI 指数为 0.862，CFI 指数为 0.959，RMSEA 指数为 0.062。经比较，模型的拟合指数均通过检验，我们构建的理论模型拥有较好的模型配适度。

表 7 – 13　　模型拟合度检验结果

拟合指数	X2/df	GFI	AGFI	RMSEA	CFI	IFI	NFI
指数名称	卡方自由度比率	拟合优度	调整拟合优度	近似误差均方根	比较拟合优度	递增拟合优度	规范拟合优度
推荐值	<3	>0.90	>0.80	<0.08	>0.90	>0.90	>0.90
实际值	2.277	0.898	0.862	0.062	0.959	0.959	0.930
是否理想	理想	基本理想	理想	理想	理想	理想	理想

3. 模型假设检验结果

以 AMOS 22.0 统计软件为分析工具对理论模型进行假设检验，得到消费者对农产品可追溯体系接受意愿模型的路径分析结果，消费者对农产品可追溯体系接受意愿模型各路径系数的估计结果具体如表 7 – 14 所示。

表 7 – 14　　结构方程模型路径系数估计结果

假设路径		标准化路径系数估计	P 值	结论
H7 – 1	ATT <—PU	0.561	***	支持
H7 – 2	ITU <—PU	–0.097	0.192	不支持
H7 – 3	ATT <—PEOU	0.126	0.009	支持
H7 – 4	ITU <—PEOU	0.099	0.018	支持
H7 – 6	ATT <—PL	–0.147	0.020	支持
H7 – 7	ITU <—PL	–0.109	0.050	支持
H7 – 8	ATT <—HC	0.278	0.037	支持
H7 – 9	ITU <—HC	–0.148	0.220	不支持
H7 – 10	ATT <—FSC	–0.064	0.664	不支持
H7 – 11	ITU <—FSC	0.177	0.168	不支持
H7 – 5	ITU <—ATT	0.864	***	支持

注：***、**、* 分别表示在 1%、5% 和 10% 显著性水平下成立。

将表 7 – 14 的路径系数估计结果整理，得到消费者对农产品可追溯体系接受意愿模型的路径分析图，如图 7 – 7 所示。

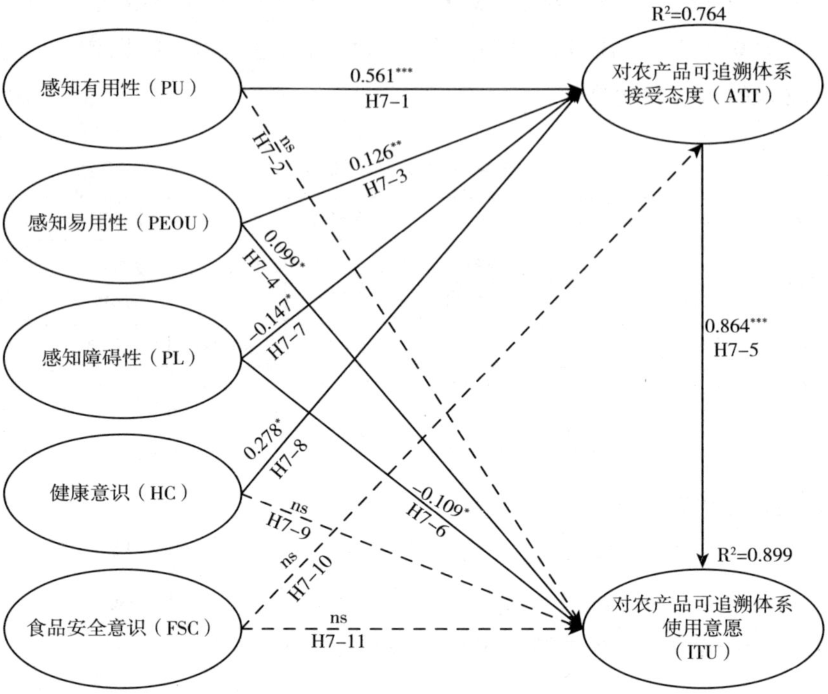

图 7 – 7　消费者对农产品可追溯体系接受意愿模型的路径分析

注：***、**、* 分别表示在 1%、5% 和 10% 显著性水平下成立，虚线表示未有显著。

由图 7 – 7 可知，假设 H7 – 1、H7 – 3、H7 – 4、H7 – 6、H7 – 7、H7 – 8、H7 – 5 均得到了验证，并且与假设预测的方向一致。

感知有用性（0.561）、感知易用性（0.126）、感知障碍性（– 0.147）、健康意识（0.278）显著影响消费者对农产品可追溯体系的态度，以上变量（HC，FSC，PL，PU 和 PEOU）对接受态度的路径解释方差为 76.4%，具有一定的解释水平。

感知易用性（0.099）、感知障碍性（– 0.109）、对农产品可追溯体系接受态度（0.864）显著影响消费者对农产品可追溯体系的使用意愿，以上变量（PEOU、PL）对农产品可追溯体系使用意愿的路径解释方差为 89.9%，具有一定的解释水平。

此外，食品安全意识对农产品可追溯体系的态度以及使用意愿均不显著的原因可能是：基于我国对于农产品可追溯体系的宣传力度不大的现实基础，消费者对农产品可追溯体系的认知水平低，且使用行为较少。相对于健康意识，本章的调查对象中大多数消费者对食品安全意识的敏感度不高。

六、研究结论与对策建议

（一）研究结论

本章以农产品供应链中关键的终端消费者作为研究对象，以技术接受模型（TAM）为理论模型，扩展了TAM以应用于农产品可追溯体系领域，构建了消费者对农产品可追溯体系接受意愿模型，运用结构方程模型量化测度了332位消费者对农产品可追溯体系接受意愿及其影响因素，通过量表的信度与效度检验、因子分析、理论模型的拟合度及假设检验，分析得出了消费者对农产品可追溯体系接受意愿影响因素的作用机理与路径，探究得出消费者对农产品可追溯体系接受意愿的四个影响因素：感知有用性（PU）、感知易用性（PEOU）、感知障碍性（PL）和健康意识（HC）。具体研究结论如下：

第一，感知障碍性（PL）是影响农产品可追溯体系发展的主要障碍。本章的实证结果表明，感知障碍性（PL）对农产品可追溯体系为负向显著影响。研究结果显示消费者的感知障碍性（习惯使用现有食品标签及不想多花时间于可追溯体系）会降低消费者对可追溯体系的态度与使用意愿。Venkatesh（2006）认为对于技术接受模型的应用，除了具有科学研究的意义之外，还应对提高个人对科学技术的接受意愿有所帮助。因此，在明确辨识出感知障碍性（即农产品的信任品特性以及食品标签的替代性）之后，政府便能制订应对策略以提升消费者对农产品的认知，使农产品可以由信任品转变为搜寻品，通过进一步了解吸引消费者搜寻与使用的信息品类，使之与现行食品标签形成明显的价值差异，以提升消费者的使用意愿，顺利推动农产品可追溯体系的运用，从而更好地实现农产品食用安全保障的目标。

第二，感知有用性（PU）为影响消费者对农产品可追溯体系接受态度的关键因子。本章的实证结果表明，消费者对农产品可追溯体系接受态度的影响因子为感知有用性（PU）、感知易用性（PEOU）、感知障碍性（PL）和健康意识（HC）。以影响系数的绝对值而言，感知有用性对农产品可追溯体系接受态度的影响路径系数最大（0.561），其次依序为健康意识、感知障碍性以及感知易用性（PU >HC > PL > PEOU）。若消费者认为使用品可追溯体系对提升自己的生活质量有用，则会越容易接受农产品可追溯体系并真正使用它。消费者的感知有用性越高，则说明消费者对可追溯体系的态度越积极，其使用农产品可追溯体系的意愿会更强烈。此结论也符合学者 Hu（2009）和 Arbore（2014）的研究结果，相对于感知易用性而言，感知有用性对消费者的影响更大。因此，本章提出感知有用性（PU）是消费者接受农产品可追溯体系的关键影响因子。

第三，感知易用性（PEOU）和感知障碍性（PL）对农产品可追溯体系的接受态度以及使用意愿皆具显著影响。本章的实证结果表明，感知易用性和感知障碍性是决定消费者对农产品可追溯体系接受态度及使用意愿的重要因素。若消费者认为在购买农产品过程中使用农产品可追溯体系过程复杂，会更倾向于参考农产品现有的食品标签。因此，提高消费者对农产品可追溯体系的感知易用性，并降低感知障碍性的影响，对提升消费者的接受意愿具有积极作用。

第四，健康意识（HC）对农产品可追溯体系的接受态度具有显著的正向影响。健康意识（HC）对农产品可追溯体系接受态度的影响路径系数为0.278，在推动农产品可追溯体系过程中也扮演着重要的角色。实证结果表明，对于健康意识越高的消费者来说，购买农产品可追溯体系认证的食品会被认为是一种健康积极的生活方式，这类消费者会更容易接受农产品可追溯体系。Van Dijk（2007）认为消费者接受一个新的政策或信息技术需要动机，否则他们仍然会选择现有的模式。Cheng 和 Wu（2011）认为一个新的信息系统必须满足个体的需求，包括现有价值、过去的经验和当前的需求。若忽略消费者对农产品可追溯体系的实际需求，消费者会更倾向于使用现有食品标签作为决策参考（Cornelisse-Vermaata，2008；Magdalena，2014）。现阶段，在消费的不断升级和场景化消费的驱动下，消费者的健康意识越来越高，政府推动农产品可追溯体系的动机也日益增强。因此，如何提升消费者的健康意识，并凸显农产品可追溯体系具有的健康生活新理念是研究关键之一。

（二）对策与建议

针对我国农产品可追溯体系发展的主要问题，并根据实证结果提出如下对策建议，以期提升消费者对农产品可追溯体系的接受意愿，为推进农产品可追溯体系的发展与运用提供了新的视角，为政府和企业制定相关促进政策提供明确的方向。

1. 完成可追溯农产品品牌建设，降低消费者感知障碍性

研究结果显示，消费者的感知障碍性（习惯使用现有食品标签及不想多花时间于可追溯体系）会降低消费者对可追溯体系的态度与使用意愿。现阶段，随着我国消费需求不断升级，品牌以及文化消费已成为当前社会的消费主流，完成可追溯农产品品牌建设是降低消费者感知障碍性有效措施之一，也是完成我国质量兴农战略的重要举措。可追溯农产品品牌建设的主要目的在于突出可追溯农产品的质量安全价值，有利于形成区别于一般农产品的比较优势。可追溯农产品的品牌建设包括三方面：一是建立以消费者实际需求为导向的管理体系；二是凸显出可追溯农产品的健康理念；三是加强农产品可追溯体系的宣传力度。

第一，建立以消费者实际需求为导向的管理体系。消费者对农产品可追溯体系的实际需求是扩大可追溯农产品市场、推动相关企业参与可追溯体系的重要动力。正如本章证实农产品可追溯体系必须满足消费者的实际需求，对消费者产生诱因，才能吸引消费者放弃使用现有食品标签，而选择查询农产品可追溯体系。

第二，凸显出可追溯农产品的健康理念。随着我国消费的升级，并且在健康潮流以及场景化消费的驱动下，推崇健康积极生活方式的消费者越来越多，消费者开始追求健康的生活方式，健康、环保、绿色纯天然、可追溯等概念备受青睐，这刚好与农产品可追溯体系体现的健康理念不谋而合。可追溯农产品品牌建设在设计方面可以通过凸显健康理念来降低消费者的感知障碍性，从而提升消费者对可追溯体系的态度与使用意愿。

第三，加强农产品可追溯体系的宣传力度。利用媒体、网络等方式对追溯标识、追溯信息查询方式和追溯技术应用等相关知识的宣传和推广，提升消费者对农产品的认知水平，使消费者能轻易区分可追溯农产品和一般农产品的价值差异，从而降低消费者的感知障碍性。

2. 增加高质量健康资讯，提升消费者健康意识与感知有用性

研究结果显示，感知有用性和健康意识对农产品可追溯体系的态度均具有显著正向影响，若消费者认为使用农产品可追溯体系对提升自己的生活质量有用，则会越容易接受农产品可追溯体系并真正使用它。对于健康意识越高的消费者来说，购买农产品可追溯体系认证的食品会被认为是一种健康积极的生活方式，这类消费者会更容易接受农产品可追溯体系。正如 Van Wezemael (2010) 指出，若能提升消费者的健康意识，消费者就会把食品由原本的信任品 (credence good) 当作搜寻品 (search good)，而愿意花更多的时间注意食品安全议题。

一方面，增加高质量的健康资讯可以提升消费者对农产品可追溯体系的感知有用性。由于农产品的自身特点，消费者除了购买健康农产品的需求外，更体现出期望通过可追溯体系获取农产品相关的高质量信息的需求。因此，农产品可追溯体系除了提供“从农田到餐桌”整个农产品供应链的追溯信息之外，同时可以提供各类农产品相关的营养质量指数以及营养建议，并且注重信息的有趣性和启发作用，让消费者可以直观地看到农产品生产流通过程，并获取相关的营养成分分析和营养建议，使消费者认为使用农产品可追溯体系有利于提升自己的生活质量，从而大大增强消费者对农产品可追溯体的使用意愿。

另一方面，随着消费者健康资讯的不断积累，消费者的健康意识与食品安全意识会得到不断提升，从而使消费者形成追溯意识，并使其认为使用可追溯体系是一种健康的生活习惯。

3. 使用二维码追溯标签，增强消费者感知易用性

一方面，农产品可追溯体系应充分考虑消费者对农产品可追溯体系的易用性需求。研究结果显示，感知易用性对农产品可追溯体系的态度和使用意愿均有显著正向影响，即消费者觉得使用农产品可追溯体系越简单易用，会越容易接受农产品可追溯体系，并真正使用它。随着信息技术的飞速发展，5G 移动网络的试运行，说明我们正处于一个移动互联网时代，手机已成为万物互联的有效载体。现阶段，二维码标签已普遍适用于各行各业，已成为企业与消费者之间沟通的桥梁。二维码追溯标签可以成为消费者获取追溯农产品相关讯息最为简易的使用方式，从而降低消费者对农产品可追溯体系的复杂性认知，最终使消费者形成使用农产品可追溯体系查询健康咨询的消费习惯。

另一方面，应增强可追溯体系的吸引性。由于现代消费者偏好于尝试新奇事物，对新技术、新生活方式的接受程度很高，因此，提升农产品可追溯体系信息平台形式的新颖潮流性，内容的丰富有趣性、使用的简单易用性，能大大提升其对消费者的吸引度。农产品可追溯体系信息平台可以综合利用 3D 影像、卡通形象等高科技体现方式，将农产品的信息以及相关的健康指数直观地传递给消费者，并注重信息的准确性和多样性，提升消费者体验的趣味性，增强消费者对现代健康生活态度的直观感受，以降低其使用农产品可追溯体系的不适应感。

4. 严格可追溯农产品认证机制，提升消费者信任度

目前，农产品市场中存在大量缺乏实质性价值的伪追溯品牌，大大降低可追溯农产品的品牌公信力，因此，应严格可追溯农产品认证机制，提高可追溯农产品进入市场的门槛。目前，我国“三品一标”农产品的认证机制以及保护制度不断完善，其公信力和品牌价值得到了稳步提升。可追溯农产品的认证机制可以借鉴“三品一标”农产品的方法。一方面，由政府主导可追溯农产品品牌建设，通过制度先行以及互联网宣传增加消费者的认知度；另一方面，通过严格的品牌认证机制，强化节点专项整治与潜在问题的监测评估，最终提升消费者对农产品可追溯体系的认知度和信任度。

5. 建立良性倒逼机制，增强企业参与积极性

由于推行可追溯体系的成本大、收益成效缓慢等原因导致农产品生产加工企业对于推动追溯体系缺乏动力。除了制定相关激励政策之外，对企业建立良性倒逼机制是推动农产品可追溯体系发展的必然趋势。良性的倒逼机制是指，通过相关措施形成外部压力，使各类组织不得不采取相应措施以缓解压力的运作过程。对农产品生产加工企业建立良性倒逼机制能有效提升其参与农产品可追溯体系的动力，是政府推动农产品可追溯体系的有效措施。

一方面，通过制定相关的法律法规，使企业感受到外部环境的不稳定性，从而促使农产品生产加工企业为缓解外部压力而产生参与可追溯体系建设的动力。另一方面，通过扩大可追溯农产品需求市场来形成市场倒逼机制。随着消费的升级，并且在健康潮流以及场景化消费的驱动下，推崇健康积极生活方式的消费者越来越多，消费者开始追求健康的生活方式，建立食品可追溯体系已成为食品相关企业必然趋势，消费者的需求转化为企业推行可追溯体系的有效动力，从而形成市场倒逼机制。

6. 增强监管的体系化与智能化，提高政府监管效率

一是要增强政府监管的体系化，主要包括两个方面：法律体系的完善以及农产品溯源标准体系的统一。首先，我国可以借鉴国外农产品质量安全可追溯立法经验，发挥政府在农产品追溯体系建立过程中的主导和推动作用，颁布与农产品可追溯体系直接相关的法律规定，使农产品追溯有法可依、有章可循。其次，我国可以借鉴欧盟、美国以及日本的实践经验，从我国具体国情出发，整合已有资源，制订一套农产品相关企业可供参照，同时与国际接轨的农产品溯源标准，以推动我国农产品追溯的发展进程以及有效提升农产品的国际竞争力。

二是要增强政府监管的智能化。政府监管的智能化需要实现农产品追溯信息互联互通。首先，应构建一个信息化追溯平台，实现层级追溯管理平台直接的数据对接，最终达到农产品追溯信息互联互通。我国农产品追溯标准虽很多，但并不兼容统一，且与国际标准还有一定的差距，导致我国形成了标准紊乱、重复建设、资源浪费以及出口困难等问题。农产品供应链各主体间追溯信息的表达形式与内容的标准化不仅可以提高追溯体系效率，促进农产品供应链的管理，同时能有效提升我国农产品的国际竞争力。其次，将城市追溯管理平台作为连接政府追溯管理平台与农产品生产加工企业的桥梁，发挥其“承上启下”的关键作用。一方面，城市追溯管理平台应与中央追溯管理平台的追溯信息格式、统计分析指标以及管理方法保持一致性，成为政府管理农产品生产加工企业的有效工具；另一方面，城市追溯管理平台还应发挥对农产品加工生产企业的监管作用以及决策支持，通过管理决策支持系统以及相关决策技术，及时发现潜在农产品质量安全问题、对企业运行情况进行监控、管理考核农产品追溯体系的建设进度以及农产品质量安全问题的应急处理。

（三）研究展望

本书虽然取得了一定的研究成果，但由于资源及时间因素的影响，研究仍存在部分待完善之处。以下提出三点建议，以期为相关学者在研究消费者的接受意愿方面提供方向，从而顺利推动农产品可追溯体系，最终促进我国质量兴农战略的完成。

（1）扩大调研样本数据来源。首先，本章的样本数据主要集中于长沙等城市，其研究结论可能会受地域影响。其次，332 份的样本数量虽已达到研究标准，但其中在校学生占比达 35.2%，而大学生群体对农产品可追溯体系的接受意愿不能完全代表其他群体。因此，后续研究可扩大研究地域及调研对象的选择，以保证研究结果更具代表性。

（2）对可追溯农产品标签的内容要素开展研究。本章已实证得出消费者的感知障碍性（习惯使用现有食品标签及不愿多花时间于可追溯体系）是农产品可追溯体系发展的主要障碍。因此，后续研究可从可追溯农产品标签内容要素与消费者购买意愿间的关系出发，探究吸引消费者使用农产品可追溯体系的主要标签内容，以进一步实现与现有食品标签的价值差异，从而提升消费者对农产品可追溯体系的使用意图。

（3）消费者对二维码、区块链溯源接受意愿的影响因素研究。当下，二维码标签已普遍适用于各行各业，成为企业与消费者之间沟通的桥梁，并且农产品现有标签所能载明的资讯有限，二维码追溯标签已成为消费者获取追溯农产品相关资讯最为简易的方式。而区块链溯源技术主要负责对农产品数据存储、加密以及发送，且存储数据具有无法篡改的特点，这一特点使农产品溯源成为可信任的标签。因此，了解消费者对于二维码、区块链溯源的认知度和信任度，探讨消费者对于使用二维码、区块链溯源的接受意愿对于促进农产品可追溯体系的发展具有一定的研究意义。

第八章

区块链运用于农产品安全追溯体系研究

一、区块链概念、特征及工作原理

（一）区块链概述

1. 区块链概念

区块链概念自2008年在比特币白皮书中被提出以来，引起全世界广泛关注。区块链可以从“区块—链—区块链”的视角说明内涵。区块包括区块头和区块体，区块头负责通过主链连接到下一个区块，区块主体负责存储数据信息，每形成一个区块和链，系统就会自动打上时间戳，将这些区块按照时间顺序相连就组成了区块链数据库。区块链是分布式的数据库，点对点网络中的每个节点都可以记录、存储和传输信息，这些数据可以包括交易、合约、资产或者可以用数字化形式表示的几乎任何信息，每添加一个区块就更新了一次信息，网络中的每个节点都拥有了信息的复本，这些块链式的结构可以利用分布式存储和验证数据，以点对点去中心化方式传递数据，具有去中心化、高信任度、永久性和可追溯性的特点。

2. 区块链特征

（1）去中心化：由于使用分布式核算和存储，不存在中心化的硬件或管理机构，任意节点的权利和义务都是均等的，系统中的数据块由整个系统中具有维护功能的节点来共同维护。

（2）开放性：系统是开放的，除了交易各方的私有信息被加密外，区块链的数据对所有人公开，任何人都可以通过公开的接口查询区块链数据和开发相关应用，因此整个系统信息高度透明。

（3）自治性：区块链采用基于协商一致的规范和协议（如一套公开透明

的算法）使整个系统中的所有节点能够在去信任的环境自由安全地交换数据，使对“人”的信任改成了对机器的信任，任何人为的干预不起作用。

（4）信息不可篡改：一旦信息经过验证并添加至区块链，就会永久地存储起来，除非能够同时控制住系统中超过51%的节点，否则单个节点上对数据库的修改是无效的，因此区块链的数据稳定性和可靠性极高。

（5）匿名性：由于节点之间的交换遵循固定的算法，其数据交互是无需信任的（区块链中的程序规则会自行判断活动是否有效），因此交易对手无须通过公开身份的方式让对方自己产生信任，对信用的累积非常有帮助。

3. 区块链分类

由于信息公开程度和中心控制力度方面有所限制，区块链又分为公有区块链（以下称公有链）、联盟区块链（以下称联盟链）以及私有区块链（以下称私有链）。公有链即任何个体或组织都可以加入节点群组成的系统并参与交易，且交易能够在满足条件的情况下获得该区块链的有效性确认和纪录，所有加入区块链系统的人都能参与共识过程。联盟链采取多中心式，即参与系统的成员节点均是预先根据一定条件所设定的，即节点的身份都是确定且可认证的。联盟链很容易进行节点的控制权限设定，在商用环境下具有更高的可扩展性，在产业内或跨国家和地域的同联盟机构的交易、清算、结算、审计等业务情境下均有很大的应用价值。私有链在去中心化方面的特征相对最弱，但其仍然具有分布式特点。中心控制者指定可以参与和进行交易验证成员的范围。区块链之所以受到大量的关注以及广泛的潜在应用，这是由其技术特征决定的。

（二）区块链工作原理

区块链平台整体上可划分为数据层、网络层、共识层、智能合约层和应用层5个层次，如图8－1所示。数据层采用合适的数据结构和数据库对交易、区块进行组织和存储管理；网络层采用P2P协议完成节点间交易、区块数据的传输；共识层采用算法和激励机制，支持拜占庭容错和解决分布式一致性问题；智能合约层通过构建合适的智能合约编译和运行服务框架，使开发者能够发起交易及创建、存储和调用合约；应用层提供用户可编程接口，允许用户自定义、发起和执行合约。

以比特币为例，区块链工作原理具体如下：

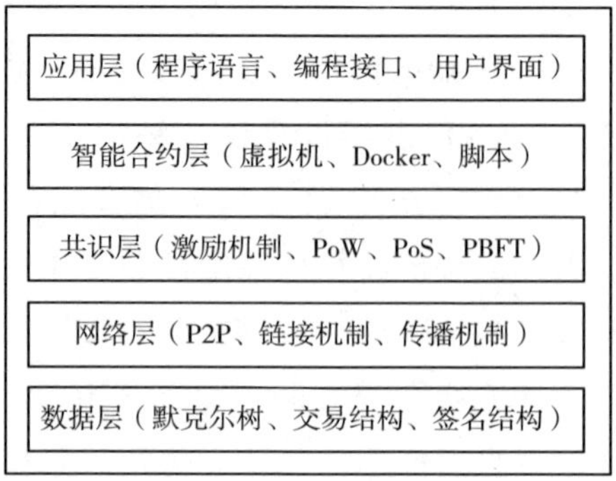

图8－1　区块链结构层次

（1）节点构造新的交易，并将新的交易向全网进行广播。

（2）接收节点对收到的交易进行检验，判断交易是否合法，如果合法，则将交易纳入一个新区块中。

（3）全网所有矿工节点（网络中具有对交易打包和验证能力的节点）对上述区块执行共识算法，选取打包节点。

（4）该节点通过共识算法将其打包的新区块进行全网广播。

（5）其他节点通过校验打包节点的区块，经过数次确认后，将该区块追加到区块链中。

二、我国农产品可追溯体系现状

（一）我国农产品可追溯体系发展历程与实施情况

相对于国外主要农业发达国家，我国农产品/食品可追溯体系制度的建设起步较晚，还处于初级阶段。2002年12月农业部成立农产品质量安全中心。2010年2月6日我国成立了食品安全监管最高权力机构的国务院食品安全委员会，该机构主要职责为：督促落实食品安全监管责任，分析食品安全形势，研究部署、统筹指导食品安全工作，提出食品安全监管的重大政策措施。农业部、国家食品药品监督管理局、卫生部、国家质量监督检验检疫总局、商务部等十多个部门在制度构建和完善、追溯体系试点的实践等方面取得了一些成果。

2004年开始，农业部、食品药品监管总局、商务部、国家质监总局等相继开展了不同农产品领域的质量安全可追溯体系试点工作，例如，农业部 2004 年启动“进京蔬菜产品质量追溯制度”“城市农产品质量安全监管系统试点工作”，2006 年开始在北京、上海、四川、重庆四省市进行试点标识溯源工作；2008 年开始在农垦经济发展中心建立“农垦农产品质量追溯展示平台”；2010 年开始建立“动物标识及疫病可追溯体系”“水产品质量安全追溯网”；2015 年全国唯一实行了整市推进农产品质量安全追溯系统的榆林被农业部列为建设试点，已经在全市建立了农产品质量安全追溯系统。商务部 2010 年开始建立肉类蔬菜流通追溯体系，至 2015 年 6 月，在全国多个城市开展肉菜流通追溯体系试点，多家肉菜企业纳入了追溯体系。国家质检总局 2003 年开始启动“中国条码推进工程”，为农产品质量安全可追溯体系提供重要的科技支撑。国家食品药品监督管理局 2004 年开始启动肉类食品追溯制度和系统建设项目。其他各省市均开展了农产品追溯的示范工作，本章将列出比较典型的应用系统。

1. 政府部门农产品可追溯研究典型应用系统

我国政府部门主导参与的农产品可追溯典型应用系统概括如下：

（1）农垦农产品质量追溯展示平台。该平台主要由农业部农垦局运营和维护。网址：http：//www. hzfox. com：10000/default. aspx。

（2）水产品质量安全追溯网。由广东省海洋与渔业局运营，该局是农业部渔业产品认证分中心，追溯主要以水产品为研究对象，将溯源技术应用于“从生产到餐桌”的全过程中，建立了基于 XML Web 服务的数据传递技术的多层次多用户多权限的水产养殖产品质量追溯体系，为生产者、检验者、监督者和消费者提供信息交互平台，并以电话、网络、短信向公众提供追溯查询服务、认证监管服务和防伪服务。网址：http：//www. gdfishtrace. com. cn。

（3）榆林市农产品质量安全监管追溯系统。由榆林市农产品质量安全检验检测中心运营，榆林被农业部列为 2015 年全国唯一实行了整市推进农产品质量安全追溯系统建设试点。网址：http：//www. ylncpzs. gov. cn/yl/search。

（4）商务部肉类蔬菜流通追溯平台。由商务部运营，商务部 2010 年开始建立肉类蔬菜流通追溯体系，至 2015 年 6 月有 1.1 万多家肉菜企业纳入了追溯体系。网址：http：//traceability. mofcom. gov. cn。

（5）北京市农业局食用农产品质量安全追溯系统。由北京市农业局运营，在蔬菜品种上选择部分企业先行试点。系统的主要功能是实现农产品生产、包装、储运和销售全过程的信息跟踪。网址：http：//www. atrace. org。

（6）上海市肉类蔬菜流通追溯管理平台。由上海市商务委员会运营，是上海肉菜追溯试点。网址：http：//db. shian. gov. cn/Index. aspx。

（7）国家食品（产品）安全追溯平台。由国家质检总局中国物品编码中心运营，集成山东、四川、新疆、安徽、吉林等第三方追溯平台。网址：http：//www. chinatrace. org。

（8）农产品安全追溯平台。由北京农业信息技术研究中心、山东省滨州市科技局运营，面向农产品监管、生产、流通、销售等环节存在的主要问题和实际需求，集成和应用现代农业信息技术，构建农产品质量管理与溯源技术体系。网址：http：//www. aiot. gov. cn。

2. 企业农产品可追溯研究典型应用系统

（1）义田农场云—绿色履历自主生成与管理。由成立于2009年9月的北京奥科美技术服务有限公司运营，将农场自然的生长环境、农作物的生长过程、农民辛勤的劳作、农产品的采收和流通过程，通过小小的二维码、微信公众号等传递给消费者，建立消费者对农场、农产品的信赖和忠诚。网址：http：//www. farmeasy. cn。

（2）绿色食品（如生猪或蔬菜）追溯系统。由北京普沃斯电子技术有限公司运营，利用RFID等物联网技术手段，研发食品安全追溯生产管理系统。网址：http：//www. 51tracing. com。

（3）长春生鲜农产品安全追溯平台。深圳市深信信息技术有限公司技术支持，是吉林菜篮子工程，与E菜篮子网同步形成线上线下一体化的追溯模式。网址：http：//www. sinxinit. net/Home/Case/3。

（4）农业企业智能生产及安全追溯系统。由北京派得伟业科技有限公司运营，立足于采用“公司+农户”的经营模式的农业企业，系统实现源头可追溯、流程可跟踪、信息可查询、产品可召回等功能。网址：http：//www. pdwy. net. cn/html/solution_ 06. html。

（5）佳沃全程可追溯系统。由佳沃集团有限公司运营，佳沃追溯标签包含二维扫描码和20位追溯码两方面信息，提供两种便捷的产品信息查询方法。网址：http：//www. joyvio. com/Traceability System/Index. aspx。

（6）广西南宁相思葡萄农业科技有限公司产品溯源档案。由慧云信息技术有限公司运营，包括更丰富的采生长期的图片信息、环境数据、肥料使用记录、农药使用记录、实时视频等溯源档案。网址 http：//www.tcloudit.com/Html/solutiondetail.html？ID＝58。

（7）金典有机奶全程有机可追溯系统。由内蒙古伊利实业集团股份有限公司液态奶事业部运营，追溯信息比较全面，侧重全程追溯，界面友好。网址：http：//jindian.yili.com/zhuisuxt/index.html。

（二）我国农产品可追溯体系存在的问题

中国农产品追溯主要是政府试点、企业可参与、企业内部实施，追溯信息分散型架构为主，有专职监管部门，特点是追溯体系不太成熟，各省市均在试点，但近两年发展迅速。

国外农产品/食品可追溯发展的趋势一方面是追溯各参与者责、权、利的相互协调，追溯信息系统的整合，追溯向着综合的方向发展；另一方面，更加细化追溯项，提高追溯的广度，突出重点领域追溯的深度与精确度。

相对于世界主要农业发达国家和地区农产品质量追溯现状，我国追溯系统建设还不太完善，主要表现在以下几点。

（1）追溯监管机构协调性差、追溯信息不共享。参与负责食品安全监管的部门包括农业部、商务部、卫生部、国家质量监督检验检疫总局、国家食品药品监督管理局等10多个部门。实践中，各部门从不同渠道进行追溯平台的建设，彼此之间协调差、追溯信息不共享。例如，商务部可以掌握蔬菜从批发市场、肉类从屠宰场以后的所有流通环节信息链条，但是对于生产源头的信息获得主要是农业部可以掌握的，这样易出现"信息孤岛"和工作不连续等问题。

（2）法律法规、标准规范缺失。《中华人民共和国农产品质量安全法》《中华人民共和国产品质量法》等都没有可追溯相关内容，仅仅对于2015年10月1日起正式施行的《中华人民共和国食品安全法》第四十二条做了追溯规定。另外，相对于欧盟、美国等，我国在追溯系统建设中，强制实施追溯的相关法律缺少。在标准规范方面能够兼容互通的追溯标准尚属空白。国家质检总局、农业部等发布一系列规程、办法、指南、要求等标准，但都缺少协调、缺少兼容互通、缺少强制性。

（3）追溯的技术体系问题。在我国尽管可追溯体系日益完善，一些追溯的技术支撑手段日益成熟，但是我国追溯技术体系还处在技术创新和试用阶段，同时由政府主导的追溯试点地区，各部门研究立项投入、政府建设数据库中心投入、企业实施追溯的软硬件设备投入、人员培训费用、标签打印费用、日常维护费用等投入成本较高，加入系统的生产者数量少，消费者了解追溯的少，查询的更少，质量安全保障功能尚未显现等原因造成追溯难以普遍推广。

（4）企业、消费者参与意愿不高。一方面，由于中国的实际国情造成企业、消费者参与意愿不高；另一方面，企业实施追溯门槛较高，追溯投入成本无法消化，追溯信息的价值很有限，信息共享难，追溯产品高价市场很难接受，大部分消费者对追溯认知度比较低，追溯体系的实施普遍存在“叫好不叫座”等情况。

（5）追溯信息宽度、精确度、深度不高。我国的可追溯体系目前更多地承担信息保存功能，但在信息的宽度、准确度和深度上存在问题：在信息宽度方面，追溯批次、个体信息和单元还是不够明确；在信息准确度方面，追溯信息缺乏统一标准，覆盖范围不够精准；在信息深度方面，可追溯体系仅仅局限于种植或养殖、仓储、检测、流通等的某一个或者某几个环节，产业链覆盖环节相对较短，目前还没有实现全程信息的可追溯。此外，诚信也是追溯成败的关键。

三、区块链应用现状

区块链作为重大突破性技术，近些年来得到了研究学者和各行各业的广泛关注。区块链技术源于P2P网络、加密算法、数据库、电子现金等技术，现已历经三个阶段。2009年发展成区块链1.0数字货币的方式上线，随着数字货币的热潮，区块链技术也被推向了新的高度，到2014年前后，区块链开始应用于数字货币以外的其他领域，区块链2.0智能合约进入大家的视野，至此分布式应用成了大家关注的重点，有专家学者预测在不久的将来，人类社会可能迈入经济实体共识的区块链3.0时代。

目前，我国正积极推动区块链技术的应用与发展，阿里巴巴是中国最具代表性的互联网企业，2016年7月，阿里巴巴旗下的蚂蚁金融运用区块链技术进行慈善捐赠，使每一笔善款可被全程追踪；之后，阿里巴巴基于区块链技术推出了“医联体+区块链”试点项目、与菲律宾之间的跨境支付试点开始应用。京东作为中国具代表性的电商之一，构建了京东区块链BaaS平台、区块链防伪追溯项目等。

包括美国、英国等在内的欧美发达地区，也在不同程度上对区块链技术进行研究和应用。英国的 Provenance 是第一个运用区块链技术为供应链产品的整个生命周期提供全程溯源的公司，供应链的产品类型多样，包括钻石和数字艺术作品等在内。美国也将区块链技术运用于数字艺术及其所有权的可见性，作为数字作品识别、支付解决方案等的技术支持。同时，将区块链技术运用于医疗健康机构也是国外研究的热点，如基于区块链的医疗电子健康记录分布式模型 PHR、基于区块链的医疗数据网关 HGD 以及基于区块链的电子病历 Med Rec 等。除此之外，还有将区块链技术与智慧交通相结合的 Block-VN 模型，有关专家还提出将区块链技术作为驱动智能合约自动执行的引擎运用于电子投票、政府治理等方面，旨在从根本上降低交易成本、破坏传统的治理结构减少官僚作风。

在物联网、大数据、云计算等新兴信息技术为支撑的前提下，区块链逐渐从单一的数字货币基础技术向教育就业、文化娱乐、智能制造等方面迈步，可以预知未来区块链技术将在不同程度上影响着人们的生活方式，并产生重大价值。

（一）区块链技术的商品溯源应用

由于区块链的分布式账本基于一定共识机制形成完整的数据链条，参与各方的数据具有不可篡改性，在供应链管理中可有效地证明商品来源、交易和运输的各节点过程，此种架构非常适合进行商品溯源。在商品溯源方面，建立多方参与的联盟链进行商品溯源，能防止数据人为篡改、增强业务透明性，让溯源结果更权威，并且能协助解决供应链中的商品窜货问题、商品假冒问题。已经宣布应用区块链进行商品溯源相关项目的企业包括阿里巴巴、京东、唯链、智链、Realchain、Everledger SKUchain 等。

以唯链（VeChain）为例，VeChain 平台是一个基于区块链技术的全球账本型信息交互协作云平台。唯链已提供多个基于区块链的行业解决方案，如酒类溯源，区块链酒类追溯鉴别服务平台通过区块链技术实现从生产环节开始对每一瓶酒进行监控，降低造假在生产、运输、进口、销售各环节逐层监管产品流向。对于企业，可全面提升企业品牌价值；对于广大消费者，可知晓酒的来源，了解生产商信息，鉴别真伪，消费者利益得到有效保障。

在供应链上除了应用区块链进行基本的商品溯源之外，还有企业利用区块链共享供应链中的商品有效的库存数据，让供应链上各参与方及时了解存货信息，及时根据实际库存情况订货。

（二）区块链技术在金融行业的应用

在金融行业，由于区块链技术使各参与节点可以达成信任关系，因此具备改善金融资产交易方式的基础。区块链还具有去中心化、去中介化的特点，能够降低交易成本，使金融交易更快捷、安全。例如，在供应链金融方面，将核心企业信用数据（应付款、授信额度、票据等）转化为数字权证存储于区块链平台，通过智能合约执行核心企业与其合作企业的交易，从而获得相关信用数据，使企业的信用情况可以沿着供应链流转，再根据合约的履约情况判断合作企业（尤其是中小企业）的信用情况、决定是否授信及授信额度；在个人信用评估应用方面，利用区块链技术建立黑名单存证平台，接入各层级征信机构、小贷公司、公用事业等单位，共享黑名单数据，解决“数据孤岛”问题，并且在区块链上的黑名单信息具有可追溯、不可篡改的特性，平台支持多方数据共享及互信，降低数据获取成本、提高数据的可靠性，为信贷审核及授信提供更好的数据支持。

（三）区块链技术的其他应用

在实体经济运行中，区块链技术也可以解决更多的业务应用问题，例如，在积分应用方面，建立协作互信的区块链积分联盟，多个商家的积分能互通互换使用，对商家来说，相当于将其他行业或商家的客户引流过来，节省宣传成本和营销成本，对于消费者来说，将手上各类积分集中起来兑换，消费权益得到了主张；在商品知识产权保护方面，使用区块链技术进行版权确认，可以通过时间戳、哈希算法对互联网上的作品进行确权，证明一段文字、视频、音频等的存在性、真实性和唯一性，一旦在区块链上被确权，作品的后续交易都会被实时录，版权可追溯、可追踪；在企业财务方面，区块链发票平台，按“交易即开票、开票即报销”的理念，将税务局、开票商户、报销企业、报销人统一接入平台，交易产生后，报销人一键申请开票、报销，发票信息实时同步至报销企业和税务局，报销信息和报销状态实时可查，并且可追溯，保证真实性，目前深圳市税务局和腾讯、金蝶合作，已建设了区块链发票平台，并且在“微信—发票开具”功能中试用，深圳国贸旋转餐厅、凯鑫汽车贸易有限公司、宝安区体育中心停车场等商户参与区块链发票的试点使用。

四、区块链运用于农产品可追溯体系可行性分析

（一）技术可行性分析

商品溯源的根本问题是明确商品来源的各个环节，并且保证来源信息的真实可靠，这个过程涉及商品原料生产、商品成品生产、商品运输、商品经销、商品零售多个环节，具有数据所属方多、交易环节复杂的特点，各方数据如何打通、互相确认是难题。利用区块链技术可以解决：

（1）多方参与身份的认证问题。由于联盟链形式的区块链能通过 CA 证书认证参与者身份，能在交易过程中通过签名确认每笔交易，从而确认每笔交易的合法性和真实性。

（2）多方数据互认的问题。区块链的分布式账本是基于一定共识机制形成完整的数据链条，当每笔交易产生时，参与各方根据智能合约确认交易后，形成交易区块，区块经共识机制确认，一旦上链数据具有不可篡改性，在供应链管理中的原料、运输、生产、销售数据均可证明真实性，从而保障多方数据真实有效。

（3）数据可追溯性的问题。商品溯源要求经过若干环节后货品的来源能有效地查询回溯到各个环节，保证来源的可靠。在区块链上的每个交易区块的结构体中，记录了各环节参与者的交易信息，可以查询及追溯商品来源，保证了交易的可追溯性。

（二）经济可行性分析

目前主流的区块链技术平台（如 Bitcoin，Ethereum，Hperledger Fabric 等）都有自己的社区并且提供开源代码，提供给开发者进行研究、二次开发及使用，并且鼓励开发者贡献自己的技术进行共享和交流，这让区块链技术获取的门槛大大降低，从经济上讲，无须像传统的数据库产品那样，需要付费购买 license 使用。因此，构建区块链溯源平台，可直接选择使用现有的区块链开源架构，再结合具体的使用需求进行二次开发，经济性较好。

（三）操作可行性分析

在实际业务应用中，保障区块链溯源是否可行还需要考虑以下 3 个操作因素：

（1）溯源信息是否量化成相应的数据。商品流转是一个对实物进行生产、加工、存储、销售的各种操作的过程，需要量化商品是什么、每个交易和流转过程怎样标记，需要把这全部过程都以量化的数据进行表达，例如，用唯一识别编码量化商品，记录供应链上各参与方、数量、时间等量化每次交易。量化商品信息是能进行供应链溯源的前提。

（2）如何保证线下数据是真实的。链上数据不会被篡改，前提是上链前数据是真实的，这样才能保证最终结果的真实。这需要从三个方面进行保障：

第一，由品牌管理方设置必要的业务管理规则、数据提供及管理规范，从业务合作关系上要求供应链参与方有义务提供正确的溯源数据，对于故意提供错误数据的，将受到处罚或法律上的惩罚。

第二，在数据接入平台之前提供必要的管理措施或设置数据稽核规则，最大限度地减少人为因素造成的数据错误。

第三，保证承载数据的物理载体能随货物全程流转、不遗失，如货品的唯一的身份码全程都要保证贴在货品上，不能遗失，也不能被替换。

（3）如何让各参与方有动力参与区块链溯源。对于参与供应链溯源各方来说，接入平台会有一定成本，因此平台应设有一定的激励措施，让各参与方愿意提供自己真实的状态和交易数据，为参与方提供一定的利益保障。通常在平台设计时，都会配以一定的激励规则，如平台运营或品牌管理方从供应链管理的角度，为参与方提供优惠的供货价格、优先的供货条件等。

具备上述条件后，建立区块链溯源平台是可操作的。

五、区块链运用于农产品可追溯体系的设计与实现策略

（一）追溯方案整体架构

基于区块链上述特征，本章提出的农产品追溯系统基本架构分为数据层、网络层、共识层、激励层、合约层和应用层（见图8-2）。其中，区块链技术主要应用于框架中的数据层、网络层、共识层和应用层。

数据层负责将通过数字化方式采集到的数据进行分布式存储，将数据记录到区块主体的Merkle树中，Merkle树中的所有数据通过Hash求值得出Merkle树的根，并将根值保存在区块头中，同时将上一个区块头的80字节数据进行

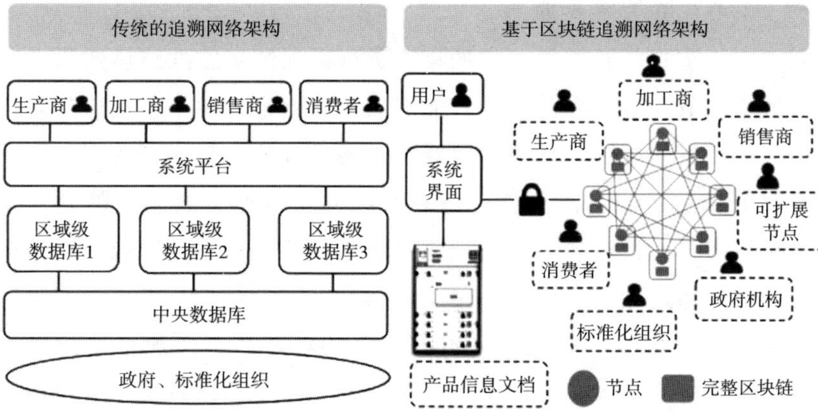

图 8－2　农产品追溯系统基本架构

SHA256 运算，作为当前区块的父哈希值，形成哈希链式结构，区块盖上时间戳加上数字签名后便开始生效，区块一经形成则不可篡改。

网络层负责数据的传播和验证。农产品整个生命周期中涉及的身份识别、源位置、属性、认证等数据均与一个特定的项目或批次 ID 相连接，认证授权中心通过参与者拥有的密钥与农产品 ID 号来判断节点的权限。节点收到各环节上传的数据后，通过 P2P 网络向全网广播。数据在流转过程中（如棉花从种植地到加工厂的流转中），产品的所属关系发生转移，2 个节点间在达成协议后，使用数字签名（多重签名）和时间戳，来保证信息不会被篡改；P2P 的组网方式使每个节点均以扁平式拓扑结构相连接，参与者根据所分配的密钥对应相应的权限，生产商和供应商无法获知第三方人员的权限信息。

共识层采用实用拜占庭容错协议（PBFT），以保证数据在网络传播和存储过程中不被恶意节点篡改，即使在网络中有不明节点的情况下仍能达成共识，同时不同于 PoW 和 PoS 机制，拜占庭容错协议不需要依赖数字货币，能减少大量计算所造成的资源浪费问题。

应用层为不同的主体提供相应的权限和接口，生产商、供货商、经销商等企业可通过系统界面，向区块链输入指定农产品的主要信息。同时，企业和消费者都能通过相应的系统平台，进行产品的查询、追溯和验证，相关的政府权威机构则负责制定标准条例，实时监督。

（二）追溯系统实施策略

追溯系统的实施需要按照一定的策略进行以保证实施的整体效果。对于农产品生产加工环节的各个参与者，其能够加入追溯系统中、使用追溯系统需要监管部门进行资格的认证，从而发放登陆追溯系统的账号。

（1）针对消费者。不需要持有追溯系统的任何账号之类的信息，在购买农产品以后只需要通过在追溯平台扫描农产品包装上的编号和包装编号即可查询出对应的农产品追溯过程的所有信息。

（2）针对监管部门。对想加入追溯体系的农产品生产加工单位进行实地考察，主要审核生产加工单位的卫生状况、营业执照、记录生产单位的基本信息，如地理位置、归属人等信息。针对不同的单位和个体制订必须记录的基础信息和审核步骤。

（3）针对农产品生产企业。监管部门对农产品生产企业的卫生状况进行鉴定，需要达到指定的卫生状况等级才能够授予加入系统的资格，并对其地理位置、归属人信息进行如实登记。完成信息采集的工作后，监管部门进入追溯系统录入对应的生产企业信息，并注册农产品生产企业所需要的具有农产品原始信息录入和查询、生产信息录入和查询、出库状态录入和查询以及各个环节的资讯发布者四类功能的操作员账号。企业只能通过操作员账号进入系统并记录信息。

（4）针对运输车辆。监管部门对运输车的营运状况进行鉴定，需要达到指定的营运水平和专业标准等级才能够授予加入系统的资格，并对运输车辆的种类、车牌号、归属人信息进行如实登记。完成信息采集的工作后，监管部门进入追溯系统录入对应的车辆信息，并注册运输车辆所需要的具有活体运输信息录入和查询、冷链运输信息录入和查询各个环节的资讯发布者三类功能的操作员账号。运输车辆的司机只能通过操作员账号进入系统并记录信息。

（5）针对销售单位。监管部门对销售单位的经营状况进行鉴定，需要达到指定的经营水平和专业标准等级才能够授予加入系统的资格，并对销售单位的销售单位名称、种类、营业执照信息进行如实登记。完成信息采集的工作后，监管部门进入追溯系统录入对应的销售单位信息，并注册销售单位所需要的具有售前存储信息录入和查询、销售信息录入和查询各个环节的资讯发布者三类功能的操作员账号。销售单位的营业员只能通过操作员账号进入系统并记录信息。

六、我国农产品质量追溯发展趋势及建议

根据我国实际国情，未来我国农产品质量追溯循序渐进地向着两个主要方向发展：一个方向是政府主导农产品质量追溯建设，以服务农产品质量安全监管为目标，以保障消费安全为宗旨，优先将农业龙头企业、农民专业合作社等单位100%纳入追溯管理范围，以企业、农户参与追溯后可申请补贴方式，调动参与者积极性，以追溯到责任主体为基本要求，加大开展追溯应用研究，强化部门沟通协作，拓宽推广渠道，加大资金投入，建立起完善的以“追责”为目标的农产品/食品质量全过程追溯平台；另一个方向是企业主导农产品质量追溯体系建设，企业主要是打造自己的品牌，增强消费者对产品的信赖，提高产品销售量，建设一些企业为主导、消费者可参与、互动性比较强的农产品质量追溯平台，例如，中国乳业风向标的内蒙古伊利实业集团股份有限公司打造的金典有机奶全程有机可追溯平台，消费者可通过智能手机、平台网站，追溯出自己购买的伊利奶源来自哪个牧场，是何时生产出来的，具体在那些市场销售，从而让消费者实现放心购买。

对我国农产品质量追溯发展的建议主要有几点：（1）加强追溯监管机构的相互协调、实现追溯信息资源共享；（2）根据实际，适当增加强制性追溯法律法规，实现各部门出台的标准规范兼容互通，法律与标注规范的相互融合；（3）通过自主研发和适当借鉴国外成果加快追溯相关技术的发展与创新；（4）通过政府补贴企业和消费者形式，政府或企业主导的各种宣传培训活动，提高企业、消费者参与意愿；（5）根据实际进一步加强追溯的深度、广度、精确度；（6）将区块链技术引用到农产品安全追溯领域。

第九章

医药冷链物流的绿色发展

一、医药冷链物流的研究背景

（一）医药冷链物流的定义

（1）医药冷链物流的概念。医药冷链物流是指为保持对存储温度有特殊要求的药品质量稳定，运用一系列整体冷藏方案、专门的物流网络和供应链体系，使冷藏药品的温度在生产、运输、储存、销售都始终控制在规定范围内的物流过程。根据《中国药典》规定，凡是要求在低温条件下储存的药品的流通，都属于医药冷链物流范畴。

（2）冷链药品。储存温度标准为2～8℃的是冷藏链药品；储存温度标准为8～15℃的是冷却链药品；储存温度标准为－20℃的是冷却链药品，疫苗大多数为冷却链药品；储存温度标准为－70℃的是深度冷冻链药品，基本上是冷藏链药品的原液，如赫赛汀成品药的储存温度环境是2～8℃，但其原液储存温度要求为－70℃。其特点：一是其生产标准非常严苛，制造、包装过程要求高；二是药品检测周期相对较长，基本上都是3～6个月的检测周期，而且检测周期涵盖在有效期之内；三是药品性质不稳定，易受外界环境影响，导致其生物活性发生改变；四是对日常仓储以及运输过程的温度要求更高，经销商必须有符合要求的冷库，以及有一套完整的冷链供应系统才能承担冷链药品的运输。例如，疫苗、血液制品等生物制剂对温度十分敏感，其贮存、运输、中转、分发过程中的温度必须保持在2～8℃的温区内，而且必须在有效时间内才能保障其质量稳定，否则容易发生变性、降解、聚集并失去生物效力，同时还可能释放一些致敏因子等有害成分，对临床使用构成威胁。

（3）医药冷链物流主体分析。在冷藏药品流通的过程中，冷链主要由冷藏药品生产企业、药品批发企业、药品零售企业、医药冷链物流企业、医疗机构、疾控中心以及社会公众构成。其中，药品生产企业、药品批发企业、第三方医药冷链物流企业为主要的实施主体。药品生产企业作为医药冷链物流的起点，严格控制药品生产加工和采购运输过程，可以从源头保证药品质量，其中，生产加工过程要符合药品生产质量管理规范的规定，药品流通过程要符合药品经营质量管理规范的标准，同时药品生产企业所选择的第三方医药物流企业也应通过药品经营质量规范的认定。药品批发企业作为衔接药品生产企业和零售商的重要供应链节点企业，为位于上游的药品生产企业提供分销渠道和分销商，为下游的药品零售商提供多批次、少批量的物流辅助性服务，是药品流通的桥梁。第三方医药冷链物流企业可以贯穿于供应链的始终，为冷藏药品从生产企业到社会消费者手中提供专业、安全的冷链物流服务，其作业流程的规范程度对保证药品质量安全至关重要，可以有效地避免由于药品经营企业在物流方面的缺陷而造成的药品质量问题，同时减少在物流方面投入精力与财力。当前第三方医药冷链物流企业由于前期投资过大、涉药特殊性等原因，现有的大型的专业第三方医药冷链物流企业并不多。

（二）医药冷链物流的需求现状

截至2018年，我国全国冷库保有量达到5238万吨，2018年主要在大连、济南、杭州、武汉、重庆、福州等地新增库容488万吨；新开铁路运输冷链线20条，冷链运量超过160万吨；极大地丰富了运输手段，降低冷链运输成本。形成以荣庆物流、顺丰冷运、京东物流、苏宁物流、安鲜达物流为首的一批具备全国运输服务能力的冷链物流企业。但相比我国冷链运输的需求量，这些冷链资源存储量远远不够。

当前世界经济发展趋缓，两极分化明显，经济下行风险增大，规则调整加快，但全球医药市场保有量仍然处于上升阶段，总体规模超过1.17万亿美元。目前，我国医药物流产业正以8%的速度增长，预计到2020年，我国医药物流总额将达到3.8万亿元，冷链运输的药品市场规模或可达到1200亿元，冷链物流市场不断扩大。未来，随着中国“二孩”政策开放、人口老龄化加剧、中国实施健康战略等，医药冷链物流市场将持续增长。

根据药监局最新统计的数据显示，我国医药流通企业的毛利率不足10%，与发达国家医药流通企业的25%的毛利率还有很大的差距，而且大部分医药流通企业都是由医药生产企业分化而来的，医药冷链投资高，一般医药生产企业为保证较高的利润率会尽量规避高成本的冷链运输。据统计，我国药品冷链覆盖率仅为10%，而有近20%的药品质量问题与冷链环节有关。由此可见，我国建设医药冷链物流的步伐刻不容缓。

医药冷链物流是一个庞大的系统，涉及多个环节。每个环节均需要冷藏储存，也需要冷链运输，需要冷藏设施与设备，需要冷藏车、疫苗运输工具。目前，我国的医药冷链物流在连接终端客户的“最后一公里”时，因冷链药品运输量很小，冷藏车运输不经济，多使用移动冰箱、冷藏箱、冷藏包和冰排等设备。究其原因，主要是医药冷链物流的基础设施落后。由于医药公司运输药品方式普遍是批次多、小规模，很难使冷藏品的集运上规模，物流公司想要解决这个问题很困难。冷藏品难运输和难托运是目前医药企业面临的最大难题。特别是在不发达的二三线城市，冷链物流设施缺乏且落后，具备冷藏品运输条件的物流企业寥寥无几。

随着“互联网+”的推进，“互联网+药品”逐渐为传统医药物流带来挑战和机遇，未来医药交易将更多地通过网络的形式完成，医药电商的崛起，对医药物流的专业化和流通效率提出更高的要求，如何能够将零散化的药品安全及时地送到消费者手中，是目前医药冷链物流面临的一大挑战。

二、医药冷链物流的研究意义

（一）协同发展

（1）区域间物流资源的共享协同。我国医药冷链物流行业正处于初级发展阶段，与体系健全的发达国家相比，冷链物流行业呈现规模小且分布杂乱的现象。医药行业上下游未整体规划，成为我国冷链物流发展的障碍，从而使医药冷链物流流通效率低下。同时，我国医药流通供应链集中程度较低，区域分布不均匀，资源整合程度不高，难以发挥区域协同的优势，未来医药冷链物流行业将不断向着规范化和协调化的方向发展。随着政策的推进和技术的进步，医药冷链物流将沿着全方位、多层次，布局广，覆盖深、链条短的现代化医药物流冷链体系发展，向着城乡统筹布局，乡镇实现“最后一公里”的配送网络演进。

（2）医药冷链物流与其他冷链物流资源的共享协同。继两票制在全国推行之后，带量采购、医保与生产企业直接结算等新模式将进一步压缩流通环节的链条，将行业推向一票制，物流在整个医药供应链中的作用也得到凸显。医药行业正在不断朝着商流与物流相分离的格局演变。未来，医药企业不再兼顾医药运输，而是将主要资源用于核心竞争力的提高，而将医药物流外包给专业化的第三方经营，至此，医药物流运输将实现全国范围内的集中整合，各地的医药运输将与其他物资运输共用物流资源，实现协同发展。

（3）供应链上下游的资源共享协同。随着医药冷链物流的要求更加规范严格以及电商药品行业的崛起，传统销售药品的医药流通企业已经难以保持利润的持续增长，医药流通企业如何利用已有的物流设施和销售渠道为供应链上下游企业提供更具价值的物流增值服务是传统医药流通企业面临的难题。如何打通供应链上下游的资源壁垒，实现供应链上下游资源最大化有效利用是传统医药流通企业在激烈的竞争中维持生存必须解决的问题。目前，供应链各环节的融合在持续加深，供应链链条的缩短，从生产到终端的参与各方功能逐步调整，服务延伸正在促进整个产业的融合渗透，未来产业联动以及区域联动趋势更加明显。

（二）绿色安全发展

（1）保证医药质量安全是绿色安全发展的必然要求。当前，政府监管力度逐渐加强。继“十三五”规划明确要求加强冷链运输贮藏质量监管之后，2017 年又相继出台了《疫苗流通和防疫接种管理条例》《关于进一步加强疫苗流通和预防接种管理工作的意见》《疫苗储存和运输管理规范》，以及 2019 年出台的《疫苗管理法》。政府对于医药运输的监管力度正从疫苗管理入手，逐渐涉及整个医药冷链运输行业，不断加强医药安全方面的质量把控，未来将对医药冷链物流提出更加严格的要求。医药安全关乎民生安全，医药冷链物流的健全是保障医药安全的关键，是医药服务行业得以迅猛发展的核心转折点。

（2）绿色化现代技术的发展正在倒逼医药物流行业的转型升级。智能化设备正逐步运用于医药供应链的各个方面，从智能生产到智能制造、医药物流企业的智能运输、智能调度，最终到供应链终端的智慧药房，这无不利用先进的现代化技术使医药供应链条更加节能环保、更加智慧化和绿色化。

三、医药冷链物流的发展现状及存在的问题

（一）中国医药冷链物流的现状

随着国家医改的深入推进、两票制的进一步推行以及各项行业政策的出台，我国医药冷链物流在不断发展，规模也在迅速扩大，年增长率达到了8%。与此同时，电子商务和互联网发展迅猛，药品流通范围也会随着技术的发展变得广泛，医药冷链物流市场也将进一步扩大。据IMS统计，中国在2015年从世界第三大医药市场变为世界第二大医药市场，并且到2020年，中国医药市场的规模与第三名的差距还会进一步扩大，与第一位的差距也会不断缩小。市场规模的庞大对医药质量和物流的要求越来越高。但是，根据国家食品药品监督管理局在2018年发布的数据，我国药品冷链覆盖率仅有10%，但我国出现的近20%的药品质量问题与冷链物流是有关的，因此可以看出，医药冷链物流发展及其体系的完善将会是我国成为医疗强国的必要条件。2013年，我国颁布了新版的GSP（《药品经营质量管理规范》），在这一部GSP中发布了不少与医药冷链物流相关的规定，也有了更多的规范和要求。但GSP中有些规定的标准与GMP（《药品生产质量管理规范》）中对应的标准发生了不相符的现象，这直接导致了各省市对冷链物流标准解读的不同，再加之行业企业为了能够从医药冷链物流的市场占据先机以取得最大的利益，纷纷制定了各种各样的行业标准，使我国医药冷链市场在标准的要求上非常混乱，在很大程度上阻碍了我国医药物流的发展。

（二）中国医药冷链物流存在的问题

政策推动行业规范发展。“十三五”规划明确要求加强冷链贮存质量监管，如2016版《药品经营质量管理规范》《医疗器械冷链（运输、贮存）管理指南》，2017年的《疫苗储存和运输管理规范》再到2019年的《疫苗管理法》，政策不断提升对医药冷链物流提出了更加严格的要求。

由于医药企业自建物流缺乏专业度，且设备难以及时更新换代，医药运送过程中的日常操作不规范、运输过程中温度计丢失，设备故障失灵时有发生，这些都会给临床造成很大的风险。

当前，对于单个企业来说，仓库满仓率和车辆满载率并不是十分乐观，仓

配资源整合和效率低下，医药冷链物流将逐渐走向规模化。

目前，技术也趋于成熟，物联网技术、区块链技术的运用将大大改善医药冷链物流的现状，而如果每家医药企业都配备先进的设备，又会给医药企业增加负担，造成资源重复配置、资源配置不均的情况发生。如果第三方医药冷链物流配备先进的设备，医药企业将运输业务外包给专业的团队，医药企业就能降低运输成本，同时剥离已有的运输资产也会产生一波企业并购整合，物流企业将趋于集中。

在当前趋势下，医药供应链正在呈现商流和物流相分离的趋势。与国际先进的医药冷链物流相比较，中国的医药冷链物流仍然停留在医药企业自建物流的状态，这极大地降低了医药冷链物流的效率和效益。借鉴美国的发展模式，医药企业一般将全国范围内的医药配送委托 DHL、UPS 等大型物流公司运送，州内配送也交给专业的符合条件的小型运输公司配送，这极大节约医药企业所需要承担的运输费用，中国如果能建立第三方医药冷链物流，将会极大地推动医药冷链物流降本增效。

（三）发达国家医药冷链物流发展现状

作为医药产品的主要市场，北美和西欧市场约占全球份额的 60%，日本市场占 15% ~17%，其余主要分散在拉丁美洲、东南亚和中国、中东、非洲、东欧以及独联体国家和地区。美国国内的医药物流市场主要通过自由竞争，已经形成了比较集中和规范的产业格局，分别排名第一位和第二位的医药物流企业麦卡森和卡蒂诺健康有限公司销售额占到全美市场份额的 60% 以上。与美国相比，日本的大型医药物流企业较多，最大的 75 家药品批发企业的销售总量超过其国内医药物流总业务量的 95% 以上。在西方发达国家中，医药物流具有典型的产业垄断化、企业寡头化和经营规模化特点。

1. 美国医药冷链物流发展现状

由于美国医药行业相关法律法规较为健全、完善，再加上其高度发达的经济、成熟的市场，美国的药品流通企业，特别是批发企业经过长期的竞争和优胜劣汰，形成了高度集约化的格局。高度集约化的市场结构也是美国医药流通市场的一个重要特征。物流服务方面，这些企业主要是提供两个方面的服务：一是“库房到库房”配送服务，即承担药品由生产企业到终端零售企业的运输服务；二是“直接运输”服务，在此项服务中，批发商负责向制药企业下订单、付款，并从制药企业处直接送到大的零售商客户手中。

自1894年美国人阿尔贝特（Albert Barrier）首次提出冷链概念以来，美国医药冷链物流得到蓬勃发展。美国医药冷链物流模式是以大型制药企业和药品批发企业为主导，各医院及零售连锁药店直接向其提交配送申请，由批发企业物流中心进行最终的配送服务。美国医药冷链物流模式批发企业的配送中心负责为药品生产和销售企业提供经济合理的流通和销售方式，大大降低了医药企业的管理成本和运营成本，医药企业市场集中度显著提升。另外，现代物流技术如RFID、GIS广泛应用于美国医药冷链物流，实现了医药冷链物流的实时监控与测评。除此之外，2002年美国成立的冷链协会对于行业的规范化管理起到了重要的指导作用。

2. 欧洲医药冷链物流发展现状

欧洲医药冷链物流凭借操作标准化、先进的物流技术以及四通八达的分销网络，实现了物流系统的高效率运转。西欧医药冷链物流企业整合经历了三个阶段：第一阶段是医药企业品牌化经营和与销售终端药房的整合；第二阶段是西欧医药企业向物流企业的转型，形成了利润和成本两大物流中心体系；第三阶段是基于VMI物流信息技术的全方位整合。

西欧药品销售主要渠道是批发企业零售药店病人。以法德为例，它们药品通过药店面向病人，剩余部分由制药企业面向医院。制药企业和药品批发企业不针对普通患者直接销售药品。两个国家的药品物流业相当发达，主要表现在：第一，药品批发市场集中度高。其中，在法国的药品批发企业中，前三家市场份额高达95%。德国前三名的药品批发企业其市场份额亦高达60%～70%。药品物流系统效率高。德法两国的批发企业在药品分销过程中，非常注重在所在的市场区域设立分销中心。通过分销中心，从接订单到药品送达药店，仅需二三小时，充分发挥了配送效率。第二，市场准入制度严格。法国药品批发企业及其分销中心都要经过法国药品局批准方可运营，药品批发商受到政府的严格控制。

3. 日本医药冷链物流发展现状

日本医药物流的发展是伴随着流通体系发展起来的，到现在日本医药冷链物流管理体系已发展十分成熟，医药冷链物流服务区域性强。由于日本人多地少，资源奇缺，因此，提高流通效率成为日本医药物流的着力点。药品批发企业承担供应链中信贷管理、资金收取等业务职能，在各自的市场区域均设有分销中心，其物流配送多以分级配送为主，物流中心根据各营业所的需求订单，将药品配送到各营业点或中转站，然后由当地的配送人员配送到客户手中。在这种模式下，一方面制药企业、流通企业利用EDI技术，实现医药供应链的信息共享，使药品零售需求得到满足的同时，物流管理效率得到提高；另一方面，制药企业尽可能减少库存量，供应链上下游企业把库存推给批发商，并将风险一并转移，使批发商利润不断减少，导致医药流通陷入恶性循环。

日本医药冷链物流市场实行独特的准入制度。国内大部分药品进货直接面向制造商，收货周期可控性强。另外，条形码技术的广泛应用以及先进的温度传感器技术、GPS技术、RFID技术对医药冷链物流服务质量可以进行全程实时监控和透明化管理。医药冷链物流中心功能强大，自控化程度高，实现了仓储管理的现代化以及供应链上下游信息共享的高效运行机制。

四、医药冷链物流发展路径探析

（一）传统医药生产企业的冷链物流服务外包

1. 物流外包概念及相关理论阐述

物流外包是制造企业或销售企业为增强核心竞争力，节约成本，集中高效利用企业资源的产物，自物流外包概念伊始，学者们对于物流外包与第三方物流概念之间的区别有很大的争议。一些人认为两者可以等同使用，还有理论研究者和实践探索者认为物流外包与第三方物流是从不同的角度来研究的，我们采用后者的观点，认为物流外包是站在物流消费者或者托运方的角度上分析物流运作问题，而第三方物流是站在物流经营者的角度，第三方物流相对于物流外包来说是实施者，是物流业务专业化的操作者。物流外包的内涵包括狭义和广义两种类型：

在狭义视角下，物流外包是主体企业将其特殊的物流功能外包；是企业间物流外包关系的载体，是基于供应链节点及第三方物流服务商之间的外包，是一种长期的、战略的、相互渗透的、互利互惠的业务委托和合约执行关系。外包企业与第三方物流企业之间形成一种物流联盟或物流合作关系，这种关系是基于第三方物流为外包企业提供定制化服务而形成的长期的利益联盟。

在广义视角下，物流外包等同于第三方物流，是提供以前企业可以自理的任何物流服务，在此视角下，任何基于运送商或仓库提供商都可以看作企业物流外包的一种形式，这种观点适用于物流外包发展的初级阶段，对于能够提供物流外包服务的企业没有特别的限定。

2. 医药冷链物流外包决策的驱动因素

（1）降低物流成本。物流服务商拥有比物流外包企业更有效的物流资源和组织，尤其是专门化的知识和经验，可通过承揽外包业务，获得规模经济效率；物流外包能促进物流外包企业集中资源发展核心业务，并有利于其核心业务环节专业化水平的提高。

（2）规避经营风险。企业物流外包的一项重要优势在于其能降低风险，并能与合作伙伴分担风险。当前，在迅速变化的市场和技术环境下，企业通过物流外包可与相关物流服务商建立战略协作关系，利用其优势资源，降低由于技术或市场需求的变化可能造成的经营风险；物流外包双方能够发挥各自的资源优势，减轻各自的投资压力，降低各自的投资风险；通过物流外包使企业变得更有柔性，更能有效地适应外部环境的变化；通过业务外包，企业减少了对非核心领域的投资，避免了投资风险和管理风险，提高了企业的市场竞争力。这有利于外包企业节省巨额的固定资产投资，减少由于资产专用性而引致的沉没成本，改善资本结构，降低资产风险。

（3）调高市场响应速度。物流外包能够提高企业对市场需求快速响应，主要包括物流外包可有效地减少企业内部物流和信息的传递环节，降低企业内部的摩擦与冲突，实现企业的快速高效运转；外包可减少企业对物流业务的投入，扩大核心业务的投入，提高核心业务的效率，有效缩短制造周期，提高企业响应客户需求的速度；物流外包可突破企业资源与能力的局限，快速进入和占领市场，提高市场占有率。

（4）强化核心竞争力。企业物流外包对增强核心竞争力的作用主要体现在：实施物流外包后，企业可重新审视整条产品价值链上各个环节的增值优势，重新确立其核心业务范围，以便将优质资源和独特能力集中到该领域，进一步强化核心竞争力；实施物流业务外包的企业，可集中有限的资源，建立其核心能力并使其不断得到提升，进而构筑进入壁垒，确保企业能够长期获得高额利润，并引导行业朝着有利于企业自身的方向发展；实施物流业务外包的企业，可以重新调整业务重点，为实施其他更有竞争力的业务腾出充足的资源。

（5）增强组织柔性。外包战略可减小企业规模，精简组织，从而减轻由于规模膨胀而造成的组织反应迟钝，使组织更灵活地参与竞争，更易于专注于自己核心能力的培养。物流外包使承包商的组织目标更为明确、人员结构更为趋同、信息传播更为快捷、组织原则更为统一、组织文化更为融合，组织管理会更有效率；物流外包使承包商的组织结构具有更好的灵活性，能更快、更好地满足顾客价值实现的需要；物流外包使物流服务商降低了固定资产在资本结构中的比例，有利于优化企业的资本结构，因而降低了组织的退出或转换成本，有利于提高组织的适应性。

（6）提高服务质量。当企业的核心业务迅猛发展时，也需要企业的物流系统能跟上核心业务发展的步伐。对于大多数生产型企业而言，物流属于非核心业务，因而服务能力肯定不足。但对于专业物流服务商而言，物流业务却是其核心业务，因而在组织物流活动方面往往更有经验，更专业化。此时物流外包可以更好地提高某些企业的物流能力，以便提高服务质量。

（7）提升客户价值。现代物流服务与传统物流服务的区别之一就在于现代物流是以顾客需求为导向，以提供灵活多样的、个性化的服务为其重要目标。而物流服务商可为物流外包企业的客户提供定制服务，带来更多的附加价值，提高客户满意度。

（8）提高物流服务水平。物流服务商拥有专业知识、丰富的组织经验，服务水平高，这无疑能增强外包企业的物流效率以获取更高的顾客满意。物流服务商还能集中许多小批量的配送需求从而获得规模效应。此外，外包企业开拓新市场时，当地的物流服务商更能满足新市场的用户需求。

（9）降低库存水平。通过调整生产和装运日程，外包可以减少库存水平，提高库存周转率，从而加速转移时间，减少货物破损等。

（10）提高信息水平。通过外包，企业只用花很少的成本，就能更新自己的物流系统，从而获得高水平的物流能力。此外，企业还可以避免更新物流系统带来的资本投入，从而转入其信息化建设，以提高信息管理水平。

（11）获得专业物流技能。外包企业的战略目标是获得并维持优秀的物流专业技能，包括物流技术如自动补货系统、自动化立体仓库等，信息技术如条形码和扫描仪，以及人力资源等。物流服务商能及时了解物流领域的最新进展，如新规则、创新和物流技术等，并在履行外包协议时开展应用。

（12）提高客户满意度。目前，客户服务在企业界受到了普遍重视。“与客户接近”成为取得商业成功的法宝，它由几个方面的要素组成。其中之一就是具有一个能理解客户需求的、对客户订单反应迅速的物流系统，但外包企业自身的物流体系往往难以达到要求。与此同时，帮助企业提高客户服务质量和服务水平已经成为物流服务商所追求的根本目标。企业若将物流业务外包，可充分利用物流服务商专业的物流系统和物流网络，加快订单处理速度、缩短前置时间、实现产品的快速交付，从而及时响应客户需求，提高客户满意度。

（13）提高资本回报率。外包企业可以借用物流服务商的资源，弥补其不足，从而提高资本回报率。

（14）提高管理效率。借物流外包机会，可简化业务流程改造难度，精简机构组织，提高管理效率。企业重构需要花费很多时间，并且取得效益也需要很长时间，而将非核心的物流业务剥离出去，也能大大降低企业变革的难度。

3. 医药冷链物流外包决策的制约因素

（1）可能面临的风险。风险来源于不确定性，主要是来自外部环境以及外包企业和第三方物流企业。来自外部环境的主要有自然灾害、市场变化、政治和法律环境的变化，由于外包企业无法预测外部环境的变化，只能被动地适应这些变化。因此，我们在这里不予讨论，只针对企业能够预测并加以控制的内部风险加以论述。企业所面临的内部风险可以划分为财务风险、冲突风险、市场风险、管理风险、道德风险和合作风险。其中，财务风险包括隐藏成本：Bartholomew（2001）指出有很多企业在评估外包成本时只考虑到选择服务商成本、沟通成本和起草契约合同成本，而在实际操作中，一些附加的时间和费用会导致更多的成本，如对于契约执行过程的再沟通、更换服务商等费用。一般来说，隐藏成本涵盖了三个部分：对物流服务商监控成本；与服务商讨价还价成本；契约执行过程中的沟通成本。冲突风险包括对服务商控制力减弱和信息不对称问题：Bardi 和 Tracey（1991）指出在契约物流服务中最常见的问题是企业会逐渐失去对物流运作的控制力；Bradley（1995）进一步指出物流外包有可能使企业失去一些重要信息，使之不能合理有效地选择物流服务商、服务商有可能提供不可靠的保证、不能有效应对变化的环境；同时，由于失去对一些重要信息的掌控，想要更换物流服务商也相当困难。刘志学和许泽勇（2003）指出物流外包过程中物流服务商的运作能力和努力水平都是非对称信息，因而需要建立博弈模型来最小化风险。Earl（1996）指出外包物流可能会导致自身的创新能力消失，尤其是在长期运作中，企业如果想要保证其竞争力，就要提供不断创新的物流服务给客户，而外包显然不能够带来这些，因为物流服务商往往不会专注于帮助企业创新，而仅仅是对于成本上的关注。

管理风险包括管理效率降低、选择和评估服务商的困难以及企业文化冲突。Earl（1996）提出，一旦物流服务商改变服务方式，如运输路线、信息系统更新等，都将导致企业的一个重新学习过程，而如果物流服务商企业内部或者外部在人员或者组织上有较大变动时，企业需要重新建立新的关系，同时适应新的运作环境。Quinn 和 Hilmer（1994）认为在一个物流运作效率低的企业，领导者通常会考虑将物流外包，一旦外包后，企业领导人就必须学习怎样有效管理契约和与服务商的关系，由于企业本来运作能力就不高，而现在还要求其来管理一个外部的物流服务商，这就有可能导致管理效率更低。Lynch（2002）提出如果企业本来就有一个有效率的、良好管理的分销系统，那么物流外包并不一定能够降低系统的运作成本，因为其中会涉及更复杂的管理问题。程宝国等（2004）提出由于物流外包过程中的委托代理问题，物流外包企业不能够完全观测到物流服务商的所有活动而只能观测到结果，而该结果又具有明显的不确定性，为了转嫁风险，物流外包企业在确定物流外包的激励机制上大多选择显性合同，但在确定固定效用收益本身时就存在着相对风险。也就是说，物流外包企业不可能在信息不对称的条件下得到最佳的确定固定效用收益值，而是在较大程度上采用经验估算形式得到，所以在测算时就存在风险。Piachaud（2002）提出在物流外包过程中，由于双方的目标不同，价值取向不同，而两者对待对方的态度也不同，这在实际操作中就有可能会导致双方的交流困难，从而影响将来的关系以及企业绩效。曾祥云（2004）研究了第三方物流合作风险，认为第三方物流合作风险的表现形式主要有合作双方不能达成共识、物流服务商因承诺过高而无法履行、物流服务不能满足客户需求等。

（2）传统经营思想的制约。物流外包不仅是单纯地将其物流业务委托给物流服务商，更重要的是，要对企业内部进行改造，以建立一套符合物流业务外包要求的经营管理体制。国内企业界的管理人员对此认识还不够深刻，很多企业实施物流外包时，并没有对企业的管理经营体制以及组织结构进行改造，因此最终未能获得理想效果。这样的示范效应也必然导致很多企业在外包决策时处于观望和犹豫状态，不敢轻易外包。

（3）企业内部抵制变化。实行物流外包后，可以使企业集中有限资源于其核心竞争力业务中，但实施业务外包以后，必将对企业部分管理层的人员产生重大的利益影响，尤其是实行外包以后，必然需要新的管理理念和管理方法。因此，部分管理层人员必然产生抵触情绪，这种抵制很容易成为企业物流外包的阻力。

近年来，由于企业改制或采用了新技术、新工艺，造成了部分员工下岗失业，给社会带来了很大压力。而物流外包给企业带来的另一个直接后果是，由于采用新的物流管理方法和手段，必然使一部分员工失业。因此，当企业决定实施物流业务外包时，部分员工肯定会持否定和反对的态度。尤其是一些国有企业，物流外包将意味着解雇大批员工，这对企业的领导人来说意味着一个非常大的风险。在建设和谐社会的今天，这些很容易成为企业物流外包的重要阻力。

（4）市场环境中的制约因素。物流服务商的运作与生产工厂类似，工厂生存的灵魂是拥有一批有专业技术才能的员工，核心技术一定是公司内部掌控，而不是依靠其他合作伙伴来提供支持。美国著名物流专家认为在处理外包时，专业物流顾问与技术工人一样，他的作用比企业领导更重要，合格的顾问能够给项目带来许多领导所不知的东西，他需要去管理维护公司项目设计规划的过程、提供物流需求以及项目数据，而这些事情常常与外包的成败相关联。企业领导仅扮演监督员的角色，企业物流外包动因研究如果缺乏具有项目设计和作业操作技能的专业人才，那么外包营销将无从谈起。

目前物流供应商在外包的发展上存在两个方面的制约因素：第一，缺乏合格的专业人员进行项目设计和系统评估。既然外包是要得到报酬，供应商就应该聘任合格的专家来规划和管理具体操作，但在实际运作过程中几乎找不到合适的专家。结果，许多供应商不能对客户希望的服务要求做出全面、满意的回复。第二，专业物流顾问的评估效果失真。想要聘请合格的专家来对项目进行设计并评估是很困难的，顾问的身价令一般供应商望而却步，即使聘请到一流的物流顾问，也并非能达到预期的效果。通常的情况是，物流顾问将物流外包的规划和设计工作交给了资质一般的人员或其他非专业人员来做，结果可想而知，虽然一些供应商声称专门聘请专业顾问设计，但事实并不是这样。

（5）市场信用缺失。从世界范围看，越来越多的公司从外部公司外购他们自身的一些物流功能，如联邦速递公司，提供及时供货服务。他们要求双方进行一些必要的投资以促进双方关系的发展，共担风险，共享成果。这些关系存在于整个供应链中，并不只是限制在物流动作中。建立物流外包关系、签订协定后可以获得前所未有的每个机构内部的战略信息，但这必须建立在充分信任的基础上，需要完善的市场信用制度作保障。但以“契约”为基本特征的现代物流业发展所必需的信用条件，在我国还没有真正建立起来。这样，机会主义行为的存在可能会阻碍契约的实现，从而会迫使一方当事人进行纵向一体化。在目前我国的信用制度很不健全的条件下，“契约性”物流成长的土壤受到明显的制度“瓶颈”制约，部分企业拒绝或减少物流外包，甚至完全可以自己建设物流系统。

（二）第三方医药冷链物流的发展

1. 第三方医药冷链物流的定义

鉴于当前对于第三方医药冷链物流的研究尚处于起步阶段，学者还没有对第三方医药冷链物流给出确定的定义，本章通过医药冷链物流和第三方医药物流来进行阐述。

医药冷链物流是一个药品流通的封闭链条，是指药品生产企业、销售单位、物流企业和药品的使用单位采用专业化的设施，保障需要冷藏运输的药品从生产企业的成品库到使用药品单位之间的流通过程始终处于规定的温度范围内，其核心是通过全程实时监控温度及其他相关指标，保障药品在运送途中的损耗降低，保障品质，实现整个供应链条无缝对接。

医药生产企业或销售企业将医药物流外包给专业的第三方物流，利用第三方物流专业化的运作手段来规避医药物流外包企业在自运过程中所产生的重复交叉运输、药品毁损等问题，从而缩短医药在途时间，提高经营效率，降低运输风险。同时，第三方医药物流通过整合运输链上的资源，实现小批量、高频率、多品种、短时间的配送体系，保证药品的质量安全，提高医药运营的顾客满意度。2005 年，国家食品药品监督管理局首次提出“第三方医药物流”；2011 年，商务部印发《全国药品流通行业发展规划纲要（2011 ~ 2015 年）》对第三方医药物流做出具体的要求和部署；2012 年，国家在四川省设立第三方药品物流试点基；2012 年 11 月审批通过新版药品经营质量管理规范（新版 GSP）并于 2013 年 6 月正式实施。在新版 GSP 中，针对需要冷藏的药品在储运、验收、运输等环节提出了确保质量要求的具体标准和重点管理办法，对目前已经存在的药品物流企业提出新的要求，具体包括：采用温湿度自动监测系统对仓库环境实施持续、有效的监控，要求采用特定的设施设备对冷冻、冷藏药品进行储存和运输。

根据企业的原始基因进行分类，可将第三方医药物流企业分为四类：

第一类是早期取得了药监部门审批的具有药品第三方物流资质的企业，这些企业的母公司均为药品经营企业，部分企业并未单独成立第三方物流公司，而是以物流部门的形式存在。这类企业绝大部分具备药品仓储和配送的资质，可为上下游客户开展物流业务。

第二类企业的传统基因为第三方物流企业，在后期拓展医药物流业务的过程中，通过收购等方式取得了药品经营许可证，这类企业也具备开展药品仓储、配送业务的资质。

第三类企业是专业从事医药运输的第三方物流企业，这类企业并不具备药监部门认可的药品第三方物流资质，核心业务是药品、医疗器械的干线运输和货物终端配送服务，目前多以干线运输服务为主（在浙江、江苏等地也有物流企业为药企提供“门到门”的终端配送，并取得了成功）。

第四类企业是综合性第三方物流企业，这类企业业务板块非常丰富多样，医药物流仅作为其业务之一，主要承接药品、医疗器械的干线运输业务。

2. 第三方医药冷链物流的发展现状

（1）冷链物流市场集中化趋势日益凸显。2018 年，我国冷链物流企业之间整合、并购、重组等事件相比以往要更多、动作也更大，无论是中外运冷链和招商美冷之间的内部整合，还是万纬物流并购太古冷藏，抑或是顺丰和夏晖之间的强强联合，总之我们看到，市场这个“无形之手”促使企业之间有了改变的内生动力，冷链物流市场集中度将得到一定程度的提升。回顾美国、日本等国家的冷链物流发展历程，同样是在经过无数次整合之后形成现在的稳定格局，我们今天的变化与它们有很多相似之处。整个行业集中度进一步提升，供应链各环节不断压缩。根据公开数据显示，经分会推算，2018 年国药、华润、上药、九州通前四家全国性的医药批发企业占流通市场总额的 34.12%，比 2017 年上升 1.98 个百分点。同时继两票制的全国推行后，带量采购、医保与生产企业直接结算等新模式，将进一步压缩流通环节的链条，将行业推向一票制，物流在整个医药供应链中的作用也得到凸显。从中国物流与采购联合网会最新公布的《2019 年度中国医药仓储企业 50 强》的数据来看，中国第三方医药冷链物流上榜企业 6 个，占比 12%，但运输量占比远低于 12%。中国的医药冷链物流大多掌握在以国药、华润、上药、九州通为首的四大全国性医药流通企业和众多区域性医药流通企业中。如果第三方医药冷链物流能够解决众多区域性医药流通企业的痛点，那么中国的医药冷链物流将更加趋于集中化、快捷化。

（2）缺乏全国性的第三方医药冷链物流企业。目前存在的第三方物流仍然呈现区域性的特征，以上榜的几家第三方物流为例，上海外高桥医药分销中心将营业范围集中于上海自贸区，陕西天士力医药冷链物流有限公司、陕西卓裕医药供应链服务有限公司将经营范围缩小在西北地区，上海致新医疗供应链管理有限公示将服务区域扩大到了全国东中部省会城市，广东飞来医药供应链有限公司将业务范围局限于广州深圳地区。目前，还没有出现大型的全国范围内流通的第三方医药冷链物流企业。但现在的市场需求已经催生出像顺丰冷运、京东物流、苏宁物流等一批具备全国性服务能力的冷链物流企业，通过布局全国性冷库节点，拓展中小城市运输网络，延伸“最后一公里”配送能力，统一全链条服务标准等，赢得客户的信任和青睐。第三方医药冷链物流企业可以借鉴这些企业的运作模式，或者寻求合作共赢的机会。

（3）运营模式不成熟导致成本高、效率低。大多第三方物流公司将配送终端设立在省会城市，且不同的配送公司在相同城市重复建立冷库，冷库规模小，设施配备不齐全，呈现“多、小、散、乱”的形态，导致资源重复配置，资源配置不均，部分省会城市和地级市没有资源可用的尴尬局面。药品的冷藏储存、运输设备重复建设，很多设备长期闲置，设备的维护和管理成本较高。目前存在的第三方医药冷链物流公司在经营模式上存在一定的时滞性，公司经营采取定时定点发送，一周一配，大大降低了物流所要求的灵活性与时效性。服务网络和信息系统不够健全，缺乏准确性和及时性，难以形成高效率的医药冷链物流配送。

（4）行业竞争加剧促进专业化程度的提升。自第三方医药物流企业市场开放以来，目前从事药品冷链物流的企业由传统药品企业和社会物流企业组成，运输部分主要由社会物流企业完成。随着顺丰、UPS等社会化专业物流企业的进入，药品冷链市场竞争将更加激烈。社会物流企业都在探索中寻求适应市场的经营模式。全国性、区域性龙头企业在不同程度上加大对冷链物流资源的投入，并积极探索形成运营一体化等多种模式，提高服务专业化程度。

（5）医药冷链物流技术不断涌现。随着科学技术的发展，一些新技术在医药冷链物流运输中得到应用，如RFID、GPS配备温度控制系统、冷链GPS和实时温湿度监控等技术得到发展。同时，一些有实力的医药电商企业通过人工智能、大数据、云计算等先进技术实现对社会资源的整合，为用户提供专业、贴心的医药服务。在车辆调度管理方面，GIS（地理信息系统）、GPS（全球卫星定位系统）、EDI（电子数据交换）等技术在医药冷链物流行业广泛应用，从而有效地控制车队、提高运行效率和服务水平、降低运行成本，同时，指纹、声纹、视网膜技术的应用可以保障车辆调度过程的安全。

（6）第三方医药冷链物流主体、资质尚未明确，行业发展不稳定。我国医药流通业相较于国外发达国家起步较晚，标准化体系不健全，法律法规及监管手段缺失，发展还不成熟，在这样的环境条件下发展起来的第三方医药冷链物流行业也存在着各方面的问题。目前，在我国现行的药品管理法规体系框架下，第三方医药冷链物流行业的主体、资质暂没有明确的界定。标准化体系与考核标准缺失，一方面导致部分有野心谋发展的第三方药品冷链物流的企业处于摇摆和观望的状态，不敢轻易投资，这是造成我国专业的第三方医药冷链物流企业数量有限的主要原因；另一方面，药监部门目前只能通过对生产、经营企业的药品分销渠道对第三方医药冷链物流企业进行间接监管，在行业法律法规的漏洞下，只能将责任主体局限于外包方。这种权责不平衡的局面严重影响到了冷藏药品供应链的健康发展。

（7）第三方物流服务商的服务能力水平参差不齐。目前，我国优秀的第三方医药物流企业为数不多，甚至还没有全国性的专业化第三方医药物流企业，市场上外包服务商的数量虽多，但是所提供的服务质量良莠不齐。社会第三方物流虽然具有配送经验、网络的优势，但只能视为配送，与现代意义上的医药物流相比有本质上的差距，谈不上是第三方医药冷链物流。在选择物流外包服务商时，一方面，鉴于冷藏药品的特殊性与药品冷链物流专业性要求，冷链物流服务企业应具备专业的软、硬件基础设施，并提供全过程的信息化管理。然而目前，我国大部分社会第三方物流企业存在“轻资产、重效率、低成本”为先的经营思想，在自身发展不规范的情况下盲目介入药品冷链物流。另一方面，由于存在信息的不对称性，难以全面了解服务商的真实水平，无法在选择外包服务商时对其服务能力做出有效的评估，导致最终选择的物流服务供应商无法满足外包商的各项物流要求，造成药品冷链物流外包活动面临选择风险。

（三）第三方医药物流存在的必要性

第三方医药物流的必要性首先是由医药冷链物流的特征决定的，具体包括：医药储运的温度要求、冷链各个环节的高度协调性、冷藏药品的时效性以及医药运输的运营成本。

（1）医药储运的温度要求。冷藏药品是指用于治疗、预防疾病并需要在一定温度下冷藏保存的药品，以生物制品为主。冷藏药品对温度的规定十分严格，高于或低于它本身的标准温度都会对药品质量产生极大的影响。无论是仓储、装卸、搬运还是运输过程中都必须全程保证冷藏药品在规定的温度范围内，超过或低于该温度范围会影响药品的化学性质，出现药品变质损坏和功效丧失的情况。

（2）冷链各环节的高度协调性。冷链是一个高效运转的过程，每个环节都十分重要，从生产、预冷、冷处冷藏储藏、运输、装卸搬运、验收、销售、配送再到最终患者，需要各环节相互间高度的协调及控制。冷链物流整个流通过程需要上下游密切的配合，实现各节点无缝对接。

（3）冷藏药品的时效性。冷藏药品有一个特殊性就是保质期短，需要及时送到客户处。但是在外埠销售长途运送冷藏药品的过程中，货物会因各种原因难以在规定的时效内送到。即使在运输途中提供合适的温度，冷藏药品依然会报废，给企业带来巨大的经济损失。若忽略冷藏药品的时效性，导致药品报废，造成资源的浪费和经济的损失，且假如继续将这些不合格药品送到客户处，加之接收标准不严格，那么造成的后果将不堪设想。因此，冷藏药品物流要重视时效性，在力图保证货物质量的前提下，以最快的速度、最优的成本将货物安全送达。

（4）医药运输的运营成本。药品冷链物流的运营成本主要可分为四大类：第一，初始成本，主要包括前期硬件设施设备及物流软件技术的投入；第二，储存成本，主要包括仓库及仓储机械设备的折旧、仓储设施和机械设备定期保养费及报关费用；第三，运输成本，主要包括运输设备本身的费用支付、运输过程货损成本、制冷成本；第四，管理成本，主要包括日常管理中所支付的人力、物力和财力。

（5）经营企业资质审查严格。由于冷藏药品的特殊性，且涉及人民群众生命安全，因此，对于生产、经营和使用单位设定了较高的市场准入门槛，监管相对严格，对药品质量管理的要求高。拥有冷藏药品经营许可证的企业必须严格遵守《药品经营质量管理规范》《中华人民共和国药品管理法》《疫苗流通和预防接种管理条例》《药品流通监督管理办法》等法律法规，并且实时注重企业冷藏设施设备及运输工具的安全情况，将药品质量安全放在第一位。

（四）第三方医药冷链物流服务能力评价研究

医药冷链物流新兴行业，同时也是物流业的一个分支，是一项非常复杂的低温物流系统工程，它不仅具有医药物流和冷链物流的一般特性，还有其自身的特点：

（1）安全性。在医药冷链物流服务能力评价过程中，安全性居于首要地位，这是由物流对象的特殊性所决定的，不同于果蔬、花卉、肉禽等冷链产品，它是一种关乎生命健康的特殊商品，其质量安全尤为重要。

（2）高成本。在药品冷链物流运输过程中，需要借助于一些制冷及冷藏设备来确保冷藏药品在流通中全程处于规定要求的温度中，同时为了促进供应链各环节的高效运转，又必须采用先进的信息系统，这些软硬性条件都需要投入大量的成本。

（3）医药物流准入门槛较高。要成为专业的医药物流公司，对第三方医药物流企业的经济实力与专业能力具有较高的要求。国家规定所有从事医药流通的企业必须通过 GSP 的认证，现行 GSP 对冷藏药品流通过程中的信息化管理、质量管理提出了更加严格的要求，要求建立药品追溯系统，实现药品可追溯，这就为药品市场准入设置了一道技术壁垒，医药冷链物流企业的准入门槛也与此同时提升了一个档次，因此，相比一般其他的行业物流来讲医药物流进入的门槛较高。

（4）需求突发性。灾情与疾病暴发的突然性与不可预知性决定了药品需求的突发性与紧急性，因此对物流供应商的应急服务能力供应效率要求很高。运输批量小、频次高：冷藏药品常有质量轻、价值高的特点，如针剂、疫苗、血液制品等保质期都非常短，用药机构都不会大量储存。此外，药品经营是以零售为主，再加之药品种类繁多，在配送中会产生大量的拆零工作，这些就决定了冷藏药品的运输具有高频率、小批量的特点。

通过分析国家商务部发布的《药品批发企业物流服务能力评估指标》中对于医药物流服务能力构成的要素和评估指标，将医药物流服务能力体系划分为以下六个维度：

（1）行业内实力：物流服务商的企业实力是保证医药冷链物流外包高效运作的基础。对第三方医药冷链物流在行业内的实力可以从 GSP 认证、配送规模、运作经验方面来考察。其具体指标可以划分为：GSP 认证，主要是对冷藏药品物流服务商是否具备相应的配送条件、专业管理水平的考察，达到GSP标准认证是第三方医药冷链物流企业开展物流活动的基础条件，我们将是否通过GSP认证划分为定性指标；配送规模D2，主要通过物流企业的年配送总货值、配送终端客户数量、仓库储存量等数据来衡量，划分为定性指标，按照分级标准评价配送规模的高低；运作经验，是指物流服务商先前的服务于医药相关行业或类似公司的经验，这些经验可以使物流供应商能够快速准确地为客户提供相似的服务，属于定性指标。

（2）静态物流要素能力：指第三方医药冷链物流服务商实际拥有、客观存在的物质结构，包括药品冷链物流设施设备、人员、资金和信息等所形成的客观能力。药品冷链物流需要的特殊设施设备是物流运作的物质基础，专业操作技术人员是进行物流活动的主体，信息系统是物流运作的保障，因此对第三方医药冷链物流企业的静态物流要素进行评价时，可以通过冷库与冷藏车保有量、信息系统覆盖率、职能健全程度来衡量。需要强调的是，各要素的考核要考虑企业经营规模和经营范围的相适应程度。具体指标可以划分为：冷藏药品专业配套设施，主要包括储存、运输冷藏、冷冻药品应配备的设施设备，如冷库温度自动监测报警设备、冷库制冷设备、保温箱等，在这里也可以用物流企业的固定资产来衡量；信息系统覆盖率，是反映药品冷链物流企业广泛应用先进的信息化设备及物流管理软件的程度，是定性指标，可以通过物流企业拥有温度可追溯自动监控系统、储存信息管理系统（WMS）、运输管理系统（TMS）等情况进行评价；职能健全程度，是指企业具有负责冷藏药品物流顺利进行的运营部门、财务部门、人事部门、运输部门、仓储部门、技术部门、客户服务部门等，它也是定性指标，通过模糊语意式量表打分法对其进行量化描述；冷库与冷藏车保有量，指企业在某个时间点已登记在册的或处于在用状态的冷库与冷藏车的数量，可以用物流企业的固定资产来衡量。

（3）物流服务基础能力：指物流企业完成客户委托的药品运输、储存、配送和信息服务等物流基本需求的能力，也可以说是物流企业对静态物流要素资源的利用能力，即体现在物流作业各个环节中的能力，可以通过选取运输及时率、配送准确率、客户满意度等量化指标来评价。具体指标可以划分为：运输及时率，指物流企业在一定时期内，按物流委托方的需求在规定的时间内将产品按时送到目的地的订单数量与订单总量的比率，是定量指标；运输准确率，指物流企业在一定时期内，准确无误的运输批次数占运输总批次数的比率，是定量指标；客户满意度，从客户的角度出发，通过客户对医药冷链物流供应商服务的满意程度来综合反映物流服务质量，这里通过客户投诉率的相反数来体现客户对物流服务的满意度，它是定量指标。其中，投诉率越低，说明顾客对物流服务供应商提供的服务满意度越大。

（4）冷藏药品质量管理能力：质量安全是药品冷链物流的侧重点，因此该能力是第三方医药冷链物流企业服务能力评价的重点。冷藏药品质量管理能力是指物流企业所要具备的能够保证药品质量与安全的条件，以及利用这些条件所能够达到的综合效果。医药冷链物流要求企业通过互联网实现对冷藏药品运输和储存环节的全程透明化管理和监控，我们将运输过程信息可追溯率、温度控制合格率、冷藏设备达标率、货损率作为衡量指标。具体指标可以划分为：运输过程信息可追溯率，指物流企业通过互联网对运输过程的实时监控，所达到的透明化管理水平，是定量指标，通过运输过程中药品订单的有效追踪单数与总订单数的比率来体现；冷藏设备达标率，是反映企业设备技术状况和评价设备管理工作水平的一个重要指标，界定设备达标的一般标准是设备性能良好、运转正常，它属于定量指标，通过企业药品冷藏专用设备完好台数与设备总台数的比值来计算；温度控制合格率，主要反映了冷藏药品物流服务质量管理的水平，是定量指标，体现为一段时期内冷藏药品储存温度检测合格次数与温度检测总次数的比值；货损率，指一定时期内运输药品质量不合格的数量和该时期内配送药品总量的比值，是定量指标，在一定程度上反映了第三方药品冷链物流企业的运输安全水平。

（5）风险应急控制能力：指企业在面对制冷失效或者突发疫情时控制风险和应对处理风险的能力。我们通过应急预案完备程度、应急演练操作能力两项定性指标评价，体现在企业具有应对突发疫情、灾情、冷库突然断电、冷链超时限运输等突发事件的应急预案，以及企业管理人员和操作人员对风险预案的操作能力与应急响应速度。具体指标分为：应急预案完备程度，指企业具有应对突发疫情、灾情、冷库突然断电、冷链超时限运输等突发事件的应急预案，属于定性指标；应急演练操作能力，指企业管理人员和操作人员对风险预案的操作能力与应急响应速度，属于定性指标。

（6）物流发展与创新能力：医药冷链物流企业根据自身发展需要或客户提出的需求，对物流运作过程整体把握和策划、研究开发的能力。创新主要包括物流服务理念的创新、物流技术的创新和物流新业务的开拓。我们可以通过新增物流业务的比重来量化物流业务创新能力，通过技术研发人员比率与设备与研发投入率来衡量物流企业物流技术创新能力的高低与企业对物流发展与创新的重视程度：设备与研发投入率，指在一定时期内，物流企业在设备与技术研发方面的投资占全部投资的比重，它充分反映了医药冷链物流企业对物流技术创新的重视程度，是定性指标；技术研发人员比例，物流技术人员是物流企业物流技术创新必备的人才资源，可以通过物流技术的创新改善其物流服务能力；物流业务创新能力：主要是指冷藏药品物流企业为顺应市场竞争和更好地满足客户的需求，在仓储、配送等基础物流业务上扩展增值物流服务活动的能力，是定量指标。

（五）传统物流企业的转型升级

1. 传统物流企业的范围界定

传统物流企业与现代第三方物流企业既有紧密联系，又有显著区别。传统物流企业所从事的基本业务功能是现代第三方物流企业服务功能的重要组成部分，以现代物流理念为引导，传统物流企业可以作为现代第三方物流企业构建发展的重要基石。传统物流企业向现代第三方物流企业转型发展具有先天的承继性和比较优势，同时也应看到前者与后者在诸多方面存在明显差别（见表 9－1）。

表 9－1　　　　传统物流企业与现代第三方物流企业对比

区别项目	传统物流企业	现代第三方物流企业
以客户为中心的服务意识	弱	强
企业经营目标	本企业利润最大化	与客户企业共同创造价值
介入客户经营活动的程度	接受委托完成单一任务	切入客户企业产销供应链
与客户企业关系	一般市场交易关系	长期战略合作伙伴关系
服务功能	较单一	多样、综合
增值服务	较少	较多
对市场需求的反应程度	慢	快
资源整合利用程度	分割	集成、系统
设施设备及作业手段	较落后	先进适用
信息技术应用水平	较低	较高
业务经营模式	散点经营	网络化经营
物流活动组织目标	单项活动优化	整体活动优化

续表

区别项目	传统物流企业	现代第三方物流企业
服务标准	无统一标准	标准化服务
服务质量控制难易程度	较易	较难
运营风险	较低	较高
物流运作成本	较高	较低
对从业人员素质要求	较低	较高

传统物流企业要实现向现代第三方物流企业转型，应从企业现有基础和具体市场环境出发，在统筹规划所确定的总体目标指导下，分步骤组织实施。每个阶段抓住主要矛盾，确定有限目标，务求取得实质性突破，循序渐进，逐步实现向现代第三方物流企业转型升级的战略目标。

传统物流企业通常是指从事包装、运输、装卸、仓储等单一的物流作业环节，专业化、信息化水平较低的物流企业。为适应现代物流的发展要求，传统物流企业要进行积极拓展，实现以下诸多方面的提升和转变，转型成为现代化第三方物流企业：

（1）快速化的物流反应。现代第三方物流企业对上游、下游企业的物流及配送需求的反应速度越来越快，前置时间越来越短，配送间隔时间越来越短，物流配送速度越来越快，商品周转次数越来越多，物流运作效率大幅度提高。

（2）集成化的物流功能。现代第三方物流企业着重于将物流与供应链的其他业务环节进行集成，包括物流渠道与商流渠道的集成、物流渠道之间的集成、物流功能的集成、物流环节与制造环节的集成等。

（3）系列化的物流服务。现代第三方物流企业强调物流服务功能的合理定位与完善化、系列化，除了传统的储存、运输、包装、流通加工等服务外，现代物流服务在外延方面向上扩展至市场调查与预测、采购及订单处理，向下延伸至物流咨询、物流方案的规划选择、库存控制策略、货款回收与结算、教育培训等增值服务。

（4）规范化的物流作业。现代第三方物流企业强调功能、作业流程、作业、动作的标准化与程式化，使复杂的作业变成简单的易于推广与考核的动作，缩短作业时间，提高作业效率。

（5）系统化的物流目标。现代第三方物流企业从系统的角度统筹规划所从事的各种物流活动。

（6）现代化的技术手段。现代第三方物流企业采用先进适用的技术、装备与管理手段为客户提供服务，生产、流通、销售规模越大，范围越广，采用的物流技术、装备越现代化，计算机技术、网络通讯技术、机电一体化技术、信息自动识别技术、现代信息处理技术等得到普遍应用，极大地提高了物流水平，提升了企业和客户间沟通的及时性和可靠性。

（7）网络化的物流组织。现代第三方物流企业拥有完善、健全的物流网络体系，网络上各节点之间的物流活动保持系统性、一致性，使整个物流网络保持最优的库存总水平及库存分布，运输与配送快速、机动，既能铺开又能收拢。

（8）市场化的物流经营。现代第三方物流企业充分运用市场机制进行物流业务组织和经营，无论是企业自营直接组织物流运营，还是整合利用社会物流资源完成物流服务，均以“服务成本”的最佳匹配为标准，谁能提供最佳的“服务—成本”组合，就由谁提供物流服务。

（9）可视化的物流过程。现代第三方物流企业广泛应用现代计算机信息技术，大大提高了物流过程的透明性、可视性和可预见性，物流过程中库存积压、延期交货、送货不及时、库存与运输不可控等风险大大降低，从而可以加强供应商、物流商、批发商、零售商在组织物流过程中的协调配合以及对物流过程的有效控制。

2. 传统物流企业转型发展机遇

（1）医药市场规模巨大。医药物流业的发展与一个国家的医药经济总量成正比，同国家的医药发展水平成正比。医药物流的发展首先决定于医药物流的需求，随着国民生活水平的提高，居民对于医疗保健的消费支出占其生活总消费支出的比例正在逐年增加。国民对于医疗保健产品需求的增加使我国医疗保健市场的规模不断扩大，据权威部门预测，未来我国医药需求将会进一步增长，2020 年医药市场的规模将达到 1200 亿美元，从而一举超越美国成为世界第一大医药市场。由此可见，我国医药市场物流的预期需求巨大，潜在的高额市场利润意味着我国第三方医药物流企业的良好市场发展前景。

（2）政府政策的大力支持。继“两票制”“药品零加成”后，2018 年推行的“4 +7 带量采购”政策，再一次给行业带来巨大影响。同时，医疗器械领域的政策也陆续跟进，部分省份已经开始推行耗材零加成。一系列政策的出台，都对行业产生深远影响。意见的发布，意味着专业物流服务商今后可以在医药行业大力拓展自己的第三方物流服务客户。同时医药企业也可以把自己比较弱的物流业务进行外包，主要精力放在本企业的核心业务上。这些计划和政策的出台，无疑为第三方医药物流的发展提供良好的发展机遇。

（3）农村市场潜力巨大。随着中国城市化率不断提高，国家“建设社会主义新农村”政策的逐步实施，农村合作医疗制度的建立和完善、农村三级卫生预防网的加强、农民收入的提高，农村居民对于医疗保健产品的旺盛需求日益显现，居民家庭平均每人全年用于医疗保健方面的支出呈逐年递增的趋势，医疗保健产品的人均支出占其生活消费总支出中的比例也在缓慢提升，由于我国农村居民收入的不断增加，未来农村居民对于医疗保健产品的消费占生活消费总支出的比例会逐渐下降，但其整体的支出规模是在不断扩大的。中国医药农村市场这一尚待开发的市场体系必将释放出巨大的市场潜力，这一市场体系所孕育的市场规模和机会将为医药物流创造新的发展空间。

3. 传统物流企业转型决策影响因素

我国的医药流通方式一直都深受计划经济的影响，药品的流通方式“形成了传统的生产企业——批发企业——药店医院”的简单模式。

一般来说，第三方物流企业的市场可以从服务地域、服务层次及服务行业三个维度来进行细分。按照服务的地域，可以将国内第三方物流企业的市场划分为两个部分，按照第三方物流企业提供服务层次的高低，可以将第三方物流企业的市场划分为以下四种类型，即只提供单一的功能性服务、提供整合服务、提供简单的增值服务以及提供复杂的增值服务。按照所服务的各个行业，还可以将物流企业的业务分成很多种类，像工业产品物流、食品物流、汽车产品物流、医药产品物流、快速消费品物流等，每个行业的物流策略设计及具体操作实施都存在较大差异，第三方物流企业必须根据不同行业产品的特点及终端消费群体的购买特点来设计和提供差异化的物流解决方案。

以服务的区域、行业及层次来细分市场适用于所有的物流企业，细化到具体的医药物流业务还需对前面三个维度进行适当的修正。医药物流业务实际上是在服务行业这个维度基础上再对市场进行细分。对于第三方医药物流市场的细分也可以根据前面介绍的三个维度来进行，不同的企业应根据自己资源情况和企业实力来选择不同的细分市场。

传统医药批发企业可以整合原有资源，根据自己的核心优势来选择是服务于区位市场还是全国性的市场。由于第三方医药物流目前在我国还刚刚起步，没有形成强势的全国性主导品牌，因此，有实力的医药批发企业可以立足于全国市场，抢先建立自己的第三方物流网络，成为行业的开拓者。而一些原有的区域性医药批发企业由于自身实力及转型后的障碍，可以先考虑服务地区市场，通过区域市场的深入开发建设来储备未来发展的资金和人力资源。

按照企业的未来战略目标选择服务层次。不同的企业有着差异化的发展战略，医药物流服务可以分为提供单一功能服务及提供综合服务两种。单一功能服务主要就是涉及药品的调配和运输，这方面同原有批发企业的业务性质比较类似；综合服务的服务范围就不仅仅限于运输、仓储业务，它更加注重客户物流体系的整体运作效率与效益，供应链的管理与不断优化是它的核心业务内容，这种模式的业务范围将触及客户企业的销售计划、库存管理、订货计划、生产计划等整个生产经营过程，远远超越了与客户一般意义上的买卖关系，而是紧密地结合成一体，形成了一种战略合作伙伴关系。

按照市场定位选择产品类型。目前我国的整个医药市场是由医药产品市场和医疗器械市场两部分组成的，还有一些其他的辅助性产品，如药品的包装材料、医用卫生材料等，但从整体上来说，辅助性产品在整个医药产品市场中所占的市场份额是非常小的，因此本书在研究医药产品物流转型的过程中先暂时不予以考虑。此外，医疗器械行业对物流企业的基础设备有特殊要求，利润相对来说并不客观，因此我们在这里仅考虑第三方物流企业针对药品的营销战略制定。

4. 区块链技术推进医药冷链物流高速发展

（1）区块链技术助力医药冷链物流。自中本聪提出区块链以来，业界人士对区块链的定义有着不同见解，统一化概念尚未形成。正如前所述区块链的特征，区块链将已经比较成熟的大数据、云计算和在物流行业广泛应用的物联网及人工智能连接在一起，使创造新的物流生态成为可能，这也将成为未来引领物流行业创新的新的技术变革要素。在复杂的国际供应链体系中，区块链技术能够解决跨境物流的安全交易和高效率沟通问题，还可以通过建立可追溯和可识别系统为物流行业构建从生产、运输、仓储再到配送、销售的全环节产品管理体系。物流与供应链行业巨头布局区块链已成为行业趋势，并将在未来有快速的发展。

物流行业将是区块链技术的典型应用领域，将有助于大幅提升物流效率，降低物流成本。国内的互联网巨头、电商的翘楚，以及快递行业的领先企业都已于2017年前后开始加入了区块链技术研发或产品部署的行列。其中阿里健康还将区块链应用到医药物流和食品安全溯源领域，顺丰还将区块链应用于医药物流。

（2）区块链技术推动诚信体系构建。

①便于追踪。追责难是现今药品安全事件的主要困扰因素之一。区块链技术能有效记录从药品原材料采购到最终用户交付的全过程，且记录的数据真实可靠，对温湿度有特殊要求的药品数据也能完整保存。这保证了流通过程中交接数据的可查性，一旦发生问题，可及时根据存储信息找出问题节点。

②防止伪造。利用区块链技术能有效解决医药冷链物流溯源的伪造问题。在传统模式下，一些企业为了自身利益制造“假药”，为了逃责，他们可能会修改某个节点上的数据，删除假药记录。利用区块链技术的不可篡改和可追溯性，有助于实现“一物一码”的可追踪体系，防止伪造篡改现象的发生。

③加强信任。区块链采用的是分布式记账网络，多方共同维护同一个账本，参与的节点越多，维护的账本数据就越庞大，且区块链具有不可篡改的特性，这样的运作模式能给消费者带来更多的数据信任。此外，区块链的追溯体系也有助于企业进行信用贷款，增强企业与银行之间的信任度。

④增强市场透明度。区块链独有的去中心化和信息不可篡改性给企业营造了一个公平公正的交易环境，降低了人为操控带来的虚假成本、合作伙伴之间的协同成本以及监管部门的审查成本，大大提高了企业的运营效率，有效解决了物流成本居高不下、企业利润空间压缩的问题。

5. 区块链技术在医药冷链物流中的发展展望

（1）基于无线温度标签构建药品溯源体系。对药品温度及湿度的全程监控是医药冷链物流的核心目标。无线标签能记录下不同药品的温湿度，还能通过车载系统和无线信号实时记录药品运输的地理位置。但这些数据仅涉及药品运输、储存方面，缺乏全面性且存在可篡改风险。区块链技术可以有效记录从药品原材料采购到生产、加工、分拣、包装、流通、储存等一系列物流活动的相关数据。最终，包括无线标签记录在内的所有数据都被储存在区块链中，区块链的不可篡改性能极大保证了信息的真实有效，从而对冷链药品的整个生命周期进行有效监控。一旦发生问题，可根据溯源体系找出问题环节。

（2）开发去中心化的医药冷链物流系统。传统溯源体系采用的是中心化模式，由一个中心账本记录所有数据，并选定一个企业对这个账本进行维护。在这种模式下，当账本信息不利时，该企业可能会为了自身利益而篡改数据，进而导致溯源流程失效。区块链独有的去中心化和不可篡改性为溯源体系提供了一种新途径。它采用的分布式记账网络无须依赖中心节点进行管理，任一节点都是独立平等的个体，极大地提高了系统稳定性。此外，监管机构也可以参与到区块链的共享网络中来，能有效解决以往医药冷链配送只由物流企业自我监督，监管信息不公开，只在药监体系内运行的状况。这种去中心化的分布式结构不仅能加大相关部门的监管力度，也能减少供应链上“牛鞭”效应的影响。

（3）构建基于智能合约的虚拟交易网络。就目前而言，医药企业对GMP（生产质量管理规范书）的执行力度较小，很多企业缺乏自觉性，偷工减料、不达标现象依旧严峻。运用区块链技术，即将GMP证书的发放嵌入区块链溯源体系中，能有效改善这一现状。将人为监控转变为机器监控，一旦有企业不符合GMP的标准，区块链能立马识别出来，并自动吊销证书。与此同时，企业不诚信的记录也会保留在区块链中，面向全网络公开。管理者为了企业的长远发展也会注重质量管理规范，这有利于营造良好的交易环境。

（4）创建以“共识机制”为核心的信用体系。“共识机制”是区块链的灵魂，它保证了每一笔交易在所有记账节点上的一致性。对企业自身而言，“共识机制”能解决其融资问题。在医药冷链物流领域中，大多是一些中小微物流企业，这些企业迫于信用劣势，常常面临融资难的问题。而区块链的可追溯性可起于产品源头，包括流通、加工、储存等各个环节，录入的信息不可篡改，随时可辩证真伪，这就保证了商品的唯一性。区块链技术将信息化的产品价值化、资产化。企业在进行信用贷款时，银行能实时查询货物的真实性并对产品进行估价，为企业贷款提供了保障。另外，在“共识机制”下，企业与企业之间也能快速建立起信任关系，有利于企业信用的积累，促进医药冷链物流过程中所有的节点企业共同发展。

（5）物联网技术推动医药冷链物流发展。

①物联网技术的提出。简单而言，可以将物联网定义为物物相连的互联网，它是在互联网基础上延伸和扩展的网络，将各种信息传感设备与互联网结合起来而形成的一个巨大网络，可以实现在任何地点、任何时间，人、机、物的互联互通。

根据具体的结构，我们能够将物联网分为三个层次：第一，感知层，该层的主要功能在于感知数据。它是物联网发展和应用的基础，传感和控制技术、RFID 技术、无线通信技术等是该层的主要技术，同时也涵盖了智能节电供电、通信协议研究等技术。第二，网络层，该层的主要功能在于数据传输。该层中的感知数据管理与处理技术是实现以数据为中心的物联网核心技术，具体来看，其包括传感网数据的分析、查询、挖掘、存储以及基于感知数据决策和行为的理论与技术。第三，应用层，该层的主要功能在于利用分析处理的感知数据为用户提供全面的特定服务。该层是物联网发展的目的，智能控制技术、软件开发技术能够为用户提供多种多样的物联网应用。

②物联网技术对医药冷链物流的影响。经过多年的发展与改进，物联网技术已形成独立完善的网络体系，其可以利用信息感应设备，如红外感应激光扫描等，通过对任何物品植入二维码、条码或射频感应等，与互联网实现数据通信与信息交换，从而实现商品的智能定位、识别、监控与跟踪等。物联网技术可分为两类：一是传感器技术。利用传感器技术，可以合理测量物联网中的传输数据资料，从而实现转换信息的目标。二是射频识别技术。该技术是指无线通信技术，涉猎范围较广。在实际使用的过程中，科学化管理特定无线通信信号，并将其作为重要基础读取数据信息，可以通过无线电的传输数据，获取相关信息资料。

在运行过程中，现代物流涉及的领域广泛、环节众多、主体繁杂，因此现代物流的发展离不开网络和信息技术的支持。而物联网技术，如信息处理、智能感应、快速控制和反馈，与现代物流业的运作需求相吻合，使物联网技术可以充分发挥自身优势，在现代物流环节中进行智能交流。例如，在仓库保管中，从网上获得的货物基本信息，以及获取的货物最佳保养方案，有利于实现货物的智能化与精细化管理。

在医药冷链物流发展中合理引入物联网技术，可以有效控制物流仓储、运输与配送等各环节，系统跟踪和监控物流作业流程，包括物流库存状况、运输货物车辆等，借此优化物流配送线路与方案，从而有效地降低运输与人工成本。同时使客户随时查询货物的物流变化情况，提高客户满意度与物流服务的质量。充分应用物联网技术，能够大幅提升现代物流的管理与运输效率，促进物流服务的全面升级。可以说，在医药冷链物流发展过程中，加强对物联网技术的创新应用，有利于医药冷链物流行业的快速发展与变革。

③物联网技术在医药冷链物流中的运用。借助动态检测技术，实现现代物流过程可视化管理。现代物流检测的主要内容包括两个，分别为物品状态监测与位置检测，监测目的是快速了解物品在物流过程中的准确位置。基于物联网技术的动态检测技术，可以借助自主物流服务检测物品，并自动对被替换物品发出提醒，可以为现代物流企业的产品检测提供重大便利。因此，在现代物流过程中，企业可以借助动态检测技术，对物流过程进行可视化管理，以此提高整个物流环节的透明度。例如，运用传感技术进行实时信息采集、视频监控与数据传输，随时随地为客户提供产品信息，包括运输状态、位置、路况信息和图像等，并且根据货物状态数据，规划最合理的运输方案，保证货物安全、及时抵达。同时，使用动态检测技术可以加强对运输中货物状态的监控，从而提高对物流环节的掌控，降低冗余物流环节与成本，有效提升物流效率。

应用 RFID 技术，实现产品全程可追溯。物联网是实现产品全程可追溯的技术保障，物联网技术可以帮助物流实现全程可追溯，包括从货物的生产到仓储、运输、配送、消费以及最后的回收全过程。并且，物联网技术使物流过程的质量管理和责任追究有了保障。目前阶段，作为物联网重要技术的 RFID 技术，在应用感应网络过程中的重要性日渐凸显。一般而言，在现代物流中，地址显示多为 64 位，而物品之间的匹配则使用 RFID 形式表示。因此，在实践应用方面，物流企业应用 RFID 技术，实现产品全程可追溯，要求科学分类全部物品，并优化设置分类号。由于这种分类号的唯一性特征较为显著，能够进一步扩展物品的地址，在这种情况下，利用物联网技术向任意物件渗透，都可以确保物流的完整性。一般来讲，物联网地址的位数都是 64 位，所以将其设置成 RFID 标签地址。随后使用 48 位保存物流地址号，其他则利用 16 位加以保存。对于位数的占用，32 位和 16 位分别占据数字主位和字母主位。在此基础上，通过对网络技术的应用，识别物品所在各地址，保证物联网能够和其他物联网相互连接，进行追溯。

利用智能信息处理技术，构建智能化仓储配送体系。在现代物流环节中，智能信息通常所处理的对象都是物流信息，处理方式包括对各阶段与物流路线进行详细划分，构建完整的物流管理过程等。随着物联网技术在仓储配送操作中的不断应用，智能化仓储配送体系的构建正逐步实现。利用智能信息处理技术，通过对货物、搬运工具、存储设备与操作人员等贴电子标签的方式，可以实时获取货物的基本信息，如数量、库存等。在此基础上，实现对货物的一体化、高度自动化与智能化管理，包括出库、入库、盘点和配送等。因此，物流企业应积极利用智能信息处理技术，构建智能化仓储配送体系。一方面，坚持物品最优、路线最优与个性化服务原则。在物品处于不同路线情况下，相关仓储工作人员应利用智能信息处理技术，在各时间段内有效地分类物流物品，并针对交通、天气以及路段等相关因素选择最佳的路线，从而尽快完成物品运输。通过智能化管理，为不同用户提供相对应的物流服务，进一步优化现代物流的满意度。在此过程中，可以实现货物存取过程实时可控。若当货物需要变更存储位置时，借助智能化仓储配送体系对叉车与操作人员的位置进行分析，并且通过手持终端发送指令，推荐最优行车路线，以避免碰撞，减速或停车，确保行驶速度。通过这种方式，在提高仓储效率的同时，保证库内人员生产安全。另一方面，可以帮助分析和改进仓储流程。由于几乎所有在库操作都在实时监控之下进行，因此系统就有了足够的数据可以对所有对象的工作状态进行分析，如路线的拥挤情况、调度的合理程度、作业的合规现状等。一旦发现异常操作，就及时预警并进行修正。同时可根据实时信息，对事件进行追溯，在配送过程中，系统还可以根据客户需求自动安排货物出库计划，实时更新货物信息。智能化仓储配送体系可根据现存货物数量，从库内甚至是其他库调配资源，生成出库计划，从而大幅提高库存效能。

构建医药冷链物流体系的物联网信息公共平台。物联网可以助力医药冷链物流体系的物联网信息公共平台建设，物联网技术为物流信息互通共享平台打下了良好的基础，通过二维码、RFID 等物联网感知技术在智能物流系统中的应用，可进一步增强平台整理与收集信息的能力，提升医药冷链物流企业的工作效率，如图 9－1 所示的基于物联网的冷链物流体系框架。

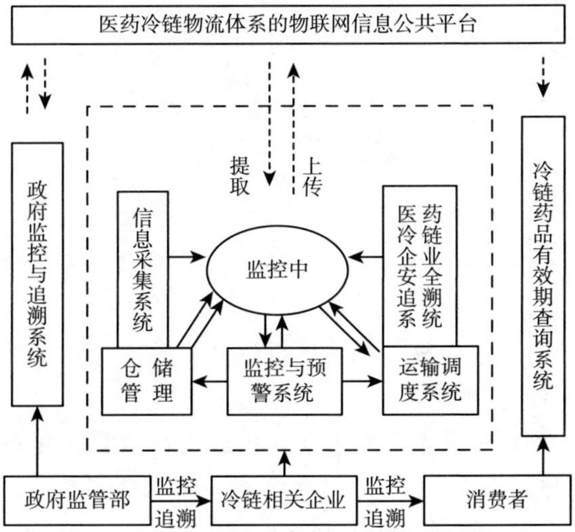

图 9－1　基于物联网的冷链物流体系框架

参考文献

［1］杨玉英．地区经济高质量发展内涵与路径——以广西钦州市为例［J］．中国产经，2019（2）：74－79.

［2］曾明君．新发展理念视野下新时代兰州高质量发展研究（之一）［J］．发展，2019（2）：51－55.

［3］国家信息中心宏观经济课题组，牛犁，闫敏．2018：中国经济开启高质量发展新时代［J］．政策瞭望，2018（2）：47－50.

［4］高汝仕．论建设现代化经济体系的核心特征［J］．中共四川省委党校学报，2018（4）：44－50.

［5］杨文举，文欢．长江经济带高质量发展的理论探索和现实思考——“2018·长江经济带高质量发展研讨会”综述［J］．西部论坛，2019（1）：116－119，124.

［6］杨兰娇．推进我国城市群高质量发展研究［J］．中州学刊，2018（7）：21－25.

［7］李兴苏．成渝城市群绿色发展满意度评价及实施路径研究［D］．重庆大学，2017.

［8］王德利．京津冀城市群产业结构演变特征［J］．中国集体经济，2018（6）：34－35.

［9］杨占峰，段小梅，向琳．产业结构跨期动态变迁对新型城镇化发展的影响——以成渝城市群为例［J］．资源开发与市场，2019（3）：375－381.

［10］韩志明．以城市群高质量发展推动长三角一体化［N］．学习时报，2019－09－23（006）.

［11］郁鸿胜．长三角区域一体化的基础是建立上海都市圈协调发展［J］．上海企业，2019（8）.

［12］张凡，宁越敏，娄曦阳．中国城市群的竞争力及对区域差异的影响

[J]. 地理研究, 2019, 38 (7): 1664-1677.

[13] 王曼曼, 焦新颖, 张璐璐, 宋金平. 中国城市群研究进展与热点的可视化分析 [J]. 世界地理研究, 2019 (3): 63-74.

[14] 王青, 金春. 中国城市群经济发展水平不平衡的定量测度 [J]. 数量经济技术经济研究, 2018, 35 (11): 78-95.

[15] 李瑶, 董玮, 刘, 沙海江. 中国城市群绿色发展的多维测度与路径探索 [J]. 湖州师范学院学报, 2018, 40 (9): 12-20.

[16] 潘芳, 田爽. 美国东北部大西洋沿岸城市群发展的经验与启示 [J]. 前线, 2018 (2): 74-76.

[17] 吕秉梅. 粤港澳大湾区城市群发展的战略意义及思考 [J]. 时代经贸, 2019 (15): 43-44.

[18] 沈坤荣. 建设世界级城市群 优化区域发展格局推动经济高质量发展 [J]. 财经界, 2018 (9): 58-60.

[19] 沈正平, 张啸. 提高城市群质量 全面增强城镇竞争力 [J]. 群众, 2018 (7): 4-6.

[20] 范恒山, 肖金成, 方创琳, 唐杰, 张学良, 潘玉君, 周国华, 吴传清, 李刚, 梁育填, 钟业喜, 王雅莉, 郭淑芬, 李红, 林芳莹, 马学广, 吴康. 城市群发展: 新特点新思路新方向 [J]. 区域经济评论, 2017 (5): 1-25.

[21] 覃成林, 周姣. 城市群协调发展: 内涵、概念模型与实现路径 [J]. 城市发展研究, 2010, 17 (12): 7-12.

[22] 林宏. 世界都市圈发展的借鉴与启示 [J]. 统计科学与实践, 2017 (1): 6-9.

[23] 苗长虹, 王海江. 中国城市群发展态势分析 [J]. 城市发展研究, 2005 (4): 11-14.

[24] 宁越敏. 中外城市群发展趋势及对区域的引领作用 [J]. 上海城市管理职业技术学院学报, 2007 (1): 8-10.

[25] Rita Markovits Assessing the logistics effciency of Europeancountries by using the DEA-PC methodology [J] Transport, 2014, 29 (2): 137-145.

[26] 樊元, 马丽梅. 中国区域物流发展效率实证分析 [J]. 统计与决策, 2012 (3): 113-116.

[27] 高秀丽，孟飞荣．我国物流业全要素生产率及其影响因素分析 [J]．技术经济，2013，32 (2)：51 - 58.

[28] 于丽静，陈忠全．低碳视角下中国区域物流效率研究——基于 SFA 与 PP 的实证分析 [J]．生态经济，2017，33 (4)：43 - 48，91.

[29] 王维国，马越越．中国区域物流产业效率——基于三阶段 DEA 模型的 Malmquist-luenberger 指数方法 [J]．系统工程，2012，30 (3)：66 - 75.

[30] 田刚，李南．中国物流业全要素生产率变动与地区差异——基于随机前沿模型的实证分析 [J]．系统工程，2009，27 (11)：62 - 68.

[31] 刘满芝，周梅华，杨娟．基于 DEA 的城市物流效率评价模型及实证 [J]．统计与决策，2009 (6) 50 - 52.

[32] 唐建荣，杜聪，李晓静．中国物流业经济增长质量实证研究——基于绿色全要素生产率视角 [J]．软科学，2016，30 (11)：10 - 14.

[33] 王琴梅，谭翠娥．对西安市物流效率及其影响因素的实证研究——基于 DEA 模型和 Tobit 回归模型的分析 [J]．软科学，2013，27 (5)：70 - 74.

[34] 肖斌，程晓静．广东省物流业区域效率差异与影响因素分析 [J]．商业经济研究，2018 (2)：85 - 88.

[35] 高詹．区域物流效率空间结构与效应分析 [J]．兰州学刊，2014 (1)：137 - 144.

[36] 王蕾，薛国梁，张红丽．基于 DEA 分析法的新疆北疆现代物流效率分析 [J]．资源科学，2014，36 (7)：1425 - 1433.

[37] 秦雯．新时期海上丝绸之路物流业效率评价 [J]．商业经济研究，2016 (9)：79 - 81.

[38] 王育红，刘琪．基于 Super - SBM 模型的长江经济带物流效率测度研究 [J]．华东经济管理，2017，31 (5)：72 - 77.

[39] 张定，曹卫东，范娇娇，朱胜清，杨迎．长三角城市物流发展效率的时空格局演化特征与机制 [J]．经济地理，2014，34 (8)：103 - 110.

[40] 霍倩倩．“渝新欧”沿线国家物流效率及其影响因素的实证研究 [D]．四川外国语大学，2017.

[41] 张璇，杨雪荣，王峰．新丝绸之路经济带物流效率评价——基于三阶段 DEA 实证分析 [J]．学习与实践，2016 (5)：21 - 32.

[42] 詹荣富，黄立军．粤港澳大湾区各地物流效率现状原因及对策分析

[J]. 物流工程与管理，2018，40（11）：19－22.

[43] 杨双鹏，赵近. 西部地区物流效率及其影响因素——基于DEA模型和Tobit回归模型的实证分析[J]. 物流科技，2018，41（5）：24－27.

[44] 徐蒙. 中部地区农产品物流效率及影响因素研究[D]. 河南农业大学，2018.

[45] 陈治国，李红. 基于DEA-Tobit模型的新疆物流效率及其影响因素研究[J]. 石家庄经济学院学报，2015，38（1）：69－74.

[46] 黄洁，白捷伊，王小腾，刘名多. 云南物流效率的滇缅贸易效应研究——基于贸易引力模型的实证分析[J]. 科技与经济，2017，30（3）：85－89.

[47] 张腾元. 云南省农产品物流效率影响因素研究[J]. 市场研究，2018（8）：49－52.

[48] 秦雯. 供给侧改革下珠海港口物流效率及影响因素研究[J]. 商业经济研究，2018（22）：138－140.

[49] 马桂花，王昱斐，廖国威，邢泽斌. 钢铁物流企业物流效率评价——基于主成分分析和聚类分析[J]. 商讯，2018（14）：56－58.

[50] Jiuh-Biing Sheu. A hybrid fuzzy-optimization approach to customer grouping-based logistics distribution operations [J]. Applied Mathe-matical Modellig. 2007，31（6）：1048－1066.

[51] Samrand Khaleie. Mehdi Fasanghari. Ensi Tavassoli. Supplier selection using a novel intuitionist fuzzy clustering approach [J]. Applied Soft Computing. 2012，12（6）：1741－1754.

[52] Yong WangXinlei Ma. Yunteng Lao. et al. A Fuzzy-based Customer Clustering Approach with Hierarchical Structure for Logistics Net-work Optimizati－on [J]. Expert Systems with Aplicatious. 2014，13（10）：782－798.

[53] Bengang Gong. Xiang Chen. Chaozhong Hu. Fuzzy Entropy Clustering Appr-oach to Evaluate the Reliability of Emergency Logistics System [J]. Energy Procedia. 2012（6）：278－283.

[54] R. D. Banker; A. Charnes; W. W. Cooper and A. P. Schinnar. A Bi-Extremal Princi-ple for Frontier Estimation and Efficiency Evaluations [J]. Management Science. 1981，Vol. 27（No. 12）：1370－1382.

[55] Martinez-Budria E., Diaz-Armas R., Navarro-Ibanez M., et al. A study of the efficiency of Spanish port authorities using data envelopment analysis [J]. International Journal of Transport Economics Rivista Internazionale de Economia dei Trasporti, 1999, 26 (2): 37.

[56] Valentine V., Gray R. The measurement of port efficiency using data envelopment analysis; proceedings of the Proceedings of the 9th world conference on transport research [C]. F. Seoul South Korea., 2001.

[57] Zhou G. G., et al. Evaluating the comparative efficiency of Chinese third-party logisticsproviders using data envelopment analysis [J]. International Journal of Physical Distribution and Logistics Management, 2008, 38 (4): 262-279.

[58] Elliot R. Logistics service providers in internet supply chains [J]. California Managemen Review, 2006, 48 (4): 84-108.

[59] Amer Hamdan, K J Rogers. Evaluating the efficiency of 3PL logistics operat-ions [J]. International Journal of Production Economics, 2008, 113 (1): 235-244.

[60] Desheng Wu. Supplier selection: A hybrid model using DEA, decision tree and neural network [J]. Expert Systems with Applications, 2009, 36 (5): 9105-9112.

[61] S Mohammad Arabzad, Mahdi Bahrami, Mazaher Ghorbaniz. Integrating Kano-DEA Models for Distribution Evaluation Problem [J]. Procedia-Social and Behavioral Sciences, 2012 (41): 506-512.

[62] Y G Smirlis, V Zeimpekis, G Kaimakamis. Data envelopment analysis modelsto support the selection of vehicle routing software for city logistics operations [J]. Operational Research, 2012, 12 (3): 399-420.

[63] Peter F Wanke. Physical infrastructure and shipment consolidation efficiencydrivers in Brazilian ports: A two-stage network-DEA approach [J]. Transport Policy, 2013 (29): 145-153.

[64] 李云芳，刘刚．长江经济带区域物流效率评价及影响因素的实证研究 [J]. 物流工程与管理，2015，37 (3): 41-44.

[65] 孟鑫．基于DEA模型的长江经济带物流产业效率分析 [J]. 企业经济，2015 (12): 108-113.

[66] 杨亚利，郭丽芳，戴宏．经济新常态下泛珠三角区域物流业效率评价研究［J］．改革与战略，2016，32（4）：107－111.

[67] 郭子雪，张雅辉，黄新．基于DEA模型的京津冀区域物流效率评价研究［J］．数学的实践与认识，2018，48（24）：41－50.

[68] 刘一波，陈灵明．基于DEA模型的区域物流效率评价实证分析［J］．物流技术，2014，33（15）：206－208.

[69] 刘婷．基于超效率SBM的我国物流行业效率分析［J］．物流技术，2017，36（12）：64－67，72.

[70] 刘亚楠．我国农产品物流效率及要素优化调整研究［J］．渭南师范学院学报，2018，33（24）：29－36.

[71] 王菲．基于改进型DEA的中国区域物流有效性比较研究［J］．物流技术，2012，31（13）：180－184.

[72] 高詹．中部省份城市物流活动效率测度研究——以河南省18个地级市为例［J］．物流技术，2014，33（11）：141－143.

[73] 孟魁．基于三阶段DEA方法的中部六省物流效率评价［J］．统计与决策，2014（2）：57－60.

[74] 田刚，李南．中国物流业技术效率差异及其影响因素研究——基于省级面板数据的实证分析［J］．科研管理，2011，32（7）：34－44.

[75] 范月娇．国家级流通节点城市物流产业效率的时空变化及影响因素［J］．中国流通经济，2015，29（11）：1－8.

[76] 廖志高，许明辉，徐玖平．基于DEA和模糊聚类的城市群物流效率研究——北部湾和双三角城市群的实证研究［J］．物流技术，2014，33（17）：132－136.

[77] 廖志高，许明辉，徐玖平．基于DEA和GM（1，1）的北部湾区域物流效率研究［J］．物流技术，2014，33（13）：102－106.

[78] 杨星，刘阳．区域物流效率评价及其影响因素实证研究——基于福建省9城市面板数据［J］．常州大学学报（社会科学版），2017，18（4）：62－70.

[79] 张磊，冯飞．基于DEA-Malmquist指数法的内蒙古农产品物流效率研究［J］．内蒙古科技与经济，2018（18）：5－6.

[80] 张昊，高康．中国西部地区物流效率时空分布及影响因素研究——基于超效率DEA与Tobit回归［J］．新疆农垦经济，2018（9）：57－64.

[81] 刘艳霞．基于六步AHP分析法的企业商业物流效率研究［J］．商业经济研究，2018（17）：102－104.

[82] Melendez O.，Maria Fernanda. The logistics and transportation problems of Latin American integration efforts [electronic resource]: the Andean Pact，a caseof study. [M]. 2001. 246 pages，AAT 3010339.

[83] Meidute，Av Vasiliauskas. Analysis of factors impacting development of transport and logistics services [J]. Current Issues of Business And Law，2008（1）.

[84] 杨军，王厚俊，杨春．我国城镇化对农产品物流效率的影响［J］．农业技术经济，2011（10）：63－68.

[85] 李纳．物流外包关系对物流效率的影响研究［D］．内蒙古财经大学，2013.

[86] 杨馥榕．农产品物流能力对其流通效率影响实证分析［J］．商业时代，2013（30）：38－39.

[87] 徐良培，李淑华．农产品物流效率及其影响因素研究——基于中国2000—2011年省际面板数据的实证分析［J］．华中农业大学学报（社会科学版），2013（6）：71－79.

[88] 崔振洪，王家旭，华振．我国农产品物流效率评价及影响因素分析［J］．物流技术，2014，33（9）：114－116.

[89] 黄洁，白捷伊，王小腾．云南省物流效率及其影响因素——基于DEA模型和Tobit回归模型的实证分析［J］．经营与管理，2015（11）：107－111.

[90] 倪明，何超，杨善林．区域物流效率评价及其影响因素实证研究［J］．华东交通大学学报，2015，32（4）：65－72.

[91] 赵旭，潘胡飞．基于ISM的农村冷链物流效率影响因素分析［J］．物流技术，2016，35（6）：97－100，122.

[92] 刘承良，管明明．低碳约束下中国物流业效率的空间演化及影响因素［J］．地理科学，2017，37（12）：1805－1814.

[93] 倪志敏，高秀丽．广东省港口物流效率评价及影响因素研究——基于DEA-Tobit模型的实证分析［J］．广东海洋大学学报，2017，37（5）：11－16.

[94] 戴万亮，董智玮．基于DEA－Tobit的我国省域物流效率差异比较及影响因素分析［J］．物流科技，2018，41（3）：11－14.

[95] 卢迪．煤炭富集区煤炭物流效率及其影响因素分析［D］．太原理工

大学，2018.

[96] 郭毓东，徐亚纯，郝祖涛．基于AHP和熵值法的绿色物流发展指标权重研究—以长株潭两型社会城市群为例［J］．科技管理研究，2013，33（18）：57－62.

[97] 庞燕，夏扬坤．长株潭城市群绿色物流评价［J］．物流技术，2014，33（21）：227－228，393.

[98] 许笑平．珠三角绿色物流体系构建策略研究［J］．物流技术，2014，33（23）：144－146.

[99] 陈宝丹．广东省农产品绿色物流系统构建及其运作模式研究［J］．中国农业资源与区划，2016，37（8）：198－203.

[100] 王娟娟，杜佳麟．"一带一路"区域绿色物流体系构建及路径探索［J］．中国流通经济，2017，31（6）：27－36.

[101] 陈燕．农产品绿色物流与农业可持续发展问题研究——以秦皇岛市为例［J］．中国农业资源与区划，2017，38（6）：178－183，210.

[102] 秦文展．新疆地区发展绿色物流的影响因素及对策［J］．沿海企业与科技，2017（4）：59－63.

[103] 董博，董康成．京津冀区域物流业低碳协同发展研究［J］．价格月刊，2018（9）：44－48.

[104] 董博，董康成．京津冀区域物流业碳排放影响因素［J］．经贸实践，2018（14）：296－297.

[105] 李春香．基于绿色物流的绿色包装内涵及发展路径探讨［J］．物流科技，2014，37（1）：126－128.

[106] 胡滢．基于绿色供应链的鲜蔬鲜果冷链物流效率分析［J］．中国农业资源与区划，2015，36（5）：172－176.

[107] 张琳．农产品电子商务与绿色物流对接策略探析［J］．商业经济研究，2015（22）：78－79.

[108] 王忠伟，赵芳妮．基于模糊综合评价法的农产品冷链绿色物流综合评价研究［J］．华中师范大学学报（自然科学版），2015，49（4）：546－550.

[109] 李春香，蒋成忠．绿色物流金融运营环境问题及优化思考［J］．商业经济研究，2015（25）：51－53.

[110] 马丽荣，马丁丑，李晓帆．基于DEMATEL的甘肃特色农产品绿色

物流发展影响因素分析［J］. 物流科技，2016，39（3）：102－105.

［111］Bergqvistr，Egels-zanden N. Green port dues-The case of hinterland transport［J］. Research in Transportation Business & Management，2013（5）：85－91.

［112］Verdouw cn，Bondtn，Schmeitzh，et al. Towards a smarter green port：public-private partnership to boost digital standardisation and innovation in the Dutch horticulture［J］. International Journal on Food System Dynamics，2014，5（1）：44－52.

［113］Harris I，Mumford C L，Naim M M. A hybrid multi-objective approach tocapacitated facility location with flexible store allocation for green logisticsmo-deling［J］. Transportation Research Part E：Logistics & Transportation Review，2014，66（1）：1－22.

［114］钮尔轩，孟斌，沈思祎. 基于云模型的港口企业绿色物流评价模型及实证研究［J］. 大连海事大学学报，2017，43（2）：67－74.

［115］Zhang Dezhi. Joint optimization of logistics infrastructure investments and subsidies in a regional logistics network with CO_2 emission reduction targets［J］. Transportation Research PartD，2016（1）：1－17.

［116］李进. 基于可信性的低碳物流网络设计多目标模糊规划问题［J］. 系统工程理论与实践，2015（6）：1482－1492.

［117］熊桂武. 物流交通多式联运低碳运输规划研究［J］. 计算机仿真，2016（6）：149－153.

［118］董肖庆，杨斌. 绿色物流网络选点需求目标优化分配仿真［J］. 计算机仿真，2018，35（1）：256－260.

［119］McKinnon A. Ge Y. Leuchars D. Analysis of transport efficiency in the UK food supply chain［R］. UK. Edinburgh. Logistics Research Centre Heriot Watt University. 2003：2－32.

［120］Zhu Q. Sarkis J. Relationships between operational practices and performance among early adopters of green supply chain managetment practices in Chinese manufacturing enterprises［J］. Journal of Operations Management，2004，22（3）：265－289.

［121］Frosch R A. Industrial ecology：minimizing the impact of industrial waste［J］. Physics Today，2004，4（11）：63－68.

［122］ Kainumaa Y, Tawarab N. A multiple attribute utility theory approach to leanand green supply chain management ［J］. International Journal of Production Economics. 2006, 1 (1): 99－108.

［123］刘和东，石肖然．循环经济下绿色物流的影响因素分析［J］．生产力研究，2007 (22): 66－67.

［124］吴金纺．低碳环境下现代物流业发展因素研究［D］．东北财经大学，2010.

［125］于华．我国绿色物流发展的影响因素与对策探究［J］．商场现代化，2014 (4): 91.

［126］温永平．基于建构评估模式的煤炭绿色物流发展影响因素分析［J］．物流技术，2015，34 (4): 120－122，145.

［127］代冬芳，俞会新．绿色物流发展的影响因素及对策建议［J］．价格月刊，2016 (10): 70－73.

［128］张林强．区域绿色物流绩效评价及影响因素分析［D］．江西财经大学，2017.

［129］马静，初铭畅，李冬雪．基于主成分分析法的辽宁省农产品绿色物流的影响因素分析［J］．辽宁工业大学学报（社会科学版），2017，19 (3): 30－33.

［130］田洪燕．绿色物流绩效评价及其影响因素分析［D］．江西财经大学，2018.

［131］温博语．基于价值链的绿色物流绩效评价体系研究［D］．东华大学，2010.

［132］严双．绿色物流绩效灰色系统分析评价研究［J］．湖南科技大学学报（社会科学版），2010，13 (6): 97－99.

［133］蒋秀兰，赖鲲鹏，朱桃杏．生态文明导向的建材企业物流绩效评价指标体系探讨［J］．物流技术，2013，32 (23): 38－41.

［134］苑施楠．供应链环境下低碳物流绩效综合评价研究［D］．沈阳大学，2013.

［135］方凯．我国农产品冷链物流的发展问题研究［D］．华中农业大学，2013.

［136］燕玉环．湖南省林产品绿色物流绩效评价［D］．中南林业科技大

学，2013.

[137] 潘云飞. 基于模糊理论的绿色物流绩效评价方法研究 [A]. 中国管理现代化研究会、复旦管理学奖励基金会. 第八届 (2013) 中国管理学年会——运作管理分会场论文集 [C]. 中国管理现代化研究会、复旦管理学奖励基金会: 中国管理现代化研究会，2013: 7.

[138] 左克军. 基于循环经济的钢铁企业物流绩效评价指标体系的构建 [J]. 江苏开放大学学报，2014，25 (6): 94 - 97.

[139] 荣佳楠. 电子制造型企业绿色物流绩效评价研究 [D]. 哈尔滨商业大学，2014.

[140] 周东蕾. 绿色视角下农产品冷链物流绩效评价研究 [D]. 中国海洋大学，2015.

[141] 周茂春，连洁. 基于 AHP 和 FCE 的煤炭企业绿色物流绩效评价 [J]. 资源开发与市场，2015，31 (10): 1179 - 1184.

[142] 于晓胜. 煤炭企业绿色物流的动力机制及绩效评价研究 [D]. 河南理工大学，2016.

[143] 陈业红. 基于绿色理念的农产品冷链物流企业绩效评价方法研究 [D]. 东南大学，2017.

[144] 曾佑新，王斌. 基于绿色理念的废旧汽车企业逆向物流绩效评价研究 [J]. 北京交通大学学报 (社会科学版)，2018，17 (2): 131 - 140.

[145] 姜晓红，丁婕妤，余伟，郑琰. 造纸业绿色逆向物流绩效评价研究 [J]. 物流工程与管理，2018，40 (2): 42 - 46.

[146] 李永林. 基于 DEA 的我国低碳物流效率研究 [J]. 中国市场，2014 (27): 23 - 25.

[147] 吕娟娟. 区域城市低碳物流效率的实证研究 以安徽省城市为对象 [J]. 企业家天地 (下半月刊)，2014 (7): 30 - 32.

[148] 汤中明. 低碳经济下城市物流效率评价的实证研究 [J]. 物流工程与管理，2016，38 (9): 1 - 4.

[149] 李玉田. 低碳背景下河北省物流业技术效率评价研究 [D]. 长安大学，2017.

[150] 曹兵斌. 基于低碳发展的区域生态物流绩效评价及其影响因素分析 [D]. 江西财经大学，2017.

[151] 涂建，柳键．产业结构调整对低碳物流效率的影响研究——以江西省为例 [J]．荆楚理工学院学报，2018，33 (2)：60 - 66.

[152] 2015 年社会物流总额达 220 万亿元 [DB/OL]．http：//www. hbfgw. gov. cn/ywcs/fwyc/zg_ gzdt/bgs_ wbwj/201601/t2016011392341. shtml.

[153] 吕涛，聂锐．产业联动的内涵理论依据及表现形式 [J]．工业技术经济，2007 (5)：2 - 4.

[154] Competitive strategies and manufacturing logistics: An empirical study of Hong Kong manufacturers [J]. Joseph W. K. Chan . International Journal of Physical Distribution & Logistics Management . 2005 (1).

[155] Hertzs. Alfredssonm. Strategic Development of Third Party Logistics Providers [J]. Industrial Marketing Management . 2003 (32): 139 - 149.

[156] Sadiq Sohail M. and Obaid Saad Al-Abdali. Comparing third party logistics usage in the service and manufacturing industries : a Saudi Arabian perspective [J]. International Journal of Logistics Systems and Management, 2006, 2 (1).

[157] Theodore. and Jeffery. Analysis of Intersectional Relationships between Manufacturing and Service and their Employment Implications [J]. Manufacturing and Service Operations Management, 2000, 2 (1).

[158] 李根．产业共生视角下制造业与物流业协同发展研究 [J]．商业经济研究，2016 (22)：184 - 187.

[159] 范荣华．创新服务模式视角下物流业与制造业协同体系研究 [J]．价刊，2016 (3)：84 - 87.

[160] Kaminsky, P. The Synergetic Concept and Hierarchy of Regional Logistics : London : Mc Graw-Hill, 2006.

[161] Wanke Peter. & Rebecca Arkader. & Maria Fernanda Hijjar. Logistics sophistication, manufacturing segments and the choice of logistics providers [J]. International Journal of Operations & Production Management, 2007, 27 (5).

[162] MURALI S, YEN C N. Study on Producer Logistics Service and Its Outsourcing from Manufacturing Firms: a Perspective of Industrial Cluster [J]. International journal of physical distribution & logistics management. 2010 (40): 5 - 9.

[163] 闫莉，薛惠锋，陈青．制造业与物流业联动发展系统的协同演化模型 [J]．西安工业大学学报，2011 (1)：29 - 33.

[164] 吴群．江西物流业与制造业联动发展研究 [J]. 江西社会科学，2013 (6).

[165] 戴建平，骆温平．核心竞争力视角下物流业与制造业联动机理的评述及思考 [J]. 管理现代化，2017 (1)：9-11.

[166] 张彤．价值链嵌入视角下的制造业与物流业互动升级 [J]. 中国流通经济，2016 (5)：18-24.

[167] Gurrieri，P. and V. Mdiciani. International Competitiveness in Producer Service . Paper presented at the Meeting in Rome，2004 (3).

[168] Mortensen Ole. and Olga W. Lemoine. Integration between manufacturers and third party logistics providers [J]. International Journal of Operations & Production Management，2008，28 (4).

[169] 薛欣喜．基于灰色关联的山东省制造业与物流业联动发展研究 [D]. 烟台大学，2014.

[170] 王珍珍．自贸试验区框架下制造业与物流业互动融合分析——以上海、天津、福建、广东为例 [J]. 福建师范大学学报（哲学社会科版），2015 (4).

[171] Tim Padmore. & Hervey Gibson. Symbiotic Relationship of Producer Services and Manufacturing Industries in Industry Cluster. International Conference on Management and Service Science，2009 (1).

[172] 何博．制造业与物流业联动机理系统动力学分析 [J]. 重庆工商大学学报（社会科学版），2016 (2)：15-23.

[173] 王珍珍．我国制造业与物流业联动发展效率评价——基于超效率CCR-DEA 模型 [J]. 中国流通经济，2017 (2)：20-30.

[174] Gary Hamel & C. K. Prahalad [M]. Harvard Business Press，1994.

[175] 王茂林，刘秉镰．制造业与物流业联动发展中存在的问题与趋势 [J]. 现代管理科学，2009 (3).

[176] 岳明月．基于供应链管理的制造业与物流业联动发展策略研究——以上海市为例 [J]. 商场现代化，2016 (28)：32-33.

[177] 李根．产业共生视角下制造业与物流业协同发展研究 [J]. 商业经济研究，2016 (22)：184-187.

[178] 赫尔曼·哈肯．协同学 [M]. 上海译文出版社，2001：242.

[179] 董龙飞. 制造业与物流业联动发展模式演变研究 [D]. 长安大学, 2014.

[180] 李文生. 珠三角地区区域物流与区域经济协同性研究 [J]. 改革与战略, 2016 (8): 86-91.

[181] 陈宇. 北部沿海经济区域物流业与制造业联动发展关系的评价研究 [D]. 广东工业大学, 2015.

[182] Willianmson. O. E. The Economic Institutions of Capitalism [M]. Free Press, 1985.

[183] 韩锡琴. 制造业与物流业联动机理与发展模式研究 [D]. 沈阳工业大学, 2010.

[184] 蒋庆磊, 武鹏, 王乐勤, 吴大转. 齿式离合器结合过程动态特性的仿真 [J]. 机械设计, 2009 (3): 20-22, 58.

[185] 王道勇. 产业集群内物流业与制造业互动发展研究 [J]. 物流科技, 2016 (10): 31-33.

[186] 弓宪文, 王勇. 我国制造业与物流业耦合协调的时空演化分析 [J]. 技术经济与管理研究, 2016 (7): 8-12.

[187] 舒晖, 文振华, 肖阳扬. 湖南省大型制造业企业与物流业联动发展探究 [J]. 物流工程与管理, 2014 (5): 33-37.

[188] 姚斌. 陕西省制造业与物流业联动发展的作用机理与关联因子研究 [D]. 长安大学, 2014.

[189] 张玉莹. 山东省制造业与物流业联动发展研究 [D]. 山东大学, 2015.

[190] 贺祥, 林振山, 刘会玉, 齐相贞. 基于灰色关联模型对江苏省 PM_(2.5) 浓度影响因素的分析 [J]. 地理学报, 2016 (7): 1119-1129.

[191] 高星, 彭频. 基于灰色关联模型的家具产业集群与区域物流联动发展研究 以江西省为例 [J]. 数学的实践与认识, 2017 (2): 74-79.

[192] 基于G1-DEA和TOPSIS-灰色关联分析的供应链绩效评价方法——以企业内部供应链为例 [J]. 科技管理研究, 2016 (16): 68-73.

[193] 刘峰, 楼宝, 陈睿毅, 詹炜, 陈琳, 徐冬冬, 王立改, 徐麒翔, 马涛. 小黄鱼形态性状与体质量的灰色关联分析 [J]. 上海海洋大学学报, 2017 (1): 131-137.

[194] 武春友，郭玲玲，于惊涛．基于 TOPSIS－灰色关联分析的区域绿色增长系统评价模型及实证 [J]．管理评论，2017 (1)：228－239.

[195] Chang K. C, Yeh M. F.: Grey relational analysis based approach for data clustering, IEE proceedings-Vision, Image &Signal processing, 2005, 152 (2): 165－712.

[196] 王文平，邓聚龙．灰线性规划的灰解法 [J]．应用学，1996 (4)：519－522.

[197] 王清印，赵秀恒．C 型关联分析 [J]．华中理工大学学报，1999 (3)：76－78.

[198] 王清印．灰色 B 型关联分析 [J]．华中理工大学学报，1989 (6)：77－82.

[199] 张家其，吴宜进，葛咏，王程昊，Hsiangte Kung. 基于灰色关联模型的贫困地区生态安全综合评价——以恩施贫困地区为例 [J]．地理研究，2014 (8).

[200] 刘思峰，蔡华，杨英杰，曹颖．灰色关联分析模型研究进展 [J]．系统工程理论与实践，2013 (8)：2041－2046.

[201] 王珍珍，陈功玉．我国制造业不同子行业与物流业联动发展协调度实证研究基于灰色关联模型 [J]．上海财经大学学报，2010 (3)：65－74.

[202] 程永伟，龚英．我国物流业的产业联动发展研究 [J]．北京交通大学学报（社会科学版），2014 (1)：1－7.

[203] Vanrijswijk W, Frewer L J, Menozzi D, et al. Consumer perceptions of traveability: A cross-national comparison of associated benefits [J]. Newcastle University, 2008.

[204] Davis F D, Bagozzi R P, Warshaw P R. User Acceptance of Computer Technology: A Comparison of Two Theoretical Models [J]. Management Science, 1989, 35 (8): 982－1003.

[205] Venkatesh V, Thong J Y L, Xu X. Consumer Acceptance and Use of Information Technology: Extending the Unified Theory of Acceptance and Use of Technology [J]. Social Science Electronic Publishing, 2012, 36 (1): 157－178.

[206] Legris P, Ingham J, Collerette P. Why do people use information technology? A critical review of the technology acceptance model [J]. Information &

Management, 2003, 40 (3): 191 -204.

[207] Lim S, Xue L, Yen C C, et al. A study on Singaporean women's acceptance of using mobile phones to seek health information [J]. International Journal of Medical Informatics, 2011, 80 (12): e189 - e202.

[208] Holden R J, Karsh B T. The technology acceptance model: its past and its future in health care [J]. Journal of Biomedical Informatics, 2010, 43 (1): 159 -172.

[209] Fishbein M, Ajzen I. Belief, Attitude, Intention and Behaviour: an introduction to theory and research [J]. Philosophy & Rhetoric, 1975, 41 (4): 842 -844.

[210] Schifter D E, Ajzen I. Intention, perceived control, and weight loss: an application of the theory of planned behavior [J]. Journal of Personality & Social Psychology, 1985, 49 (3): 843.

[211] Venkatesh V, Davis F D, Morris M G. Dead Or Alive? The Development, Trajectory And Future Of Technology Adoption Research. [J]. Ais Educator Journal, 2007, 8 (4): 267 -286.

[212] Legris P, Ingham J, Collerette P. Why do people use information technology? A critical review of the technology acceptance model [J]. Information & Management, 2003, 40 (3): 191 -204.

[213] Liu R, Pieniak Z, Verbeke W. Consumers' attitudes and behaviour towards safe food in China: A review [J]. Food Control, 2013, 33 (1): 93 -104.

[214] Bechini A, Cimino M G C A, Marcelloni F, et al. Patterns and technologies for enabling supply chain traceability through collaborative e-business [J]. Information & Software Technology, 2008, 50 (4): 342 -359.

[215] Borit M, Olsen P. Evaluation framework for regulatory requirements related to data recording and traceability designed to prevent illegal, unreported and unregulated fishing [J]. Marine Policy, 2012, 36 (1): 96 -102.

[216] Mcentire J C, Arens S, Bernstein M, et al. Traceability (product tracing) in food systems: an IFT report submitted to the FDA, volume 1: technical aspects and recommendations. [J]. Comprehensive Reviews in Food Science & Food Safety, 2010, 9 (1): 92 -158.

[217] Golan E, Krissoff B, Kuchler F, et al. Traceability in the U. S. Food

Supply: Economic Theory and Industry Studies [J]. Agricultural Economics Reports, 2004.

[218] Gellynck X, Verbeke W. Consumer Perception of Traceability in the Meat Chain [J]. German Journal of Agricultural Economics, 2001, 50 (6): 368 –374.

[219] Barling D, Sharpe R, Lang T. Traceability and ethical concerns in the UK wheat-bread chain: from food safety to provenance to transparency. [J]. International Journal of Agricultural Sustainability, 2009, 7 (4): 261 –278.

[220] Ortega Egea J M, Román González M V. Explaining physicians' acceptance of EHCR systems: An extension of TAM with trust and risk factors [M]. Elsevier Science Publishers B. V. 2011.

[221] Tsai H T, Hong J T, Yeh S P, et al. Consumers' Acceptance Model for Taiwan Agriculture and Food Traceability System [J]. Anthropologist, 2014, 17 (3): 845 –856.

[222] Vanrijswijk W, Frewer L J, Menozzi D, et al. Consumer perceptions of traveability: A cross-national comparison of associated benefits [J]. Newcastle University, 2008.

[223] Cristina Mora, Davide Menozzi. Benefits of traceability in food markets: Consumers' perception and action [J]. Acta Agriculturae Scandinavica, 2008, 5 (2): 92 –105.

[224] X. Wang, D. Li, C. O'Brien. Optimisation of traceability and operations planning: an integrated model for perishable food production [J]. International Journal of Production Research, 2009, 47 (11): 2865 –2886.

[225] Manzini R, Accorsi R. The new conceptual framework for food supply chain assessment [J]. Journal of Food Engineering, 2013, 115 (2): 251 –263.

[226] Moe T. Perspectives on traceability in food manufacture. [J]. Trends in Food Science & Technology, 1998, 9 (5): 211 –214.

[227] Golan E H, Krissoff B, Kuchler F, et al. TRACEABILITY IN THE U. S. FOOD SUPPLY:, ECONOMIC THEORY AND INDUSTRY STUDIES [J]. Agricultural Economics Reports, 2004.

[228] Carter L, Bélanger F. The utilization of e-government services: citizen trust, innovation and acceptance factors [J]. Information Systems Journal, 2005, 15

(1): 5 -25.

[229] Broughton E I, Walker D G. Policies and practices for aquaculture food safety in China [J]. Food Policy, 2010, 35 (5): 471 -478.

[230] Caswell J A, Mojduszka E M. Using Informational Labeling to Influence the Market for Quality in Food Products [J]. American Journal of Agricultural Economics, 1996, 78 (5): 1248 -1253.

[231] Jaffee S, M A Jabbar. Food safety and agricultural health standards: Challenges and opportunities for developing country exports [C] //Keynote Paper Presented at the, Conference of the Ethiopian Veterinary Association. 2005.

[232] Salaün Y, Flores K. Information quality: meeting the needs of the consumer [J]. International Journal of Information Management, 2001, 21 (1): 21 - 37.

[233] Bevilacqua M, Ciarapica F E, Giacchetta G. Business process reengineering of a supply chain and a traceability system: A case study [J]. Journal of Food Engineering, 2009, 93 (1): 13 -22.

[234] Jin S, Ji S W. Research on Information Sharing Value of Dairy Producers and Retailers Traceability [J]. Applied Mechanics & Materials, 2014 (685): 711 -714.

[235] Mattevi M, Jones J A. Traceability in the food supply chain: Awareness and attitudes of UK Small and Medium-sized Enterprises [J]. Food Control, 2016 (64): 120 -127.

[236] 吴林海，吴治海．食品可追溯体系快速实施的动态建模与政府决策 [J]. 系统管理学报，2015，24 (2): 254 -259.

[237] 何静，马青．食品供需网可追溯体系构建的博弈分析 [J]. 中国农学通报，2015，31 (14): 114 -118.

[238] 陈雨生，房瑞景，尹世久，等．超市参与食品安全追溯体系的意愿及其影响因素——基于有序 Logistic 模型的实证分析 [J]. 中国农村经济，2014 (12): 41 -49.

[239] 谢筱，吴秀敏，赵智晶．食用农产品企业建立质量可追溯体系驱动力分析——以四川省 81 家食用农产品企业为例 [J]. 农村经济，2012 (4): 50 -54.

[240] 周洁红，张仕都．蔬菜质量安全可追溯体系建设：基于供货商和相关管理部门的二维视角［J］．农业经济问题，2011（1）：32－38.

[241] 陈丽华，张卫国，田逸飘．农户参与农产品质量安全可追溯体系的行为决策研究——基于重庆市214个蔬菜种植农户的调查数据［J］．农村经济，2016（10）：106－113.

[242] 肖开红，王小魁．基于TPB模型的规模农户参与农产品质量追溯的行为机理研究［J］．科技管理研究，2017，37（2）：249－254.

[243] 王芸，吴秀敏，赵智晶．农户持续参与建立农产品可追溯体系的意愿及其影响因素——基于四川137个农户的调查分析［J］．农村经济，2012（9）：36－39.

[244] 陈红华，田志宏．企业农产品可追溯系统的成本及定价策略——基于A企业调研数据的分析［J］．中国农业大学学报：社会科学版，2016，33（4）：116－121.

[245] 朱长宁．基于可追溯系统的生鲜农产品供应链协调机制研究［J］．农村经济，2015（6）：106－109.

[246] Dabbene F, Gay P, Tortia C. Traceability issues in food supply chain management: A review [J]. Biosystems Engineering, 2014, 120 (3): 65－80.

[247] Anica-Popa I. Food traceability systems and information sharing in food supply chain [J]. Management & Marketing, 2012, 7.

[248] Hobbs J E, Bailey D V, Dickinson D L, et al. Traceability in the Canadian Red Meat Sector: Do Consumers Care? [J]. Canadian Journal of Agricultural Economics/revue Canadienne Dagroeconomie, 2005, 53 (1): 47－65.

[249] Kim Y G, Woo E. Consumer acceptance of a quick response (QR) code for the food traceability system: Application of an extended technology acceptance model (TAM) [J]. Food Research International, 2016 (85): 266－272.

[250] 陈超，姚常成．消费者个人统计特征与可追溯肉鸡购买意愿的关系研究——以南京市为例［J］．经济视角，2013（7）：1－2.

[251] 吴林海，王淑娴，Wuyang Hu. 消费者对可追溯食品属性的偏好和支付意愿：猪肉的案例［J］．中国农村经济，2014（8）：58－75.

[252] 郭世娟，李华．消费者对可追溯鸡蛋的支付意愿及影响因素分析——基于北京市396位消费者的调查［J］．中国家禽，2017，39（12）：

73 – 76.

[253] 张小栓，张铁岩，马常阳，等. 广东省消费者对食用农产品标识的认知及支付意愿 [J]. 中国农业大学学报，2015，20 (1)：268 – 274.

[254] 赵荣，乔娟，陈雨生. 消费者对可追溯性食品的购买行为研究——基于北京市海淀区消费者调查的分析 [J]. 技术经济，2009，28 (1)：53 – 56.

[255] Dai H, Ge L, Zhou W. A design method for supply chain traceability systems with aligned interests [J]. International Journal of Production Economics, 2015 (170): 14 – 24.

[256] Manzini R, Accorsi R. The new conceptual framework for food supply chain assessment [J]. Journal of Food Engineering, 2013, 115 (2): 251 – 263.

[257] Souzamonteiro D M, Caswell J A. The economics of voluntary traceability in multi-ingredient food chains. [J]. Agribusiness, 2010, 26 (1): 122 – 142.

[258] Hu J, Zhang X, Moga L M, et al. Modeling and implementation of the vegetable supply chain traceability system [J]. Food Control, 2013, 30 (1): 341 – 353.

[259] Aung M M, Chang Y S. Traceability in a food supply chain: Safety and quality perspectives [J]. Food Control, 2014, 39 (1): 172 – 184.

[260] Pappa I C, Iliopoulos C, Massouras T. What determines the acceptance and use of electronic traceability systems in agri-food supply chains? [J]. Journal of Rural Studies, 2018 (58): 123 – 135.

[261] Venkatesh V, Davis F D. A Model of the Antecedents of Perceived Ease of Use: Development and Test [J]. Decision Sciences, 1996, 27 (3): 451 – 481.

[262] 卢强，李辉. 消费者有机农产品网购意愿研究——基于 TAM 模型的实证 [J]. 当代经济管理，2017，39 (1)：15 – 23.

[263] 胡凤霞. 微信用户对朋友圈广告接受意愿的影响因素研究 [D]. 青岛大学，2017.

[264] 杨杏. 消费者对可追溯农产品购买意愿及促进对策研究 [D]. 湖南农业大学，2016.

[265] 洪巍，杜忠莲，吴祐昕. 网民对食品安全网络舆情中媒体信息的接受意愿——基于 TRUST&TAM 综合模型 [J]. 系统工程，2016，34 (3)：142 – 148.

[266] 肖川江．消费者网购生鲜农产品意愿影响因素研究 [D]．四川农业大学，2016.

[267] 甄李．基于参照点的可追溯农产品消费者网络购买意愿研究 [D]．中国农业大学，2016.

[268] 杨颖．生鲜农产品网购意愿影响因素的实证研究 [D]．安徽财经大学，2015.

[269] 中华人民共和国国家标准——物流术语 [J]．交通建设与管理，2007 (10)：106－120.

[270] Chau P Y K, Hu J H. Information Technology Acceptance by Individual Professionals: A Model Comparison Approach [J]. Decision Sciences, 2001, 32 (4): 699－719.

[271] ShuFang Liu, LiShia Huang, YuHsiu Chiou. An integrated attitude model of self-service technologies: evidence from online stock trading systems brokers [J]. Service Industries Journal, 2012, 32 (11): 1823－1835.

[272] Cornelisse-Vermaat J R, Pfaff S, Voordouw J, et al. The information needs and labelling preferences of food allergic consumers: the views of stakeholders regarding information scenarios [J]. Trends in Food Science & Technology, 2008, 19 (12): 669－676.

[273] Steptoe A, Pollard T M, Wardle J. Development of a measure of motives underlying the selection of food [J]. Appetite, 1995 (25): 267－284.

[274] Jayanti R K, Burns A C. The antecedents of preventive health care behavior: An empirical study [J]. Journal of the Academy of Marketing Science, 1998, 26 (1): 6－15.

[275] Kempen E L, Muller H, Symington E, et al. A study of the relationship between health awareness, lifestyle behaviour and food label usage in Gauteng [J]. South African Journal of Clinical Nutrition, 2012, 25 (25): 15－21.

[276] Pino G, Peluso A M, Guido G. Determinants of Regular and Occasional Consumers' Intentions to Buy Organic Food [J]. Journal of Consumer Affairs, 2012, 46 (1): 157－169.

[277] Michaelidou N, Hassan L M. The role of health consciousness, food safety concern and ethical identity on attitudes and intentions towards organic food

[J]. International Journal of Consumer Studies, 2008, 32 (2): 163 - 170.

[278] Michaelidou N, Hassan L M. Modeling the factors affecting rural consumers' purchase of organic and free-range produce: a case study of consumers' from the Island of Arran in Scotland, UK. [J]. Food Policy, 2010, 35 (2): 130 - 139.

[279] Ghiselli E, Campbell J, Zedeck S. Measurement theory for the behavioral sciences [J]. Contemporary Sociology, 1981, 23 (11): A217.

[280] Fornell C, Larcker D F. Evaluating Structural Equation Models with Unobservable Variables and Measurement Error [J]. Journal of Marketing Research, 1981, 18 (1): 39 - 50.

[281] 吴明隆. 结构方程模型 [M]. 重庆: 重庆大学出版社, 2013.

[282] 杨现民, 李新, 吴焕庆等. 区块链技术在教育领域的应用模式与现实挑战 [J]. 现代远程教育研究, 2017 (2): 34 - 45.

[283] 唐丽. 基于区块链的研究生教育监测评估模式 [J]. 现代教育管理, 2019 (9): 113 - 117.

[284] 区块链是什么 [G/OL]. http: //www. 8btc. com/what-is-blockchain.

[285] 马颐新. 刍议区块链技术及在金融领域的应用 [J]. 中国管理信息化, 2016, 19 (19): 120 - 123.

[286] 百家号. 区块链各种垂直行业应用的痛点与解决方案 [EB/OL] http: //baijiahao. baidu. com/s? id = 1596715697041988540&wfr = spider&for = pc, 2018 年 4 月 3 日.

[287] 唯链官网. 唯链行业解决方案 [EB/OL]. https: //www. vechain. com, 2018 年 7 月 8 日.

[288] Gao Z, Xu L, Chen L, et al, CoC: A unified distributed ledger based supply chainmanagement system [J]. JOURNAL OF COMPUTER SCIENCE AND TECHNOLOGY, March 2018, 33 (2): 237 - 248.

[289] Yvonne Lootsma. Blockchain as the Newest Regtech Application-the Opportunity to Reduce the Burden of KYC for Financial Institutions [J]. Banking & Financial Services Policy Report, 2017, 36 (8): 17 - 19.

[290] 华为云. 华为区块链白皮书 [EB/OL]. hops: //www. sohu. com/a/

228948608_654086，2018 年 4 月 20 日.

[291] 朱兴雄. 区块链技术在积分系统中的应用 [J]. 消费经济，2017 (12)：55 – 57.

[292] 陈辞. 浅议区块链技术在知识产权保护中的应用 [N]. 企业家日报，2018 年 9 月 13 日.

[293] 深圳新闻网. 深圳开出全国首张区块链电子发票 [EB/OL]. http：//www.sznews.com/news/content/2018 – 08/10/content 19813468.htm，2018 年 8 月 10 日.

[294] 陆尧，文捷. 基于比特币技术的供应链管控与溯源方案 [J]. 计算机工程，2017，11 (10)：1 – 12.

[295] 张亮，刘百祥，张如意，江斌鑫，刘一江. 区块链技术综述 [J]. 计算机工程，2019，45 (5)：1 – 12.

[296] 张驰，张晓东，王登位，王亚辉. 农产品质量安全可追溯研究进展 [J]. 中国农业科技导报，2017，19 (1)：18 – 28.

[297] 孙俊，何小东，陈建华. 基于区块链的农产品追溯系统架构研究 [J]. 河南农业科学，2018，47 (10)：149 – 153.

[298] 苗露. 医药冷链物流外包决策问题研究 [D]. 天津工业大学，2018.

[299] 朱喜安，李良. 综合评价赋权优良标准的研究 [J]. 统计与决策，2016 (19)：23 – 26.

[300] 侯兰兰. 我国药品批发企业物流服务能力评价研究 [D]. 吉林大学，2015.

[301] 时艳. 新版 GSP 的药品冷链物流质量风险管理研究 [D]. 山东大学，2014.

[302] 张庆年，李东久. 医药品冷链物流运输体系的构建 [J]. 交通企业管理，2012，27 (11)：58 – 60.

[303] 黄惠春. 药品冷链公路配送精细化组织方法研究 [J]. 物流技术，2012，31 (13)：125 – 127，220.

[304] 胡哲. 基于物流外包风险评价体系下的企业控制策略研究 [D]. 湖北工业大学，2011.

[305] 王晓玉. 物流外包背景下市场导向、运作协同能力和绩效的关系

研究［D］. 华南理工大学，2011.

［306］刘俊齐. 医药冷链物流质量管理模式研究［D］. 武汉理工大学，2011.

［307］张庆英，刘俊齐. 医药冷链物流质量环管理探析［J］. 物流技术，2010，29（20）：112－114.

［308］刘曙光. 药品GSP认证检查评定标准在实践中的应用探讨［J］. 中国药师，2009，12（10）：1488－1490.

［309］徐娟. 物流外包风险分析与控制策略研究［D］. 华中科技大学，2007.

［310］许国兵. 企业物流外包管理决策方法研究［D］. 北京交通大学，2007.

［311］珠海市统计局. 珠海市统计年鉴2018［Z］.

［312］2018年药品流通行业运行统计分析报告［EB/OL］.［2018－06－22］. http：//baijiahao. baidu. com/s？id＝1603958066238318760&wfr＝spider&for＝pc.

［313］袁学国，邹平，朱军，等，我国冷链物流业发展态势、问题与对策［J］. 中国农业科技导报，2015，17（1）：7－14.

［314］温卫娟. 冷链物流［M］. 上海：上海交通大学出版社，2009.

［315］珠海统计信息网. 珠海市2018年国民经济和社会发展统计公报［EB/OL］.

［316］珠海市统计局. 珠海统计年鉴2018［Z］.

［317］刘思锋，谢乃明. 灰色系统理论及其应用［M］. 北京：科学出版社，2008.

［318］本刊编辑部. 聚焦医药冷链物流［J］. 物流技术与应用，2017，22（S1）：34.

［319］MELANIE SM. Blockchain：blueprint for a new economy［M］. USA：O'Reilly，2015，39（8）：54－59.

［320］王硕. 区块链技术在金融领域的研究现状及创新趋势分析［J］. 上海金融，2016（2）：26－29.

［321］工信部. 中国区块链技术和应用发展白皮书［M］. 2016.

后　记

今年已是我在星城长沙学习和工作的第26个年头，在这座充满诗意的城市，我默默地书写着人生从青涩到成熟的每一段记忆深刻的篇章。经常会感慨于时光荏苒而未投入足够的时间来总结和升华，也经常会有一种冲动，想要将所听所闻所思所想集结起来，不论是一种尝试，还是一种挑战，又或是一种积累，都很想用心去梳理和体会。迎着秋日长沙一波耀眼的阳光，慢爬上麓山，一眼望去，那“万山红遍、层林尽染”的迷人画卷，仿佛穿越千载时光。找个舒服的木头凳子，开始了对这段研究的一个总结。科研于我而言，从来就是一种森林里的探索，随着一片悠然飘落的红叶，我的思绪也回顾到5年前的一天，同事们在一起讨论着较为严重的雾霾和环境污染问题，又有同事对长沙所处的中部区域如何崛起大谈阔论，大数据、云计算、互联网+等新兴概念开始充斥我们生活的方方面面，而我正研读着关于智慧城市发展的论著，说实话这种研讨活动着实让我们感到一种压力和挑战，身边有太多的事物需要研究，有太多的问题相互牵连而不知怎么去寻找答案。带着若干个疑惑和想法，我开始大量查阅文献，涉及国内大政方针政策、国外学术论文、经典著作，还有国内知名期刊的文章。置身于文献丛林，再次感受到庞大信息量带来的压力，而同时更感到作为一名科研工作者面临的挑战与使命。空气污染严重、食品安全事件频发、城市之间产业结构趋同、智慧城市发展的可持续性、区域创新与协同等问题如同阳光下散落的珠子，每粒珠子发出的光芒不断激起我对于它们的关注与珍视，很想用一颗线将这些美丽的珠子串接起来，让它们更好地绽放光彩，发光发热，这也成为我开启本书研究的初衷！

5年来，我和我的团队一直为此努力着！“创新、协调、绿色、开放、共享”五大发展理念给予了我们很大的启发和灵感！科学研究理应聚焦时代关注的问题，坚持问题导向，做“顶天立地”的研究。以五大发展理念为理论基础，将散落的珠子串接起来，深入系统地探讨协调、绿色、创新发展的问题成为我们的目标。为此，我们针对城市群建设与高质量发展、长江中游城市群协调发展、长江中游三省产业同构及其区域协同、长江中游三省绿色物流效率提升、制造业与物流业联动发展、新型城镇化进程中智慧城市的可持续发展、农产品安全追溯的绿色发展，区块链运用于农产品安全追溯体系研究，以及医药冷链物流的绿色发展等问题开展了分类、系统、深入的探究，从宏观、中观和微观层面提出了解决问题的方案与对策，以期形成实践协调、绿色、创新发展的一种框架与体系。这是一个多维、立体、发展的体系，很多问题在多次论证与再论证中，仍感到充满了很多需要进一步探索的未知。

在整个研究过程中，团队的力量是强大的。财政部中国财政杂志社孙莹为本书的撰写从思路与框架上提出了很多可行性建议，并独立撰写5万字；湖南涉外经济学院胡明铭博士撰写3万字；湖南人文科技学院龚瑞凤、上海仁济医院人力资源管理部卞赛凤、湖南长城银河科技有限公司综合部夏凯，研究生蒋敏、赵熙晔、刘喆、王楚楚、陈菁菁，本科生欧阳倩雅均参与本书写作与打磨。团队成员踏实敬业，无数次的讨论，无数次的自我否定，无数次的打磨，无数遍的演算……才有了今天呈现在此的这本精神食粮，虽然不是名家名著，但也算是为后续研究开启了一扇窗，并让我们看到继续前行的方向！在此，还要特别感谢为本书写作提供指导、启发的中国区域经济学会的专家学者，感谢每次会议论坛中默默付出的工作人员。

秋天的长沙五彩斑斓，满眼是沁人的风景和成熟的韵味！一杯清茶，一支笔，一张纸更为这满袖盈香增添了几分文化气息！平静的心情，却有着激动的大脑神经，作为科研工作者，能为建设社会主义现代化强国和实现伟大的中国梦尽点力量，这应是我们神圣的职责与义不容辞的使命！

谨以此书为祖国70华诞献礼！谨以此书感谢所有关心、鼓励和支持科研工作者的人们！

2019年书于长沙岳麓山